Der Windows 10 Trainer
Konfigurieren von Windows Geräten
Vorbereitung zur Microsoft Specialist Prüfung 70-697

Nicole Laue / Thomas Steinberger

Der Windows 10 Trainer
Konfigurieren von Windows Geräten
Vorbereitung zur
Microsoft Specialist Prüfung 70-697

Verlag Nicole Laue

Bibliografische Information der Deutschen Bibliothek:

Die Deutsche Bibliothek verzeichnet diese Publikation in der Deutschen Nationalbibliografie; detaillierte bibliografische Daten sind im Internet über http://dnb.ddb.de abrufbar.

ISBN: 978-3-937239-74-3

© März 2016, Verlag Nicole Laue, Farchant

Alle Rechte vorbehalten

Druck: Scandinavianbook, Flughafenallee 26, 6.OG. 28199 Bremen

Titelfoto: © .shock

Inhaltsverzeichnis

Für wen ist dieses Buch?

Dieses Buch ist für alle diejenigen geschrieben, die sich mit dem Themengebiet „Windows 10" auseinandersetzen möchten.

Dieses Themengebiet entspricht der MCTS-Prüfung 70-697 „Configuring Windows Devices" und ist als Vorbereitung zum Bestehen dieser Prüfung zu sehen.

Hierbei ist besonders an zwei Hauptgruppen gedacht worden:

- Privatleute, die sich die Kenntnisse im Selbststudium aneignen möchten
- Schulungsunternehmen, die eine Schulungsunterlage benötigen

Dieses Buch ist für beide Personengruppen gleichermaßen geeignet, da es sowohl für das Selbststudium geschrieben wurde, als auch als hochwertige Schulungsunterlage eingesetzt werden kann.

Ein Schulungsbuch kann nur gut sein, wenn das Erlernte sofort in praktischen Übungen ausprobiert werden kann. Aus diesem Grund werden exakte Installationsanleitungen mitgeliefert, die Ihnen die Möglichkeit geben, alle praktischen Übungen absolvieren zu können.

Für die Präsentation im Unterricht stehen auf der Homepage des Verlags http://www.laue-net.de Powerpoint Präsentationen zum Download bereit.

Übungsumgebung

Die Hardwarevoraussetzungen für eine Übungsumgebung sind nicht besonders hoch. Sie können jeden Computer dafür benutzen, der folgende Mindestvoraussetzungen erfüllt:

- 8 GB Arbeitsspeicher
- 500 GB freien Festplattenspeicher

Für die Übungen installieren Sie eine Virtualisierungssoftware, hier können Sie beispielsweise Microsoft Hyper-V benutzen.

Achten Sie darauf, dass bei allen virtuellen Computern die Netzwerkkarten auf „nur lokal" eingerichtet sind, damit die virtuellen Computer keinen Kontakt zur realen Welt haben.

Ansonsten benötigen Sie lediglich eine DVD mit einer beliebigen Version von Windows Server 2012 und natürlich eine DVD mit Windows 8, die Sie sich bei Microsoft herunterladen können. Sie können natürlich auch eine ISO-Datei benutzen.

In einer Klassenumgebung sollte jeder Teilnehmer einen eigenen PC mit Hyper-V zur Verfügung haben.

Die Installation wird während des Kurses vorgenommen.

Falls Sie die Übungsumgebung vorinstallieren möchten, ist dies bis zu einem bestimmten Punkt möglich.

Einrichten der virtuellen Maschinen

Bevor Sie mit dem Kurs beginnen, sollten Sie die virtuellen Maschinen vorkonfigurieren.

Virtuelle Maschine „DC"

Erstellen Sie die neue virtuelle Maschine mit Namen „DC" und achten Sie darauf, dass die Netzwerkkarte „Nur lokal" konfiguriert ist.

Installation am Beispiel Server 2012 R2

Der Domänencontroller sollte vorinstalliert werden. Sie installieren das Betriebssystem mit grafischer Oberfläche mit den Standardeinstellungen.

Nach der Installation startet das Betriebssystem neu und Sie nehmen folgende Konfigurationen vor:

- Beim Neustart werden Sie nach einem Administratorkennwort gefragt. Legen Sie dieses als„Kennw0rt!" fest. (Bitte beachten Sie: Dieses Kennwort enthält die Ziffer „0" und am Ende ein „!")
- Klicken Sie im Dashboard auf „lokaler Server" auf „Computername". Ändern Sie den Namen auf „DC". Führen Sie den benötigten Neustart durch
- Klicken Sie im Dashboard auf „Ethernet" und wählen Sie dann mit der rechten Maustaste die Eigenschaften der Netzwerkkarte aus
- Wählen Sie die Eigenschaften von „IPv4" und geben folgende statischen Werte ein:
  - o IP-Adresse: 192.168.1.100
  - o Subnetzmaske: 255.255.255.0
  - o Bevorzugter DNS-Server: 192.168.1.100

- Klicken Sie im Dashboard auf „Verwalten" und wählen Sie „Rollen und Features hinzufügen"
- Wählen Sie „Rollenbasierte oder featurebasierte Installation" aus
- Bestätigen Sie im nächten Fenster den Server „DC"
- Wählen Sie „Active Directory Domänendienste" aus und bestätigen Sie die benötigten Features
- Wählen Sie „DHCP-Server" aus und bestätigen Sie die benötigten Features
- Auf den nächsten Seiten klicken Sie auf „Weiter"
- Bestätigen Sie die Installation
- Nach der Installation sehen Sie im oberen Bereich des Dashboards ein Ausrufezeichen auf gelbem Dreieck. Klicken Sie hierauf
- Klicken Sie auf „DHCP-Konfiguration abschließen"
- Klicken Sie auf „Commit ausführen"
- Starten Sie dann den DHCP-Dienst neu. Klicken Sie auf „Tools – DHCP"
- Wählen Sie „Aktion – Neu starten"
- Wählen Sie im Bereich „IPv4" „Neuer Bereich" und geben folgende Daten ein:
  - o Name: Classroom
  - o Start-IP-Adresse: 192.168.1.1
  - o End-IP-Adresse: 192.168.1.99
  - o Subnetzmaske: 255.255.255.0
- Definieren Sie keine Ausschlüsse
- Belassen Sie die Standard Leasedauer
- Klicken Sie bis „Bereich aktivieren" auf „Weiter"
- Aktivieren Sie den Bereich
- Schließen Sie die DHCP-Konsole
- Nach der Installation sehen Sie im oberen Bereich des Dashboards ein Ausrufezeichen auf gelbem Dreieck. Klicken Sie hierauf
- Klicken Sie im oberen Bereich des Dashboards auf das Ausrufezeichen auf gelbem Dreieck
- Wählen Sie „Server zu einem Domänencontroller heraufstufen"

- Wählen Sie „Neue Gesamtstruktur hinzufügen"
- Name der Stammdomäne: Meistertrainer.info
- Gesamtstrukturfunktionsebene: Windows Server 2012 R2
- Domänenfunktionsebene: Windows Server 2012 R2
- Lassen Sie die Domänencontrollerfunktionen in der Standardeinstellung
- Geben Sie das DSRM-Kennwort an: Kennw0rt! (Bitte beachten Sie: Dieses Kennwort enthält die Ziffer „0" und am Ende ein „!")
- Klicken Sie bei „DNS-Optionen" auf „Weiter"
- Bestätigen Sie den NetBios Domänennamen „MEISTERTRAINER"
- Bestätigen Sie die Pfade
- Klicken Sie bei „Optionen prüfen" auf „Weiter"
- Klicken Sie bei „Voraussetzungsüberprüfung" auf „Installieren"
- Der Assistent installiert Active Directory, nach einem Neustart steht der Domänencontroller zur Verfügung
- Klicken Sie auf „Tools – DHCP"
- Klicken Sie mit der rechten Maustaste auf „DC.meistertrainer.info" und wählen Sie „Autorisieren"

Virtuelle Maschine „W10"

Erstellen Sie die neue virtuelle Maschine mit Namen „W10" und achten Sie darauf, dass die Netzwerkkarte „Nur lokal" konfiguriert ist.

Die Installation findet während des Kurses statt.

Virtuelle Maschine „W10_1"

Erstellen Sie die neue virtuelle Maschine mit Namen „W10_1" und achten Sie darauf, dass die Netzwerkkarte „Nur lokal" konfiguriert ist.

Die Installation findet während des Kurses statt.

Software

Für die Übungen benötigen Sie folgende Evaluierungskopien:

- Windows Server 2012 R2 oder Windows Server 2016
- Windows 10

Die meisten dieser Evaluierungskopien können Sie bei Microsoft unter folgendem Link erhalten: http://technet.microsoft.com/de-de/evalcenter/default.aspx. Natürlich können Sie auch Vollversionen verwenden, die dann nicht aktiviert werden müssen.

Danksagung

An dieser Stelle möchte ich mich bei den vielen hilfreichen Freunden und Mitarbeitern bedanken, die erst ermöglicht haben, dass dieses Buch entstehen kann. Besonderer Dank gilt folgenden Helfern:

Karin Feichtinger, Thomas Steinberger und meinem Mann Christian.

Sie waren mir als Betaleser eine große Hilfe und haben freiwillig ihre Freizeit geopfert. Mit ihrem großen Fachwissen waren sie ein wichtiger Bestandteil der Entstehung dieses Buches.

Danksagung

1 Software und Identitätsmanagement

Prüfungsanforderungen von Microsoft:

- Support Windows Store and cloud apps
  - o Install and manage software by using Microsoft Office 365 and Windows Store apps
  - o sideload apps by using Microsoft Intune
  - o sideload apps into online and offline images
  - o integrate Microsoft account including personalization settings
- Support authentication and authorization
  - o Multi-factor authentication including certificates, Microsoft Passport, virtual smart cards, picture passwords, and biometrics
  - o computer and user authentication including secure channel, account policies, Credential caching, and Credential Manager
  - o local account vs. Microsoft account
  - o Workplace Join
  - o Configuring Windows Hello

Quelle: Microsoft

Lernziele:

- Versionen von Windows 10
- Hardwarevoraussetzungen
- Installation
- Anwendungen aus dem Windows Store und der Cloud

    o   Installation von Office 365

    o   Installation von Windows Store Anwendungen

    o   Querladen von Apps

    o   Installationsimages bearbeiten

- Authentifizierung und Autorisierung

    o   Arbeitsgruppe oder Domäne

    o   Die Anmeldung in einer Arbeitsgruppe

    o   Anmeldung an einer Domäne

    o   Beitritt zu einer Azure Domäne

    o   Anmelden mit dem Microsoft-Konto

    o   Arbeitsplatzzugriff

    o   Windows Tresor

    o   Windows Hello

1.1 Einführung

Nach der Installation von Windows 10 müssen Programme und Apps installiert werden, damit sinnvoll gearbeitet werden kann. Dafür gibt es verschiedene Methoden.

Es gibt mehrere Arten, wie Sie sich an Ihrem Rechner anmelden können, und alle Methoden haben unterschiedliche Auswirkungen auf die Art und Weise, wie Sie mit dem Rechner arbeiten können.

1.1.1 Versionen von Windows 10

Windows 10 gibt es in verschiedenen Ausführungen:

- Windows 10 Home
- Windows 10 Pro
- Windows 10 Enterprise
- Windows 10 Education
- Windows 10 IoT Core
- Windows 10 Mobile
- Windows 10 Mobile Enterprise

Windows 10 Home

Windows 10 ist die Basis, die die wichtigsten Funktionen beinhaltet, allerdings nicht für den Einsatz im Unternehmen gedacht ist.

Windows 10 Pro

Windows 10 Pro enthält viele Funktionen, die für den professionellen Einsatz im Unternehmen gedacht sind, wie die Domänenaufnahme.

Windows 10 Enterprise

Windows 10 Enterprise hat alle Funktionen, die zur Verfügung gestellt werden können, insbesondere die Funktionen, die für größere Unternehmen wichtig sind, wie BranchCache und DirectAccess.

	Windows 10 Home	**Windows 10 Pro**	**Windows 10 Enterprise**	**Windows 10 Education**
Domänen-beitritt		X	X	X
Azure Domänen-beitritt		X	X	X
Gruppen-richtlinien		X	X	X
BitLocker		X	X	X
Remote Desktop		X	X	X
Business Store		X	X	X
DirectAccess			X	X
Windows To Go			X	X
Applocker			X	X
BranchCache			X	X

Windows 10 Education

Windows 10 Education hat die gleichen Funktionen wie Windows 10 Enterprise, ist aber ausschließlich für Schulungsunternehmen gedacht.

Windows 10 Mobile

Dies ist das Windows 10 für Smartphone für Privatanwender.

Windows 10 Mobile Enterprise

Windows 10 Mobile Enterprise hat verbesserte Funktionen für das professionelle Umfeld.

1.1.2 Hardwarevoraussetzungen

Die Hardwarevoraussetzungen für Windows 10 sind denen von Windows 7 sehr ähnlich, was bedeutet, dass bei einem Systemwechsel keine neue Hardware angeschafft werden muss, es sei denn, Sie möchten die mobilen Funktionen per Touchpad nutzen.

Komponente	Mindestanforderung	
	32-bit	**64-bit**
Prozessor	1 GHz	1 GHz
Arbeitsspeicher	1 GB	2 GB
Freier Platz auf Festplatte	16 GB	20 GB
Grafikkarte	DirectX 9 mit WDDM 1.0	DirectX 9 mit WDDM 1.0

Natürlich ist es eine bekannte Regel, dass alle Systeme, also auch Windows 10, schneller und reibungsfreier laufen, wenn die Hardware diese Anforderungen übertrifft. Wenn Sie einen neuen Rechner kaufen, sollten Sie diese Anforderungen als das absolute Minimum betrachten und versuchen, gerade im Bereich Arbeitsspeicher diese Werte zu übertreffen.

1.1.3 Die Installation von Windows 10

Die Neuinstallation von Windows 10 ist sehr einfach. Sie stellen das BIOS so ein, dass von CD/DVD gestartet wird. In den meisten Fällen gelangen Sie ins BIOS, wenn Sie während des Startens des Computers entweder die ESC oder die ENTF-Taste drücken. Sehen Sie einfach im Handbuch des Mainboards nach, wenn Sie nicht sicher sind.

Wenn Sie die Startsequenz richtig eingestellt haben, legen Sie einfach die DVD ins Laufwerk und starten den Computer neu.

Natürlich können Sie Windows 10 auch von einem USB-Laufwerk aus installieren, Sie müssen auch hier nur das BIOS entsprechend anpassen. Moderne Rechner unterstützen auch das One-Time-Boot-Menü.

Sehr kurz nach dem Start der Installation müssen Sie die Sprachauswahl treffen.

Abbildung 1.1: Sprachauswahl

Danach können Sie noch zwischen der Installation und einer Reparaturoption auswählen. Wir wählen „Jetzt installieren".

Abbildung 1.2: Start der Installation

Sie müssen noch den Lizenzvertrag akzeptieren.

Wählen Sie jetzt die Installationsart aus.

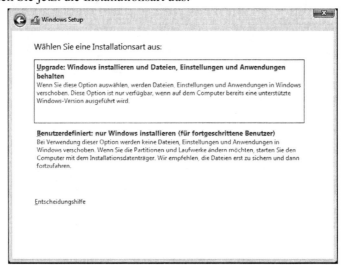

Abbildung 1.3: Installationsart

Im nächsten Schritt entscheiden Sie sich für die Partition, auf der Windows 10 installiert werden soll.

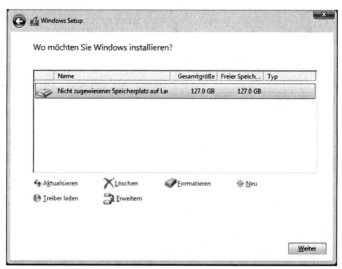

Abbildung 1.4: Auswahl der Partition

Falls Sie nicht den kompletten zur Verfügung stehenden Speicherplatz benutzen wollen, klicken Sie auf „Laufwerksoptionen (erweitert)".

Hier können Sie eine Partition in der gewünschten Größe erstellen.

Nun wird die Installation durchgeführt.

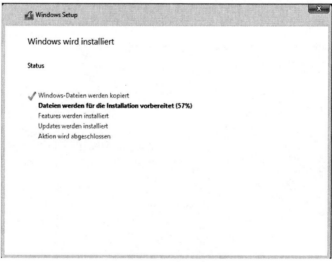

Abbildung 1.5: Installation

Nach Abschluss der Installation ist ein Neustart notwendig.

Im nächsten Schritt sehen Sie die Abfrage nach den Einstellungen.

Abbildung 1.6: Abfrage

Hier können Sie wählen „Expresseinstellungen verwenden".

Allerdings geben sie dann sehr viele Daten für die Benutzung für Microsoft frei.

Besser ist es, hier „Einstellungen anpassen" zu wählen und dann alles nach eigenen Wünschen zu konfigurieren.

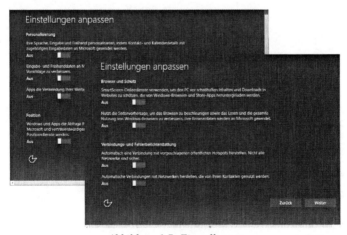

Abbildung 1.7: Einstellungen

Danach erstellen Sie noch ein Benutzerkonto, mit dem Sie sich anmelden. Dies kann ein Microsoft-Konto sein oder ein lokales Konto.

Abbildung 1.8: Lokales Konto

Danach steht Windows 10 zur Benutzung bereit.

Abbildung 1.9: Windows 10 ist installiert

1.1.4 Upgrade von früheren Versionen

Windows 10 wird als kostenloses Upgrade für ein Jahr angeboten.

Dafür müssen Sie entweder Windows 7 oder Windows 8.1 als Betriebssystem haben.

Das Upgrade wird folgendermaßen vorgenommen:

Upgrade von Windows 7:

Windows 10 Home erhalten Sie, wenn Sie Windows 7 Starter, Windows 7 Home Basic oder Windows 7 Home Premium nutzen.

Windows 10 Pro erhalten Sie, wenn Sie Windows 7 Professional oder Windows 7 Ultimate verwenden.

Upgrade von Windows 8.1:

Windows 10 Home erhalten Sie, wenn Sie Windows 8.1 nutzen.

Windows 10 Pro erhalten Sie, wenn Sie derzeit Windows 8.1 Pro oder Windows 8.1 Pro für Studenten verwenden.

Windows 10 Mobile erhalten Sie, wenn Sie aktuell ein Smartphone mit Windows Phone 8.1 besitzen.

1.2 Anwendungen aus dem Windows Store und der Cloud

Natürlich können auf Windows 10 auch normale Anwendungen installiert werden, der Installationsvorgang hierbei ist wie wir es schon seit langem kennen.

Es gibt aber die Möglichkeit, sogenannte Apps zu installieren, die Sie entweder aus der Cloud oder aus dem Windows Store beziehen können.

Apps sind Anwendungen, die für den mobilen Einsatz optimiert sind, und deswegen gerne auf Notebooks verwendet werden.

1.2.1 Installation von Office 365

Office 365 ist eine Möglichkeit, die Office-Programme aus der Cloud zu beziehen.

Für diesen Service wird ein monatlicher Beitrag bezahlt. Das ist ein großer Unterschied zu den herkömmlichen Office-Produkten, die Sie einmalig kaufen.

Office 365 dagegen ist ein Abo, das außer den Office-Produkten noch einiges mehr enthält, wie beispielsweise OneDrive Professional, der Cloud-Speicher von Microsoft.

Ein großer Vorteil von Office 365 ist die Flexibilität. Sie installieren die Programme auf dem Rechner lokal, und können somit auch Offline arbeiten.

Auch die Plattformunabhängigkeit ist ein sehr großer Vorteil, Sie können die Programme auf den verschiedensten Plattformen installieren, wie

Windows, IOS, Android.

Die Daten können lokal oder in der Cloud gespeichert werden, ganz, wie Sie wollen.

In einigen Versionen von Office Online werden noch einige Zusatzprodukte geboten, wie beispielsweise der Exchange Server.

Damit Office 365 installiert werden kann, muss der Account bei Microsoft erstellt werden.

Abbildung 1.10: Office 365 Account erstellen

Hierzu müssen Sie, je nach Unternehmensgröße und Art des Office 365 Abos, einige Einrichtungsschritte vornehmen, die aber in diesem Buch keine Rolle spielen.

Abbildung 1.11: Office 365 ist eingerichtet

Nachdem der Dienst in der Cloud eingerichtet ist, können Sie sich mit den Endgeräten mit folgender Seite verbinden:

http://portal.office.com

Abbildung 1.12: Verbinden mit Office 365

Hier geben Sie das Benutzerkonto an, das Ihnen zugeteilt worden ist.

Nun sehen Sie, welche Software Sie auf Ihrem Rechner installieren können.

Abbildung 1.13: Softwareauswahl

Klicken Sie auf „Installieren“, und warten Sie eine Weile.

Abbildung 1.14: Installation startet

Wenn Sie nach Abschluss der Installation auf den Startknopf drücken, sehen Sie die eben installierten Office 365 Programme.

Abbildung 1.15: Installierte Programme

Nun können Sie diese Programme benutzen, egal, ob Sie online oder offline sind. Sie sind lokal auf Ihrem Rechner installiert.

1.2.2   Installation von Windows Store Anwendungen

Eine weitere Möglichkeit, Apps zu erhalten, ist der App-Store.

Hier können Sie Apps herunterladen, teilweise sind sie kostenlos, teilweise kostenpflichtig. Dieses Prinzip kennen die meisten Benutzer ja schon vom Smartphone.

Um zum App-Store zu gelangen, benötigt man nur eine Internetverbindung.

Abbildung 1.16: App-Store

Klicken Sie auf die Kachel „Store".

Sie gelangen sofort zum Windows Store. Hier können Sie sich Ihre Apps aussuchen.

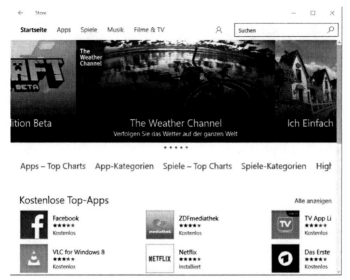

Abbildung 1.17: Store

Wenn Sie sich für eine App entschieden haben, wählen Sie diese aus.

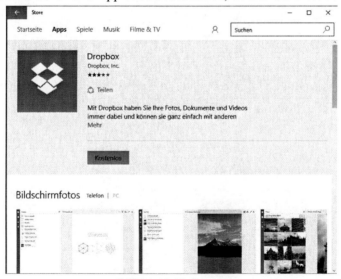

Abbildung 1.18: Auswahl

Sollten Sie nicht mit einem Windows Konto angemeldet sein, müssen Sie dies jetzt tun.

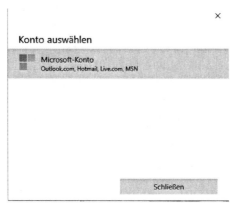

Abbildung 1.19: Anmeldung

Die App wird sofort auf Ihrem Rechner installiert und ist danach gleich verfügbar.

Abbildung 1.20: App ist installiert

Updates werden automatisch erkannt und wie Sie es von Ihrem Smartphone kennen, wird Ihnen die Option für ein Update angezeigt.

1.2.3 Querladen von Apps

Apps können normalerweise nur aus dem App Store geladen und installiert werden.

Allerdings ist es manchmal nötig, auch Apps zu installieren, die von anderer Quelle kommen. Dies kann der Fall sein, wenn man eine App selber entwickelt hat und erst einmal testen möchte.

Für diesen Fall gibt es eine Einstellung, die es erlaubt, auch Apps, die nicht aus dem App Store kommen, zu installieren. Diese Funktion heißt „Apps querladen".

Dazu klicken Sie auf den Startknopf und wählen „Einstellungen".

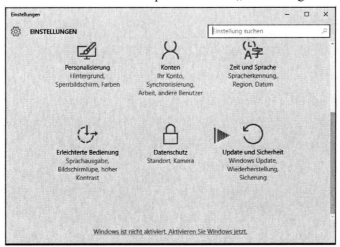

Abbildung 1.21: Update und Sicherheit

Gehen Sie zu „Update und Sicherheit".

Es öffnet sich ein weiteres Fenster, in dem Sie auf „Für Entwickler" klicken.

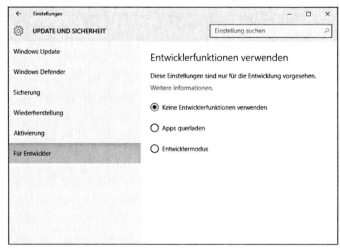

Abbildung 1.22: Für Entwickler

Hier wählen Sie „Apps querladen".

Es erscheint eine Warnmeldung.

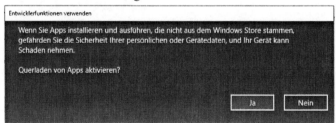

Abbildung 1.23: Warnmeldung

Nach Klicken auf „Ja" ist der Modus aktiviert und Sie können auch unsichere Apps installieren.

In einer Domäne müssen Sie noch eine Gruppenrichtlinie konfigurieren. Dazu gehen Sie in der gewünschten Gruppenrichtlinie folgenden Pfad:

- Computerkonfiguration
- Richtlinien
- Administrative Vorlagen
- Windows Komponenten
- Bereitstellung von App-Paketen

Hier aktivieren Sie die Einstellung „Installation aller vertrauenswürdigen Apps zulassen".

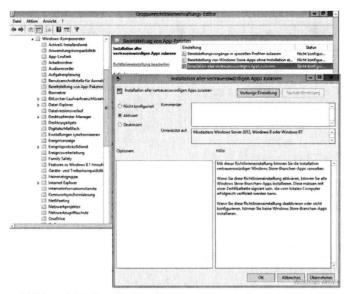

Abbildung 1.24: Installation aller vertrauenswürdigen Apps zulassen

Mit dieser Einstellung wird folgender Registry-Key geändert:

HKEY_LOCAL_MACHINE\Software\Policies\Microsoft\Windows\App
x\AllowAllTrustedApps = 1

Sollten Sie eine App mit dem PowerShell-Befehl add-appxpackage
installieren, benötigen Sie diese Einstellung nicht.

1.3 Authentifizierung und Autorisierung

Die Begriffe „Authentifizierung" und „Autorisierung" werden oft
verwechselt.

Authentifizierung

Dies ist die Überprüfung der Identität des Benutzers. Für diese
Überprüfung werden die Anmeldeinformationen des Benutzers (häufig
Benutzername und Kennwort) mit einer Liste von bekannten Daten
abgeglichen. Wenn die Anmeldeinformationen korrekt sind, wird der
Benutzer authentifiziert, andernfalls nicht.

Autorisierung

Dieser Vorgang findet nach der Authentifizierung des Benutzers statt und
entscheidet über die Berechtigungen des Benutzers innerhalb der
Anwendung.

Es gibt verschiedene Arten der Authentifizierung, mit dem Microsoft-Konto, lokal, an einer Domäne oder mit dem Workplace Join.

1.3.1 Arbeitsgruppe oder Domäne

Wenn Sie einen Client installiert haben, müssen Sie sich oftmals entscheiden, ob der Client einer Arbeitsgruppe oder einer Domäne angehören soll.

Arbeitsgruppe

Eine Arbeitsgruppe ist ein Zusammenschluss mehrerer gleichberechtigter Computer. Alle Computer sind über ein Netzwerk miteinander verbunden.

SAM   SAM   SAM

Abbildung 1.25: Computer in einer Arbeitsgruppe

Arbeitsgruppen haben viele Vorteile:

- Zugriff auf Daten, die sich auf anderen Rechnern befinden, ist möglich
- Geräte, wie Drucker, können gemeinsam genutzt werden
- Der Zugang zum Internet kann für alle zur Verfügung gestellt werden

Aber leider haben Arbeitsgruppen auch einen gravierenden Nachteil.

Windows 10 erfordert eine Anmeldung. Sie müssen Benutzername und Kennwort eingeben, um sich anmelden zu können.

Diese Daten werden nun mit den in einer Datenbank gespeicherten Daten verglichen und so wird festgestellt, ob Sie das Recht haben, sich anzumelden.

In einer Arbeitsgruppe ist diese Datenbank lokal auf jedem Computer gespeichert. Sie heißt Security Account Manager (SAM).

Wenn Sie nun Zugriff auf einen anderen Computer über das Netzwerk nehmen, wird auch auf diesem Computer überprüft, ob Sie das Recht haben, Ressourcen auf diesem Computer zu benutzen.

Aus diesem Grund müssen Ihre Benutzerinformationen nicht nur auf dem eigenen Computer gespeichert werden, sondern auch auf allen anderen Computern der Arbeitsgruppe, auf die Sie zugreifen möchten. Natürlich ist auch die Authentifizierung mit einem anderen Account möglich.

Diese Vorgehensweise ist natürlich eine große Fehlerquelle. Wenn Sie Ihr Kennwort ändern möchten, müssen Sie es auf allen Computern der Arbeitsgruppe ändern.

Eine Arbeitsgruppe ist aus diesem Grund nur für ein kleines Netzwerk akzeptabel, die Größenordnung liegt bei etwa fünf Computern. Bei größeren Netzwerken ist der administrative Aufwand viel zu groß.

Domäne

In einer Domäne ist mindestens ein ausgewählter Computer nur dafür da, dass er eine Datenbank speichert, auf der alle Anmeldeinformationen von allen Benutzern zentral gespeichert sind.

Dieser Computer muss ein Serverbetriebssystem haben, wie Windows Server ab der Version 2000. Er wird Domänencontroller genannt und beinhaltet den LDAP-konformen Verzeichnisdienst Active Directory.

Domänencontroller
Active Directory

Abbildung 1.26: Die Domäne

Wenn eine Domäne eingerichtet worden ist, besteht die Möglichkeit, dass sich die Benutzer nicht lokal an der Maschine anmelden, also die Datenbank SAM benutzen, sondern sich „über das Netzwerk" anmelden und die Datenbank des Active Directory benutzen.

Da sich in diesem Fall alle Benutzer an einer Datenbank verifizieren, entfällt das mehrfache Pflegen der Anmeldeinformationen.

Für größere Netzwerke ist die Domäne die einzig praktikable Möglichkeit.

1.3.2 Die Anmeldung in einer Arbeitsgruppe

Beim Start von Windows 10 werden Sie gefragt, welche Person sich an diesem Computer anmelden möchte.

Wenn Sie bei der Installation kein Microsoft-Konto gewählt haben, ist es ein Konto einer Arbeitsgruppe.

Die Standardeinstellung nach der Installation ist der Anmeldebildschirm. Hier sind alle Accounts aufgeführt, die lokal auf der Maschine angelegt worden sind.

ACHTUNG!

Das Konto, das Sie während der Installation angelegt haben, ist ein Konto mit administrativen Rechten!

Um sich anzumelden, wählen Sie einfach das entsprechende Benutzerkonto aus und klicken es an. Es erfolgt die Kennwortabfrage.

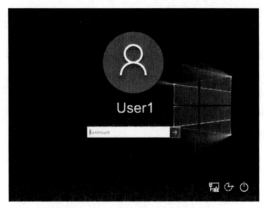

Abbildung 1.27: Anmeldebildschirm

Benutzer verwalten

Sie müssen Benutzerkonten anlegen, ändern und löschen können. Dies ist bei Windows 10 in der Arbeitsgruppe in einer grafischen Oberfläche möglich, die Ihnen bei diesen Aufgaben hilft.

Abbildung 1.28: Kontoverwaltung

Sie wählen

- Systemsteuerung

- Benutzerkonten

Hier wird zunächst das Konto angezeigt, mit dem Sie selber momentan angemeldet sind.

Wenn Sie Änderungen an Ihrem Konto vornehmen, schaltet die Ansicht zu einer App um.

Das ist wichtig, denn diese Einstellungen müssen auch auf einem Tablet-PC schnell machbar sein.

Abbildung 1.29: Benutzereinstellungen

Wechseln Sie zu den „Anmeldeoptionen".

Hier können Sie beispielsweise Ihr Kennwort ändern.

Auch für den mobilen Einsatz ist die Funktion „Bildcode erstellen" gedacht.

Abbildung 1.30: Anmeldeoptionen

Hier können Sie ein bestimmtes Muster festlegen, das auf einem Bild ausgeführt werden muss, um anstelle eines Kennwortes eingesetzt werden zu können.

Sie können sich auch mit einer Pin anmelden.

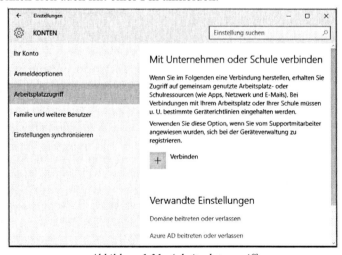

Abbildung 1.31: Arbeitsplatzzugriff

Der Menüpunkt „Arbeitsplatzzugriff" gibt Ihnen die Möglichkeit, sich beispielsweise mit einer Domäne zu verbinden.

Zu diesen Optionen kommen wir später noch.

Natürlich können Sie auch ein weiteres Konto anlegen.

Abbildung 1.32: Konto anlegen

Aber wir haben keine Abfrage erhalten, ob es ein Benutzerkonto oder ein Administratorenkonto sein soll!

Dazu müssen wir die App verlassen und wieder in die Systemsteuerung gehen.

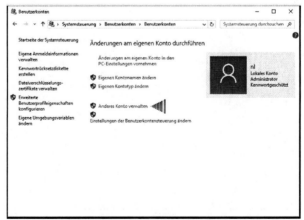

Abbildung 1.33: Anderes Konto verwalten

Hier wählen wir „Anderes Konto verwalten" und suchen uns dann das richtige Konto aus.

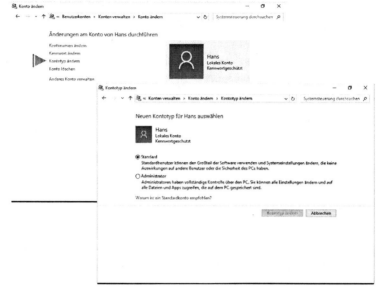

Abbildung 1.34: Kontotyp

Eine wichtige Einstellung ist, die Art des Kontos zu verändern.

Es gibt zwei Arten von Konten, die Sie auswählen können:

- Standard
- Administrator

Standardbenutzer sind die „normalen" Benutzer, die zwar alle Alltagsarbeiten verrichten können, aber keine administrativen Rechte haben.

Administratoren dagegen haben uneingeschränkte Rechte und können den Computer zusätzlich verwalten.

ACHTUNG!

Wenn Sie zusätzliche Konten anlegen, sollten Sie immer „Standardbenutzer" wählen, denn nur so können Sie sicher sein, dass der neue Benutzer keine administrativen Änderungen vornehmen kann.

Kennwortrücksetzdiskette

Eine Möglichkeit, sich vor dem Vergessen des Kennwortes zu schützen, haben wir schon kennen gelernt. Es ist der Kennworthinweis, der in Form eines Satzes einen Tipp für das Kennwort gibt.

Eine zweite Möglichkeit ist das Anlegen einer Kennwortrücksetzdiskette, die benutzt werden kann, wenn man sein Kennwort vergessen hat. Natürlich kann hier auch ein USB-Stick benutzt werden, denn viele Rechner haben ja gar kein Diskettenlaufwerk mehr!

Um eine solche Diskette oder einen Stick zu erstellen, wählen Sie in der Kontenverwaltung Ihr eigenes Konto aus.

Auf der linken Seite klicken Sie nun auf „Kennwortrücksetzdiskette erstellen".

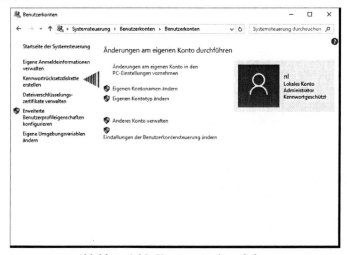

Abbildung 1.35: Kennwortrücksetzdiskette

Wenn Sie diesen Menüpunkt anwählen, startet ein Assistent, der Ihnen hilft, die Kennwortrücksetzdiskette zu erstellen.

In den einzelnen folgenden Fenstern werden Sie aufgefordert

* Einen USB-Stick anzuschließen

* Ihr aktuelles Kennwort einzugeben

Diesen Datenträger sollten Sie an einem sicheren Ort aufbewahren und nur im Notfall verwenden.

1.3.3 Anmeldung an einer Domäne

Wenn der Client einer Domäne beigetreten ist, wird die Anmeldung nicht mehr lokal im SAM abgearbeitet, sondern über das Netzwerk an einen Domänencontroller geschickt. Deswegen müssen die Benutzerkonten auch im Active Directory angelegt sein.

Beitreten zu einer Domäne

Der erste Schritt, um sich an einer Domäne anmelden zu können, ist der Beitritt des Clients zur Domäne.

Der Hintergrund ist folgender: Beim Systemstart muss der Computer sich selber validieren.

Wenn aber der Computer Mitglied in einer Domäne ist, muss ein Domänencontroller bestätigen, dass dieser Computer das Recht hat, auf Domänenressourcen zugreifen zu können.

Ein Computer muss also zunächst einer Domäne beitreten, dies bedeutet, dass ein Computerkonto in der Domäne angelegt wird, mit dem er sich validieren kann.

Der erste Schritt hierfür ist das Überprüfen, ob ein gültiger DNS-Server für die Domäne in der IP-Konfiguration eingetragen ist.

ACHTUNG!

DNS ist ein Dienst, der normalerweise für die Namensauflösung benutzt wird. In einer Active Directory Domäne hat DNS aber noch weitere Aufgaben zu erfüllen. Jeder Domänencontroller trägt seine Dienste im DNS-Server ein und gibt den Clients so die Möglichkeit, einen Domänencontroller zu finden. Vertieft wird dieses Thema im Themenbereich Active Directory in einem eigenen Buch.

Nachdem die IP-Konfiguration des Clients angepasst ist, kann er der Domäne hinzugefügt werden.

- Systemsteuerung
- System und Sicherheit
- System

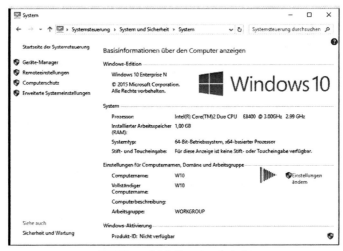

Abbildung 1.36: Domänenbeitritt

Hier wählen Sie „Einstellungen ändern".

Abbildung 1.37: Einstellungen ändern

In diesem Fenster werden Ihnen der Computername und die Arbeitsgruppen- bzw. Domänenzugehörigkeit angezeigt.

Um einer Domäne beizutreten, klicken Sie auf „Ändern".

Abbildung 1.38: Eingeben des Namens der Domäne

Klicken Sie nun auf „Domäne" und tragen Sie den Namen der Domäne ein, in diesem Fall „Meistertrainer.info".

Als nächstes erfolgt eine Abfrage, in der Sie einen Benutzernamen und ein Kennwort eingeben müssen.

Abbildung 1.39: Eingabe der Berechtigung

Hier müssen Sie ein Domänenbenutzerkonto eingeben, welches das Recht hat, der Domäne beizutreten.

ACHTUNG!
Standardmäßig hat jeder Domänenbenutzer das Recht, bis zu 10 Rechner der Domäne hinzuzufügen.

Nach einer kurzen Zeit erscheint die Meldung, dass Sie nun der Domäne beigetreten sind.

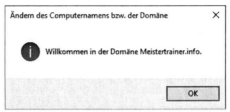

Abbildung 1.40: Der Domänenbeitritt ist beendet

Nach einem Neustart, der zwingend erforderlich ist, können Sie sich nun entweder am lokalen Computer oder an der Domäne anmelden.

Abbildung 1.41: Anmeldung

Benutzer anlegen

Wenn bei einem Client, der Domänenmitglied ist, lokale Benutzer angelegt werden müssen, sollte dies in einer professionellen Maske passieren. Auch die Gruppenmitgliedschaften sollten genauer spezifiziert werden können.

Dazu klicken Sie mit der rechten Maustaste auf den Startknopf und wählen „Computerverwaltung".

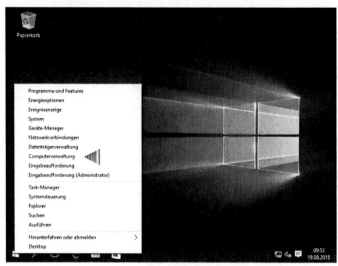

Abbildung 1.42: Computerverwaltung

Es öffnet sich das Computerverwaltungsfenster.

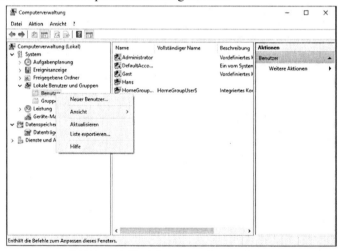

Abbildung 1.43: Anlegen von Benutzerkonten

Hier klicken Sie mit der rechten Maustaste und wählen „Neuer Benutzer".

Nun können Sie die entsprechenden Daten für den neuen Benutzer eingeben.

Abbildung 1.44: Eingabe der Daten

Sie geben den Benutzernamen an, der zugleich auch der Anmeldename ist. Sowohl der vollständige Name als auch die Beschreibung sind optional.

Geben Sie in jedem Fall ein Kennwort an, denn damit erhöhen Sie die Sicherheit.

Benutzer muss Kennwort bei der nächsten Anmeldung ändern

Wenn Sie den Haken vor „Benutzer muss Kennwort bei der nächsten Anmeldung ändern" gesetzt lassen, kann sich der Benutzer mit dem Kennwort einmal anmelden und ist dann gezwungen, sein Kennwort zu ändern. Dies bietet sich an, wenn Sie für jemanden ein Benutzerkonto erstellen. Der Benutzer kann sich mit dem Kennwort, das Sie gewählt haben, einmal anmelden. Danach muss er das Kennwort ändern, so dass auch Sie dieses Kennwort nicht kennen.

Benutzer kann Kennwort nicht ändern

Wenn Sie diese Option wählen, ist es dem Benutzer nicht möglich, sein eigenes Kennwort zu ändern. Dies sollten Sie dann in Betracht ziehen, wenn sich mehrere Personen mit einem Benutzerkonto anmelden.

Kennwort läuft nie ab

Oft ist vorgegeben, dass das Kennwort regelmäßig geändert werden muss. Wenn Sie einen einzelnen Benutzer von dieser Regelung ausnehmen wollen, können Sie dies hier tun.

Konto ist deaktiviert

Sie können das Konto deaktivieren, um zu vermeiden, dass sich jemand mit diesem Konto anmelden kann. Dies wird häufig gemacht, wenn der Benutzer dieses Kontos vorübergehend nicht in der Firma ist, wie im Urlaub, oder bei längerer Abwesenheit vom Arbeitsplatz.

Nun klicken Sie auf „Erstellen".

Nachdem das Konto erstellt ist, können Sie es per Doppelklick öffnen und weitere Einstellungen machen.

Abbildung 1.45: Gruppenmitgliedschaft

So können Sie beispielsweise auf der Karteikarte „Mitglied von" entscheiden, welchen Gruppen der Benutzer angehören soll.

ACHTUNG!

Diese Art, Konten anzulegen, ist natürlich auch in einer Arbeitsgruppenumgebung verfügbar. Meistens wird aber in einer Arbeitsgruppe die grafische Lösung gewählt, die jedoch nicht so genaue Gruppenmitgliedschaft erlaubt.

Das vordefinierte Administratorkonto

Wenn Sie die bereits angelegten Konten aufmerksam betrachten, erkennen Sie, dass es zwei Konten gibt, die deaktiviert sind:

- Gast
- Administrator

Das Gastkonto ist zu Recht deaktiviert, denn es bietet jedem Zugriff, wenn es aktiviert ist.

Das Administratorkonto dagegen müssen wir etwas differenzierter betrachten.

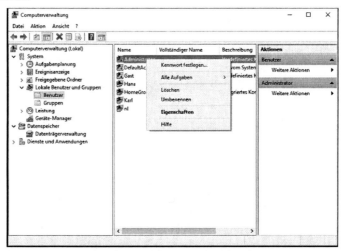

Abbildung 1.46: Deaktivierte Konten

Das Administratorkonto wird automatisch bei der Installation angelegt. Es hat natürlich volle administrative Rechte und kann für alle verwaltungstechnischen Aufgaben benutzt werden.

Leider ist dies auf allen Windows Systemen gleich. In früheren Windows Versionen hat diese Tatsache oft zu Problemen geführt, denn um administrativen Zugriff auf ein System zu erlangen, musste man nur noch das passende Kennwort erraten, den Kontonamen „Administrator" kannte man ja schon. Dazu kam, dass bei den Clientsystemen das Administratorkonto ohne Kennwort installiert wurde, also für jeden zugänglich war, wenn diese Einstellung nicht manuell geändert worden war.

Das ist der Grund, warum das Administratorkonto bei Windows 10 in der Standardinstallation deaktiviert ist. Bei der Installation wurden Sie nach einem weiteren Konto gefragt, dieses Konto hat administrative Rechte.

Falls Sie das Administratorkonto trotzdem aktivieren möchten, was aus eben genannten Gründen nicht zu empfehlen ist, können Sie dies natürlich tun, indem Sie die Eigenschaften des Kontos bearbeiten und den Haken vor „Konto ist deaktiviert" entfernen.

Allerdings erhalten Sie jetzt eine Fehlermeldung:

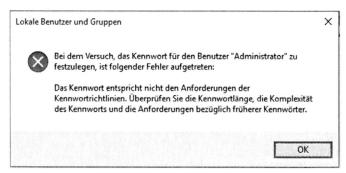

Abbildung 1.47: Fehlermeldung

Dies bestätigt die Problematik.

Windows 10 fordert in der Standardinstallation ein Kennwort, das folgende Anforderungen erfüllt:

- Mindestens 6 Zeichen
- Groß- und Kleinbuchstaben
- Ziffern
- Sonderzeichen

Mindestens drei dieser Anforderungen müssen im Kennwort vorhanden sein.

Können Sie sich erinnern, ein Kennwort für das Administratorkonto angegeben zu haben?

Nein, dieses Konto ist mit einem leeren Kennwort erstellt worden, was die Anforderungen natürlich nicht erfüllt.

Wenn Sie also das Administratorkonto benutzen wollen, müssen Sie zunächst ein Kennwort vergeben.

1.3.4   Beitritt zu einer Azure Domäne

Natürlich können Sie auch einer Azure Domäne beitreten.

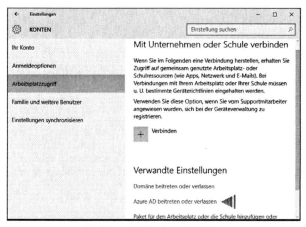

Abbildung 1.48: Azure Domäne

1.3.5   Anmelden mit dem Microsoft-Konto

Natürlich können Sie sich auch an Ihrem Rechner mit einem Microsoft-Konto anmelden.

Damit haben Sie den direkten Zugriff auf alle von Microsoft angebotenen Cloud-Dienste.

1.3.6   Verknüpfen des Microsoft Kontos mit einem Active Directory Konto

In einer Active Directory Domäne melden sich die Benutzer mit ihrem Domänenkonto an.

Wenn Sie nun auf die Cloud-Dienste zugreifen möchten, müssen Sie ihr Microsoft Konto angeben.

Um diese Vorgehensweise zu vereinfachen, gibt es die Möglichkeit, ein Domänenkonto mit einem Microsoft Konto zu verknüpfen.

Der Benutzer meldet sich dann mit seinem Domänenkonto an, im Hintergrund ist das Microsoft Konto aber permanent verfügbar, um auf Cloud-Ressourcen zuzugreifen.

Die Verknüpfung ist relativ einfach.

Sie öffnen die „Einstellungen" und wählen „Konten".

Abbildung 1.49: Konten

Hier wählen Sie unter „Ihr Konto" den Punkt „Microsoft-Konto hinzufügen".

Abbildung 1.50: Microsoft-Konto hinzufügen

Nun können Sie das Konto angeben, das mit dem Domänenkonto verknüpft werden soll.

1.3.7 Verbieten der Anmeldung mit dem Microsoft-Konto

In manchen Szenarien ist es möglicherweise nicht gewünscht, dass Mitarbeiter sich mit dem Microsoft-Konto anmelden können.

Das können Sie sehr einfach in einer Gruppenrichtlinie verbieten.

ACHTUNG!
Gruppenrichtlinien werden in Kapitel 3 genauer besprochen, deswegen wird hier nur der Weg zu den Einstellungen erklärt, nicht aber das Hintergrundwissen.

Dazu gehen Sie folgenden Weg:

- Computerkonfiguration
- Windows Einstellungen
- Sicherheitseinstellungen
- Sicherheitsoptionen

Hier wählen Sie „Konten: Microsoft-Konten blockieren".

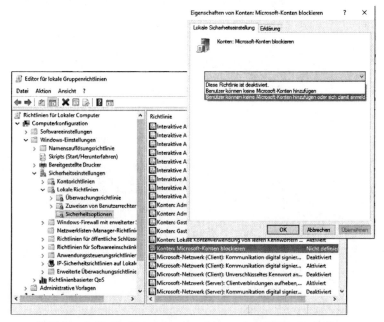

Abbildung 1.51: Verbieten der Anmeldung mit dem Microsoft-Konto

Hier suchen Sie aus der Auswahl die Einstellung:

„Benutzer können keine Microsoft-Konten hinzufügen oder sich damit anmelden."

1.3.8 Arbeitsplatzzugriff

Wenn Sie einer Domäne beitreten, sind Sie sowohl mit dem Computerkonto als auch mit dem Benutzerkonto Mitglied der Domäne.

Wenn Sie der Domäne nicht beitreten, können Sie auch keine Domänenressourcen benutzen.

In manchen Szenarien wäre ein Mittelweg schön – einerseits die Freiheit, kein Domänenmitglied zu sein und damit auch nicht durch Gruppenrichtlinien eingeschränkt zu sein, andererseits aber auf Domänenressourcen Zugriff haben zu können.

Diese Funktion ist mit Windows 10 möglich, allerdings benötigen Sie dafür als Domänencontroller Windows Server 2012 R2 und solide Kenntnisse des Active Directory.

Wenn alle Vorbereitungen getroffen sind (Installation der AD FS, DNS-Konfiguration und so weiter), ist es möglich, mit einem Client auf diese Domäne zuzugreifen, ohne dort ein Konto zu haben.

Um den Client dem Arbeitsplatz beitreten zu lassen, wählen Sie

- Einstellungen
- Konten
- Arbeitsplatzzugriff

Abbildung 1.52: Arbeitsplatzzugriff

Nun werden Sie aufgefordert, eine E-Mail-Adresse anzugeben, mit der Sie der Organisation beitreten können.

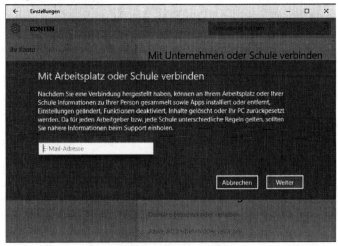

Abbildung 1.53: E-Mail Adresse

Danach wird der Computer der Organisation hinzugefügt.

1.3.9　Windows Tresor

Die sicherste Methode wäre es, nie ein Passwort zu speichern.

Ab einer gewissen Menge an Passwörtern wird dies eine gedankliche Herausforderung. Hier kommt der Windows Tresor ins Spiel, um Sie zu entlasten. Sie können hier Ihre Windows bezogenen Passwörter speichern.

Wenn Sie ein zweites Mal auf die Anmeldeinformationen zugreifen müssen, müssen Sie das Kennwort nicht mehr eingeben, da es bereits gespeichert ist.

ACHTUNG!

Obwohl dies eine praktische Möglichkeit ist, sich die Arbeit zu erleichtern, kann es doch eine Sicherheitslücke sein, denn das Kennwort muss nun nicht mehr eingegeben werden!

Deswegen sollten Sie wissen, wo in so einem Fall das Kennwort gespeichert wird, und wie Sie es wieder löschen können.

Es wird im „Windows Tresor" gespeichert, den Sie folgendermaßen finden:

- Systemsteuerung

- Benutzerkonten

- Anmeldeinformationsverwaltung

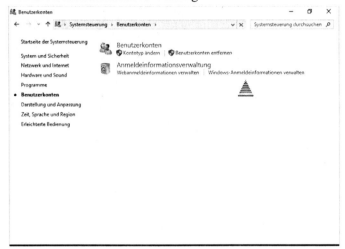

Abbildung 1.54: Anmeldeinformationsverwaltung

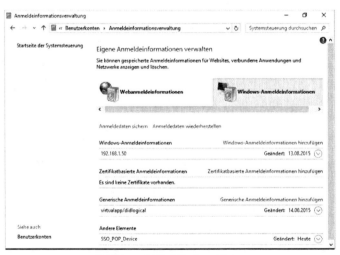

Abbildung 1.55: Windows-Tresor

Hier sehen Sie alle gespeicherten Kennwörter, zwar nicht im Klartext, aber die Speicherung ist erkennbar.

Nicht nur die Windows-Anmeldeinformationen sind hier gespeichert, sondern auch Anmeldeinformationen, die auf einem Zertifikat basieren und Anmeldeinformationen für Websites.

Hier können Sie solche Informationen hinzufügen, bearbeiten und natürlich auch löschen!

1.3.10 Windows Hello

Mit Windows 10 bringt Microsoft eine völlig neue Art der Authentifizierung.

Bisher war die Anmeldung mit Kennwort, Smartcard oder virtueller Smartcard normal, wobei als Hardwarevoraussetzung für die virtuelle Smartcard ein TPM Chip der Version 1.2 vorhanden sein muss.

Microsoft führt nun die Authentifizierung mit biometrischen Merkmalen ein, wie Fingerabdrücke, Gesichts- oder Iris-Scan. Hierzu wird Microsoft Passport benutzt.

Es wird natürlich die entsprechende Hardware benötigt.

Wenn diese vorhanden ist, kann man Windows Hello unter

- Einstellungen
- Konten
- Anmeldeoptionen

konfigurieren.

In den meisten Fällen müssen Sie bei der Einrichtung auch noch eine Pin angeben, die ist für den Fall, dass entweder die externe Hardware versagt, oder Ihre biometrischen Merkmale aufgrund einer Veränderung nicht zu erkennen sind. Dies kann nach einem Unfall passieren, denn wie kann ein Fingerabdruck erkannt werden, wenn Sie sich zuvor in diesen Finger geschnitten haben?

Generell ist es möglich, Windows Hello zur Anmeldung zu verwenden, aber nicht nötig, Ihnen bleibt immer noch der Weg über die festgelegte Pin.

Natürlich können Sie Windows Hello auch jederzeit wieder deaktivieren.

1.4 Zusammenfassung, Übungen / Aufgaben

1.4.1 Zusammenfassung

Windows 10 gibt es in verschiedenen Ausführungen:

- Windows 10 Home
- Windows 10 Pro
- Windows 10 Enterprise
- Windows 10 Education
- Windows 10 IoT Core
- Windows 10 Mobile
- Windows 10 Mobile Enterprise

Die Hardwarevoraussetzungen für Windows 10 sind denen von Windows 7 sehr ähnlich, was bedeutet, dass bei einem Systemwechsel keine neue Hardware angeschafft werden muss, es sei denn, Sie möchten die mobilen Funktionen per Touchpad nutzen.

Office 365 ist eine Möglichkeit, die Office-Programme aus der Cloud zu beziehen.

Für diesen Service wird ein monatlicher Beitrag bezahlt. Das ist ein großer Unterschied zu den herkömmlichen Office-Produkten, die Sie einmalig kaufen.

Office 365 dagegen ist ein Abo, das außer den Office-Produkten noch einiges mehr enthält, wie beispielsweise OneDrive Professional, der Cloud-Speicher von Microsoft.

Ein großer Vorteil von Office 365 ist die Flexibilität. Sie installieren die Programme auf dem Rechner lokal, und können somit auch Offline arbeiten.

Auch die Plattformunabhängigkeit ist ein sehr großer Vorteil, Sie können die Programme auf den verschiedensten Plattformen installieren, wie Windows, IOS, Android.

Die Daten können lokal oder in der Cloud gespeichert werden, ganz, wie Sie wollen.

In einigen Versionen von Office Online werden noch einige

Zusatzprodukte geboten, wie beispielsweise der Exchange Server.

Eine weitere Möglichkeit, Apps zu erhalten, ist der App-Store.

Hier können Sie Apps herunterladen, teilweise sind sie kostenlos, teilweise kostenpflichtig. Dieses Prinzip kennen die meisten Benutzer ja schon vom Smartphone.

Um zum App-Store zu gelangen, benötigt man nur eine Internetverbindung.

Apps können normalerweise nur aus dem App Store geladen und installiert werden.

Allerdings ist es manchmal nötig, auch Apps zu installieren, die von anderer Quelle kommen. Dies kann der Fall sein, wenn man eine App selber entwickelt hat und erst einmal testen möchte.

Für diesen Fall gibt es eine Einstellung, die es erlaubt, auch Apps, die nicht aus dem App Store kommen, zu installieren. Diese Funktion heißt „Apps querladen".

1.4.2   Übungen

1. Überlegen Sie, welche Versionen von Windows 10 für welchen Einsatzbereich in Frage kommen.

2. Welche Hardwarevoraussetzungen benötigen Sie?

3. Installieren Sie in der virtuellen Maschine „W10" Windows 10 Enterprise.

   Belassen Sie die Standardeinstellungen bei der Festplatten-einteilung.

   Ändern Sie die Netzwerkkarte auf Zugriff in die reale Welt. Passen Sie die IP-Konfiguration dementsprechend an.

   Benutzen Sie nicht die Expresseinstellungen, sondern passen Sie Ihre Einstellungen individuell an.

   Installieren Sie ohne Microsoft Konto.

   Geben Sie als Benutzernamen „AA" an (für Anna Admin).

   Der Computername ist „W10".

   Das Kennwort ist „Kennw0rt!" (Bitte beachten Sie: Dieses Kennwort enthält die Ziffer „0" und am Ende ein „!").

   Wählen Sie einen entsprechenden Kennworthinweis.

   Verwenden Sie weiterhin die empfohlenen, bzw. Standard-einstellungen.

   Melden Sie sich mit Ihrem Konto an.

4. Erstellen Sie einen Account für Office 365. Gehen Sie dafür auf die Seite http://live.com und erstellen Sie einen Microsoft Account. (Siehe Anhang A).

5. Erstellen Sie einen Office 365 Test-Zugang (Siehe Anhang A).

6. Melden Sie sich mit den Zugangsdaten an und installieren Sie Office 365 auf dem Windows 10 Rechner. Gehen Sie dazu auf http://portal.office.com.

7. Installieren Sie auch eine kostenlose App aus dem App-Store.

8. Aktivieren Sie das Querladen von Apps.

9. Betrachten Sie alle Einstellungsmöglichkeiten für die Anmeldung an einer Arbeitsgruppe.

10. Ändern Sie die Netzwerkkarte wieder auf „nur lokal".

11. Treten Sie der Domäne „Meistertrainer.info" bei.

    Benutzen Sie dafür folgende lokale Einstellung:

    IP-Adresse automatisch zuweisen

    Anmeldeinformationen zum Domänenbeitritt:

    Benutzername: Administrator

    Kennwort: Kennw0rt!

    Melden Sie sich danach als Administrator an der Domäne an.

12. Legen Sie einen lokalen Benutzer an.

13. Betrachten Sie alle weiteren Möglichkeiten, wie Beitritt zur einer Azure Domäne, Konten verbinden, Arbeitsplatzzugriff. Bleiben Sie aber Mitglied der Domäne.

14. Betrachten Sie den Windows Tresor.

15. Erstellen Sie einen Snapshot der virtuellen Maschine „DC". Nennen Sie diesen Snapshot „DC-S1".

16. Erstellen Sie einen Snapshot der virtuellen Maschine „W10". Nennen Sie diesen Snapshot „W10-S1".

1.4.3   Aufgaben

1. Sie entwickeln gerade eine App für Windows 10.

   Wie können Sie diese auf einem Windows 10 Rechner testen?

2. Sie sind Client-Administrator der Firma Meistertrainer.

   In der Domäne werden AD Konten benutzt, um sich anzumelden. Viele Benutzer haben Microsoft Accounts, mit denen sie Apps herunterladen können.

   Wie können Sie dafür sorgen, dass sich alle Personen nur einmal anmelden müssen, und dann sowohl mit dem Domänenkonto als auch mit dem Microsoft Konto arbeiten zu können?

3. Sie sind Client-Administrator der Firma Meistertrainer.

   Alle Windows 10 Rechner sind Mitglied der Aktive Directory Domäne.

   Wie können Sie verhindern, dass die Kollegen ihre Microsoft-Konten benutzen, während sie an der Domäne angemeldet sind?

4. Sie möchten virtuelle Smart Cards verwenden.

   Welche Hardwarevoraussetzung muss gegeben sein?

5. Welche Taktung benötigt ein Prozessor mindestens, damit Windows 10 installiert werden kann?

6. Sie möchten Office auf allen Rechnern der Domäne benutzen. Wie können Sie die Programmsammlung für alle Benutzer bereitstellen?

7. Sie möchten eine Anwendung aus dem App Store installieren.

   Was müssen Sie beachten?

2 Verteilen von Windows 10

Prüfungsanforderungen von Microsoft:

- Support Windows Store and cloud apps
  - o sideload apps into online and offline images

Quelle: Microsoft

Lernziele:

- Der Windows Imaging and Configuration Designer (ICD)
- Ein Image bearbeiten mit DISM.EXE
- Das Klonen einer vorhandenen Maschine
- Erstellen eines BOOT-PE Mediums
- Klonen des Clients
- Das Image erstellen
- Das Verteilen eines Images
- MDT 2013 Update 1

2.1 Einführung

Oft muss Windows 10 nicht nur auf einer einzelnen Maschine installiert werden, sondern auf vielen. In diesem Fall ist es nicht sinnvoll, die normale Einzelplatzinstallation auf jedem einzelnen Rechner auszuführen, diese Vorgehensweise wäre viel zu langsam und auch zu fehleranfällig.

Wir benötigen hierfür Möglichkeiten, so genannte Massenrollouts zu generieren, dies sind Installationen, bei denen automatisiert eine große Anzahl an Computern mit dem Betriebssystem versorgt wird.

2.2 Verteilen von Windows 10

Das Verteilen einer Installation ist die Grundvoraussetzung für Massenrollouts. Immer wenn viele Rechner mit ein und demselben Betriebssystem ausgestattet werden müssen, ist es nicht mehr möglich, eine Installation über eine DVD zu starten, wie wir es bisher gemacht haben.

Massenrollouts setzen Vorbereitung voraus, unter anderem darf es nicht mehr nötig sein, die Informationen, wie Seriennummer oder Sprachversion manuell an jedem Computer eingeben zu müssen.

In vielen früheren Versionen war ein Massenrollout relativ schwierig, da jeder Computer einzeln installiert werden musste. Dies konnte zwar mit einigen Dateien vereinfacht werden, aber das Prinzip der Einzelinstallation blieb. Selbst mit Tools, die ein Image eines installierten Systems weiterverbreitet haben, stieß man schnell an die Grenzen des machbaren, da für eine solche Verteilung gleiche, oder zumindest ähnliche Hardware nötig war.

Windows 10 wird –auch beaufsichtigt- nicht mehr (wie die Windows Versionen vor Windows Vista) durch Aufrufen eines Installationsprogrammes installiert, sondern hat ein komplett neues Konzept.

Windows 10 ist imagebasiert

Das klingt nicht überragend neu, denn es war ja bisher auch schon möglich, von installierten Systemen Images zu erstellen, und diese zu verteilen.

Doch Windows 10 wird bereits als Image ausgeliefert!

Dies ist sehr wohl neu, und wirft einige Fragen auf. Wie ist es möglich, dass ein Image auf den verschiedensten Hardwarekonfigurationen installiert werden kann?

Microsoft hat es geschafft, ein Imageformat zu kreieren, das völlig hardwareunabhängig ist. Dieses Format arbeitet auch mit einer hohen Kompressionsrate, deswegen ist es möglich, dass auf einem Windows 10 Installationsmedium mehrere Versionen von Windows 10 vorhanden sind! Das Format nennt sich „.WIM" (Windows Imaging Microsoft).

Die relevanten Daten befinden sich in zwei Dateien:

- Install.WIM
- Boot.WIM

Das eröffnet natürlich für das Massenrollout neue Möglichkeiten.

Windows 10 ist sprachneutral

Alle Sprachpakete (inklusive Englisch) sind optionale Komponenten und können einzeln zum Betriebssystem hinzugefügt werden.

Das kann man erkennen, wenn man in der Registry einige Einträge mit den Einträgen vergleicht, die in früheren Windows Versionen zu finden waren.

Windows 10 startet die Installation nicht mehr im DOS-Modus

Viele vorherigen Windows Versionen haben die Installation immer im DOS-Modus gestartet.

Windows 10 dagegen startet die Installation mit Windows PE .

Windows PE basiert auf dem Windows 10 Kernel und ist ein eigenes, kleines Betriebssystem, das aber nur eingeschränkte Funktion hat. Mit diesem System wird die Installation gestartet. Windows PE findet sich in der Datei „Boot.WIM".

2.2.1 Der Windows Imaging and Configuration Designer (ICD)

Wenn Sie Images verändern möchten, gibt Microsoft Ihnen ein sehr gutes Tool zu Hand, den „Windows Imaging and Configuration Designer (ICD)".

Hiermit können Sie Images verändern und neue Images erstellen. Sogar Programme und Treiber können Sie auf einfache Art in das Image einbinden.

Installation

Der ICD ist Bestandteil des Windows Assessment and Deployment Kit. Hier sind auch noch andere nützliche Tools vorhanden.

Laden Sie zunächst das Windows Assessment and Deployment Kit herunter und installieren Sie es (wenn Sie dies noch nicht vorher gemacht haben).

Folgende Features müssen Sie installieren, damit Sie ICD benutzen können:

- Bereitstellungstools
- Windows Preinstallation Environment (Windows PE)
- Windows Bildverarbeitungs- und Konfigurations-Designer (Windows ICD)
- Migrationstool für den Benutzerstatus (USMT)

Abbildung 2.1: Windows ADK Installation

Bevor Sie nun mit dem Erstellen von Images beginnen, wollen wir noch kurz auf einige Fakten eingehen.

Welche Images können mit ICD konfiguriert werden?

- Windows 10-Image für Desktopeditionen (Home, Pro und Enterprise)
- Windows 10 Mobile-Image
- Windows 10 IoT Core-Image

Auf welchen Betriebssystemen kann ICD installiert werden, um Images zu erstellen?

- Windows 8.1 – x86 und amd64
- Windows 8 – x86 und amd64
- Windows 10 – x86 und amd64
- Windows Server Technical Preview
- Windows Server 2012 R2
- Windows Server 2012
- Windows Server 2008 R2

Nun können wir beginnen, Images zu erstellen.

Erstellen eines Images für die Bereitstellung

Zunächst einmal starten Sie den „Windows Designer für die Imageerstellung und –konfiguration".

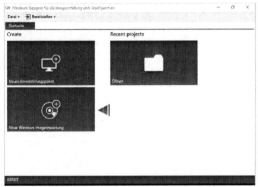

Abbildung 2.2: Designer ist gestartet

Hier wählen Sie „Neue Windows-Imageanpassung".

Abbildung 2.3: Name und Auswahl

Im ersten Schritt geben Sie dem neuen Projekt einen Namen. Dann wählen Sie „Das Windows-Image basiert auf einer WIM (Windows Image)-Datei" aus.

Abbildung 2.4: Auswahl WIM-Image

Nun wählen Sie die Datei „Install.wim" aus. Sollten in diesem Image mehrere Betriebssysteme vorhanden sein, werden Ihnen alle angezeigt.

ACHTUNG!

Kopieren Sie vorher die Installationsdateien auf die Festplatte! Wenn Sie die Datei Install.wim auf einem schreibgeschützten Medium haben, wie beispielsweise einer DVD, können Sie den Vorgang nicht zu Ende führen, und bekommen eine Fehlermeldung, da temporäre Dateien in das Verzeichnis der Datei install.wim geschrieben werden.

Wählen Sie das gewünschte Image aus und klicken Sie auf „Weiter".

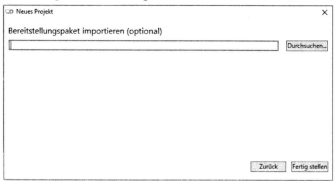

Abbildung 2.5: Bereitstellungspaket

Im nächsten Schritt können Sie ein Bereitstellungspaket importieren.

Lassen Sie uns diesen Schritt erst einmal überspringen, wir kommen später noch darauf zurück, was ein Bereitstellungspaket ist.

Klicken Sie auf „Fertig stellen".

Nun dauert es einen Moment, bis alle Einstellungen verarbeitet sind.

Abbildung 2.6: Verfügbare Anpassungen

Danach erscheint das Fenster „Verfügbare Anpassungen".

Sie ist ein wichtiger Teil der Imageerstellung, denn hier können Sie das Image individuell auf Ihre Bedürfnisse anpassen.

Sie können beispielsweise Anwendungspakete einbinden, Treiber vorab zur Verfügung stellen und sonstige benötigte Einstellungen vornehmen.

Nachdem Sie alle benötigten Einstellungen gemacht haben, können Sie die Konfiguration fortsetzen.

Bereitstellungspaket

An dieser Stelle möchte ich auf das Thema „Bereitstellungspaket" zurückkommen.

Wenn wir es genau betrachten, haben wir bisher zwei verschiedene Dinge gemacht

- Das Betriebssystem-Image gewählt
- Zusätzliche Programme und Funktionen hinzugefügt

Genau diese Herangehensweise ist der Schlüssel zu den Bereitstellungspaketen.

Sie sind nämlich nichts anderes, als die Sammlung der Änderungen für das Betriebssystem-Image, also die Programme, Treiber etc. Es sind die Einstellungen, die wir eben in der Konsole „Verfügbare Anpassungen" vorgenommen haben.

Aus diesem Grund ist es nur logisch, dass wir diese Einstellungen auch getrennt speichern können.

Und schon haben wir ein „Bereitstellungspaket".

Ein Bereitstellungspaket ist eine Sammlung der Änderungen, die am Betriebssystem vorgenommen werden sollen.

Wenn wir diese Änderungen speichern wollen, klicken wir auf „Exportieren – Bereitstellungspaket".

Abbildung 2.7: Export eines Bereitstellungspakets

Nun geben Sie dem Paket einen Namen.

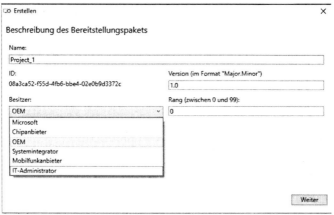

Abbildung 2.8: Paketeigenschaften

Nun wählen Sie den Paketbesitzer aus.

Die Paketversion können Sie auch selber wählen, genauso wie den Rang.

Klicken Sie dann auf „Weiter".

Abbildung 2.9: Fertigstellen

Sie wählen noch, ob das Paket verschlüsselt oder signiert werden soll und wählen einen Speicherplatz.

Dann wird das Paket erstellt.

ACHTUNG!

Ein Bereitstellungspaket hat immer die Endung .ppkg.

Erstellen des Images

Aber zurück zum Erstellen des Images.

Egal, ob wir das Bereitstellungspaket getrennt speichern wollen oder nicht, unser Ziel ist es, ein Image zu erstellen, welches das Betriebssystem zusammen mit den Änderungen enthält.

Dazu klicken wir auf „Erstellen".

Abbildung 2.10: Erstellen des Images

Nun haben wir drei Auswahlmöglichkeiten:

Produktionsmedium

Dies ist die richtige Wahl, wenn das Image für einen Massenrollout genommen werden soll. Die Installation kann komplett automatisiert werden und auch in einem Überwachungsmodus gestartet werden, um ein Skript zu testen.

Medium für die Neuinstallation

Dies ist das Medium der Wahl, wenn es für eine Einzelplatzinstallation verwendet werden soll.

Wiederherstellungsmedium

Dies ist das Medium, mit dem eine Systemwiederherstellung vorgenommen werden kann.

In unserem Beispiel wählen wir „Produktionsmedium".

Im nächsten Bildschirm wählen wir das Speicherformat aus.

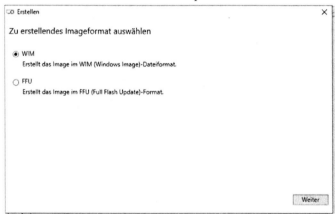

Abbildung 2.11: Speicherformat

In den meisten Fällen werden wir hier das Format „wim" wählen.

Nun wählen Sie noch, ob das Betriebssystem komprimiert werden soll, und den Speicherort.

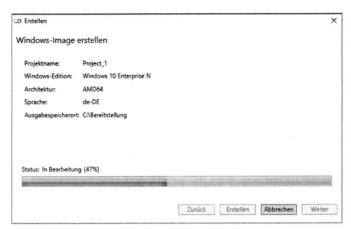

Abbildung 2.12: Image wird erstellt

Danach wird das Image erstellt.

Erstellen eines Bereitstellungspakets

Wir haben eben schon gesehen, wie Sie während des Erstellens eines Images ein Bereitstellungspaket erstellen können.

Natürlich können Sie dies auch in einem eigenen Schritt machen.

Dazu wählen Sie auf der Startseite von ICD „Neues Bereitstellungspaket".

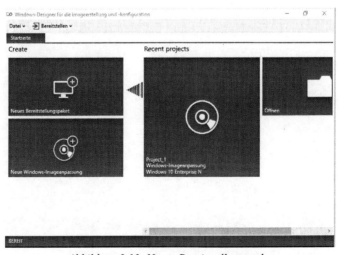

Abbildung 2.13: Neues Bereitstellungspaket

Zunächst wählen Sie wieder einen Namen und den Speicherort.

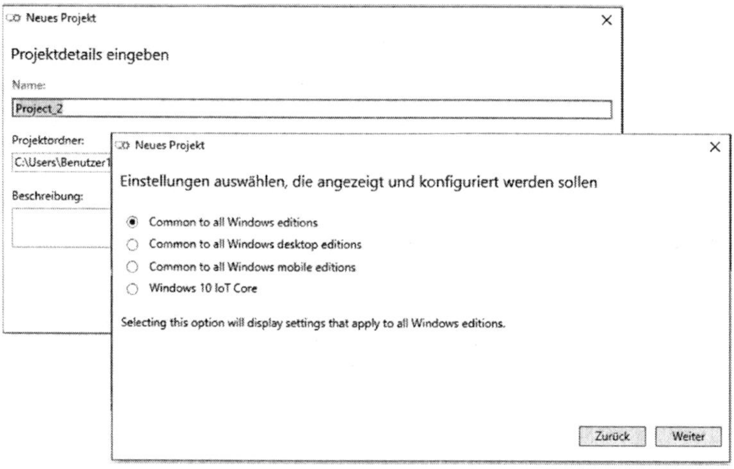

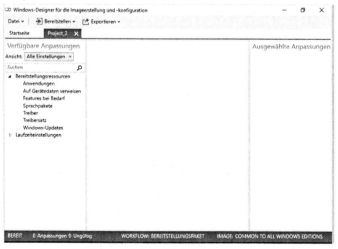

Abbildung 2.14: Namen und Speicherort

Nun können Sie wählen, ob das Bereitstellungspaket für alle Windows-Versionen oder nur für bestimmte Versionen erstellt werden soll.

Danach können Sie ein bereits bestehendes Bereitstellungspaket einbinden.

Nun gelangen Sie zu der bereits bekannten Seite „Verfügbare Anpassungen".

Abbildung 2.15: Verfügbare Anpassungen

Hier generieren Sie die gewünschten Einstellungen.

Der Rest ist genauso, wie es oben bereits besprochen worden ist.

2.2.2 Ein Image bearbeiten mit DISM.EXE

Wir haben gesehen, die Bearbeitung eines Images ist mit ICD sehr einfach.

Es gibt aber noch andere Möglichkeiten, ein Image zu bearbeiten.

Updates, Treiber und Sprachpakete hinzufügen

Wenn Sie das Installationsimage bearbeiten möchten, können Sie dafür auch das Tool „DISM.EXE" benutzen, das im Lieferumfang von Windows 10 enthalten ist.

Infos über das Image

Zunächst sollten Sie sich Informationen über das Image anzeigen lassen.

ACHTUNG!

Die folgenden Befehle werden immer mit einer Eingabeaufforderung ausgeführt, die mit dem Parameter „Als Administrator ausführen" geöffnet wird!

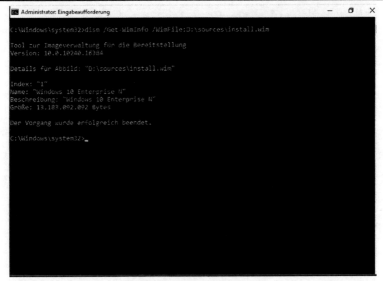

Abbildung 2.16: Informationen

Dies tun Sie mit dem Befehl

dism /Get-WimInfo /WimFile:<Pfad>\<NameDesImages>

Wenn Sie also Informationen über die Datei „Install.wim" haben möchten, die sich auf der DVD im Laufwerk D:\ befindet, lautet der Befehl wie folgt:

dism /Get-WimInfo /WimFile:D:\sources\install.wim>

Sie sehen, dass nur die Version „Windows 10 Enterprise N" in dieser Imagedatei vorhanden ist, und deswegen auch die Indexnummer 1 hat. Wichtig ist, dass Sie sich die Indexnummer merken, denn nun können Sie über einzelne Installationen genauere Informationen betrachten, mit dem Befehl:

dism /Get-WimInfo /WimFile:<Pfad>\<NameDesImages>
/index:<Nummer des Index>

Der Befehl lautet in unserem Fall:

dism /Get-WimInfo /WimFile:d:\sources\install.wim /index:1

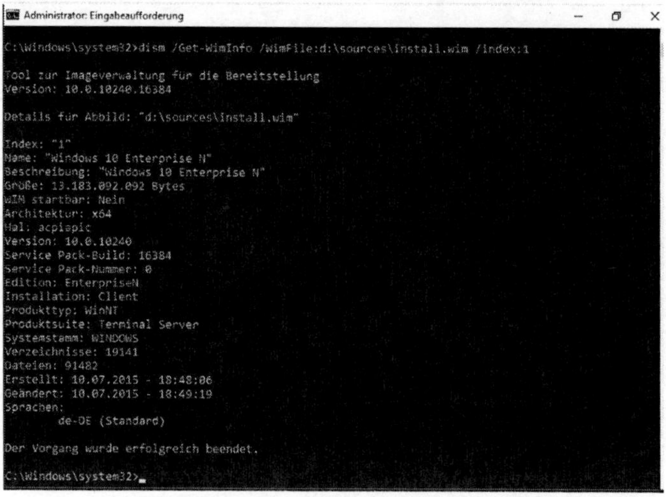

Abbildung 2.17: Informationen über den Index 1

Mounten des Images

Bevor Sie ein Image bearbeiten können, müssen Sie es mounten, also „offline verfügbar machen".

Das bedeutet, das Image wird entpackt und in einem Ordner bereitgestellt.

Dazu sollten Sie das Image auf die Festplatte kopieren. Wenn Sie versuchen, ein Image von einer CD oder DVD zu mounten, erhalten Sie eine Fehlermeldung, da diese Datenträger schreibgeschützt sind.

Also kopieren Sie die Datei auf die Festplatte. Erstellen Sie auch einen Ordner, in den Sie die Datei mounten möchten, z.B. den Ordner C:\Mount.

Die Syntax für das Mounten ist:

dism /Mount-Wim /wimfile:<Pfad der wim-Datei>
/index:<IndexNummer> /MountDir:<Ordner>

In unserem Beispiel ist dies folgender Befehl:

dism /Mount-Wim /wimfile:C:\install\install.wim /index:1
/MountDir:C:\Mount

Abbildung 2.18: Mounten

Informationen über Treiber, Features, Sprachen, Updates

Nachdem das Image jetzt gemountet ist, können Sie Informationen über diese Images anfordern.

Die Syntax ist hierfür folgende:

Treiberinformationen:

dism /image:<gemounteterPfad> /Get-Drivers

Informationen über Windows Features:

dism /image:<gemounteterPfad> /Get-Features

Informationen über Feature-Packs, Sprachpakete, Updates, etc:

dism /image:<gemounteterPfad> /Get-Packages

Als Beispiel lassen wir uns hier die Treiber anzeigen:

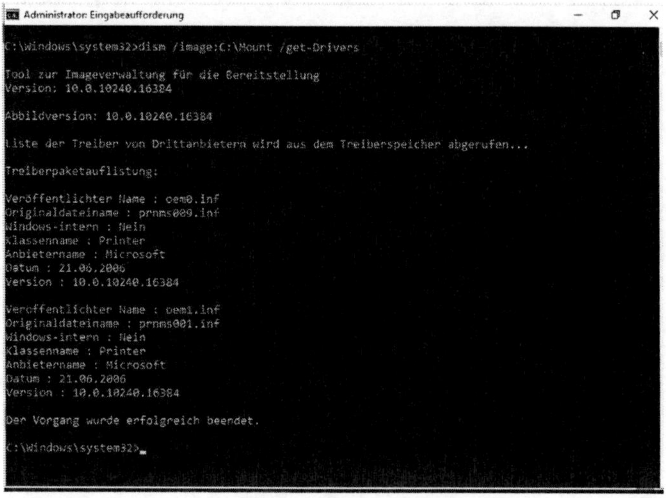

Abbildung 2.19: Treiber

Das Image bearbeiten

Nun können Sie das Image nach Herzenslust bearbeiten.

Features Deaktivieren:

dism /image:< gemounteterPfad> /Disable-Feature:<NameDesFeatures>

Pakete hinzufügen:

Dism /image: <gemounteterPfad> /Add-Package
<PfadDesPakets>\<NameDesPakets>

Apps hinzufügen:

Dism /Add-ProvisionedAppxPackage: Fügt eine Anwendung für alle Benutzer hinzu

Dism / Add-AppxPackage: Fügt eine Anwendung für einen Benutzer hinzu

Änderungen im Image speichern

Nach jeder Änderung sollten Sie diese Änderungen speichern.

Dies tun Sie mit dem Befehl

Dism /Commit-Wim /MountDir:<gemounteterPfad>

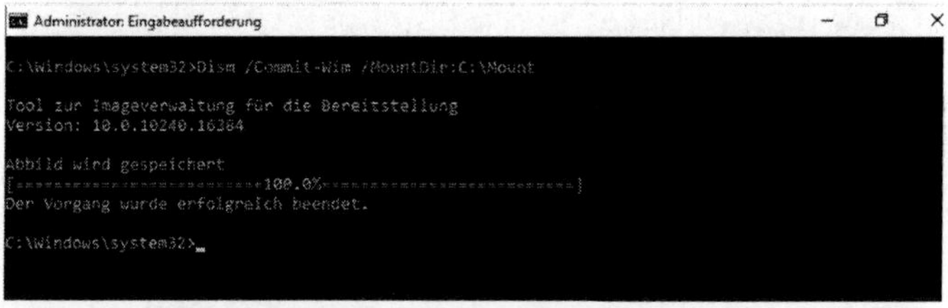

Abbildung 2.20: Änderungen speichern

Bereitstellung aufheben

Der letzte Schritt ist, das Image wieder zu „unmounten", und die Änderungen endgültig in dieses Image zu speichern.

Dism /unmount-WIM /MountDir:<gemounteterPfad> /commit

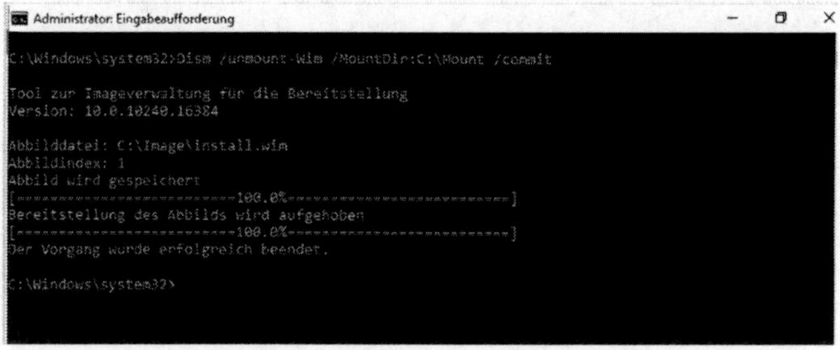

Abbildung 2.21: Bereitstellung aufheben

Hierbei wird das bearbeitete Image wieder in die ursprüngliche Datei zurückgespeichert. Deswegen darf diese auch nicht schreibgeschützt sein!

2.2.3 Das Klonen einer vorhandenen Maschine

Nun wissen wir genau, wie ein Image erstellt oder bearbeitet werden kann.

Allerdings wäre es doch sehr praktisch, wenn es eine Möglichkeit gäbe einen vorhandenen Computer zu klonen, mit allen Einstellungen und installierten Programmen.

Mit Windows 10 haben Sie die Möglichkeit, einen Referenzcomputer einzurichten, und diesen Computer mit den installierten Programmen auf beliebig viele andere Clients zu übertragen, egal, ob die Hardware sich unterscheidet.

Dazu gehen Sie folgenden Weg:

- Sie installieren den Referenzcomputer
- Sie installieren die Programme auf dem Referenzcomputer
- Sie entfernen die SID und andere eindeutige Erkennungsmerkmale vom Referenzcomputer
- Sie erstellen ein Image des Referenzcomputers

Dieses Image können Sie dann an andere Computer verteilen.

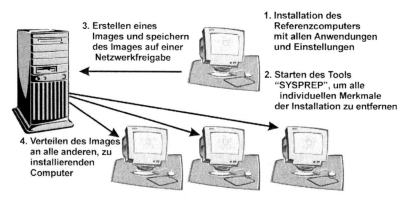

Abbildung 2.22: Das Prinzip des Klonvorgangs

Das Entfernen der eindeutigen Erkennungsmerkmale, wie Computernamen, SID oder ähnliches ist nötig, damit jeder Computer innerhalb des Netzwerks einmalig ist. Wenn Sie diese Informationen vom Referenzcomputer nicht entfernen, erhalten Sie lauter gleiche Computer mit lauter gleichen Namen und SIDs, was natürlich nicht möglich ist.

2.2.4 Erstellen eines BOOT-PE Mediums

Bevor Sie einen Computer mit SYSPREP seiner Identität berauben, sollten Sie sich eine Boot-CD erstellen, mit der Sie nach dem Ausführen von SYSPREP den Computer klonen können.

Nach dem Ausführen von SYSPREP wird der Computer heruntergefahren. Wenn Sie ihn wieder starten, werden Sie nach den eindeutigen Informationen gefragt. Das wollen wir aber solange vermeiden, bis wir ein neutrales Image dieses Rechners erstellt haben. Also müssen wir den Computer mit einer Start-CD starten.

Auf dieser CD sollte im Idealfall natürlich auch ein Imagetool vorhanden sein.

Dafür werden wir ein Windows PE Boot-Medium erstellen.

Windows PE ist eine abgespeckte Version des Windows Betriebssystems, mit dem Sie einen Computer starten können. Auf diesem Medium können auch noch zusätzliche Tools sein, mit denen Sie beispielsweise ein Image ziehen können.

Zum Erstellen eines Windows PE Boot-Mediums benutzen Sie die „Umgebung für Bereitstellungs – und Imageerstellungstools".

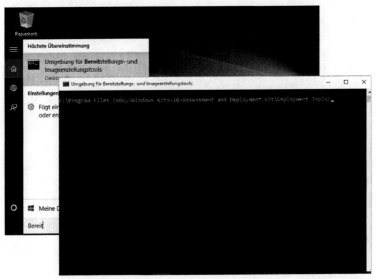

Abbildung 2.23: Umgebung für Bereitstellungs- und Imageerstellungstools

Sie müssen in diesem Tool viele Eingaben über die Befehlszeile machen, es gibt hierfür keine GUI.

Sie lassen nun von dem PE Tool eine Ordnerstruktur erstellen, mit der Sie eine Boot-CD mit Windows PE machen können. Dies tun Sie mit dem Befehl

Copype amd64 <Laufwerk\Ordner

In unserem Fall möchten wir im Laufwerk C: einen Ordner mit Namen „Winpe" erstellen und die Daten dorthin kopieren.

Dann ist die Kommandozeile folgende:

Copype amd64 C:\Winpe

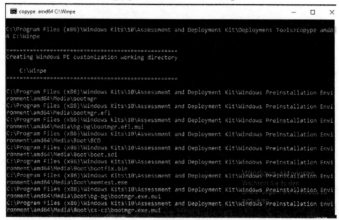

Abbildung 2.24: Erstellen der Verzeichnisstruktur für Boot PE

ACHTUNG!

Je nachdem, welchen Prozessor Sie verwenden, müssen Sie andere Befehle eingeben, entweder „x86", „amd64" oder „ia64"!

Das Erstellen der Ordnerstruktur dauert eine Weile.

Im nächsten Schritt mounten Sie die Datei „Boot.wim".

Diese befindet sich in der eben erstellen Ordnerstruktur im Verzeichnis „Media\Sources".

Zum Mounten öffnen Sie eine PowerShell Konsole als Administrator. Lassen Sie die „Umgebung für Bereitstellungs – und Imageerstellungstools" im Hintergrund geöffnet.

Abbildung 2.25: PowerShell

Hier geben Sie folgenden Befehl ein:

Mount-WindowsImage –ImagePath <PfadDerDateiBoot.wim> -Index <NummerDesImages> -Path <Zielpfad>

Wenn wir also unser Image in den Ordner C:\WinPE\Mount mounten wollen, lautet der Befehl:

**Mount-WindowsImage –ImagePath
C:\Winpe\Media\Sources\Boot.wim -Index 1 -Path C:\Winpe\Mount**

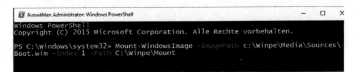

Abbildung 2.26: Mounten des Images

Nun können noch zusätzliche Tools eingebunden werden. Dies machen Sie mit folgenden PowerShell-Befehlen:

Add-WindowsDriver –Path

Add-WindowsPackage –Path

Nachdem das Image bearbeitet ist, muss das Mounten beendet werden und die Änderungen in der Dateistruktur gespeichert werden.

Dafür geben Sie folgenden Befehl ein:

Dismount-WindowsImage –Path <PfadDesGemountetenImages> - Save

In unserem Fall ist das folgender Befehl:

Dismount-WindowsImage –Path C:\Winpie\Mount -Save

Abbildung 2.27: Dismounten

Zu guter Letzt muss diese Verzeichnisstruktur noch in eine .iso-Datei gepackt werden, die dann gebrannt werden kann.

Dazu schließen Sie die PowerShell Konsole und kehren zu der noch geöffneten „Umgebung für Bereitstellungs – und Imageerstellungstools" zurück.

Hier erstellen Sie zunächst ein Verzeichnis, in dem die ISO-Datei gespeichert werden soll:

MD <Pfad>

Wenn der Pfad c:\BootMedium heißen soll, ist der Befehl:

MD C:\BootMedium

Nun erstellen Sie die ISO-Datei mit folgendem Befehl:

**MakeWinpeMedia /iso <PfadDerDateien>
<Zielpfad>\<NameDerDatei>**

Wenn die Datei WinPE.iso heißen soll, lautet der Befehl:

MakeWinpeMedia /iso C:\WinPE C:\BootMedium\WinPE.iso

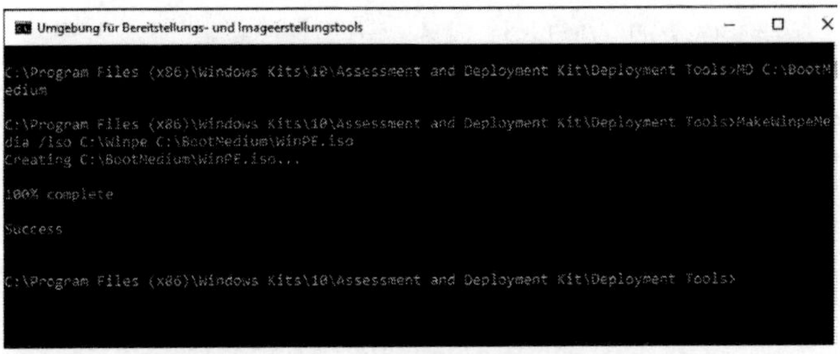

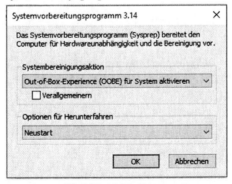

Abbildung 2.28: Erstellen der ISO-Datei

Diese ISO-Datei brennen Sie nun auf CD oder erstellen Sie einen bootfähigen USB-Stick.

2.2.5 Klonen des Clients

Auf dem Client, den Sie klonen möchten, starten Sie nun das Systemvorbereitungsprogramm „Sysprep". Es befindet sich im %Systemroot%\System32\Sysprep.

Abbildung 2.29: Sysprep

Nach dem Ausführen des Programmes wird der Rechner heruntergefahren.

ACHTUNG!
Sysprep kann auch an der Befehlszeile mit diversen Parametern angewendet werden. Manche dieser Parameter sind für ein vollautomatisiertes Rollout zwingend notwendig.

Parameter	Bedeutung
/quiet	Führt die Datei "Sysprep.exe" ohne Bestätigungsmeldungen aus
/generalize	Bereitet die Abbilderstellung der Windows-Installation vor. Wenn diese Option angegeben wird, werden alle eindeutigen Systeminformationen aus der Windows-Installation entfernt
/audit	Startet den Computer im Überwachungsmodus neu. Mit dem Überwachungsmodus können Sie Windows zusätzliche Treiber oder Anwendungen hinzufügen. Sie können außerdem eine Installation von Windows testen, bevor diese an einen Endbenutzer gesendet wird
/oobe	Startet den Computer im Modus der Windows-Willkommensseite neu. Mithilfe der Windows-Willkommensseite können Endbenutzer ihr Windows-Betriebssystem anpassen, Benutzerkonten erstellen, einen Namen für den Computer festlegen und andere Aufgaben durchführen. Alle Einstellungen in der Konfigurationsphase oobeSystem einer Antwortdatei werden unmittelbar vor dem Start der Windows-Willkommensseite verarbeitet
/reboot	Startet den Computer neu
/shutdown	Fährt den Computer nach Beenden von Sysprep herunter
/quit	Schließt Sysprep nach dem Ausführen der angegebenen Befehle
/unattend: Dateiname	Wendet Einstellungen in einer Antwortdatei während der unbeaufsichtigten Installation auf Windows an

2.2.6   Das Image erstellen

Den Rechner starten Sie mit der zuvor erstellten BOOT-PE-CD.

Dann rufen Sie den Befehl „Dism" auf, den wir schon zuvor besprochen haben.

Dism /Capture-Image /Imagefile: <ZielpfadDesImages>
\<NameDesImages> /CaptureDir:<SystemLaufwerk>
/Name:<Anzeigename>

2.2.7   Das Verteilen eines Images

Images müssen verteilt werden, egal, ob sie direkt von der DVD benutzt werden, oder ob sie bearbeitet worden sind.

Dafür gibt es mehrere Möglichkeiten, unter anderem:

- Starten des Clients mit der Boot-PE-CD und Zuweisung des Images (Einzelplatzinstallation)
- Vollautomatische Bereitstellung durch den Windows-Dienst WDS

Damit diese Bereitstellungsformen sinnvoll angewendet werden können, ist es noch nötig, eine Antwortdatei zu erstellen, denn bei allen Installationsarten müssen einige Daten, wie Rechnername oder Domänenzugehörigkeit, am Ende des Installationsvorgangs per Hand eingegeben werden.

Sollten wir auch das vermeiden wollen, ist die beste Lösung dafür das Erstellen einer Antwortdatei.

Windows 10 benötigt für die automatisierte Installation eine .xml-Datei mit Namen „autounattend.xml". Diese wird für eine unbeaufsichtigte Einzelplatzinstallation auf einem Wechseldatenträger, wie einem USB-Stick gespeichert, der während der Installation angeschlossen sein muss. Windows 10 sucht bei Beginn der Installation automatisch nach dieser Datei, und wendet sie an, wenn sie vorhanden ist.

Erstellen einer Antwortdatei

Eine Antwortdatei kann auch mit dem ADK erstellt werden. Zunächst sollten Sie die Windows 10 DVD in eine Freigabe auf dem Rechner kopieren.

Dann starten Sie den „Windows System Image Manager".

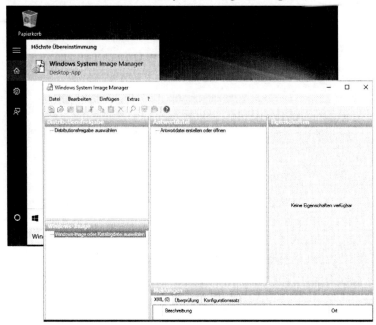

Abbildung 2.30: Windows System Image Manager

Sie erhalten zunächst ein leeres Fenster.

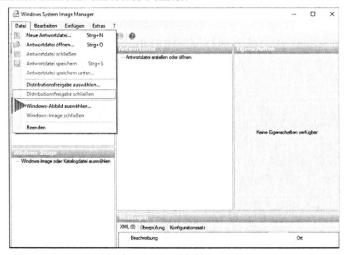

Abbildung 2.31: Abbild auswählen

Um mit der Erzeugung einer Antwortdatei zu beginnen, muss zuerst ein Abbild (also eine .wim-Datei) gewählt werden. Dies ist die install.wim.

Diese Datei befindet sich im Ordner „sources" des Windows 10-Installationsmediums, das Sie zuvor auf die Festplatte kopiert haben. Das Image wird untersucht, eine Katalogdatei wird erstellt.

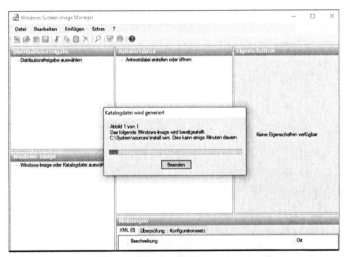

Abbildung 2.32: Katalogdatei wird erstellt

Nun werden alle möglichen Komponenten unterhalb des ausgewählten Systems angezeigt.

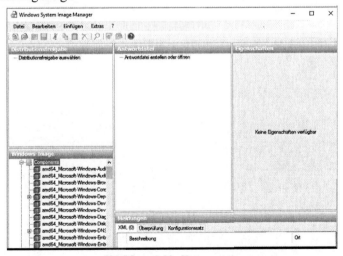

Abbildung 2.33: Komponenten

Im nächsten Schritt erstellen Sie eine leere Antwortdatei. Diese können Sie nun mit den verschiedenen Komponenten füllen.

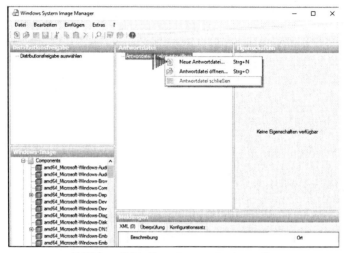

Abbildung 2.34: Neue Antwortdatei erstellen

Dazu klicken Sie die einzelnen Komponenten an und fügen sie an die richtige Stelle ein.

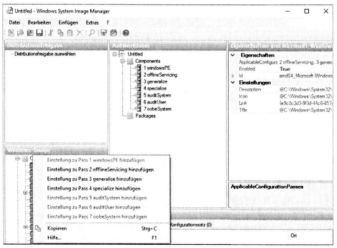

Abbildung 2.35: Komponenten hinzufügen

Doch was ist die richtige Stelle?

Eine Installation besteht aus 7 möglichen Phasen. Nicht alle Phasen sind in jeder Art der Installation vorhanden, beispielsweise ist die Installation anders, wenn Sie von einer DVD installieren, als wenn Sie mit dism ein Abbild erstellt haben, nachdem Sie SYSPREP angewendet haben.

Die 7 Phasen sind folgende:

windowsPE

Hier werden die Komponenten eingefügt, die die grundsätzlichen Einstellungen des Betriebssystems beinhalten, und noch während der PE-Phase ausgeführt werden, beispielsweise Partitionen auf der Festplatte oder die Eingabe des Product Keys.

offlineServicing

Mit dieser Komponente werden einem Image Updates zugewiesen. Auch Sprachpakete, oder Sicherheitsupdates können hier hinzugefügt werden.

generalize

Wenn Sie ein Systemabbild mit „sysprep" und dem Parameter „/generalize" erstellt haben, können Sie an dieser Stelle Konfigurationen machen. Diese Komponente wird nur benutzt, wenn ein Abbild mit „Sysprep/ generalize" erstellt worden ist.

specialize

Hier können systemspezifische Konfigurationen zugewiesen werden. Beispielsweise kann man Netzwerkeinstellungen, internationale Einstellungen, sowie Domäneninformationen konfigurieren.

auditSystem

Wenn Sie ein Systemabbild mit „sysprep" und dem Parameter „/audit" erstellt haben, können Sie an dieser Stelle Konfigurationen machen.

Die Einstellungen betreffen die Zeitspanne, kurz bevor der Benutzer sich anmeldet.

auditUser

Hier werden Einstellungen für die unbeaufsichtigte Installation im Benutzerkontext im Überwachungsmodus verarbeitet.

oobeSystem

Hier werden die Einstellungen zugewiesen, die kurz bevor der „Willkommensbildschirm" erscheint relevant sind.

Sobald Sie die Komponenten an die richtige Stelle in der Antwortdatei gesetzt haben, können Sie die Einstellungen konfigurieren.

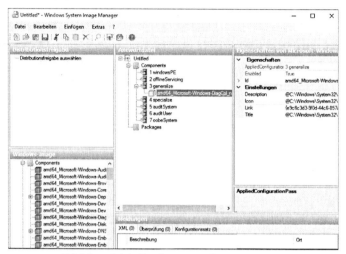

Abbildung 2.36: Konfiguration der Einstellungen

Zum Schluss müssen Sie diese Datei nur noch unter dem Namen „autounattend.xml" speichern, und auf ein Wechselmedium kopieren.

2.3 MDT 2013 Update 2

Eine weitere Möglichkeit, Betriebssysteme zu verteilen, ist das kostenlose Microsoft Deployment Toolkit.

Dies ist das völlig unterschätzte Bindeglied zwischen dem Windows Deployment Server (WDS) und dem kostenpflichtigen System Center Configuration Manager (SCCM) für größere Umgebungen. Gerade in mittelständischen Unternehmen sollte es bis zur SCCM-Größe unverzichtbar sein. Es erspart dem Administrator Zeit und Geld bei der Installation von Rechnern.

Natürlich kann auch Windows 10 hiermit ausgerollt werden.

2.3.1 Voraussetzungen

Die Voraussetzungen für ein einsatzbereites Microsoft Deployment Toolkit sind relativ leicht zu erfüllen. Es empfiehlt sich ein Server mit mindestens Windows 2012 R2, der zwei Festplatten hat. Eine Platte für das Betriebssystem und eine größere Platte für das MDT, den oder die Deployment Shares und temporär auch die Quelldateien, wie Anwendungen, Treiber und Betriebssysteme. Wenn Sie den Server virtuell aufsetzen, dann können Sie später problemlos den Plattenplatz erweitern. Für den Moment sind zweimal 60 GB genug.

2.3.2 Installation des Assessment und Deployment Kits (ADK)

Vor der Installation des Microsoft Deployment Kits muss das ADK für Windows 10[1] vorhanden sein, denn es bringt etliche Programme mit, die für das MDT wichtig sind. Zum Beispiel WinPE und die Deployment Tools, wie dism (Deployment Image Servicing and Management).

Beachten Sie bitte, dass Sie hier nur einen knapp 2 MB großen Web-Installer herunterladen. Beim Start der adksetup.exe haben Sie die Wahl, ob Sie das ADK auf der verwendeten Maschine installieren wollen oder zum späteren Gebrauch komplett in einen angegebenen (Netzwerk-)Ordner herunterladen möchten. Das vollständige ADK ist rund 4,1 GB groß.

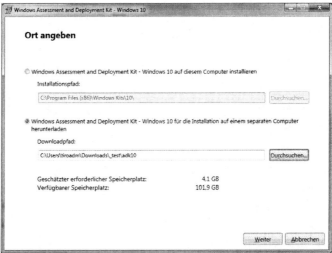

Abbildung 2.37: ADK für die spätere Verwendung

Die eigentliche Installation des Assessment und Deployment Kits ist geradlinig und schnell bewerkstelligt. Belassen Sie den vorgegebenen Standardpfad.

---

[1] Download: http://go.microsoft.com/fwlink/p/?LinkId=526740

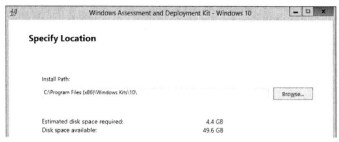

Abbildung 2.38: Standardinstallationspfad

Bestätigen Sie das Programm zur Verbesserung der Benutzerfreundlichkeit (Customer Experience Improvement Program (CEIP)) und die Lizenzvereinbarungen und starten Sie die Installation. Zwingend notwendig sind nur die Bestandteile Deployment Tools, das Windows Preinstallation Environment (Windows PE = WinPE) und das User State Migration Tool (USMT).

HINWEIS:

Neu hinzugekommen ist der Windows Image and Configuration Designer (kurz: WICD). Damit lassen sich Images, Deployments und Bereitstellungspakete (engl. Provisioning Packages) für alle Windows Geräte erstellen.

Abbildung 2.39: Notwendige Features für das MDT

Die Installation des ADKs ist in einigen Minuten erfolgreich beendet und Sie können das MDT 2013 Update 1 installieren.

2.3.3 Installation des MDT 2013 Update 2

Auch die Installation des MDT 2013 ist geradlinig. Behalten Sie nach der Zustimmung zur Lizenz alle Standardwerte bei.

Abbildung 2.40: Setup-Assistent MDT 2013 U1

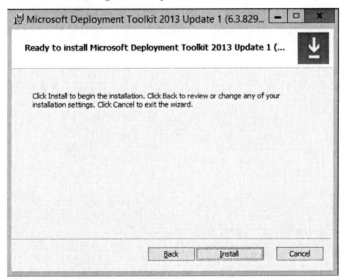

Abbildung 2.41: Start der Installation

Das MDT ist in wenigen Momenten fertig installiert und bereit für grundlegende Konfigurationen.

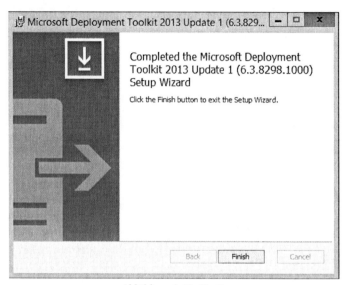

Abbildung 2.42: Fertig

2.3.4   Erstellung eines Deployment Shares

Starten Sie die „Deployment Workbench" als Administrator über das Startmenü. Da Sie diese Verknüpfung oft benötigen werden, empfiehlt sich gleich diese Anwendung mittels rechter Maustaste an der Taskleiste anzuheften.

Abbildung 2.43: Start der Deployment Workbench

Der erste Konfigurationsschritt ist die Erstellung eines Deployment Shares. Klicken Sie dazu mit der rechten Maustaste auf „Deployment Shares" und wählen Sie „New Deployment Share".

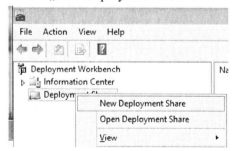

Abbildung 2.44: Erstellung eines neuen Deployment Shares

Ändern Sie den Installationspfad auf die zweite Platte Ihres Servers.

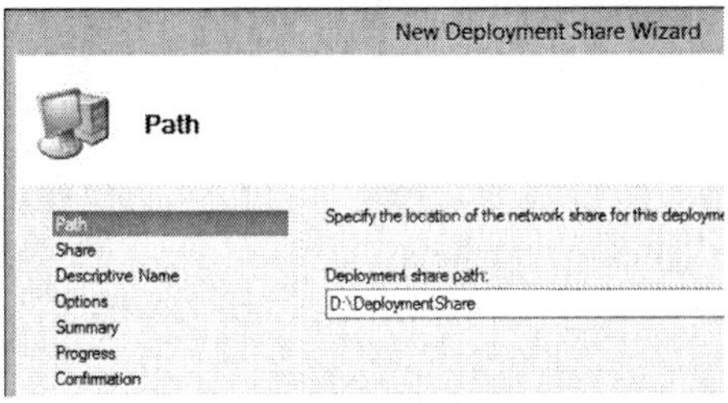

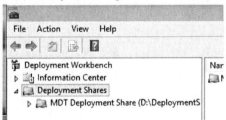

Abbildung 2.45: Pfadänderung auf Platte 2

Belassen Sie die weiteren Optionen, wie Share-Namen, Beschreibung und Optionen, bei den voreingestellten Werten und beenden Sie den Assistenten. Die Erstellung des Deployment Shares geht flott von statten. Somit haben Sie Ihren ersten Deployment Share erstellt und können mit dem Import eines Betriebssystems beginnen.

Abbildung 2.46: Fertiger Deployment Share

2.3.5 Import von Betriebssystemen

Eine Praxis-Empfehlung gleich zu Beginn. Organisieren Sie Ihre Betriebssysteme in Ordnern. Diese Vorgehensweise wird sich später in Übersichtlichkeit auszahlen.

Eine Ordnerstruktur ist schnell erstellt. Erweitern Sie Ihren eben erstellten Deployment Share (hier: MDT Deployment Share) bis zum Knoten „Operating Systems". Rufen Sie mit der rechten Maustaste das Kontextmenü auf und wählen Sie „New Folder". Klicken Sie „Next, Next, Finish" durch den Assistenten. Je nach vorher festgelegter Struktur legen Sie nun die Ordnerstruktur fest. Nehmen Sie als oberste Struktur z.B. Clients, dann können Sie unterhalb noch den Ordner „Windows 10" und darunter die Ordner „32 Bit" und „64 Bit" anlegen usw.

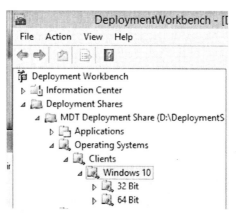

Abbildung 2.47: Eine mögliche Ordnerstruktur

Über das Kontextmenü können Sie den Import-Assistenten starten. Sie können an dieser Stelle entscheiden, ob Sie einen kompletten Satz von Installationsdateien (was einer DVD oder einer eingebundenen ISO-Datei entspricht), ein angepasstes fertiges Image (alle relevanten Firmen-Anwendungen wären bereits in die WIM-Datei integriert) oder ein bestehendes Image von einem Windows Deployment Server (WDS) importieren wollen. Geben Sie den Pfad zu den Wim-Dateien an. Beenden Sie den Assistenten. Danach wird das Windows-Image in das MDT integriert. Wiederholen Sie das mit allen Betriebssystemen, die Sie auf diese Art verteilen möchten.

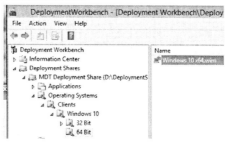

Abbildung 2.48: Importiertes Windows 10 x64

2.3.6   Import von Treibern

Für den Import von Treibern gilt das Gleiche, wie für Betriebssysteme. Organisieren Sie das Ganze in Ordnern. Beispielsweise nach dem Syntax Hersteller – Modell.

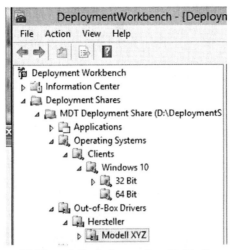

Abbildung 2.49: Ordnerstruktur für Treiber

Den Import von Treibern starten Sie wieder über das Kontextmenü des erweiterten „Out-of-box Drivers"-Knotens auf dem Ordner Ihres Modells. Sie brauchen an dieser Stelle nur das Verzeichnis mit den gewünschten Treibern angeben. Den Rest erledigt das MDT von selbst. Wiederholen Sie diesen Vorgang für alle Modelle, die in Ihrer Umgebung vorhanden sind.

Wenn Ihre Firmenrechner von den großen Herstellern Dell, HP oder Lenovo kommen, dann sind Sie in der glücklichen Lage deren Treiberpakete als cab-Dateien komplett herunterladen und importieren zu können.[2] Diese sind normalerweise nach Modell sortiert. Die Größe der Treiberpakete variiert pro Modell stark zwischen einigen MB bis zu 2 GB.

2.3.7 Import von Anwendungen

Auch bei den Anwendungen sollten Sie eine Ordnerstruktur konsequent umsetzen.

[2] http://support.lenovo.com/en_GB/downloads/detail.page?LegacyDocID=SCCM-INDEX

http://en.community.dell.com/techcenter/enterprise-client/w/wiki/2065.dell-command-deploy-driver-packs-for-enterprise-client-os-deployment

http://www8.hp.com/us/en/ads/clientmanagement/drivers-bios.html#softpaq-download-mng#softpaq-download-mng?404m=rt404Mb,cache-ccto0#softpaq-download-mng%23softpaq-download-mng

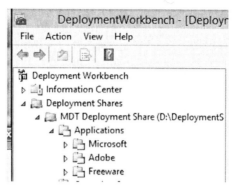

Abbildung 2.50: Ordnerstruktur für Anwendungen

Grundsätzlich gibt es keine Probleme, wenn Ihre Software als funktionierendes MSI-Paket zur Verfügung steht. Sie können aber auch exe-Dateien in das MDT importieren, wenn die Anwendung eine Option zur stillen Installation bietet. Dies ist bei dem beliebten VLC-Player der Fall.

Starten Sie den Assistenten über die rechte Maustaste auf dem entsprechenden Knoten in Ihrer Ordnerstruktur (hier: Freeware). In diesem Fall ist es eine Software mit den Quelldateien, geben Sie die erforderlichen Informationen ein und navigieren Sie zu dem Ordner im Dateisystem, in dem die VLC.exe liegt. Geben Sie im Menüpunkt „Command Details" unter „Command line:" „vlc-2.2.1-win32.exe /s" ein, wenn Sie diese Version zur Verfügung haben. Ansonsten passen Sie den Namen auf die aktuelle bzw. eine ältere Version an. Beenden Sie den Assistenten mit „Next, Next, Finish".

Damit haben Sie den VLC-Player als Anwendung importiert und Sie kann ab sofort als Anwendung bei der Installation ausgewählt werden. Verfahren Sie analog mit allen Ihren Anwendungen weiter.

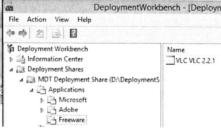

Abbildung 2.51: Der importierte VLC-Player

2.3.8 Erstellung einer Task Sequenz

Mit einer Task Sequenz steuern Sie, was während der Installation geschehen soll. Sie können die Partitionierung festlegen, welche Anwendung auf alle Fälle installiert werden soll, ob Windows Updates noch während der Installation vom lokalen WSUS angewandt oder welches Ihrer Skripte nach Abschluss der Installation ausgeführt werden sollen.

Sie erstellen eine neue Task Sequenz über das Kontextmenü des Knotens „Task Sequences". Vergeben Sie einen sprechenden Namen und eine eindeutige Task-ID. Wählen Sie die „Standard Client Task Sequence" für Client-Betriebssysteme als Vorlage und wählen das richtige importierte Betriebssystem aus der angezeigten Liste aus. Tragen Sie noch Ihren Firmennamen unter „Organization" ein und belassen Sie alle anderen Einstellungen.

In den Eigenschaften der eben erstellten Task Sequenz haben Sie nun die Möglichkeiten alle Ihre Vorgaben nach Ihren Wünschen einzustellen.

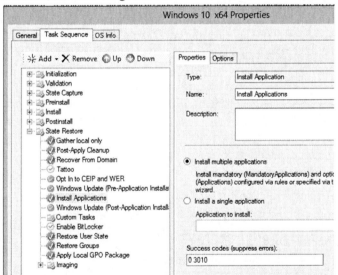

Abbildung 2.52: Eigenschaften einer Task Sequenz

Wie Sie sehen besteht die Möglichkeit Windows Updates sowohl vor als auch nach den Anwendungen zu installieren. Das ist beispielsweise nützlich, wenn man für eine Anwendung X einen bestimmten Patchstand benötigt. Sie haben an dieser Stelle alle Optionen der Installation genaue Vorgaben zu machen, wie der Client oder Server nach beendetem Rollout aussehen soll.

2.3.9   Boot-Images

Nach dem alle Einstellungen bis hierher vorgenommen worden sind, müssen Sie noch die Boot-Images erzeugen, damit Sie entweder einen bootbaren USB-Stick erstellen, eine bootbare CD brennen oder einen Import auf einem Windows Deployment Server (WDS) durchführen können. Dies erledigen Sie über das Kontextmenü des Deployment Shares. Wählen Sie „Update Deployment Share" und klicken Sie sich „Next, Next, Finish" durch den Assistenten. Die Erstellung dauert eine ziemliche Weile.

Danach stehen Ihnen die Boot-Images in 32 Bit/ 64 Bit im Dateisystem zur weiteren Verwendung bereit.

Installieren Sie nun das x86-Boot-Image[3] auf einen USB-Stick oder CD/ DVD. Natürlich können Sie dieses auch auf einem WDS importieren, wenn Sie PXE-Boot verwenden.

2.3.10   Roll-Out

Nun wird es Zeit die bisherige Arbeit einem Praxistest zu unterziehen.

Erstellen Sie in einer Virtualisierungslösung Ihrer Wahl einen neuen Client. Hyper-V und VMware sind die beiden Lösungen, die durch Ihre Marktanteile die größte Verbreitung haben und daher gibt es hier erfahrungsgemäß die wenigsten Probleme. Weisen Sie dieser virtuellen Maschine eine „ältere Netzwerkkarte" zu, damit Sie vom Netzwerk booten können, falls Sie das vor haben. Unter Hyper-V ist dies der „Legacy Network Adapter". Unter VMware die E1000-Karte.

Grundsätzlich lassen sich alle folgenden Schritte mit einem gewissen Aufwand automatisieren, bzw. mit einem einfachen Eintrag in die CustomSettings.ini auch ausblenden.

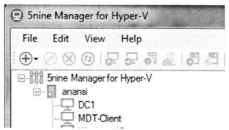

Abbildung 2.53: Eine neue virtuelle Maschine zum Test

Die Verbindung zum Server funktioniert.

---

[3] Das x86-Boot-Image kann sowohl 32 Bit als auch 64 Bit Betriebssysteme booten.

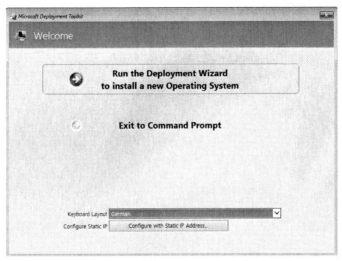

Abbildung 2.54: Eine erfolgreiche Verbindung

Als nächstes werden Sie aufgefordert einen Benutzer mit Passwort anzugeben, der sich auf den Deployment Share verbinden darf und der die Installation samt Domänenbeitritt durchführen darf. Hier in dieser Umgebung ist das der Unternehmensadministrator.

ACHTUNG!
Richten Sie bei sich einen separaten Domänenbenutzer ein, der maximal die Berechtigungen für diese Aufgabenstellung hat.

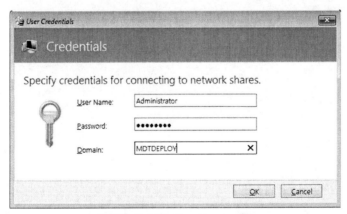

Abbildung 2.55: Benutzerangaben

Nun können Sie die auswählen, welche der hinterlegten Task Sequenz samt Betriebssystem für diesen Rechner ausgeführt werden soll.

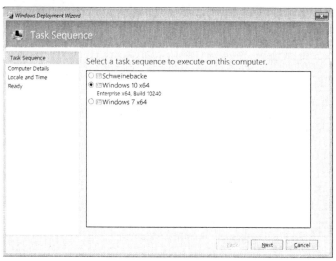

Abbildung 2.56: Gewählte Task Sequenz Windows 10 x64

Geben Sie anschließend den gewünschten Rechnernamen an. Die meisten Firmen haben dahingehende Namenskonventionen. Wenn der Rechner schon während der Installation Ihrer Domäne beitreten soll, dann geben Sie diese Domäne und den Benutzer samt Passwort dafür an.

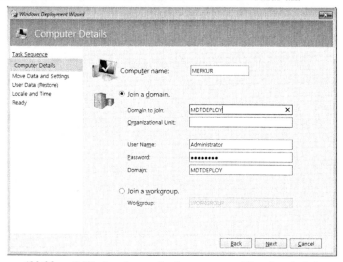

Abbildung 2.57: Angabe von Rechnername und Domänenbeitritt

An dieser Stelle können Sie bei einem Refresh des Rechners die vorhandenen Benutzerprofile sichern. Diese Funktion übernimmt im Hintergrund das User State Migration Tool (USMT), das schon seit Windows XP dabei ist. Wer schon länger die Windows-Zertifizierungen

absolviert, dem sind die Begriffe „scanstate" und „loadstate"
selbstverständlich vertraut.

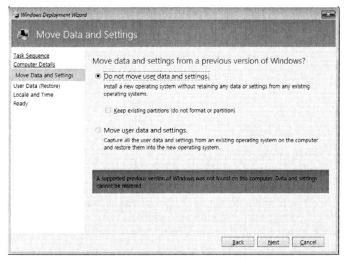

Abbildung 2.58: Sicherung der Benutzerprofile

Natürlich möchten Sie die automatisierte Sicherung hinterher auch wieder
auf dem gleichen Weg zurücksichern.

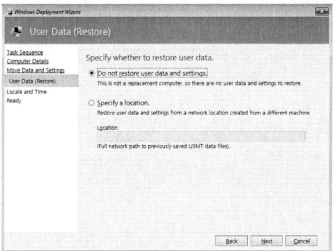

Abbildung 2.59: Rücksicherung der Benutzerprofile

Stellen Sie die gewünschten Ländereinstellungen, wie Tastatur-Layout,
Zeitzone und Währung auf den gewünschten Wert.

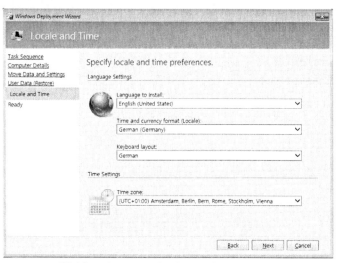

Abbildung 2.60: Angabe der Länderspezifikation

Wählen Sie alle Anwendungen, die in Ihrem MDT importiert wurden und auf diesem Rechner mit installiert werden sollen aus.

Abbildung 2.61: Auswahl aller benötigten Anwendungen

Beenden Sie den Assistenten und starten Sie das Deployment. Es wird Zeit für einen Kaffee.

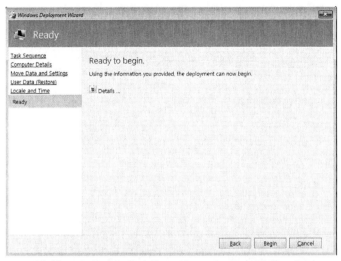

Abbildung 2.62: Die Installation ist noch einen Klick entfernt

Abbildung 2.63: Los geht's

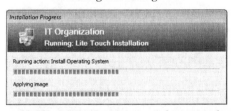

Abbildung 2.64: Das Image wird angewandt

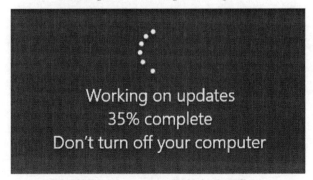

Abbildung 2.65: Kurz vor Ende der Installation

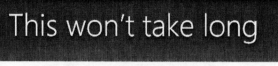

Abbildung 2.66: Eine kleine Schwindelei ;-)

Abbildung 2.67: Windows 10 ist fertig

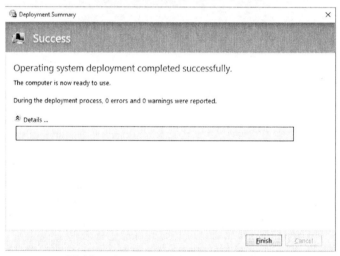

Abbildung 2.68: Ein erfolgreiches Deployment

2.3.11 Weitere Möglichkeiten

In diesem Abschnitt bekommen Sie einen kleinen Überblick, was das MDT noch für Sie tun kann.

Sie können mittels MDT die Standard-WIM-Datei von der DVD neu mit allen Ihren Standard-Firmen-Anwendungen erstellen (Stichwort: Re-

Imaging). Alle Ihre Anwendungen wären dann bereits mit der Installation von Windows vorhanden und warten nur noch auf die Konfiguration.

HINWEIS:

Bitte beachten Sie, dass nicht jede Windows Lizenz automatisch zum Re-Imaging verwendet werden darf. Informieren Sie sich bitte vorher ausführlich bei Ihrem bevorzugten Händler, ob diese Option bei der von Ihnen verwendeten Lizenz möglich ist. Auf der sicheren Seite sind Sie mit einer Volumenlizenz.

Mit der zusätzlichen Verwendung eines angepassten Images haben Sie die volle Freiheit, ob Sie einen Client/ Server schnell oder flexibel installieren wollen.

Das MDT bietet darüber hinaus einen Client-Refresh an. Starten Sie das Deployment als Administrator von einem funktionierenden Client aus, dann bleibt das Profil erhalten während das Betriebssystem und die Anwendungen quasi eine Neuinstallation erfahren. Dies eignet sich auch hervorragend für einen Architekturwechsel (32 Bit zu 64 Bit und umgekehrt), aber auch für einen Versionswechsel. Zum Beispiel von Windows 7 zu Windows 10.

Wenn Sie bereits einen Windows Deployment Server im Einsatz haben, dann ist mit geringem Aufwand mittels PXE eine Netzwerkinstallation verfügbar. Damit entfallen die obligatorischen USB-Sticks und Boot-CDs. Vor der versehentlichen Installation durch Ihre Benutzer verwenden Sie ein eigenes Passwort für den Installationsbenutzer.

Sollten Sie mehrere Standorte haben, steht Ihnen das „Linked Deployment" zur Verfügung. Damit replizieren Sie Ihre Daten zu den anderen Standorten. Die Arbeit muss nur einmal gemacht werden und die Installationen laufen dann über lokale Netzwerke.

Für häufige Rechnerwechsel empfiehlt sich die MDT Database. Damit können Sie vorab alle MAC-Adressen in die Datenbank einpflegen (Stichwort: Prestaging) und schon Rechnernamen und Anwendungen für die kommende Installation zuweisen.

2.4 Zusammenfassung, Übungen / Aufgaben

2.4.1 Zusammenfassung

Das Verteilen einer Installation ist die Grundvoraussetzung für Massenrollouts. Immer wenn viele Rechner mit ein und demselben Betriebssystem ausgestattet werden müssen, ist es nicht mehr möglich, eine Installation über eine DVD zu starten, wie wir es bisher gemacht haben.

Windows 10 ist imagebasiert

Windows 10 ist sprachneutral

Windows 10 startet die Installation nicht mehr im DOS-Modus

Wenn Sie Images verändern möchten, gibt Microsoft Ihnen ein sehr gutes Tool zu Hand, den „Windows Imaging and Configuration Designer (ICD).

Hiermit können Sie Images verändern und neue Images erstellen. Sogar Programme und Treiber können Sie auf einfache Art in das Image einbinden.

Zunächst einmal starten Sie den „Windows Designer für die Imageerstellung und –konfiguration".

Hier können Sie Images erstellen und anpassen.

Wenn Sie das Installationsimage bearbeiten möchten, können Sie dafür auch das Tool „DISM.EXE" benutzen, das im Lieferumfang von Windows 10 enthalten ist.

Mit Windows 10 haben Sie die Möglichkeit, einen Referenzcomputer einzurichten, und diesen Computer mit den installierten Programmen auf beliebig viele andere Clients zu übertragen, egal, ob die Hardware sich unterscheidet.

Dazu gehen Sie folgenden Weg:

- Sie installieren den Referenzcomputer
- Sie installieren die Programme auf dem Referenzcomputer
- Sie entfernen die SID und andere eindeutige Erkennungsmerkmale vom Referenzcomputer
- Sie erstellen ein Image des Referenzcomputers

Dieses Image können Sie dann an andere Computer verteilen.

Das Microsoft Deployment Toolkit 2013 Update 1 ist ein kostenloses Zusatzprodukt von Microsoft. Es ermöglicht Ihnen ein weitgehend automatisiertes Deployment von Client-Rechner und Servern ab Windows Vista und Windows Server 2008.

Eine wichtige Voraussetzung für ein funktionierendes MDT ist das „Assessment and Deployment Kit". Zum MDT 2013 Update 1 benötigen Sie zwingend auch das aktuelle ADK. Neuer Bestandteil des ADK ist der „Windows Image and Configuration Designer" (WICD). Damit lassen sich Images, Deployments und Bereitstellungspakete (engl. „Provisioning Packages") zur einfachen Konfiguration für alle Windows Geräte erstellen.

Für Betriebssysteme, Treiber und Anwendungen sollten Sie eine sinnvolle Ordnerstruktur anlegen, um den Überblick über die Vielzahl an Images, Treibern zu Modellen und Anwendungen zu behalten.

Die großen PC-Hersteller bieten Enterprise Pakete mit Modelltreibern an.

Je nach Windows Lizenz können Sie in Erwägung ziehen, das Standard-Image selbst neu für Ihre Bedürfnisse anzupassen und mit allen relevanten Programmen zu versehen. Dadurch verlieren Sie zwar die Flexibilität bei der Installation, gewinnen dafür aber Zeit.

Jede moderne Software wird als MSI-Datei geliefert, die Sie auch über Kommandozeile und mit der msiexec.exe ohne graphische Oberfläche installieren können. Damit lassen sich fast alle Anwendungen über das MDT ohne weiteren manuellen Eingriff mit installieren.

Das MDT ist ein sehr mächtiges, kostenloses Werkzeug in Ihrer administrativen Werkzeugkiste. Wenn Sie neben der Zertifizierung zu Windows 10 tiefer und detaillierter in das Thema einsteigen möchten, dann bietet Ihnen der Nicole-Laue-Verlag das einzige in deutscher Sprache verfügbare Buch, das sich ausschließlich mit dem Microsoft Deployment Toolkit 2013 befasst. Es ist auch für Einsteiger hervorragend geeignet. Es führt Sie Schritt für Schritt von Null zum schnellen und erfolgreichen Deployment. Es braucht dazu lediglich etwas Platz auf einem Server und ein wenig Zeit.

2.4.2   Übungen

1. Starten Sie die virtuelle Maschine „DC" und melden Sie sich als Administrator der Domäne mit dem Kennwort „Kennw0rt!" an.

2. Starten Sie die virtuelle Maschine „W10" und melden Sie sich als Administrator der Domäne mit dem Kennwort „Kennw0rt!" an.

3. Laden Sie das Windows Assessment and Deployment Kit herunter und installieren Sie es auf dem Client „W10". Installieren Sie alle Funktionen des ADK.

4. Sorgen Sie dafür, dass Sie Zugriff auf das Windows 10 Installationsmedium haben.

5. Kopieren Sie das komplette Installationsmedium auf die Festplatte ins Verzeichnis C:\Install.

6. Erstellen Sie mit dem „Windows Designer für die Imageerstellung und –konfiguration" eine neue Windows-Imageanpassung.

7. Wählen Sie als Speicherpfad den Ordner C:\Images.

8. Konfigurieren Sie Anpassungen.

9. Wählen Sie beim Speichern des Images „Produktionsmedium" und als Speicherformat „wim".

10. Wählen Sie keine Komprimierung und keine Überwachung.

11. Speichern Sie im Ordner C:\Images\Projekt1.

12. Erstellen Sie ein Bereitstellungspaket und speichern Sie es in C:\Bereitstellung.

13. Wählen Sie „kompatibel mit allen Windows Editionen".

14. Wählen Sie ein Image, das Sie mit „Dism" bearbeiten.

15. Mounten Sie ein Image in den Pfad C:\Mount.

16. Betrachten Sie die Eigenschaften des Images.

17. Speichern Sie das Image und unmounten Sie es wieder.

18. Erstellen Sie ein Boot-PE Medium als iso-Datei.

19. Erstellen Sie einen Snapshot der virtuellen Maschine „W10". Nennen Sie diesen Snapshot „W10-S2".

20. Benutzen Sie „sysprep" mit dem Client.

21. Starten Sie den Client wieder und setzen ihn auf den Snapshot „W10-S2" zurück.

22. Erstellen Sie eine Antwortdatei mit dem „Windows System Image Manager".

23. Öffnen Sie die Datei MDT.exe. Dieser Film zeigt Ihnen die Möglichkeiten des MDT.

Link: www.laue-net.de/Downloads/Buecher/70-697/MDT.exe

2.4.3   Aufgaben

1. Mit welchem Tool können Sie Images erstellen und verändern?
2. Sie erstellen mit dem ICD ein eigenes Image. Leider bricht der Vorgang immer wieder mit einer Fehlermeldung ab, obwohl Sie alle Schritte korrekt ausgeführt haben.

   Was haben Sie wahrscheinlich falsch gemacht?
3. Sie erstellen mit ICD ein Image, mit dem eine Einzelplatzinstallation ausgeführt werden soll.

   Welche Art des Mediums wählen Sie beim Speichern?
4. Sie haben ein Image einer Windows 10 Installation mit Namen „W10". Dieses Image hat bereits eine Anwendung installiert, die Versionsnummer der Anwendung ist 2.0.

   Das Image wird dem Benutzer Karl zugewiesen.

   Nun möchten Sie, dass die Anwendung auf Karls Computer auf die Version 3.0 aktualisiert wird.

   Welchen Befehl benutzen Sie dafür?
5. Mit welchem Befehl können Sie eine vorhandene Maschine zum Klonen vorbereiten und alle eindeutigen Merkmale entfernen?
6. Sie möchten mit dem Windows System Image Manager eine Antwortdatei erstellen.

   In welchen Phasen können Sie Einstellungen vornehmen?
7. Was ist der erste Schritt der Konfiguration eines Rollouts mit MDT?

3 System und Geräte

Prüfungsanforderungen von Microsoft:

- Migrate and configure user data
  - o Migrate user profiles
  - o configure folder location
  - o configure profiles including profile version, local, roaming, and mandatory
  - o UserExperience Virtualization
- Configure Hyper-V
  - o Create and configure virtual machines including integration services
  - o create and manage checkpoints
  - o create and configure virtual switches
  - o create and configure virtual disks
  - o move a virtual machine's storage

Quelle: Microsoft

Lernziele:

- Migrieren von Benutzerdaten
  - o Migration der Benutzerdaten mit dem User State Migration Tool

  (USMT)

  Gruppenrichtlinien in einer Domäne
  - o Benutzerprofile
  - o Profile allgemein
  - o Ordnerumleitungen
- Arbeiten mit Hyper-V
  - o Hyper-V einrichten
  - o Virtuelle Maschinen einrichten

3.1 Einführung

Windows 10 unterscheidet sich in einigen Details deutlich von den vorherigen Systemen.

Einige von Ihnen erinnern sich sicher noch an den „Easy Transfer Wizard", mit dem Benutzerdaten mit einer grafischen Oberfläche von einem Rechner zum anderen migriert werden konnten. Dieses Tool gibt es nicht mehr, Sie haben aber die Alternative des User State Migration Tools (USMT).

3.2 Migrieren von Benutzerdaten

Wenn Sie einen Wechsel des Betriebssystems vornehmen, ist oft eine Neuinstallation die bessere Lösung. Mit einem Upgrade werden alte Fehler und Unsauberkeiten des vorherigen Systems mitgeführt, was sich eventuell negativ auf die Systemstabilität auswirken kann.

In diesem Fall ist die Möglichkeit der Migration einer vorhandenen Benutzerumgebung sehr interessant. Bevor eine Neuinstallation gemacht wird, werden die alten Daten und Einstellungen weggesichert und können nach der Neuinstallation wieder eingespielt werden. Dadurch haben Sie die Vorteile einer Neuinstallation und verlieren nicht die alten Daten und Einstellungen.

3.2.1 Migration der Benutzerdaten mit dem User State Migration Tool (USMT)

Eine Möglichkeit, Benutzereinstellungen zu übertragen, ist das User State Migration Tool (USMT).

Das USMT ist ein Befehlszeilentool und dafür gedacht, komplexere Migrationen zu machen, denn hier kann die Migration mit Parametern angepasst werden. USMT ist für Administratoren gedacht, nicht für einen Einzelbenutzer.

Sie können USMT in der jeweils aktuellen Version herunterladen und installieren.

Es ist auch Bestandteil des ADK, das Sie schon in Kapitel 2 installiert haben.

Danach steht es Ihnen als Befehlszeilentool zur Verfügung.

Scanstate

USMT setzt sich in erster Linie aus zwei Befehlen zusammen:

- Scanstate.exe
- Loadstate.exe

Außerdem gibt es noch einige .xml-Dateien.

MigApp.xml

Mit dieser Datei können Sie Anwendungseinstellungen migrieren. Sie können MigApp.xml ändern.

MigUser.xml

Mit dieser Datei können Sie Benutzerordner, Dateien und Dateitypen migrieren. Sie können MigUser.xml ändern.

Config.xml

Dies ist eine optionale Datei, die Sie mithilfe der Option /genconfig in der ScanState-Befehlszeile erstellen können. Sie sollten diese Datei erstellen und ändern, wenn Sie bestimmte Komponenten aus der Migration ausschließen möchten.

Mit Scanstate können Sie auf dem Quellcomputer die Informationen aller Benutzer sammeln, mit Loadstate dagegen können Sie diese auf dem Zielrechner wieder einspielen.

Leider ist die Syntax von Scanstate und Loadstate nicht ganz einfach. Die beiden Befehle werden mit diversen Parametern eingesetzt und sind Key-sensitiv.

Hier die wichtigsten Parameter des Tools „Scanstate":

Parameter für Speicheroptionen:

Parameter	Bedeutung
Pfad	Der Pfad, in dem die Daten gespeichert werden
/o	Überschreibt die vorhandenen Daten
/encrypt	Verschlüsselt die Daten

Parameter für Migrationsregeln:

Parameter	Bedeutung
/i:[Path\]FileName	Gibt eine .xml-Datei an, in der festgelegt wird, was migriert wird

/genconfig:[Path\] FileName	Erstellt die Datei config.xml
/config:[Path\]FileName	Spezifiziert die config.xml-Datei, die Scanstate benutzen soll, um den Speicher zu generieren
/targetxp	Optimiert Scanstate, wenn das Zielsystem ein Rechner mit XP ist
/localonly	Migriert nur lokal auf dem Rechner gespeicherte Daten

Parameter für Überwachungsoptionen:

Parameter	Bedeutung
/c	Scanstate ignoriert nichtkritische Fehler
/r:TimesToRetry	Legt die Anzahl der Versuche fest, die Scanstate unternimmt, wenn auf dem Server Fehler gemeldet werden

3.2.2 Benutzerprofile

Wenn ein Benutzer sich zum ersten Mal anmeldet, wird für ihn ein neuer Desktop erstellt. Dieser erste Desktop ist der Standarddesktop, der für alle Benutzer gleich ist, wenn sie sich zum ersten Mal anmelden.

Als Vorlage für diesen Standarddesktop dient ein so genanntes Standardbenutzerprofil.

Dieses Standardbenutzerprofil enthält alle Einstellungen, die für alle Benutzer wichtig sind. Geregelt werden im Benutzerprofil solche Dinge wie:

- Hintergrundbild
- Aussehen des Desktops
- Icons
- Programme im Menü „Programme"
- Die Konfiguration des Mailprogramms
- Speicherort für „Eigene Dateien"
- Einstellungen der installierten Programme, wie Aussehen der Menüleisten
- und vieles mehr

Selbstverständlich ändert sich das Standardprofil gegebenenfalls beim Arbeiten, es können neue Icons dazukommen, das Hintergrundbild kann geändert werden, oder ähnliches.

Aus diesem Grund bekommt jeder Benutzer bei der ersten Anmeldung zwar das Standardprofil, aber es wird nun unter dem Benutzernamen gespeichert, und ist nun individuell für den Benutzer da.

Änderungen, die Sie nun an Ihrem Desktop vornehmen, wirken sich deswegen nur auf Ihren eigenen Desktop aus, und haben keinen Einfluss auf das Aussehen der Desktops der anderen Benutzer.

Aus verschiedenen Anforderungen heraus gibt es drei verschiedene Arten der Profile.

Lokales Benutzerprofil

Das bekannteste und auch gebräuchlichste Profil ist das lokale Benutzerprofil.

Hier wird der Normalfall dargestellt, nämlich dass ein neuer Benutzer sich anmeldet, und ein Standardprofil erstellt wird.

Das Standardprofil setzt sich zusammen aus den Profilen

- „Default User"
- „All Users"

Alle besonderen Einstellungen die für alle Benutzer verfügbar sein sollen, werden im Profil „All Users" eingetragen. Sie kennen das sicher von der Abfrage bei Programminstallationen, ob das Programm nur für den momentan angemeldeten Benutzer zur Verfügung stehen soll, oder für alle Benutzer.

Wenn Sie hier wählen, dass das Programm für alle Benutzer zur Verfügung stehen soll, wird das Profil „All Users" bearbeitet.

Ein neues Profil wird gespeichert, und zwar unter dem Benutzernamen des angemeldeten Benutzers.

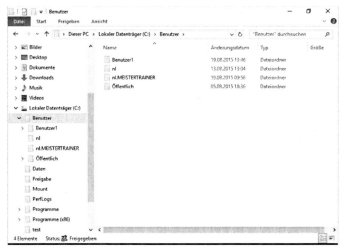

Abbildung 3.1: Lokales Profil

In diesem Beispiel betrachten wir das Profil des Benutzers „Benutzer 1". Alle relevanten Daten wurden in einem persönlichen Profil zusammengestellt.

Dies ist der Normalfall, dass jeder Benutzer auf seiner lokalen Maschine ein eigenes Benutzerprofil hat. Hier kann er Änderungen vornehmen, und sich seinen Desktop so einrichten, wie er es für richtig hält.

Benutzer 1 meldet sich an:

Profil für Benutzer 1 wird erstellt

Benutzer 2 meldet sich an:

Profil für Benutzer 2 wird erstellt

Abbildung 3.2: Lokale Profile

Servergespeichertes Benutzerprofil

Leider hat das lokale Benutzerprofil auch seine Grenzen. Wenn beispielsweise der Benutzer sich an einen anderen Computer setzt, und sich dort zum ersten Mal anmeldet, bekommt er ein neues Profil, und sein altes Profil steht ihm natürlich nicht zur Verfügung. Dies ist auch nicht möglich, da es sich lokal auf einer anderen Maschine befindet. Das kann für Benutzer sehr verwirrend sein, und im schlimmsten Fall hat der Benutzer auch seine Daten nicht zur Verfügung.

Um nun den Benutzern immer das eigene Benutzerprofil zur Verfügung zu stellen, egal an welchem Computer sie sich anmelden, muss das Profil an einem zentralen Platz gespeichert werden.

Zu diesem Zweck muss auf einem Server eine Freigabe erstellt werden, in die alle Benutzer ihre eigenen Profile speichern können.

Wenn der Benutzer sich zum ersten Mal anmeldet, wird zwar auch wieder ein Standardprofil erstellt, aber dieses wird auch auf dem Server gespeichert, und nicht nur auf der lokalen Maschine.

Wenn sich der Benutzer von einer anderen Maschine aus anmeldet, und er besitzt schon ein eigenes Profil, wird dies vom Server geholt, und der Benutzer kann mit seinem eigenen Profil arbeiten.

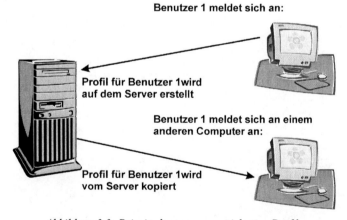

Benutzer 1 meldet sich an:

Profil für Benutzer 1wird auf dem Server erstellt

Benutzer 1 meldet sich an einem anderen Computer an:

Profil für Benutzer 1wird vom Server kopiert

Abbildung 3.3: Prinzip des servergespeicherten Profils

Damit ein Benutzer ein servergespeichertes Profil bekommt, muss in seinem Konto eine entsprechende Einstellung gemacht werden. Servergespeicherte Profile machen sicherlich hauptsächlich in einer Domäne Sinn, deswegen wird hier das Beispiel eines Domänenkontos genommen. Natürlich ist es auch in lokalen Benutzerkonten möglich, Profilpfade anzugeben.

Sie öffnen das Benutzerkonto mit einem Doppelklick und wechseln zur Karteikarte „Profil".

Abbildung 3.4: Erstellen eines servergespeicherten Profils

Hier geben Sie bei „Profilpfad" den Netzwerkpfad zum Profilordner an. Dies ist eine Netzwerkfreigabe. In unserem Beispiel befindet sie sich auf dem Server mit dem Namen „DC" und heißt „Profile".

Damit für den Benutzer ein eigener Ordner mit seinem Benutzernamen erstellt wird, muss entweder der Benutzername angegeben werden, oder eine Variable, die beim Anmelden den entsprechenden Benutzernamen einträgt. Da die Variable der einfachere Weg ist, hat es sich durchgesetzt, dass man als Benutzerpfad nur „%username%" einträgt. Beim ersten Anmeldevorgang wird dann ein Unterordner mit dem Benutzernamen erstellt.

Somit lautet also der komplette Eintrag:

\\DC\PROFILE\%USERNAME%

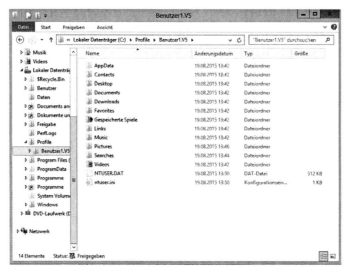

Abbildung 3.5: Ein servergespeichertes Profil

Wenn sich der Benutzer nun zum ersten Mal angemeldet hat, entsteht ein Unterordner, der den Namen des Benutzers hat, und der das Profil beinhaltet.

ACHTUNG!

Der Administrator hat auf die Profildaten der Benutzer im Normalfall keine Zugriffsrechte! Dies ist aus Gründen des Datenschutzes so geregelt. Wenn der Administrator Zugriff auf die Daten haben möchte, muss er zunächst den Besitz übernehmen, und sich dann Zugriffsrechte geben. Dazu später mehr.

Egal, von welchem Computer sich der Benutzer in Zukunft nun anmeldet, er wird immer sein eigenes Profil erhalten, da es zentral auf einem Server gespeichert ist.

Wichtig an dieser Stelle ist, dass das Profil eine Versionsnummer hat, V5.

Damit unterscheidet es sich von den Profilen der vorherigen Betriebssysteme.

Servergespeichertes verbindliches Benutzerprofil

In manchen Firmen ist es nicht erwünscht, dass der einzelne Benutzer sein Profil ändern kann. Oft wird ein einheitliches Hintergrundbild vorgeschrieben, oder die Anordnung der Icons soll nicht verändert werden.

Voraussetzung für eine Lösung dieses Problems sind immer servergespeicherte Profile. Damit an ihnen keine Änderung vorgenommen werden kann, ist die einfachste Lösung, die Profile mit einem Schreibschutz zu belegen. Dann kann der Benutzer sein Profil zwar ändern, die Änderungen aber nicht speichern.

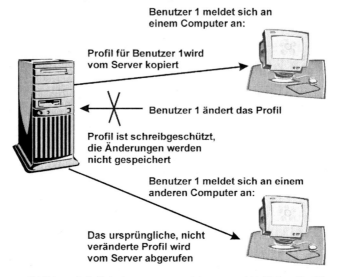

Abbildung 3.6: Prinzip servergespeichertes verbindliches Profil

Ein Profil ist sehr einfach mit Schreibschutz zu belegen.

Jedes Profil hat eine Datei mit Namen **NTUSER.DAT**.

Wenn Sie diese Datei umbenennen in **NTUSER.MAN**, dann ist das Profil schreibgeschützt, und damit verbindlich.

3.2.3   Profile allgemein

Profile sind für die Benutzer sehr wichtig. Achten Sie immer darauf, dass die Benutzer ihre eigenen Profile zur Verfügung haben.

Bedenken Sie aber immer, dass Profile bei jeder An- und Abmeldung über das Netzwerk geschickt werden. Dies kann sehr viel Netzwerkverkehr hervorrufen.

Außerdem werden die Profile immer lokal zwischengespeichert. Wenn Ihre Benutzer also ein servergespeichertes Profil haben, werden sie trotzdem auf den lokalen Maschinen Profile finden. Beim Anmelden wird das Profil über das Netzwerk gesendet, und lokal auf der Maschine zwischengespeichert. Während der Arbeitssitzung arbeiten die Benutzer mit den lokalen Kopien, und können das Profil auch ändern.

Erst bei der Abmeldung wird das Profil wieder zum Server geschickt. Wenn es sich um ein verbindliches Profil handelt, werden die Änderungen nicht gespeichert, sonst wird das servergespeicherte Profil verändert.

Sollte das servergespeicherte Profil nicht zur Verfügung stehen, wird das lokal auf der Maschine gespeicherte Profil verwendet.

Lokales Profil	Servergespeichertes Profil	Servergespeichertes verbindliches Profil
Gespeichert auf lokalem Computer	Gespeichert auf einem Server Datei "NTUSER.DAT"	Gespeichert auf einem Server Datei "NTUSER.MAN"
Vorteil: - Einfach	**Vorteil:** - Verfügbar im Netzwerk	**Vorteil:** - Verfügbar im Netzwerk - Profile können nicht verändert werden
Nachteil: - keine Verfügbarkeit im Netzwerk	**Nachteil:** - hoher Netzwerkverkehr bei der Anmeldung - hoher Netzwerkverkehr bei der Abmeldung - Profile können verändert werden	**Nachteil:** - hoher Netzwerkverkehr bei der Anmeldung - hoher Netzwerkverkehr bei der Abmeldung

Abbildung 3.7: Übersicht über die drei Profilarten

3.2.4   Gruppenrichtlinien in einer Domäne

Nun ist es an der Zeit, einen kurzen Blick auf die Verwaltungsmöglichkeiten des Active Directory zu werfen.

Viele Anforderungen sind in einer professionellen Umgebung zu erfüllen, wie beispielsweise

● Aussehen des Desktops

● Skripte, die bei bestimmten Ereignissen ausgeführt werden

● Installation von Software auf vielen Rechnern gleichzeitig

● Sicherheitseinstellungen für die Benutzer

● Anweisungen, welche Geräte benutzt werden dürfen

● und vieles mehr

All diese Einstellungen können durch Gruppenrichtlinien zugewiesen werden. Diese Gruppenrichtlinien werden entweder auf der lokalen

Maschine oder im Active Directory verwaltet.

Benutzer- und Computereinstellungen

Zum besseren Verständnis sollten wir eine Gruppenrichtlinie betrachten. Wir erstellen hierfür eine MMC und fügen die benötigten Snap-Ins hinzu.

Es gibt lokale Gruppenrichtlinien und Gruppenrichtlinien in der Domäne. Lokale Gruppenrichtlinien haben nur Auswirkung auf die lokale Maschine, und werden in erster Linie auf alleinstehenden Rechnern ohne Verbindung zu einer Domäne benutzt.

Gruppenrichtlinien in einer Domäne dagegen haben Auswirkungen auf die komplette Domäne.

Aus diesem Grund werden wir uns mit den Gruppenrichtlinien der Domäne beschäftigen.

Fügen Sie auf dem Domänencontroller einer MMC das Snap-In „Gruppenrichtlinienverwaltung" hinzu.

Abbildung 3.8: Gruppenrichtlinienverwaltung

Sie sehen, dass in dieser Ansicht die Struktur der Domäne dargestellt wird. Ob es mehrere Gruppenrichtlinien gibt, können wir in dieser Darstellung noch nicht erkennen, aber wir sehen eine „Default Domain Policy".

Diese wählen wir aus, indem wir auf sie klicken.

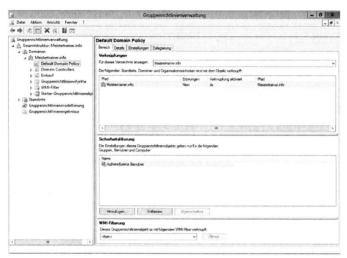

Abbildung 3.9: Die „Default Domain Policy"

Wir erhalten diverse Informationen über diese Gruppenrichtlinie.

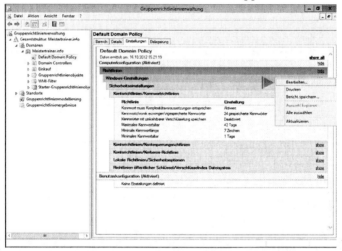

Abbildung 3.10: Einstellungen der Gruppenrichtlinie

ACHTUNG!

Sie sollten sich die Zeit nehmen, und diese Einstellungen alle gut betrachten!

Wir wechseln nun auf die Karteikarte „Einstellungen".

Hier werden die momentan aktiven Einstellungen angezeigt.

Das ist uns aber nicht genug, wir möchten die Einstellungen genauer sehen. Dazu klicken wir mit der rechten Maustaste ins Fenster und wählen „Bearbeiten".

Es öffnet sich ein neues Fenster, und wir sehen endlich alle Einstellungen der Gruppenrichtlinie.

Abbildung 3.11: Alle Einstellungen der Gruppenrichtlinie

Alle Gruppenrichtlinien, egal ob sie lokal oder im Active Directory verwaltet werden, haben die gleiche Struktur. Es gibt

- Benutzereinstellungen
- Computereinstellungen

Optisch dargestellt werden diese Einstellungen in einer Darstellung, die uns sehr gut aus Explorer und Active Directory bekannt ist.

Sowohl auf der Computerseite als auch auf der Benutzerseite gibt es zwei Hauptkonfigurationsgruppen:

- Richtlinien
- Einstellungen

Die Richtlinien teilen sich in

- Softwareeinstellungen
- Windows-Einstellungen
- Administrative Vorlagen

Natürlich unterscheiden sich diese Einstellungen auf beiden Seiten etwas, denn nicht alle Einstellungen können für Computer vorgenommen werden, und andere können wiederum nicht für Benutzer gemacht werden.

Nehmen Sie sich nun einen Augenblick Zeit, und betrachten Sie die Vielfalt der Einstellungsmöglichkeiten auf beiden Seiten. Beachten Sie auch, dass bei einigen Einstellungen sehr gute Erklärungen zu finden sind, die einen Einsatz der Gruppenrichtlinie vereinfachen.

Die „Einstellungen" sind mit Server 2008 eingeführt worden. Sie finden diese nur in den domänenbasierten Gruppenrichtlinien, nicht aber in einer lokalen.

Hier können Sie zusätzlich verschiedene Einstellungen machen, wie

- Laufwerkszuordnungen
- Variablenzuordnung
- Einstellungen für Dateien, Ordner und ini-Dateien

etc.

Eine der interessantesten Einstellungsmöglichkeiten ist aber, dass Sie verschiedene Geräteklassen aktivieren oder deaktivieren können, womit Sie die Möglichkeit haben, den Zugriff auf bestimmte Geräte zu verbieten!

Der Geltungsbereich der Gruppenrichtlinien

Welche Bedeutung hat nun diese Einteilung in „Benutzerrichtlinien" und „Computerrichtlinien"?

Halten wir uns vor Augen, dass der eigentliche Einsatzbereich der Gruppenrichtlinien das Active Directory und nicht die lokale Maschine ist. Es macht wenig Sinn, Einstellungen auf jeder Maschine lokal zu regeln.

Aus diesem Grund werden die meisten Gruppenrichtlinien im Active Directory verwaltet. Hier gibt es unter anderem die Möglichkeit, Gruppenrichtlinien einzelnen OUs zuzuordnen.

Für das Anwenden der einzelnen Komponenten gilt nun folgendes:

- Computerrichtlinien werden auf alle Computerkonten im Geltungsbereich angewendet
- Benutzerrichtlinien werden auf alle Benutzerkonten im Geltungsbereich angewendet

Der Geltungsbereich ist immer die OU, der die Gruppenrichtlinie zugeordnet ist und alle untergeordneten OUs, denn auch hier gilt die Vererbung.

Was passiert nun beim Systemstart eines Clients?

Zunächst einmal startet der Client und überprüft in der Domäne sein Computerkonto. Nun ist dem Client bekannt, in welcher OU sich sein Computerkonto befindet.

Er kann nun die Liste der Einstellungen anfordern, die für sein Computerkonto gilt, und anwenden.

Danach meldet sich der Benutzer an. Hier ist der Vorgang ähnlich. Das Benutzerkonto wird in der Domäne überprüft, und damit ist festgelegt, in welcher OU sich das Benutzerkonto befindet. Nun wird die Liste der Einstellungen angefordert und abgearbeitet.

1. **Client startet, sucht die Gruppenrichtlinien, die für sein Computerkonto gelten und wendet sie an.**

2. **Benutzer meldet sich an, und die Gruppenrichtlinien, die für sein Benutzerkonto gelten werden angewendet.**

Abbildung 3.12: Abarbeitung der Gruppenrichtlinien beim Systemstart

Ein Beispiel:

Wir betrachten folgendes Szenario:

Abbildung 3.13: Die Funktionsweise der Benutzer- und Computereinstellungen

Aus dieser Zeichnung geht hervor, dass in der OU 1 zwei Benutzerkonten und zwei Computerkonten zu finden sind. In der OU 2 ist es ähnlich.

Daraus ergeben sich folgende Zuordnungen:

Benutzer 1 meldet sich an Computer 1 an:

Computer 1 startet, und erkennt, dass die Computereinstellungen der Gruppenrichtlinie 1 für ihn relevant sind.

Er wendet die Einstellung *„Ein Startskript ausführen"* an.

Benutzer 1 meldet sich an, und durch sein Benutzerkonto in OU 1 gilt die Benutzereinstellung von Gruppenrichtlinie 1 für ihn:

Symbol „Arbeitsplatz" vom Desktop entfernen.

Benutzer 1 meldet sich an Computer 3 an:

Computer 3: *Lokal anmelden zulassen.*

Benutzer 1: *Symbol „Arbeitsplatz" vom Desktop entfernen.*

Gehen Sie gedanklich alle Kombinationen durch!

Die Standardanwendungsreihenfolge

Gruppenrichtlinien können auf verschiedenen Ebenen eingerichtet werden. Es gibt eine Reihenfolge, in der die Gruppenrichtlinien beim Systemstart abgearbeitet werden, und aus der sich die effektiven Zuordnungen ergeben:

• Lokale Richtlinie (in der Domäne wenig Bedeutung)

• Standort

• Domäne

• OU

Sie können also Gruppenrichtlinien auf einen Standort (wird in diesem Buch nicht weiter besprochen), eine ganze Domäne oder eine OU anwenden.

Jede Gruppenrichtlinie ist für alle Konten im Geltungsbereich gültig:

Standort:

      Computerkonfiguration für alle Computerkonten im Standort

      Benutzerkonfiguration für alle Benutzerkonten im Standort

Domäne:

      Computerkonfiguration für alle Computerkonten in der Domäne

      Benutzerkonfiguration für alle Benutzerkonten in der Domäne

OU:

Computerkonfiguration für alle Computerkonten in der OU

Benutzerkonfiguration für alle Benutzerkonten in der OU

Die Vererbung gilt hier immer standardmäßig.

ACHTUNG!

Die Gruppenrichtlinien werden alle nacheinander abgearbeitet, das bedeutet, wenn sowohl am Standort, als auch in der Domäne und der OU Einstellungen gemacht worden sind, werden alle Einstellungen nacheinander angewendet!

Überlagerungen der Einstellungen

Für alle Einstellungen gibt es bei Gruppenrichtlinien drei Möglichkeiten:

- Nicht konfiguriert
- Aktiviert
- Deaktiviert

Abbildung 3.14: Drei Auswahlmöglichkeiten

Diese drei Einstellungen kann man mit Folien vergleichen, die übereinander gelegt werden.

Aktiviert   Kästchen schwarz

Deaktiviert   Kästchen weiß

Nicht konfiguriert   Kästchen durchsichtig

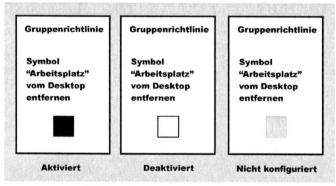

Abbildung 3.15: Das Schichtenprinzip

Beim Anwenden der Gruppenrichtlinien werden nun alle Folien nacheinander übereinander gelegt. Daraus ergeben sich folgende Regeln:

Aktiviert: Folie überdeckt vorige Einstellungen
und setzt die Einstellung auf „Aktiviert"

Deaktiviert: Folie überdeckt vorige Einstellungen
und setzt die Einstellung auf „Deaktiviert"

Nicht konfiguriert: Folie ändert nichts. Die vorherige Einstellung
scheint durch und ist weiterhin gültig

Ein Beispiel:

Die Einstellungen lauten folgendermaßen:

Standort: Symbol „Arbeitsplatz" vom Desktop entfernen
Aktiviert

Domäne: Symbol „Arbeitsplatz" vom Desktop entfernen
Nicht konfiguriert

OU: Symbol „Arbeitsplatz" vom Desktop entfernen
Deaktiviert

Lösung:

Die Einstellung wird zunächst aktiviert (Standort), dann nicht verändert (Domäne), und zuletzt deaktiviert (OU).

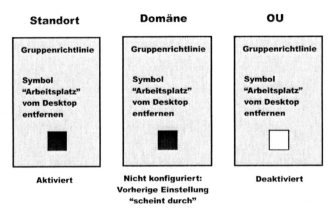

Abbildung 3.16: Auflösung der Anwendungsreihenfolge

Gruppenrichtlinien erstellen

Bevor wir unsere ersten Gruppenrichtlinien selber erstellen, müssen wir uns noch die Speicherorte für Gruppenrichtlinien betrachten.

Gruppenrichtlinien werden im Active Directory verwaltet. Alle Gruppenrichtlinien, die Sie erstellen, können Sie aus diesem Grund auch im Active Directory betrachten.

ACHTUNG!

Sie können im Active Directory an dieser Stelle zwar die Gruppenrichtlinien betrachten, sehen in dieser Ansicht aber keine Einstellungen. Der Container „System" ist nicht zur Verwaltung der Inhalte der Gruppenrichtlinien gedacht.

- Active Directory-Benutzer und -Computer
- Container „System"
- Policies

ACHTUNG!

Sie können den Container „System" nur sehen, wenn Sie vorher unter dem Menüpunkt „Ansicht" die „Erweiterte Funktionen" aktiviert haben.

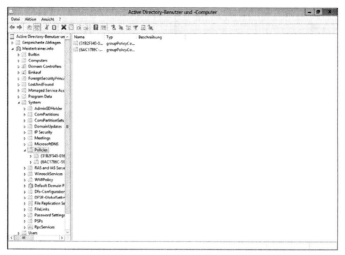

Abbildung 3.17: Speichercontainer für Gruppenrichtlinien

Wie wir erkennen können, sind bereits zwei Gruppenrichtlinien im Active Directory angelegt.

Dies sind die Standardgruppenrichtlinien, die bereits bei der Installation angelegt werden, nämlich

- Default Domain Policy (Standard Domänenrichtlinie),

  verknüpft mit der Domäne

- Default Domain Controller Policy (Standard Domänencontrollerrichtlinie),

  verknüpft mit der OU Domain Controllers

Die OU Domain Controllers ist direkt nach der Installation die einzige OU. Alle anderen der Domäne untergeordneten Gliederungsobjekte werden als Container bezeichnet. Container haben nicht die gleiche Funktionalität wie OU. Nur OU können weiter untergliedert werden, und auch Gruppenrichtlinien können nur OU zugewiesen werden, nicht aber Containern.

ACHTUNG!

Da der Container „Users" keine OU ist, kann hier auch keine Gruppenrichtlinie benutzt werden. Es macht also in jedem Fall Sinn, eigene OUs zu erstellen.

Im Active Directory wird also ein Teil der Gruppenrichtlinien verwaltet. Es stellt sich noch die Frage, wie die Clients zu ihren Einstellungen kommen.

Der Anmeldevorgang bei Clients an einer Domäne läuft immer nach dem gleichen Schema ab. Ein Teil dieses Anmeldevorgangs ist es, dass der Client auf eine Freigabe mit dem Namen „SYSVOL" auf dem Domänencontroller zugreift. In dieser Freigabe befindet sich ein Ordner mit Namen „Policies", und hier sind alle Gruppenrichtlinien mit allen Einstellungen gespeichert.

Der Client liest nun die relevanten Gruppenrichtlinien und wendet sie an.

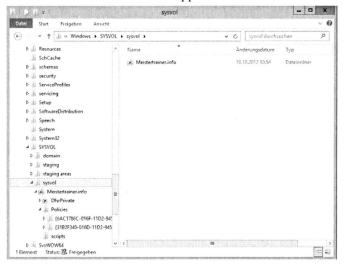

Abbildung 3.18: Der Ordner „Sysvol" mit Unterordnern

Eine Gruppenrichtlinie setzt sich also aus zwei verschiedenen Bestandteilen zusammen:

- Gruppenrichtliniencontainer
- Gruppenrichtlinienvorlage

ACHTUNG!

Löschen Sie und verändern Sie auf keinen Fall Einstellungen in der Gruppenrichtlinienvorlage. Dies könnte zu einem Integritätsverlust der Datenbank führen!

Betrachten wir erneut die „Gruppenrichtlinienverwaltung".

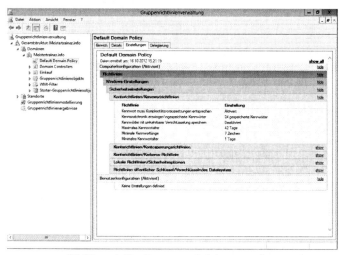

Abbildung 3.19: Gruppenrichtlinienverwaltung

Auch hier können wir erkennen, dass in der OU „Domain Controllers"
eine Gruppenrichtlinie erstellt ist, da alle OUs gelistet sind, und wir so
sehr einfach erkennen können, in welchen OUs Gruppenrichtlinien
erstellt worden sind.

Aber sind diese beiden Gruppenrichtlinien auch noch die einzigen?

Um das zu erforschen, erweitern wir den Knotenpunkt
„Gruppenrichtlinienobjekte".

Abbildung 3.20: Gruppenrichtlinienobjekte

Hier sind alle vorhandenen Gruppenrichtlinien aufgelistet. Wir sehen, dass nach der Installation lediglich zwei Gruppenrichtlinien vorhanden sind:

- Default Domain Policy (Domänenebene)
- Default Domain Controllers Policy (OU Domain Controllers)

Verknüpfte Gruppenrichtlinie erstellen

Die gebräuchlichste Art, eine Gruppenrichtlinie zu erstellen, ist das Anlegen der Gruppenrichtlinie direkt an der gewünschten Stelle.

Wenn Sie beispielsweise eine Gruppenrichtlinie in der OU „Einkauf" erstellen möchten, klicken Sie mit der rechten Maustaste auf den Knotenpunkt „Einkauf", und wählen „Gruppenrichtlinienobjekt hier erstellen und verknüpfen".

Abbildung 3.21: Erstellen einer verknüpften Gruppenrichtlinie

Wie Sie erkennen können, ist noch keine Gruppenrichtlinie mit dieser OU verknüpft.

Geben Sie der neuen Gruppenrichtlinie einen aussagekräftigen Namen.

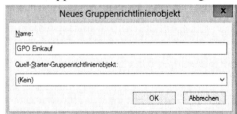

Abbildung 3.22: Erstellen einer neuen Gruppenrichtlinie

Diese Gruppenrichtlinie hat noch keinerlei Einstellungen. Wenn Sie Einstellungen machen möchten, klicken Sie auf „Bearbeiten".

Nach der Erstellung kontrollieren Sie die beiden Speicherstellen im Active Directory und im Ordner Sysvol, und Sie stellen fest, dass es nun eine weitere Gruppenrichtlinie gibt.

Unverknüpfte Gruppenrichtlinie erstellen

Allgemeines

Manchmal ist es nicht günstig, eine Gruppenrichtlinie zu erstellen, und sie gleich einer OU oder einer anderen Stelle zuzuweisen. Vielleicht möchten Sie zunächst einmal die Einstellungen in Zusammenarbeit mit Kollegen in Ruhe erstellen, und dann erst einem Geltungsbereich zuordnen.

Damit eine solche Vorgehensweise funktionieren kann, darf es sich bei einer Gruppenrichtlinie nicht um eine statische Zuordnung zu einem Computer, einem Standort, einer Domäne oder einer OU handeln, sondern es müssen in diesem Fall zwei verschiedene Bestandteile vorhanden sein:

* Gruppenrichtlinie

* Verknüpfung zum Geltungsbereich

Genau dieses Prinzip macht die Gruppenrichtlinien so universell einsetzbar: Sie können eine Gruppenrichtlinie definieren, und sie zunächst unverknüpft lassen. Damit ist sie zwar bereits vorhanden, hat aber noch keinerlei Auswirkung.

Erst wenn Sie den Zeitpunkt für gekommen halten, können Sie in einem zweiten Schritt diese Gruppenrichtlinie mit dem gewünschten Geltungsbereich verknüpfen.

Erstellen einer unverknüpften Gruppenrichtlinie

Um eine unverknüpfte Gruppenrichtlinie zu erstellen, wählen Sie den Knotenpunkt „Gruppenrichtlinienobjekte".

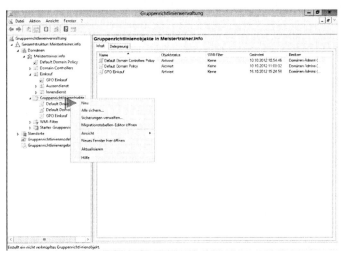

Abbildung 3.23: Gruppenrichtlinienobjekte

Wenn Sie hier im Objektmenü „Neu" wählen, können Sie eine unverknüpfte Gruppenrichtlinie erstellen, die Sie später einem Container zuweisen können.

ACHTUNG!

Überprüfen Sie im Active Directory und in der Freigabe SYSVOL die Anzahl der Gruppenrichtlinien. Sie werden sehen, dass bereits eine Gruppenrichtlinie mehr angezeigt wird, obwohl noch keine Verknüpfung erstellt ist.

Zuweisen einer unverknüpften Gruppenrichtlinie zu einem Geltungsbereich

Nachdem Sie die neue Gruppenrichtlinie über einen längeren Zeitraum bearbeitet haben, ist irgendwann einmal der Zeitpunkt gekommen, sie mit dem Geltungsbereich zu verknüpfen.

Ein Beispiel:

Sie möchten die Gruppenrichtlinie „unverknüpfte Gruppenrichtlinie" der OU „Verkauf" zuweisen.

Dazu klicken Sie mit der rechten Maustaste auf die entsprechende OU und wählen „Vorhandenes Gruppenrichtlinienobjekt verknüpfen".

Abbildung 3.24: Zuweisen einer bestehenden Gruppenrichtlinie

Hier wählen wir sie aus, und damit ist sie sofort mit dem gewünschten Geltungsbereich verknüpft.

ACHTUNG!

Sie können auf diesem Weg eine Gruppenrichtlinie mit mehreren Geltungsbereichen verknüpfen. Damit sparen Sie unter Umständen viel Arbeit.

Entfernen von Verknüpfungen

Natürlich kann auch eine Gruppenrichtlinie irgendwann einmal nicht mehr benötigt werden.

Wenn dies der Fall ist, wählen Sie die entsprechende Gruppenrichtlinie aus, und klicken Sie auf „Löschen".

Es erscheint nun eine Abfrage:

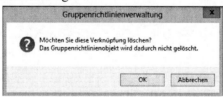

Abbildung 3.25: Abfrage

Damit wird deutlich, dass hier nur die Verknüpfung gelöscht wird, nicht aber das komplette Gruppenrichtlinienobjekt.

Konflikte

Gruppenrichtlinien sind ein exzellentes Instrument, um Einstellungen zu erzwingen. Leider kann es Konflikte zwischen Einstellungen geben. Sie sollten ein wachsames Auge auf Konflikte haben, denn sie sind das häufigste Problem bei der Anwendung von Gruppenrichtlinien.

Konflikt zwischen OU und Unter-OU

Alle Gruppenrichtlinien werden kumulativ angewendet, das heißt, alle Einstellungen werden abgearbeitet. Was aber geschieht, wenn die Einstellungen einer OU und einer ihrer Unter-OU miteinander im Konflikt stehen?

Die normale Anwendungsreihenfolge ist ja bereits bekannt.

- Standort

- Domäne

- OU

Nehmen wir einmal folgendes Szenario an:

Abbildung 3.26: Sich widersprechende Einstellungen

In der OU 1 ist die Gruppenrichtlinie 1 gültig. Sie definiert, dass auf der Benutzerseite das Symbol „Arbeitsplatz" ausgeblendet wird.

Durch die Vererbung gilt diese Einstellung natürlich auch für die OU 2, die eine untergeordnete OU ist.

Leider hat die OU 2 eine eigene Gruppenrichtlinie, die definiert, dass auf der Benutzerseite das Symbol „Arbeitsplatz" nicht ausgeblendet wird.

Damit stehen diese zwei Einstellungen im Konflikt miteinander.

Diesen Konflikt löst die

Erste Regel der Konfliktauflösung:
Die gültige Einstellung ist immer die, die möglichst nahe am Objekt ist, also die Einstellung in der untergeordneten OU.

Damit kann die Standardanwendungsreihenfolge erweitert werden:

- Standort
- Domäne
- OU
- Unter-OU
- ...

Konflikt auf gleicher Ebene: Computereinstellungen und Benutzereinstellungen

Eine weitere Konfliktmöglichkeit besteht, wenn in einer OU sich die Benutzer- und die Computereinstellungen widersprechen.

Gerade bei den „Administrativen Vorlagen" gibt es einige Einstellungen, die sowohl auf der Benutzer- als auch auf der Computerseite gemacht werden können.

Als Beispiel wurde hier eine Einstellung für den Windows Messenger gewählt.

Computerkonfiguration: Ausführung von Windows Messenger
                           Nicht zulassen: Aktiviert
Benutzerkonfiguration: Ausführung von Windows Messenger
                           Nicht zulassen: Deaktiviert

Dies ist eindeutig ein Konflikt auf gleicher Ebene. Hier kann uns die Standardanwendungsreihenfolge nicht weiterhelfen.

Zweite Regel der Konfliktauflösung:

Wenn auf gleicher Ebene die Computereinstellung und die Benutzereinstellung in Konflikt stehen, dann ist meistens die Computereinstellung die gültige Einstellung.

Konflikt auf gleicher Ebene: Mehrere Gruppenrichtlinien sind mit dem gleichen Geltungsbereich verknüpft

Eine letzte Konfliktmöglichkeit ist die Tatsache, dass auf gleicher Ebene mehrere Gruppenrichtlinien verknüpft sein können.

Abbildung 3.27: Mehrere Gruppenrichtlinien auf gleicher Ebene

In diesem Beispiel gibt es zwei Gruppenrichtlinien, die sich ausschließende Einstellungen haben:

GPO Einkauf:

Benutzereinstellung „Symbol Eigene Dateien aus dem Startmenü entfernen"

                    Aktiviert

Neu:

Benutzereinstellung „Symbol Eigene Dateien aus dem Startmenü entfernen"

                    Nicht konfiguriert

Auch dieser Konflikt muss aufgelöst werden können.

Dritte Regel der Konfliktauflösung:

Auf gleicher Ebene werden die Gruppenrichtlinien von unten nach oben abgearbeitet. Die effektive Gruppenrichtlinie ist also die obere.

Aus diesem Grund können Sie die Reihenfolge der Gruppenrichtlinien auch mit den Schaltflächen „Nach oben" und „Nach unten" verändern.

Möglichkeiten, die Standardanwendungsreihenfolge zu ändern

Normalerweise ist die Standardanwendungsreihenfolge sehr gut. Aber es gibt immer Situationen, in denen sich der Administrator eine Möglichkeit wünscht, die Reihenfolge beeinflussen zu können. Zu diesem Zweck gibt es einige Möglichkeiten, die im administrativen Alltag sehr gebräuchlich sind.

Benutzen Sie aber bitte alle Möglichkeiten mit größter Vorsicht, und dokumentieren Sie auf jeden Fall jegliche Art der Beeinflussung!

Vererbung blockieren

Im Standardfall ist ja die Vererbung eingeschaltet. Dies bedeutet, dass die Einstellungen einer Gruppenrichtlinie für die Verknüpfung und für alle untergeordneten Objekte gelten.

Manchmal ist aber genau diese Vererbung nicht erwünscht.

Abbildung 3.28: Vererbung der Gruppenrichtlinien ist nicht erwünscht

In der OU 1 ist eine Gruppenrichtlinie aktiv, die eine Computerkonfiguration beinhaltet, dass ein Startskript ausgeführt werden soll. Mit diesem Startskript werden verschiedene Laufwerke gemappt.

In der OU 2, die OU 1 untergeordnet ist, sind aber alle Konten der Notebooks. Bei ihnen ist ein Mapping von Laufwerken nicht erwünscht, da sie natürlich oft ohne Netzwerkanbindung arbeiten.

Die Lösung ist das Ausschalten der Vererbung, wie es bereits von NTFS bekannt ist.

Sie wählen die OU aus, deren Vererbung Sie deaktivieren wollen, und klicken auf „Vererbung deaktivieren".

Abbildung 3.29: Vererbung deaktivieren

> **ACHTUNG!**
>
> Wenn Sie die Richtlinienvererbung deaktiviert haben, haben Sie alle Gruppenrichtlinien, die von oben vererbt werden, abgeblockt. Sie können nur alle Gruppenrichtlinien, nicht aber einzelne Gruppenrichtlinien blockieren. Dies ist das Prinzip „Alles oder Nichts".

Seien Sie vorsichtig mit dem Ausschalten der Vererbung. Wenn Sie viele Gruppenrichtlinien benutzen, schalten Sie unter Umständen auch die erwünschten Gruppenrichtlinien ab!

Erzwungen

Um genau dieser Problematik zu entgehen, gibt es noch die Möglichkeit, einer bestimmten Gruppenrichtlinie das Attribut „Erzwungen" zu geben.

Abbildung 3.30: Softwareinstallation auf Domänenebene soll nicht blockiert werden können

Wenn Sie einer Gruppenrichtlinie das Attribut „Erzwungen" geben, ist es den untergeordneten Objekten nicht möglich, sich dieser Gruppenrichtlinie zu entziehen. Selbst wenn die Vererbung blockiert wird, wird diese Gruppenrichtlinie auf jeden Fall angewendet.

In der Domäne Meistertrainer.info wird auf Domänenebene eine Gruppenrichtlinie erstellt, die die Installation eines Virenscanners erzwingt.

OU 1 hat aber bereits die Vererbung ausgeschaltet, da einige andere Gruppenrichtlinien für OU 1 nicht relevant sind.

Es ist dringend erforderlich, dass die Virenschutzsoftware auf jedem Rechner im Unternehmen installiert wird.

Aus diesem Grund wird der Gruppenrichtlinie „Virenscanner" das Attribut „Kein Vorrang" zugewiesen.

Dafür wählen Sie die entsprechende Gruppenrichtlinie aus und klicken mit der rechten Maustaste.

Nun können Sie das Attribut „Erzwungen" aktivieren.

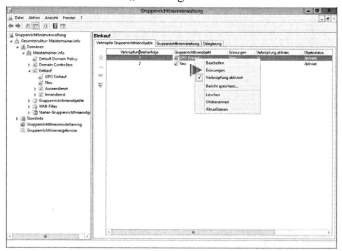

Abbildung 3.31: Erzwungen

3.2.5   Ordnerumleitungen

Jeder Administrator kennt das Problem, dass Benutzer gerne ihre Daten im Ordner „Dokumente" speichern. Auch ist dies der Standardspeicherort der meisten Programme.

Aus der Sicht der Administratoren eines großen Unternehmens ist dieser Speicherort aber auf keinen Fall akzeptabel. Sollte ein Fehler am Client auftreten, der eventuell eine Neuinstallation nötig macht, sind auch alle Daten verloren.

Aus diesem Grund, und aus dem Grund der einfacheren Datensicherung, werden Daten in einer Domäne normalerweise auf einem Server gespeichert. Eine Möglichkeit für die zentrale Speicherung ist es, alle Pfade in den einzelnen Programmen auf das Netzwerklaufwerk zu leiten.

Microsoft bietet uns aber hierfür noch eine zweite Möglichkeit: Die Ordnerumleitung.

Mithilfe einer Gruppenrichtlinie können Ordner des Profils auf einen Netzwerkpfad umgeleitet werden.

Um eine Ordnerumleitung zu konfigurieren, muss in der Domäne eine Gruppenrichtlinie erstellt werden.

Ein Beispiel:

Alle Benutzer sollen eine Ordnerumleitung für den Ordner „Dokumente" erhalten. Die Daten sollen auf eine Freigabe mit dem Namen „Umleitung" auf dem Server „DC" geleitet werden.

Es wird eine Gruppenrichtlinie in der Domäne bearbeitet, hier die Default Domain Policy.

ACHTUNG!

In einer produktiven Umgebung sollten Sie die Default Domain Policy nicht bearbeiten. Erstellen Sie stattdessen eine zweite Gruppenrichtlinie auf Domänenebene.

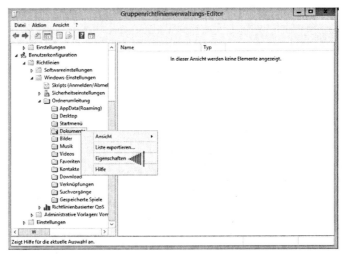

Abbildung 3.32: Ordnerumleitung

Die gewünschte Einstellung finden Sie unter

* Benutzerkonfiguration

* Windows-Einstellungen

* Ordnerumleitung

* Rechte Maustaste auf den Ordner, der umgeleitet werden soll

* Eigenschaften

Abbildung 3.33: Auswahl der Umleitung

Sie können nun zwischen drei Möglichkeiten der Ordnerumleitung wählen:

Standard – Leitet alle Ordner auf den gleichen Pfad um

Sie wählen eine Freigabe aus, und in einen Unterordner dieser Freigabe werden alle Ordner „Eigene Dateien" geleitet.

Erweitert – gibt Pfade für verschiedene Benutzergruppen an

Mit dieser Option können Sie für verschiedene Benutzergruppen verschiedene Umleitungsziele konfigurieren.

Nicht konfiguriert

Es findet keine Umleitung statt.

Für unser Beispiel können wir es bei der Einstellung „Standard" belassen. Nun müssen Sie noch die Freigabe wählen, in die die Daten umgeleitet werden sollen.

Abbildung 3.34: Zielordner

Für jeden Benutzer wird ein eigener Unterordner erstellt.

ACHTUNG!

Die Angabe des Stammverzeichnisses muss in Form eines Netzwerkpfades erfolgen. Auch wenn die Freigabe lokal auf Ihrem Rechner liegen sollte, müssen Sie den Pfad in der Schreibweise \\SERVERNAME\FREIGABENAME angeben.

Nun sollten Sie noch die Karteikarte „Einstellungen" betrachten.

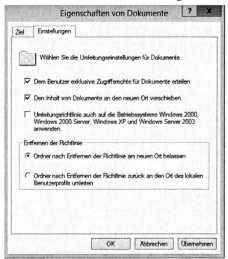

Abbildung 3.35: Einstellungen der Ordnerumleitung

Dem Benutzer exklusive Zugriffsrechte für Dokumente erteilen

Hier ist der Haken als Voreinstellung gesetzt. Diese Einstellung gewährt dem Benutzer das exklusive Zugriffsrecht auf seine Dokumente. Andere Benutzer und auch die Administratoren haben keine Zugriffsrechte.

Den Inhalt von Dokumente an den neuen Ort verschieben

Auch dieser Haken ist gesetzt. Er bedeutet, dass die Daten, die im lokalen Ordner „Dokumente" bereits gespeichert waren, an den neuen Speicherort verschoben werden.

Umleitungsrichtlinie auch auf die Betriebssysteme Windows 2000, Windows 2000 Server, Windows XP und Windows Server 2003 anwenden

Diese Einstellung aktiviert die Abwärtskompatibilität, denn in früheren Versionen war die Ordnerumleitung auf einige wenige Ordner beschränkt.

Entfernen der Richtlinie

Hier können Sie die Vorgehensweise für den Fall festlegen, dass Sie eines Tages die Gruppenrichtlinie wieder entfernen. Der Ordner „Eigene Dateien" kann entweder am neuen Platz belassen werden, oder an den alten Platz zurückverschoben werden.

3.2.6   User Experience Virtualization

Eine weitere Möglichkeit, den Benutzern den bekannten Desktop bereitzustellen, egal, an welchem Gerät er sich befindet, ist das Tool „User Experience Virtualization (UE-V)".

UE-V kann anstelle der servergespeicherten Profile oder zusätzlich zu ihnen benutzt werden.

Allerdings gibt es auch einige Unterschiede zu den Profilen, denn UE-V speichert

- Systemeinstellungen
- Einstellungen der Desktop-Apps
- Einstellungen der Windows Store Apps

ACHTUNG!

UE-V speichert keine Benutzerdaten, die in „Eigene Dateien" abgelegt sind!

Im Prinzip legt UE-V xml-Dateien auf einer Netzwerkfreigabe an, in denen die Konfigurationseinstellungen des Benutzers gespeichert sind.

Jede Konfigurationseinstellung wird in einer eigenen xml-Datei gespeichert.

Egal, an welchem Rechner sich der Benutzer nun anmeldet, er erhält immer seine Konfigurationsdatei und damit immer einen identischen Desktop.

UE-V ist Bestandteil des Desktop Optimization Packages (MDOP), der seit August 2015 auch für Windows 10 zur Verfügung steht.

Erstellen der Freigabe für UE-V

Der erste Schritt ist das Erstellen einer Freigabe für UE-V auf einem Netzwerkserver. Dies muss nicht der Domänencontroller sein.

Damit auf die dort gespeicherten xml-Dateien zugegriffen werden kann, sollte die Gruppe „Jeder" folgende Berechtigungen erhalten:

Freigabe:

- Vollzugriff

NTFS:

- Ordner durchsuchen/ Datei ausführen
- Ordner auflisten/ Daten lesen
- Attribute lesen
- Erweiterte Attribute lesen
- Ordner erstellen / Daten anhängen
- Attribute schreiben
- Erweiterte Attribute schreiben
- Berechtigungen lesen

Installation des UE-V-Agenten auf den Clients

Nun werden die Agenten auf den Clients installiert. Dieser Agent übernimmt in Zukunft die Synchronisation mit den Einstellungen in der Freigabe.

ACHTUNG!

Der UE-V Agent muss auf allen Computern installiert sein, die die Einstellungen synchronisieren sollen.

Dazu suchen Sie auf der MDOP-DVD das Verzeichnis „UE-V". Wählen Sie die aktuellste Version und wechseln Sie dort ins Verzeichnis „Installers". Nun wählen Sie die Hardwareplattform (32- oder 64-bit) und starten das Installationsprogramm „AgentSetupx...".

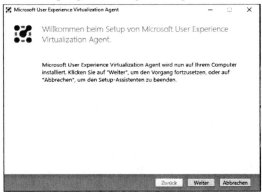

Abbildung 3.36: Setup

Während des Setups geben Sie die eben erstellte Freigabe an.

Nach der Installation erfolgt ein Neustart.

Nun ist ein Dienst mit Namen UEVAgentService vorhanden.

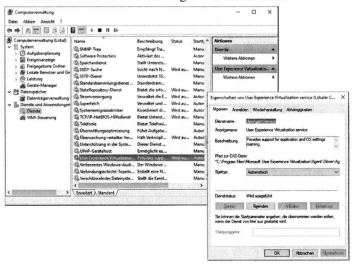

Abbildung 3.37: Dienst

Kontrollieren Sie, dass dieser Dienst automatisch gestartet ist.

UE-V Vorlagen

Automatisch werden mehrere Vorlagen angeboten, die Sie benutzen können.

Diese finden Sie im Verzeichnis „…Programme\Microsoft User Experience Virtualization\Templates.

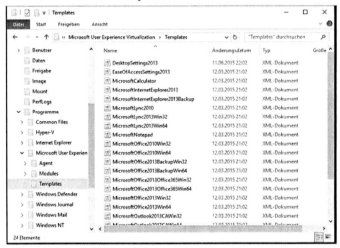

Abbildung 3.38: Vorlagen

Diese Vorlagen können Sie in die Freigabe kopieren, damit sie in Zukunft benutzt werden.

UE-V Vorlagen verändern

In den meisten Fällen wird es notwendig sein, die Vorlagen zu verändern und anzupassen.

Dies können Sie mit einem Tool machen, das ebenfalls mit dem MDOP geliefert wird. Installieren Sie die Tools, die Sie im gleichen Verzeichnis finden, wie zuvor das Installationsprogramm für den Agenten.

Dieses Tool nennt sich „Microsoft User Experience Virtualization Generator".

Abbildung 3.39: Installation Virtualization Generator

Nach der Installation können Sie den Virtualization Generator starten.

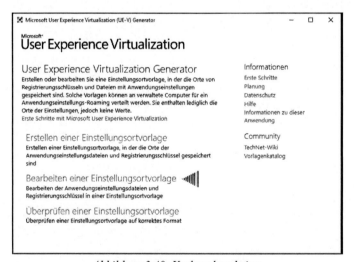

Abbildung 3.40: Vorlage bearbeiten

Wie bereits erwähnt, werden einige Vorlagen mitgeliefert. Diese können Sie nun bearbeiten.

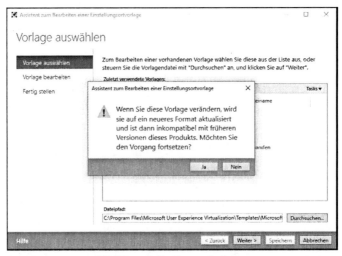

Abbildung 3.41: Formatänderung

In unserem Beispiel öffnen und bearbeiten wir die mitgelieferte Vorlage für den Microsoft Rechner, calc.exe.

Öffnen Sie die Vorlage. Sie erhalten einen Hinweis, dass sie auf ein neues Format aktualisiert wird. Bestätigen Sie diesen Hinweis.

Nun können Sie diverse Einstellungen vornehmen.

Abbildung 3.42: Einstellungen

In unserem Beispiel sind die Einstellungsmöglichkeiten sehr gering. Bei Vorlagen für größere Programme, wie beispielsweise Office, sind die

Einstellungsmöglichkeiten größer, wobei teilweise Vorarbeiten geleistet werden müssen, wie Vorgaben aus der xml-Datei mit einem Editor zu entfernen.

Nach der Bearbeitung speichern Sie die Vorlage in der zuvor erstellten Freigabe.

Damit wird sie in Zukunft angewendet.

Sinnvoll ist es auf jeden Fall, das Original der Vorlage zu sichern, damit Sie im Bedarfsfall darauf zurückgreifen können.

UE-V Vorlagen erstellen

Auf ähnliche Weise können Sie auch Vorlagen für Programme selber erstellen.

Sie wählen im Virtualization Generator den Menüpunkt „Erstellen einer Einstellungsvorlage".

Abbildung 3.43: Erstellen einer Vorlage

Nun wählen Sie das Programm, für das Sie Einstellungen generieren wollen.

Abbildung 3.44: Auswahl des Programms

Die weiteren Schritte sind identisch mit dem Verändern von Vorlagen.

Abbildung 3.45: Konfiguration der Vorlage

Auch diesmal speichern Sie die erstellte xml-Datei in der Netzwerkfreigabe, damit sie in Zukunft zur Verfügung steht.

3.3 Arbeiten mit Hyper-V

Vielen ist Hyper-V ja schon vom Server her bekannt. In Windows 10 hat Microsoft die bekannte Virtualisierungsplattform noch einmal erheblich verbessert. So können nun viele Verwaltungstasks, wie das Hinzufügen von virtuellen Switches, im laufenden Betrieb vorgenommen werden. Auch der Arbeitsspeicher kann nun angepasst werden, ohne dass die virtuelle Maschine heruntergefahren werden muss.

Hyper-V ist nur in den Editionen „Professional" und „Enterprise" verfügbar und benötigt einen SLAT-Prozessor (Second-Level Address Translation).

3.3.1 Hyper-V einrichten

Hyper-V muss als Windows-Feature nachinstalliert werden.

Dazu öffnen Sie die Systemsteuerung und gehen folgenden Weg:

- Programme
- Programme und Features
- Windows-Features aktivieren oder deaktivieren

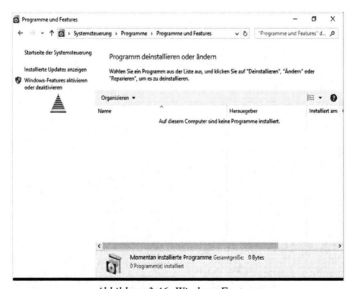

Abbildung 3.46: Windows Features

Nun können Sie Hyper-V aktivieren.

Abbildung 3.47: Hyper-V aktivieren

Sie sollten alle Elemente installieren.

Wenn „Hyper-V-Plattform" ausgegraut ist, also nicht zur Installation zur Verfügung steht, dann haben Sie wahrscheinlich keine SLAT-Unterstützung oder sie ist im BIOS ausgeschaltet. Sie können die Verwaltungskomponenten zwar installieren, aber nur um andere Rechner zu verwalten.

3.3.2 Virtuelle Maschinen einrichten

Um virtuelle Maschinen einzurichten, müssen Sie eine Reihe von Einstellungen machen.

Zunächst starten Sie den „Hyper-V-Manager".

Abbildung 3.48: Hyper-V Manager

Die Verwaltungskonsole erscheint.

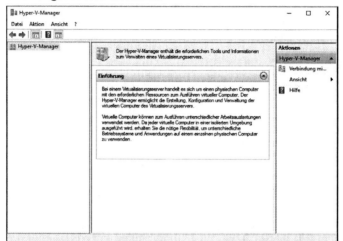

Abbildung 3.49: Hyper-V Verwaltungskonsole

Alle virtuellen Computer, die Sie erstellen, verwenden einen virtuellen Switch auf dem Windows 10-Computer. Dieser verbindet die virtuellen Computer mit den physischen Netzwerkkarten des Computers und erlaubt eine Kommunikation der Computer mit dem Rest des Netzwerks.

Um dem Gast-System einen Netzwerkzugang zu gewährleisten, muss demzufolge zunächst ein virtueller Switch erstellt werden.

Dafür öffnen Sie im Menüfeld die Option „Aktion" und wählen den „Manager für virtuelle Switches..." aus.

Dann markieren Sie auf der linken Seite die Option „Neuer virtueller Netzwerkswitch" und auf der rechten Seite die „externe" Art des Switches und klicken auf „Create Virtual Switch".

Übernehmen Sie nun die Netzwerkeinstellungen.

ACHTUNG!

Im Fenster „Netzwerkverbindungen" des Hyper-V Hosts finden Sie die virtuellen Switches nach dem Erstellen. Sie werden wie die realen Netzwerkkarten angezeigt.

Nun starten Sie den Assistent für neue virtuelle Computer, indem Sie im Menü „Aktion" auf „Neu" klicken.

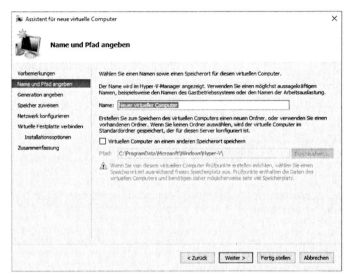

Abbildung 3.50: Assistent für neue virtuelle Computer

Zunächst legen Sie den Namen und den Speicherort fest.

Dann entscheiden Sie sich, ob Sie eine Maschine der Generation 1 oder Generation 2 erstellen möchten.

Abbildung 3.51: Auswahl der Generation

Die Unterschiede sind folgende:

Generation 1:

Das ist die alte Variante, hier wird der virtuelle Computer genauso wie in früheren Hyper-V Versionen dargestellt.

Generation 2:

Hier sind folgende Änderungen:

- UEFI-Firmwareunterstützung
- PXE-Start mithilfe einer standardmäßigen Netzwerkkarte
- Starten von einer virtuellen SCSI-Festplatte
- Starten von einer virtuellen SCSI-DVD
- Sicherer Start (standardmäßig aktiviert)

Anschließend wird der verwendete Arbeitsspeicher definiert. Wenn Sie auswählen „Dynamischen Arbeitsspeicher für diesen virtuellen Computer verwenden", wird der gesamte Arbeitsspeicher vom virtuellen PC und dem Host-Betriebssystem (Windows 10) gemeinsam genutzt.

Abbildung 3.52: Speicher zuweisen

Danach wählen wir die zuvor erstellte Netzwerkkarte aus. Dies entspricht dem virtuellen Switch.

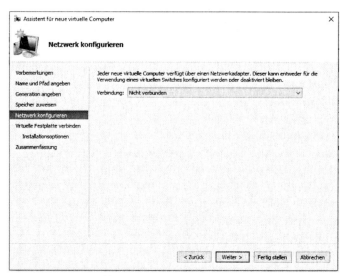

Abbildung 3.53: Auswahl Netzwerkkarte

Dann wählen Sie die Speicherorte und die Größe der virtuellen Festplatte.

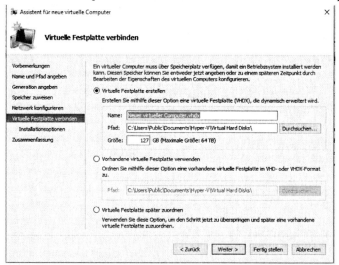

Abbildung 3.54: Virtuelle Festplatte

Im nächsten Schritt wählen Sie aus, ob das Betriebssystem gleich von einer DVD, einer Abbilddatei oder erst später installiert werden soll.

Abbildung 3.55: Installationsoptionen

Nun können Sie den neuen virtuellen Computer starten.

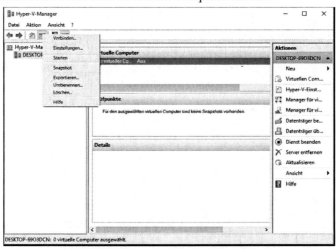

Abbildung 3.56: Virtuellen Computer starten

3.3.3   Snapshots

Snapshots sind Momentaufnahmen von einem Betriebssystem.

Hyper-V bietet die Möglichkeit, jederzeit einen Snapshot zu erstellen, und damit einen bestimmten Zustand „einzufrieren".

Dazu klicken Sie mit der rechten Maustaste auf die virtuelle Maschine, bei der Sie einen Snapshot erstellen wollen, und wählen „Snapshot".

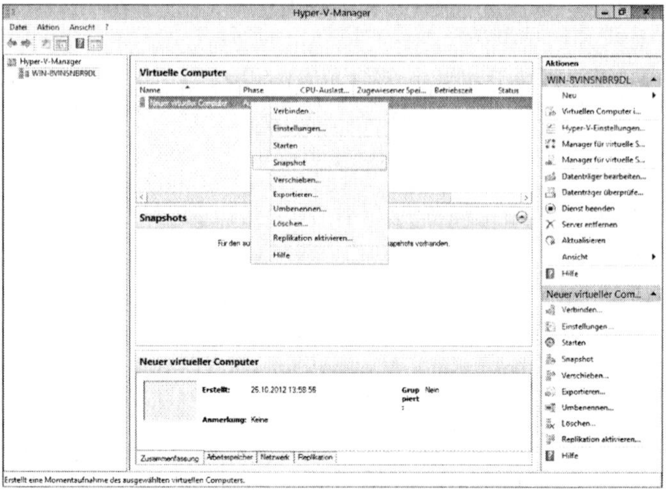

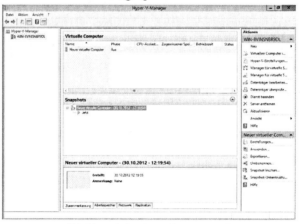

Abbildung 3.57: Snapshot erstellen

Nun wird die Momentaufnahme gespeichert.

Abbildung 3.58: Snapshot ist erstellt

Sie sehen den Snapshot mit Namen, Datum und Uhrzeit.

Das System läuft weiter, das erkennen Sie an dem untergeordneten „Jetzt", das nichts anderes bedeutet, als dass das System weiter ausgeführt wird.

Sie können jederzeit zu einem Snapshot zurückkehren.

ACHTUNG!

Eine Hyper-V VM wird vom System angehalten, wenn der Speicherplatz auf dem Laufwerk, welches von der VM für die virtuelle Festplatte verwendet wird, knapp wird!

3.3.4   PowerShell Direct

Eine Neuerung von Windows 10 ist die Möglichkeit, direkt vom Hyper-V Host aus PowerShell Befehle an eine virtuelle Maschine weiterzugeben.

Das funktioniert mit dem Tool „PowerShell Direct".

Der Vorteil an dieser Möglichkeit ist, dass es nicht nötig ist, die virtuelle Maschine über das Netzwerk anzusprechen, sondern der Zugriff kann einfach über den physischen Host geschehen.

Die Vorgehensweise ist einfach. Zunächst öffnen Sie PowerShell.

ACHTUNG!

Für diese Art der Kommunikation muss die PowerShell im Administratormodus gestartet werden!

Dann geben Sie ein

Enter-PSSession <Name der virtuellen Maschine>

Damit haben Sie eine interaktive Sitzung mit der virtuellen Maschine eingerichtet.

Befehle geben Sie ein mit

Invoke-Command

Zu beachten ist auch, dass sowohl die Hostmaschine als auch die virtuelle Maschine, auf die Sie zugreifen möchten, entweder Windows oder Windows Server 2016 sein muss. Ältere Systeme werden nicht unterstützt.

3.4 Zusammenfassung, Übungen / Aufgaben

3.4.1 Zusammenfassung

Wenn Sie einen Wechsel des Betriebssystems vornehmen, ist oft eine Neuinstallation die bessere Lösung. Mit einem Upgrade werden alte Fehler und Unsauberkeiten des vorherigen Systems mitgeführt, was sich eventuell negativ auf die Systemstabilität auswirken kann.

In diesem Fall ist die Möglichkeit der Migration einer vorhandenen Benutzerumgebung sehr interessant. Bevor eine Neuinstallation gemacht wird, werden die alten Daten und Einstellungen weggesichert und können nach der Neuinstallation wieder eingespielt werden. Dadurch haben Sie die Vorteile einer Neuinstallation und verlieren nicht die alten Daten und Einstellungen.

Eine Möglichkeit, Benutzereinstellungen zu übertragen, ist das User State Migration Tool (USMT).

Das USMT ist ein Befehlszeilentool und dafür gedacht, komplexere Migrationen zu machen, denn hier kann die Migration mit Parametern angepasst werden. USMT ist für Administratoren gedacht, nicht für einen Einzelbenutzer.

USMT setzt sich in erster Linie aus zwei Befehlen zusammen:

- Scanstate.exe
- Loadstate.exe

Außerdem gibt es noch einige .xml-Dateien.

MigApp.xml

Mit dieser Datei können Sie Anwendungseinstellungen migrieren. Sie können MigApp.xml ändern.

MigUser.xml

Mit dieser Datei können Sie Benutzerordner, Dateien und Dateitypen migrieren. Sie können MigUser.xml ändern.

Config.xml

Dies ist eine optionale Datei, die Sie mithilfe der Option /genconfig in der ScanState-Befehlszeile erstellen können. Sie sollten diese Datei erstellen und ändern, wenn Sie bestimmte Komponenten aus der Migration ausschließen möchten.

Wenn ein Benutzer sich zum ersten Mal anmeldet, wird für ihn ein neuer Desktop erstellt. Dieser erste Desktop ist der Standarddesktop, der für alle

Benutzer gleich ist, wenn sie sich zum ersten Mal anmelden.

Als Vorlage für diesen Standarddesktop dient ein so genanntes Standardbenutzerprofil.

Dieses Standardbenutzerprofil enthält alle Einstellungen, die für alle Benutzer wichtig sind.

Es gibt folgende Arten von Benutzerprofilen:

- Lokales Benutzerprofil

- Servergespeichertes Benutzerprofil

- Servergespeichertes verbindliches Benutzerprofil

Nun ist es an der Zeit, einen kurzen Blick auf die Verwaltungsmöglichkeiten des Active Directory zu werfen.

Viele Anforderungen sind in einer professionellen Umgebung zu erfüllen, wie beispielsweise

- Aussehen des Desktops
- Skripte, die bei bestimmten Ereignissen ausgeführt werden
- Installation von Software auf vielen Rechnern gleichzeitig
- Sicherheitseinstellungen für die Benutzer
- Anweisungen, welche Geräte benutzt werden dürfen
- und vieles mehr

All diese Einstellungen können durch Gruppenrichtlinien zugewiesen werden. Diese Gruppenrichtlinien werden entweder auf der lokalen Maschine oder im Active Directory verwaltet.

Jeder Administrator kennt das Problem, dass Benutzer gerne ihre Daten im Ordner „Dokumente" speichern. Auch ist dies der Standardspeicherort der meisten Programme.

Aus der Sicht der Administratoren eines großen Unternehmens ist dieser Speicherort aber auf keinen Fall akzeptabel. Sollte ein Fehler am Client auftreten, der eventuell eine Neuinstallation nötig macht, sind auch alle Daten verloren.

Aus diesem Grund, und aus dem Grund der einfacheren Datensicherung, werden Daten in einer Domäne normalerweise auf einem Server gespeichert. Eine Möglichkeit für die zentrale Speicherung ist es, alle Pfade in den einzelnen Programmen auf das Netzwerklaufwerk zu leiten.

Microsoft bietet uns aber hierfür noch eine zweite Möglichkeit: Die Ordnerumleitung.

Eine weitere Möglichkeit, den Benutzern den bekannten Desktop bereitzustellen, egal, an welchem Gerät er sich befindet, ist das Tool „User Experience Virtualization (UE-V)".

Vielen ist Hyper-V ja schon vom Server her bekannt. In Windows 10 hat Microsoft die bekannte Virtualisierungsplattform noch einmal erheblich verbessert. So können nun viele Verwaltungstasks, wie das Hinzufügen von virtuellen Switches, im laufenden Betrieb vorgenommen werden. Auch der Arbeitsspeicher kann nun angepasst werden, ohne, dass die virtuelle Maschine heruntergefahren werden muss.

Hyper-V ist nur in den Editionen „Professional" und „Enterprise" verfügbar und benötigt einen SLAT-Prozessor (Second-Level Address Translation).

3.4.2 Übungen

1. Starten Sie die virtuelle Maschine „DC" und melden Sie sich als Administrator der Domäne mit dem Kennwort „Kennw0rt!" an.

2. Starten Sie die virtuelle Maschine „W10" und melden Sie sich als Administrator der Domäne mit dem Kennwort „Kennw0rt!" an.

3. Betrachten Sie die lokal auf der Maschine gespeicherten Profile.

4. Legen Sie auf der virtuellen Maschine DC einen neuen Benutzer mit Namen „Karl Klammer" an.

5. Betrachten Sie die Einstellungen in seinem Domänenkonto.

6. Erstellen Sie auf dem DC einen Ordner mit dem Namen „Profile" und geben Sie ihn frei mit Vollzugriff für die Gruppe „Jeder".

7. Legen Sie im Konto von Karl Klammer einen Profilpfad zu diesem Ordner an.

8. Melden Sie sich auf dem Client W10 ab und erneut als „Karl Klammer" an.

9. Betrachten Sie, ob der Profilpfad erstellt worden ist.

10. Führen Sie alle benötigten Schritte aus, um Zugriff auf den Ordner zu erlangen. Übernehmen Sie gegebenenfalls den Besitz.

11. Melden Sie sich am Client wieder ab und als Administrator der Domäne an.

12. Betrachten Sie erneut den Profilpfad von Karl Klammer.

13. Nennen Sie die Datei „ntuser.dat" in „ntuser.man" um. Blenden Sie dazu in der Ansicht im Explorer auch die verborgenen Dateien ein.

14. Melden Sie sich als Karl Klammer mit dem Client an der Domäne an.

15. Probieren Sie als Karl Klammer, ob Sie das Profil ändern können. Melden Sie sich mit diesem Konto ab und wieder an. Sind die Änderungen gespeichert?

16. Melden Sie sich wieder als Administrator der Domäne an „W10" an.

17. Erstellen Sie einen Snapshot der virtuellen Maschine „DC". Nennen Sie diesen Snapshot „DC-S3".

18. Erstellen Sie einen Snapshot der virtuellen Maschine „W10". Nennen Sie diesen Snapshot „W10-S3".

19. Probieren Sie alle Gruppenrichtlinieneinstellungen aus.

20. Erstellen Sie eine Ordnerumleitung.

21. Setzen Sie den DC auf den eben erstellten Snapshot zurück.

22. Laden Sie das MDOP herunter.

23. Erstellen Sie auf dem Server eine Freigabe mit Namen „MDOP" und den benötigten Berechtigungen.

24. Installieren Sie auf dem Client den UE-V-Agenten.

25. Kontrollieren Sie, dass der Dienst gestartet ist.

26. Kopieren Sie die Vorlagen in die Freigabe.

27. Bearbeiten Sie die Vorlage für das Programm „calc.exe".

28. Erstellen Sie eine eigene Vorlage und speichern Sie diese in der Netzwerkfreigabe.

29. Setzen Sie beide Maschinen auf die Snapshots „DC-S3" und „W10-S3" zurück.

30. Wenn Sie die entsprechende Hardware haben, richten Sie Hyper-V ein und testen Sie die Einstellungen.

31. Setzen Sie danach beide Maschinen auf die Snapshots „DC-S3" und „W10-S3" zurück.

3.4.3 Aufgaben

1. Mit welchem Tool können Sie Benutzerdaten migrieren?

2. Wie können Sie das servergespeicherte Benutzerprofil vor Änderungen schützen?

3. Sie möchten, dass die Benutzerdaten auf einem Netzwerklaufwerk gespeichert werden, damit Sie diese Daten in den Sicherungsverlauf einbeziehen können.

   Wie machen Sie das?

4. Sie richten UE-V ein. Wo finden Sie die Vorlagen, die Sie nach Belieben verändern können?

5. Wenn Sie die Netzwerkverbindungen öffnen, wie erkennen Sie, ob der Computer ein Hyper-V Host ist?

6. Sie betreuen eine Windows 10 Maschine, auf der Hyper-V aktiviert ist. Mehrere virtuelle Maschinen laufen auf diesem Host und Sie haben viele Snapshots gespeichert.

   Als Hardware sind für jede virtuelle Maschine 1024 MB RAM für eine CPU zugewiesen.

   Sie stellen fest, dass die virtuellen Maschinen automatisch stoppen und dabei einen kritischen Fehler anzeigen.

   Welche Hardwarekomponente verursacht dieses Verhalten?

7. Sie sind Client-Administrator der Firma Meistertrainer.

   Sie betreuen einen Windows 10 Computer, auf dem Hyper-V aktiviert ist. Eine virtuelle Maschine, die auf diesem Host läuft, heißt „Maschine1".

   Sie möchten nun vom Host aus PowerShell cmdlets auf „Maschine1" ausführen.

   Wie machen Sie das?

4 Gerätemanagement mit Microsoft Intune

Prüfungsanforderungen von Microsoft:

- Support mobile devices
    - Support mobile device policies including security policies, remote access, and remote wipe
    - support mobile access and data synchronization including Work Folders and Sync Center
    - support broadband connectivity including broadband tethering and metered networks
    - support Mobile Device Management by using Microsoft Intune, including Windows Phone, iOS, and Android
- Deploy software updates by using Microsoft Intune
    - Use reports and In-Console Monitoring to identify required updates, approve or decline updates
    - configure automatic approval settings
    - configure deadlines for update installations
    - deploy third-party updates
- Manage devices with Microsoft Intune
    - Provision user accounts
    - enroll devices
    - view and manage all managed devices
    - configure the Microsoft Intune subscriptions
    - configure the Microsoft Intune connector site system role
    - manage user and computer groups
    - configure monitoring and alerts
    - manage policies, manage remote computers

Quelle: Microsoft

Lernziele:

- Einrichten von Microsoft Intune
    - o Einrichten von Benutzern
    - o Erstellen von Gruppen
    - o Erstellen von Warnungen
- Konfiguration von Microsoft Intune
    - o Erstellen von Richtlinien
    - o Installieren der Intune Software auf den Computern
- Die Verwaltung mobiler Geräte
- Programme verteilen
    - o Das Unternehmensportal
    - o Workshop
- Updates mit Microsoft Intune
- Endpoint Protection

4.1 Einführung

Die Arbeitswelt ist im Wandel. Früher war es undenkbar, dass Angestellte mit ihren eigenen Geräten arbeiten, ein Desktop in der Firma war das Arbeitsgerät.

Mittlerweile werden immer öfter auch Geräte genutzt, die nicht zum Firmeninventar gehören, wie Notebooks der Angestellten, oder auch Smartphones.

Dieses Phänomen nennt sich „BYOD" (bring your own device).

Wenn die Geräte nicht mehr voll kontrolliert werden können, bringt das natürlich große Sicherheitsprobleme mit sich, denn wie soll der Administrator den Überblick darüber behalten, welche Programme auf welchen privaten Geräten installiert sind?

Hier kommt Microsoft Intune ins Spiel. Wie wir schon bei Office 365 sehen konnten, ist es ein „SaaS" (Software as a Service) Angebot.

Sie können steuern, welche Programme auf welchen Geräten zur Verfügung gestellt werden sollen. Hierbei sind wir nicht nur auf Windows Rechner beschränkt, auch Apple und Android wird unterstützt. Die Programme werden aus der Cloud geladen.

4.2 Einrichten von Microsoft Intune

Um Microsoft Intune nutzen zu können, muss zunächst ein Zugang eingerichtet werden. Sie können einen kostenlosen Testzugang einrichten, mit diesem können Sie dann 30 Tage arbeiten.

Die Einrichtung finden Sie in Anhang A.

4.2.1 Einrichten von Benutzern

Mit der Testversion können Sie bis zu 100 Lizenzen verwalten. Hierzu sollten Sie für jeden Benutzer ein Konto anlegen.

Wenn Sie die Intune-Konsole öffnen und auf den Punkt „Admin" wechseln, erkennen Sie, dass Sie Benutzer hier nicht anlegen können, sondern auf das Intune-Kontenportal wechseln müssen.

Abbildung 4.1: Benutzerkonten anlegen

Hier können Sie nun die gewünschten Konten anlegen.

Abbildung 4.2: Intune-Kontenportal

Hier haben Sie verschiedene Möglichkeiten, die Konten zu verwalten.

Auf der rechten Seite können Sie Konten aus dem Active Directory hinzufügen.

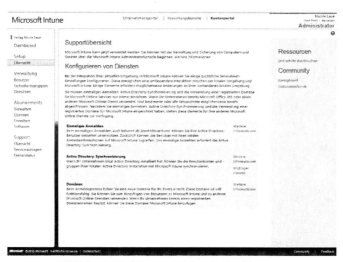

Abbildung 4.3: Konten aus dem Active Directory

Auf der linken Seite können Sie einzelne Konten anlegen. Dies macht beispielsweise Sinn, wenn Sie kein Active Directory betreiben.

Wir wählen in diesem Beispiel „Benutzer hinzufügen".

Abbildung 4.4: Neuer Benutzer

Wählen Sie nun „Neu – Benutzer".

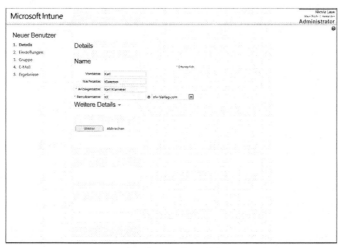

Abbildung 4.5: Details

Auf der ersten Seite füllen Sie die Anmeldeinformationen des Benutzers aus.

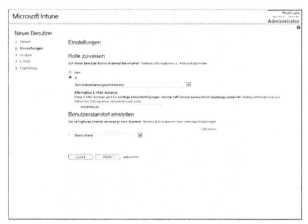

Abbildung 4.6: Einstellungen

Auf der Seite „Standort" können Sie wählen, ob der Benutzer Administratorrechte haben soll. Wenn Sie ihm Administratorrechte geben wollen, können Sie noch festlegen, für welche Funktionen er diese Rechte haben soll.

Danach legen Sie den Standort fest.

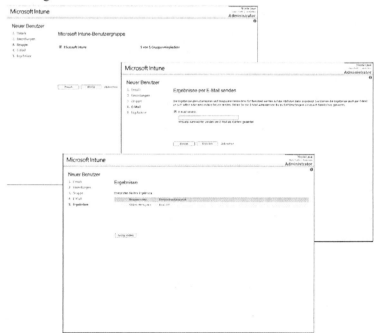

Abbildung 4.7: Fertigstellen

Nun bestätigen Sie noch die Gruppe. Nach der Festlegung des E-Mailkontos, an das die Informationen geschickt werden sollen, kann der Benutzer angelegt werden.

Abbildung 4.8: Benutzer ist angelegt

4.2.2   Erstellen von Gruppen

Zum Organisieren von Benutzern und Geräten sollten Sie Gruppen erstellen.

Diese Aufgabe können Sie in der Microsoft Intune Konsole erledigen.

Sie können Benutzer in Benutzergruppen zusammenfassen oder Gerätegruppen erstellen, mit denen Sie die Geräte im Unternehmen organisieren.

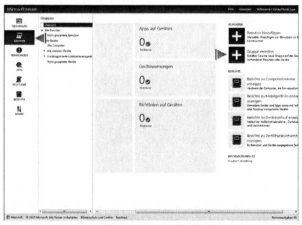

Abbildung 4.9: Gruppe erstellen

Benutzergruppen

Das Anlegen von Benutzergruppen beginnt, indem Sie auf „Gruppen" klicken und hier wählen „Gruppe erstellen".

ACHTUNG!

Genau über dem Punkt „Gruppe erstellen" finden Sie eine weitere Möglichkeit, Benutzer anzulegen. Auch dieser Link führt Sie ins Intune Kontenportal.

Aber zurück zu den Gruppen.

Nun erscheint ein Fenster, in dem Sie der neuen Gruppe einen Namen geben. Natürlich können Sie auch eine Beschreibung angeben.

Der wichtige Punkt ist auf der rechten Seite des Fensters, hier wählen Sie, ob Sie eine Benutzergruppe oder eine Gerätegruppe erstellen.

Abbildung 4.10: Gruppe definieren

Wenn Sie als übergeordnete Gruppe „Alle Benutzer" wählen, erstellen Sie eine Benutzergruppe, bei Auswahl von „allen Geräten" wird es eine Computergruppe.

Klicken Sie nun auf „Weiter".

Im nächsten Fenster können Sie wählen, ob die neue Gruppe in der Ausgangskonfiguration bereits Mitglieder haben soll oder ob sie leer sein soll.

Abbildung 4.11: Auswahl Gruppenmitgliedschaft

Wenn Sie „Alle Benutzer in der übergeordneten Gruppe" wählen, können Sie nun die Mitglieder ganzer Sicherheitsgruppen ausschließen, im anderen Fall können Sie Mitglieder ganzer Sicherheitsgruppen hinzufügen.

Im nächsten Fenster können Sie die Mitgliedschaft noch präziser definieren, hier können Sie einzelne Benutzer ein- oder ausschließen.

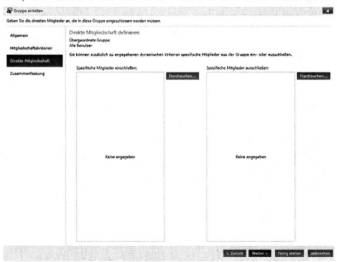

Abbildung 4.12: Benutzer aus- oder einschließen

Nach klicken auf „Fertig stellen" ist die Gruppe erstellt.

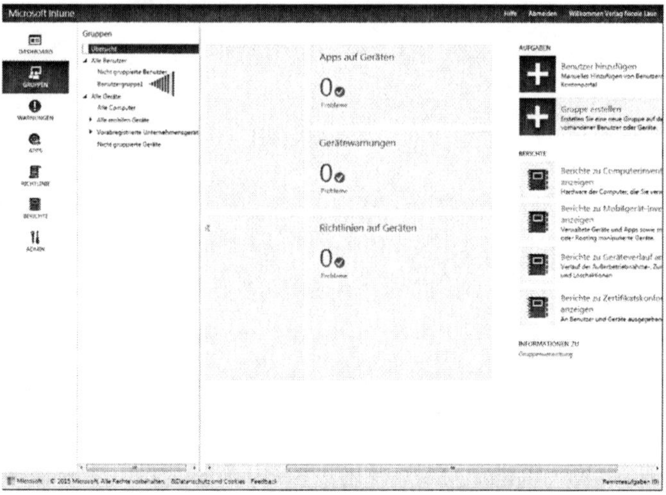

Abbildung 4.13: Gruppe ist erstellt

Selbstverständlich können Sie auch untergeordnete Gruppen erstellen, dabei wählen Sie lediglich beim Anlegen die gewünschte übergeordnete Gruppe aus.

Abbildung 4.14: Anlegen einer untergeordneten Gruppe

Die Auswahl der übergeordneten Gruppe ist allerdings bindend.

Wenn Sie versuchen, die Eigenschaften der eben angelegten Gruppe zu ändern, können Sie dies tun, allerdings haben Sie keine Möglichkeit mehr, die übergeordnete Gruppe zu verändern.

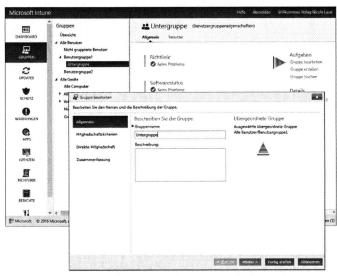

Abbildung 4.15: Bearbeiten einer Gruppe

Wenn Sie die übergeordnete Gruppe ändern möchten, bleibt Ihnen keine andere Wahl, als die Untergruppe zu löschen und mit der richtigen übergeordneten Gruppe neu zu erstellen.

Gerätegruppen

Gerätegruppen werden im Prinzip auf die gleiche Art angelegt, mit dem Unterschied, dass Sie als übergeordnete Gruppe „Alle Geräte" wählen.

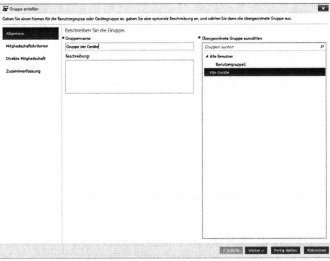

Abbildung 4.16: Gerätegruppe

Im nächsten Fenster spezifizieren Sie den Gerätetyp.

Abbildung 4.17: Gerätetyp

Der weitere Verlauf ist identisch mit dem Anlegen einer Benutzergruppe.

4.2.3   Erstellen von Warnungen

Wenn Sie mit Microsoft Intune viele Geräte verwalten, ist es sicher interessant, bei bestimmten Systemereignissen benachrichtigt zu werden.

Damit können Sie die Integrität der Geräte schnell überprüfen und sehen, wenn es Probleme gibt.

Warnung konfigurieren

Klicken Sie in der Intune Verwaltungskonsole auf „Warnungen" und wählen Sie dort den Punkt „Warnungstypeinstellung konfigurieren".

Abbildung 4.18: Warnungstypeinstellung

Nun werden Sie automatisch in das Menü „Admin" geführt.

Dort sehen Sie alle Möglichkeiten, eine Warnung zu konfigurieren.

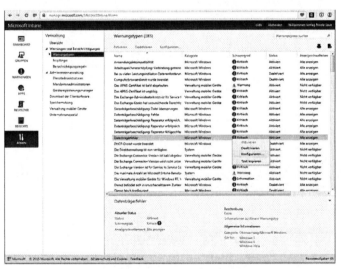

Abbildung 4.19: Warnungen

Sie sehen, viele Warnungen sind schon von Haus aus aktiviert. Natürlich können Sie jede einzelne Warnung durch Klicken mit der rechten Maustaste individualisieren.

Dies war der erste Schritt, denn momentan wird zwar eine Warnung generiert, wir erfahren aber nichts davon.

Benachrichtigung erstellen

Um eine Benachrichtigung zu erhalten, müssen die möglichen Empfänger festgelegt werden.

Dazu bleiben Sie in der Konsole und wechseln zu „Warnungen und Benachrichtigungen – Empfänger".

Abbildung 4.20: Empfänger definieren

Hier können Sie alle gewünschten Empfänger hinzufügen. Dies sind die möglichen Empfänger einer Benachrichtigung, aus denen Sie für jede einzelne Benachrichtigung auswählen können.

Diese Benachrichtigungen erstellen wir nun im Menüpunkt „Warnungen".

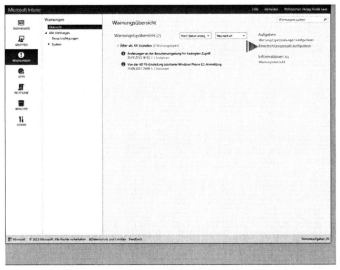

Abbildung 4.21: Benachrichtigungsregel konfigurieren

Klicken Sie auf „Benachrichtigungsregel konfigurieren".

Sie werden wieder in die „Admin"-Konsole umgeleitet, zum Punkt „Benachrichtigungsregeln".

Abbildung 4.22: Benachrichtigungsregeln

Sie sehen, dass schon einige Regeln vorkonfiguriert sind. Diese können Sie natürlich anpassen, Sie müssen nur noch die Empfänger auswählen.

Wenn Sie eine neue Regel wollen, klicken Sie auf „Neue Regel erstellen".

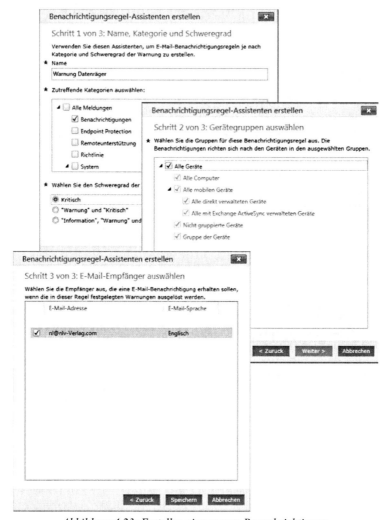

Abbildung 4.23: Erstellen einer neuen Benachrichtigung

In drei einfachen Schritten können Sie eine neue Benachrichtigung erstellen.

Bericht erstellen

Wenn Sie eine Zusammenfassung von Ereignissen haben möchten, können Sie auch einen Bericht generieren und diesen anzeigen lassen.

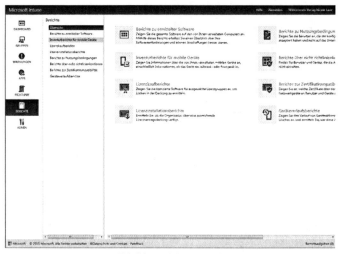

Abbildung 4.24: Bericht

Hier wählen Sie aus, welchen Bericht Sie haben möchten. Nach Eingabe der Parameter wird er in einem neuen Browserfenster angezeigt.

4.3 Konfiguration von Microsoft Intune

Nachdem Sie die Vorarbeiten abgeschlossen haben, gehen wir nun zur Verwaltung der Geräte.

4.3.1 Erstellen von Richtlinien

Microsoft Intune stellt Richtlinien zu Verfügung, mit denen Sie Einstellungen auf den mobilen Geräten und Intune Clients steuern können.

Betrachten wir die Konfigurationsmöglichkeiten.

Abbildung 4.25: Richtlinien

Zunächst wechseln wir zum Punkt „Richtlinie". Hier wählen wir „Richtlinie hinzufügen".

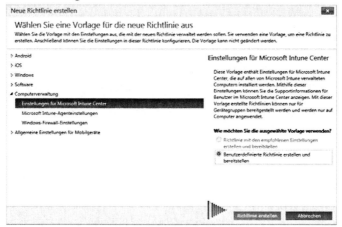

Abbildung 4.26: Neue Richtlinie erstellen

Sie sehen alle Möglichkeiten, eine Richtlinie zu konfigurieren. Dafür sind bereits Vorlagen erstellt worden, die Sie nur noch anpassen müssen.

Die wichtigsten Vorlagen finden wir unter

- Windows
- Computerverwaltung

Für unser Beispiel wählen wir eine Vorlage aus der Computerverwaltung, und zwar das Aussehen des Intune Centers.

Abbildung 4.27: Konfiguration

Hier geben wir unsere gewünschten Einstellungen ein.

Abbildung 4.28: Gruppen

Im letzten Schritt wählen wir noch die Gruppen, für die diese Richtlinie gelten soll.

4.3.2 Installieren der Intune Software auf den Computern

Damit Geräte über Microsoft Intune verwaltet werden können, muss die Client Software auf ihnen installiert werden.

Mit der Client Software können Sie folgende Verwaltungsaufgaben erfüllen:

- Inventuren und Berichte
- Anwendungsmanagement
- Software Updates
- Endpoint Protection
- Verwaltung der Windows Firewall
- Und einiges mehr

Die Client Software kann auf allen Client-Betriebssystemen ab Windows Vista installiert werden.

Download der Client Software

Einer der möglichen Wege, die Software für die Clients bereit zu stellen, ist der Download und die nachfolgende Verteilung.

Dafür wählen Sie im Menü „Admin" den Punkt „Download der Clientsoftware".

Abbildung 4.29: Download der Clientsoftware

Mit Klicken auf den Link wird die Software heruntergeladen.
Nun können Sie sie entpacken und an die Clients verteilen.

Installation auf den Clients

Die Installation auf dem Client ist völlig problemlos auszuführen.

Abbildung 4.30: Installation auf dem Client

Nach der Software-Installation auf dem Client ist dieser auch in der Intune-Verwaltungskonsole zu erkennen.

Abbildung 4.31: Client kann nun verwaltet werden.

Sie finden ihn unter

- Gruppen
- Alle Computer
- Geräte (rechtes Fenster)

Mit Klick auf die rechte Maustaste können Sie Verwaltungsaufgaben ausführen, wie Überprüfung auf Malware.

Eine wichtige Einstellung ist „Abkoppeln/Zurücksetzen".

Wenn beispielsweise ein Notebook verloren geht, ist es wichtig, alle relevanten Daten von diesem Gerät zu löschen.

Abbildung 4.32: Abkoppeln/Zurücksetzen

Dies können Sie mithilfe von Abkoppeln/Zurücksetzen tun.

In den meisten Fällen wird die Auswahl „Selektive Löschung der Daten auf dem Gerät" die richtige Wahl sein.

4.4 Die Verwaltung mobiler Geräte

Microsoft Intune kann verschiedenste mobile Geräte verwalten. Beinahe alle mobilen Geräte können verwaltet werden, unter anderem:

- Android
- IOS
- Windows

Um die Verwaltung zu konfigurieren, müssen Sie festlegen, dass Sie ihre mobilen Geräte in Zukunft über Intune verwalten wollen.

Dies machen Sie unter „Admin – Verwaltung mobiler Geräte".

Abbildung 4.33: Mobile Geräte

ACHTUNG!

Es kann sein, dass die Verwaltung auf Office 365 eingestellt ist, dies können Sie nicht mehr ändern, wenn dies der Fall ist, nehmen Sie Kontakt mit dem Kundendienst auf!

Das sieht dann folgendermaßen aus:

Abbildung 4.34: Verwaltung mobiler Geräte ist auf Office 365 eingestellt

Aber im Normalfall ist diese Einstellung noch nicht gemacht, und Sie können auf „Autorität für die Verwaltung mobiler Geräte" klicken.

Ein Assistent startet.

Abbildung 4.35: Assistent

Auch hier erhalten Sie noch einmal die Warnmeldung, dass ein Wechsel zu einer anderen Verwaltungsoption nicht mehr möglich ist.

Abbildung 4.36: Konsole ist eingerichtet

Nun können Sie die Verwaltungsmöglichkeiten erkennen.

Die meisten mobilen Geräte benötigen noch zusätzliche Schritte.

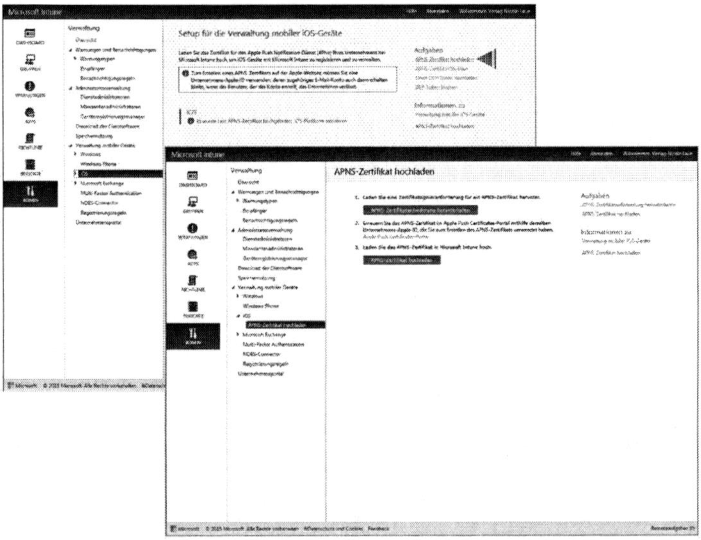

Abbildung 4.37: APNs-Zertifikat

Wenn Microsoft Intune mit einem Apple-Gerät zusammenarbeiten soll, müssen Sie eine Apple ID haben. Im Idealfall ist das eine firmeneigene Apple ID, eine persönliche Apple ID bleibt im Besitz des Benutzers, wenn er die Firma verlässt. Das ist eher nicht im Sinne der Firma, deswegen sollten Sie auf jeden Fall eine firmeninterne Apple ID benutzen.

Abbildung 4.38: Richtlinie für mobile Geräte erstellen

Nun müssen Sie nur noch ein APNs-Zertifikat anfordern und zu Intune hinzufügen.

Erst dann kann das Apple Gerät konfiguriert werden.

Nun können Sie Richtlinien erstellen, um die mobilen Geräte zu verwalten.

4.5   Programme verteilen

Ein besonders interessanter Aspekt von Microsoft Intune ist das Verteilen von Software. Sie können genau bestimmen, welche Programme auf welchen Geräten installiert werden soll.

Die Voraussetzungen sind relativ gering:

- Cloud Speicher in ausreichender Menge, dass die Apps gespeichert werden können
- Apps, die auf den gewünschten Plattformen funktionieren
- Administrative Rechte

Software für verschiedene Betriebssysteme hat verschiedene Installationsroutinen.

Beachten Sie folgende Tabelle:

Apps zum Installieren auf Betriebssystem	Endungen der Installationspakete
Windows	.exe, .msi
Windows Apps ab Windows 8	.appx, appxbundle
Windows Phone	.appx, appxbundle,.xap,
Android	.apk
IOS	.ipa

Für die Bereitstellung von einem Programm wechseln Sie zunächst auf „Apps – Übersicht".

Abbildung 4.39: Apps bereitstellen

Hier klicken Sie auf „App hinzufügen".

Nun wird ein Installationsprogramm auf Ihren Rechner geladen.

Starten Sie dieses Programm und melden Sie sich mit dem Intune-Kennwort an.

Abbildung 4.40: Anmelden

Nun werden Sie durch die Auswahl und Bereitstellung des gewünschten Programmes geführt.

Abbildung 4.41: Assistent

Nach der Auswahl eines Programms geben Sie den Pfad und zusätzliche Informationen an.

Abbildung 4.42: Assistent Teil 2

Danach wählen Sie die Architektur, für die das Programm zur Verfügung gestellt werden soll (32 oder 64 bit) und die Betriebssysteme aus.

Auch Installationsregeln und Befehlszeilenparameter können mit angegeben werden.

Danach wird das Programm zur Intune Plattform heraufgeladen und ist nach einer kurzen Zeit in der Konsole sichtbar.

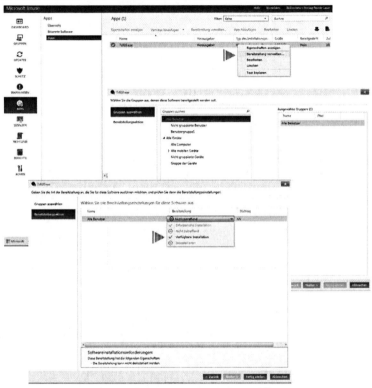

Abbildung 4.43: Programm ist heraufgeladen

Mit Klick auf die rechte Maustaste können Sie nun auswählen, welchen Gruppen das Programm zur Verfügung gestellt werden soll.

Im letzten Schritt müssen Sie „Verfügbare Installation" wählen.

Nun kann das Programm ausgerollt werden.

Abbildung 4.44: Programm ist fertig zur Ausrollung

4.5.1   Das Unternehmensportal

Stellt sich nur noch die Frage, wie die Clients das Programm erhalten.

Hierfür wird das Unternehmensportal eingerichtet.

Die Voraussetzung dafür ist, dass mobile Benutzer ihre Geräte mit Intune ausgerollt haben.

Dies ist ein Portal, dessen Installationsprogramm auf die Clients heruntergeladen werden muss.

Der erste Teil der Einrichtung erfolgt im Intune-Verwaltungscenter.

Unter „Admin – Unternehmensportal" geben Sie die gewünschten Werte ein.

Abbildung 4.45: Unternehmensportal

Dann muss die Installationssoftware auf den Client heruntergeladen werden.

Hierfür stehen Ihnen folgende URL zur Verfügung:

Windows Geräte: aka.ms/windowscompanyportal

Windows Phone: aka.ms/windowsphonecompanyportal

Android: aka.ms/androidcompanyportal

iOS: aka.ms/ioscompanyportal

Installation des Unternehmensportals

Im nächsten Schritt wird das Unternehmensportal heruntergeladen und installiert.

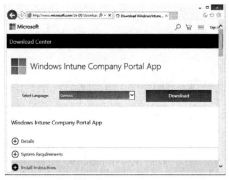

Abbildung 4.46: Download des Unternehmensportals

Die Installationsdatei führen Sie direkt nach dem Download aus.

Abbildung 4.47: Ausführen der Installation

Nun ist das Unternehmensportal sichtbar, wenn Sie auf das Symbol „Microsoft Intune" zeigen.

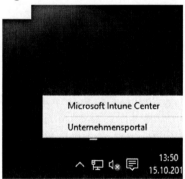

Abbildung 4.48: Unternehmensportal ist verfügbar

Wenn Sie das Unternehmensportal jetzt starten, müssen Sie sich mit Ihrem Konto bei Intune anmelden.

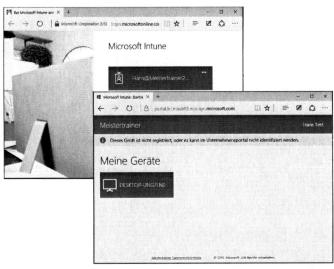

Abbildung 4.49: Anmeldung bei Intune

Falls das Gerät nicht mit Microsoft Intune ausgerollt worden ist, erhalten Sie nun die Meldung, dass das Gerät nicht im Unternehmensportal registriert ist.

ACHTUNG!

Das Gerät erscheint zwar schon in der Geräteliste, sobald die Clientsoftware installiert ist, aber die Registrierung muss in diesem Fall noch manuell vorgenommen werden.

Dazu wählen Sie

- Einstellungen
- Konten
- Ihr Konto
- Geschäfts- oder Schulkonto hinzufügen

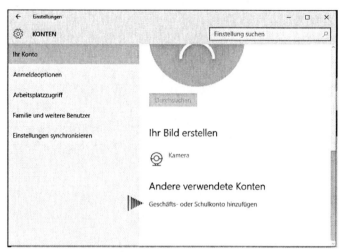

Abbildung 4.50: Konto hinzufügen

Nun geben Sie Ihre Intune Mailadresse und das Kennwort an.

Abbildung 4.51: Beitritt ist vorgenommen

Nach kurzer Zeit erhalten Sie die Meldung, dass das Gerät dem Arbeitsplatz hinzugefügt worden ist.

Nun können Sie erneut das Unternehmensportal starten.

ACHTUNG!
Warten Sie einige Minuten, denn die Registrierung kann eine Weile dauern!

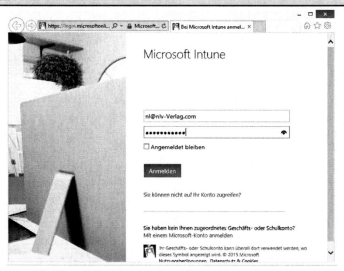

Abbildung 4.52: Erneutes Anmelden im Unternehmensportal

Nun sollte es funktionieren.

Klicken Sie auf den Computer, und bestätigen Sie die Registrierung.

Abbildung 4.53: Bestätigung

Nun wird Ihnen das Gerät angezeigt.

Abbildung 4.54: Anzeige des Gerätes

Klicken Sie auf Ihr Gerät.

Nun sehen Sie die Apps, die zur Verfügung stehen und können diese installieren.

4.6 Updates mit Microsoft Intune

Natürlich können über Microsoft Intune auch Updates an die verwalteten Clients verteilt werden.

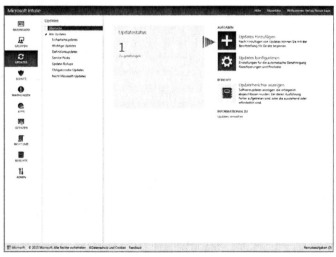

Abbildung 4.55: Updates

Hierbei können Sie Updates für Windows und für Microsoft Software verwalten.

Dafür wechseln Sie in der Intune Konsole zum Punkt „Updates".

Hier können Sie „Updates hinzufügen" wählen.

Nun können Sie konfigurieren, welche Updates verteilt werden sollen.

Sie haben hierbei mannigfaltige Auswahlmöglichkeiten. Die Auswahl beschränkt sich nicht nur auf die Kategorien, wie Active Directory, sondern auch auf die Klassifizierung. Hierbei können Sie wählen, ob Sie beispielsweise nur die Sicherheitsupdates oder auch alle Service Packs automatisch verteilen lassen wollen.

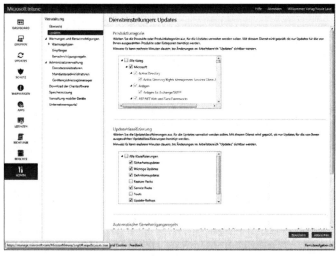

Abbildung 4.56: Auswahl

Im unteren Teil der Konsole erstellen Sie eine neue Genehmigungsregel.

Damit können Sie festlegen, welche Updates ohne Genehmigung ausgerollt werden.

Abbildung 4.57: Regel

Zunächst legen Sie den Namen der Regel fest, und für welche Updates diese gelten soll.

Abbildung 4.58: Name und Updates

Im zweiten Schritt wählen Sie die Klassifizierung und die Gruppen aus, für die diese Regel gelten soll.

Abbildung 4.59: Klassifizierung und Gruppen

Nun werden die Updates allen gewählten Clients zugewiesen.

Sinnvolle Einstellungen für die Konfiguration von Updates können Sie in zwei verschiedenen Richtlinien machen:

- Windows Konfigurationsrichtlinie
- Intune Agent Einstellungen

Hier sehen Sie die Einstellungsmöglichkeiten für eine Windows Konfigurationsrichtlinie:

Abbildung 4.60: Windows Konfigurationsrichtlinie

Dies sind die möglichen Einstellungen der Microsoft Intune-Agenteneinstellungen:

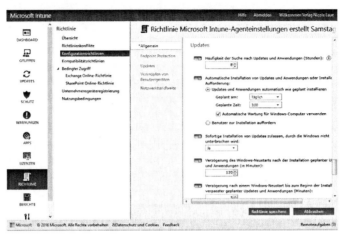

Abbildung 4.61: Microsoft Intune Agenteneinstellung

4.7 Endpoint Protection

Als letzter Punkt ist die Endpoint Protection zu erwähnen. Hiermit stellt Microsoft ein Tool zur Verfügung, mit dem Sie sich gegen Malware Attacken schützen können. Außerdem können Sie Malwaredefinitionen auf dem aktuellen Stand halten und den Computer automatisch überprüfen.

Für die Endpoint Protection erstellen Sie eine Richtlinie auf Basis der Vorlage „Microsoft Intune Agenteinstellungen".

Abbildung 4.62: Microsoft Intune Agenteinstellungen

Diese Richtlinie können Sie nun bearbeiten.

Abbildung 4.63: Richtlinie wird bearbeitet

Hier legen Sie nun alle Einstellungen für die Endpoint Protection fest.

Abbildung 4.64: Endpoint Protection

Damit erhalten alle Computer, für die diese Richtlinie angewendet wird, die gewünschten Einstellungen.

Sie können die Endpoint Protection auch verwenden, wenn Sie bereits eine Endpunktschutzanwendung des Drittanbieters verwenden, die müssen Sie nur in der Konfiguration angeben.

Allerding wird von dieser Konstellation dringend abgeraten!

4.8 Intune und System Center Configuration Manager

In vielen Unternehmen wird bereits die Software „System Center Configuration Manager" eingesetzt, die im Grunde genommen die gleichen Möglichkeiten bietet, die Sie mit Microsoft Intune auch zur Verfügung haben.

Lediglich die Ausrichtung der Software auf nicht-cloudbasierte Verwaltung ist eine andere.

Idealerweise gibt es die Möglichkeit, den System Center Configuration Manager in Microsoft Intune zu integrieren. Dadurch haben Sie die Möglichkeit, sowohl die lokale Verwaltung der Geräte als auch die cloudbasierte in einer Verwaltungskonsole vorzunehmen.

Die Konfiguration des System Center Configuration Managers ist nicht Bestandteil dieses Kurses.

Trotzdem möchten wir Ihnen an dieser Stelle kurz die benötigten Konfigurationsschritte für die Integration von System Center Configuration Manager und Microsoft Intune zeigen.

4.8.1 Erstellen einen Microsoft Intune Abonnements

Im ersten Schritt müssen Sie im Configuration Manager ein Intune Abonnement erstellen.

Die Schritte unterscheiden sich bei jeder Version leicht, als Beispiel dient hier ein System Center Configuration Manager 2012 SP1.

In diesem Fall wählen Sie

- Verwaltung
- Hierarchiekonfiguration
- Windows Intune Abonnement

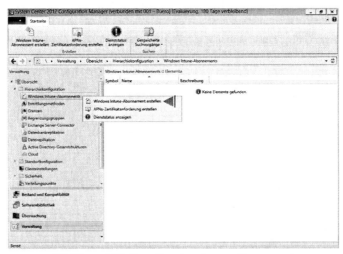

Abbildung 4.65: Erstellen eines Intune Abonnements

Folgen Sie nun dem Assistenten.

Abbildung 4.66: Assistent

Sie melden sich mit Ihrem bestehenden Intune Abonnement an.

4.8.2 Konfigurieren der Rolle „Microsoft Intune-Connector"

Der zweite Schritt ist, die Verbindung zwischen dem Configuration Manager und Ihrem Intune Abonnement zu erstellen.

Dafür wählen Sie

- Verwaltung
- Standortkonfiguration
- Server und Standortsystemrollen

Abbildung 4.67: Erstellen eines Intune-Connectors

Wählen Sie den gewünschten Standortserver und klicken Sie auf „Standortsystemrollen hinzufügen".

Nun startet ein Assistent.

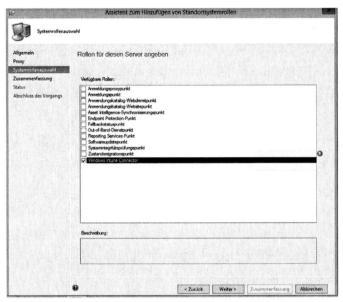

Abbildung 4.68: Intune-Connector

Auf der Seite „Systemrollenauswahl" wählen Sie „Windows Intune Connector".

Damit haben Sie eine Verbindung zwischen dem System Center Configuration Manager und Microsoft Intune hergestellt und können ab sofort alle Geräte in dieser einen Konsole verwalten.

4.9 Zusammenfassung, Übungen / Aufgaben

4.9.1 Zusammenfassung

Um Microsoft Intune nutzen zu können, muss zunächst ein Zugang eingerichtet werden. Sie können einen kostenlosen Testzugang einrichten, mit diesem können Sie dann 30 Tage arbeiten.

Mit der Testversion können Sie bis zu 100 Lizenzen verwalten. Hierzu sollten Sie für jeden Benutzer ein Konto anlegen.

Wenn Sie die Intune-Konsole öffnen und auf den Punkt „Admin" wechseln, erkennen Sie, dass Sie Benutzer hier nicht anlegen können, sondern auf das Intune-Kontenportal wechseln müssen.

Zum Organisieren von Benutzern und Geräten sollten Sie Gruppen erstellen.

Diese Aufgabe können Sie in der Microsoft Intune Konsole erledigen.

Sie können Benutzer in Benutzergruppen zusammenfassen oder Gerätegruppen erstellen, mit denen Sie die Geräte im Unternehmen organisieren.

Wenn Sie mit Microsoft Intune viele Geräte verwalten, ist es sicher interessant, bei bestimmten Systemereignissen benachrichtigt zu werden.

Damit können Sie die Integrität der Geräte schnell überprüfen und sehen, wenn es Probleme gibt.

Es gibt

- Warnungen

- Benachrichtigungen

- Berichte

Microsoft Intune stellt Richtlinien zu Verfügung, mit denen Sie Einstellungen auf den mobilen Geräten und Intune Clients steuern können.

Damit Geräte über Microsoft Intune verwaltet werden können, muss die Client Software auf ihnen installiert werden.

Mit der Client Software können Sie folgende Verwaltungsaufgaben erfüllen:

- Inventuren und Berichte
- Anwendungsmanagement
- Software Updates
- Endpoint Protection
- Verwaltung der Windows Firewall
- Und einiges mehr

Die Client Software kann auf allen Client-Betriebssystemen ab Windows Vista installiert werden.

Microsoft Intune kann verschiedenste mobile Geräte verwalten. Beinahe alle mobilen Geräte können verwaltet werden, unter anderem:

- Android
- IOS
- Windows

Um die Verwaltung zu konfigurieren, müssen Sie festlegen, dass Sie ihre mobilen Geräte in Zukunft über Intune verwalten wollen.

Ein besonders interessanter Aspekt von Microsoft Intune ist das Verteilen von Software. Sie können genau bestimmen, welche Programme auf welchen Geräten installiert werden soll.

Die Voraussetzungen sind relativ gering:

- Cloud Speicher in ausreichender Menge, dass die Apps gespeichert werden können
- Apps, die auf den gewünschten Plattformen funktionieren
- Administrative Rechte

Damit die Clients Programme erhalten, wird das Unternehmensportal eingerichtet.

Die Voraussetzung dafür ist, dass mobile Benutzer ihre Geräte mit Intune ausgerollt haben.

Natürlich können über Microsoft Intune auch Updates an die verwalteten Clients verteilt werden.

Dafür wechseln Sie in der Intune Konsole zum Punkt „Updates".

Als letzter Punkt ist die Endpoint Protection zu erwähnen. Hiermit stellt Microsoft ein Tool zur Verfügung, mit dem Sie sich gegen Malware Attacken schützen können.

Für die Endpoint Protection erstellen Sie eine Richtlinie auf Basis der Vorlage „Microsoft Intune Agenteinstellungen".

4.9.2 Übungen

1. Installieren Sie in der virtuellen Maschine „W10-I" Windows 10 Enterprise.

   Belassen Sie die Standardeinstellungen bei der Festplatteneinteilung.

   Ändern Sie die Netzwerkkarte auf Zugriff in die reale Welt. Passen Sie die IP-Konfiguration dementsprechend an.

   Benutzen Sie nicht die Expresseinstellungen, sondern passen Sie Ihre Einstellungen individuell an.

   Installieren Sie ohne Microsoft Konto.

   Geben Sie als Benutzernamen „AA" an (für Anna Admin).

   Der Computername ist „W10".

   Das Kennwort ist „Kennw0rt!" (Bitte beachten Sie: Dieses Kennwort enthält die Ziffer „0" und am Ende ein „!").

   Wählen Sie einen entsprechenden Kennworthinweis.

   Verwenden Sie weiterhin die empfohlenen, bzw. Standardeinstellungen.

   Melden Sie sich mit Ihrem Konto an.

2. Legen Sie ein Intune-Testkonto an. Die Beschreibung finden Sie in Anhang A.

3. Verbinden Sie sich mit der Intune Konsole.

4. Legen Sie neue Benutzer an, unter anderem auch Anna Admin.

5. Erstellen Sie Benutzer- und Gerätegruppen.

6. Konfigurieren Sie eine Warnung.

7. Konfigurieren Sie eine Benachrichtigung.

8. Konfigurieren Sie einen Bericht.

9. Erstellen Sie eine Richtlinie.

10. Installieren Sie den Intune Client auf der virtuellen Maschine „W10-I".

11. Initiieren Sie eine Überprüfung auf Malware.

12. Setzen Sie die Verwaltung der mobilen Geräte auf Microsoft Intune.

13. Erstellen Sie eine Richtlinie für mobile Geräte.

14. Stellen Sie ein Programm zum Verteilen bereit.

15. Konfigurieren Sie das Unternehmensportal.

16. Installieren Sie das Unternehmensportal auf dem Client.

17. Installieren Sie die bereitgestellte Software auf dem Client.

18. Konfigurieren Sie Updates in Microsoft Intune.

19. Konfigurieren Sie Endpoint Protection in Microsoft Intune.

20. Fahren Sie die virtuelle Maschine „W10-I" herunter.

4.9.3   Aufgaben

1. Sie sind Client-Administrator der Firma Meistertrainer.

   Sie betreuen Ihr Intune Abonnement.

   Sie haben bereits eine untergeordnete Gruppe erstellt. Nun stellen Sie fest, dass die übergeordnete Gruppe die falsche ist. Sie möchten diese übergeordnete Gruppe ändern.

   Wie gehen Sie vor?

2. In Ihrer Firma wird Microsoft Intune benutzt, damit die Angestellten eigene Geräte benutzen können.

   Ein Kollege möchte ein Apple Gerät benutzen.

   Was müssen Sie zuerst tun?

3. Sie sind Client-Administrator der Firma Meistertrainer.

   Sie verwalten Intune für Ihre Firma. Sie möchten eine App mit Namen „Anwendung" zur Liste der verfügbaren Apps hinzufügen.

   Was müssen Sie tun?

4. In Ihrer Firma wird Microsoft Intune benutzt, damit die Angestellten eigene Notebooks benutzen können.

   Auf den Notebooks werden über Intune verschiedene Programme installiert.

   Ein Kollege hat sein Notebook verloren.

   Was sollten Sie sofort tun?

5. In Ihrer Firma wird Microsoft Intune benutzt.

   Nun möchten Sie Updates für Clients konfigurieren.

   Welche Einstellungen können Sie in der Windows Konfigurationsrichtlinie vornehmen?

6. In Ihrer Firma wird Microsoft Intune benutzt.

   Wie können Sie vermeiden, dass die Benutzer nach dem Empfang von Updates gebeten werden, die Rechner neu zu starten?

7. In Ihrer Firma wird Microsoft Intune benutzt.

   Außerdem benutzen Sie den System Center 2012 Configuration Manager.

   Wie können Sie sicherstellen, dass Sie die Geräte mit dem Configuration Manager verwalten können?

5 Netzwerkeinstellungen

Prüfungsanforderungen von Microsoft:

- Configure IP settings
    - o Configure name resolution
    - o connect to a network
    - o configure network locations
- Configure and maintain network security
- Configure Windows Firewall
    - o configure Windows Firewall with Advanced Security
    - o configure connection security rules (IPsec)
    - o configure authenticated exceptions
    - o configure network discovery
- Configure networking settings
    - o Connect to a wireless network
    - o manage preferred wireless networks
    - o configure network adapters
    - o configure location-aware printing

Quelle: Microsoft

Lernziele:

IPv4

- Die IP-Adressierung
    - o Die Namensauflösung
    - o Hilfsprogramme
    - o IPv4 – Die Kommunikation im Netzwerk
    - o Nicht-klassenbasierte IP-Adressierung
    - o Die Verteilung der Bit

- IPv6

  o Die Adressbereiche von IPv6

  o Namensauflösung mit IPv6

- Netzwerkeinstellungen

  o Netzwerkprofile

  o Freigabe und Erkennung

  o Netzwerkverbindungen

- Die Windows Firewall

- Mobileinstellungen

5.1 Einführung

Sowohl IPv4 als auch IPv6 werden uns in den nächsten Jahren beschäftigen, deshalb sollten Sie solide Kenntnisse der Adressierung von Computern haben.

In Windows 10 werden die meisten Netzwerkeinstellungen mit dem Netzwerk- und Freigabecenter konfiguriert.

Die Windows-Firewall ist ein starkes Werkzeug, um den lokalen Rechner vor unerwünschtem Zugriff zu schützen und ist deswegen aus der Netzwerkkonfiguration nicht wegzudenken.

Der Anteil an mobilen Geräten wächst immer mehr, deswegen ist es von großer Bedeutung, diese richtig zu konfigurieren.

5.2 IPv4

In einem professionellen Netzwerk muss jeder Computer eindeutig identifiziert werden können, dafür bekommt jeder Rechner eine IP-Adresse.

Momentan ist noch IPv4 der Standard, deswegen besprechen wir dies hier in erster Linie. Auch IPv6 wird von Windows 10 voll unterstützt, später mehr dazu.

5.2.1 Die IP-Adressierung

Eine komplette IP-Adressierung setzt sich immer aus vier verschiedenen Komponenten zusammen:

- IP-Adresse: in jedem Fall nötig
- Subnetzmaske: in jedem Fall nötig
- Standardgateway: nicht immer nötig
- DNS-Server: nicht immer nötig

IP-Adresse und Subnetzmaske

IP-Adresse und Subnetzmaske bilden eine Einheit in der IP-Adressierung. Sie definieren genau den Standort des Computers.

Eine IP-Adresse besteht aus vier Zahlenabfolgen, die zwischen 0 und 255 liegen. Diese Zahlenabfolgen werden auch „Oktette" genannt, da die Werte in binärer Schreibweise maximal 8 Stellen haben.

Jede IP-Adresse hat einen Netzwerkanteil, der in einem Netzwerk eindeutig sein muss und einen Hostanteil, der im Netzwerk eindeutig sein muss.

Man kann eine IP-Adresse mit einer Postadresse vergleichen:

Es gibt einen Straßennamen (Netzwerkanteil), den alle Personen (Rechner) in der gleichen Straße (im gleichen Netzwerk) teilen und einen Hostanteil (Hausnummer), der für alle individuell verschieden ist.

Die Subnetzmaske hilft uns, zu sehen, wo der Netzwerkanteil endet und wo der Hostanteil beginnt.

Eine Subnetzmaske besteht meistens aus den Zahlen 255 und 0.

Um zu ermitteln, welchen Netzwerkanteil und welchen Hostanteil eine IP-Adresse hat, schreiben Sie die IP-Adresse und die Subnetzmaske untereinander.

Alle Oktette der IP-Adresse, die oberhalb der Zahl 255 der Subnetzmaske stehen, gehören zum Netzwerkanteil, alle Oktette der IP-Adresse, die oberhalb der Zahl 0 der Subnetzmaske stehen, gehören zum Hostanteil.

Ein Beispiel:

IP-Adresse: 192.168.2.200
Subnetzmaske: 255.255.255.0

Daraus ergibt sich:
Netzwerkanteil: 192.168.2.0
                       (Der Netzwerkanteil wird auf 4 Oktette ergänzt)
Hostanteil: 200

Subnetzmasken werden unterteilt in Klassen.

Klasse A: 255.0.0.0

Klasse B: 255.255.0.0

Klasse C: 255.255.255.0

Andere Klassen haben für die normale IP-Adressierung keine Bedeutung.

ACHTUNG!

Es gibt verschiedene Schreibweisen für die Klassendarstellung.

Der Wert 255 setzt sich ja aus einem vollen Oktett zusammen (8). Wenn die Subnetzmaske 255.255.0.0 lautet, haben wir zwei volle Oktette, die den Netzwerkanteil darstellen (16). Ein Klasse C Netz hat demzufolge 3 volle Oktette (24).

Deswegen sind folgende drei Schreibweisen für eine IP-Adressierung völlig identisch:

192.168.2.200, Klasse C

192.168.2.200, 255.255.255.0

192.168.2.200/24

Standardgateway

Der Standardgateway ist die Schnittstelle des Routers, der im eigenen Netzwerk liegt.

Um aus dem eigenen Netzwerk herauszukommen, wird ein Router benötigt. Ein Router ist die Verbindung zu anderen Netzwerken. TCP/IP ist ein routingfähiges Netzwerkprotokoll und kann deswegen über Router kommunizieren.

Wenn ein Standardgateway eingetragen ist, wird ein Datenpaket, das einen anderen Netzwerkanteil in der IP-Adresse hat, an das Standardgateway geschickt. Von dort aus wird es weiterverteilt.

Wenn ein Computer in seiner IP Konfiguration kein Standardgateway eingetragen hat, kann er in der Regel nicht außerhalb des eigenen Netzwerkes kommunizieren.

Auch der Kontakt zum Internet wird häufig über Router hergestellt. Wenn in diesem Fall kein Standardgateway eingetragen ist, ist es nicht möglich, das Internet zu benutzen.

DNS-Server

Der DNS-Server dient der Namensauflösung und stellt einige andere Dienste für eine Windows Domäne zur Verfügung.

Statische Adressen

Sie können den Computern statische IP-Adressen geben. Um eine IP-Adresse einzutragen, gehen Sie folgenden Weg:

- Startbutton
- Einstellungen
- Netzwerk und Internet
- Ethernet
- Adapteroptionen ändern
- Rechte Maustaste auf die zu konfigurierende Netzwerkkarte
- Eigenschaften
- Internetprotokoll Version 4
- Eigenschaften

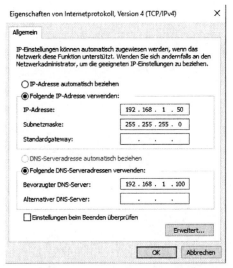

Abbildung 5.1: Statische IP-Adresse

Hier tragen Sie alle relevanten Daten der IP-Adresse ein.

Wenn Sie weitere Eintragungen machen möchten, klicken Sie auf die Schaltfläche „Erweitert…".

Sie gelangen zunächst auf die Karteikarte „IP-Einstellungen".

Abbildung 5.2: IP-Einstellungen

Hier haben Sie die Möglichkeit, zusätzliche IP-Adressen an diese Karte zu binden und eventuell weitere Routerschnittstellen einzutragen.

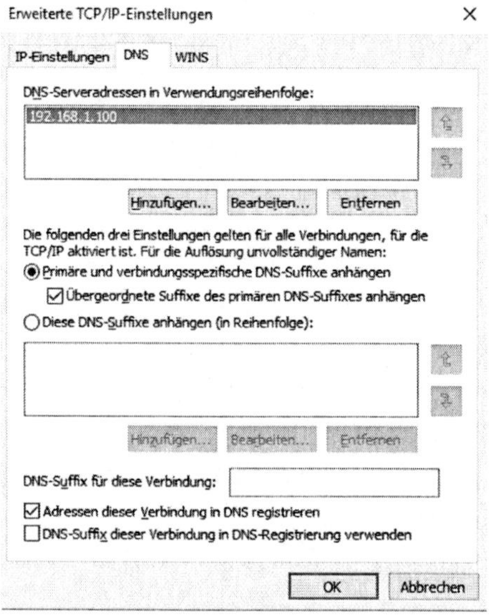

Abbildung 5.3: Karteikarte „DNS"

Auf der Karteikarte „DNS" können Sie zusätzliche DNS-Server eintragen, die benutzt werden können, falls der erste DNS nicht erreichbar ist. Außerdem haben Sie hier noch weitere Konfigurationsmöglichkeiten für DNS.

Auf der Karteikarte „WINS" können Sie WINS-Server eintragen.

Abbildung 5.4: Karteikarte „WINS"

ACHTUNG!
Sollten Sie noch ältere Windows Rechner im Netzwerk haben (NT 4.0, W95 und älter), benötigen Sie auf jeden Fall einen WINS-Server. Diese älteren Rechner funktionieren anders, als die neuen Windows Rechner ab Windows 2000 und benutzen für die Namensauflösung nicht den DNS-Server.

Wenn Sie solche, so genannten NetBios Rechner im Netzwerk haben, sollten Sie auf jeden Fall einen WINS-Server eintragen, da andernfalls NetBios Rechner in anderen Subnetzen nicht erreicht werden können!

Die anderen Einstellungen auf dieser Karte sollten Sie so belassen.

Dynamische Adressen

Die wichtigsten IP-Adressierungen können Sie auch dynamisch zuweisen lassen.

Dazu benötigen Sie im Netzwerk einen DHCP-Server (Dynamic Host

Configuration Protocol). Dieser DHCP-Server verwaltet einen Pool von IP-Adressen und die Computer, die starten, bitten bei diesem Server um eine IP-Adresse.

Wenn Sie diese Funktionalität benutzen, dürfen Sie natürlich keine statische IP- Adresse eintragen, sondern müssen die Haken setzen bei

- IP-Adresse automatisch beziehen
- DNS-Serveradresse automatisch beziehen

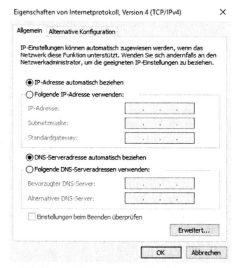

Abbildung 5.5: dynamische IP-Adressierung

ACHTUNG

Damit der Empfang einer dynamischen IP-Adresse auch funktioniert, muss der Dienst „DHCP-Client" gestartet sein!

Sie können natürlich in diesem Fall die IP-Adresse nicht in dieser Maske sehen, deswegen müssen Sie sich die IP-Adressierung mit der Eingabeaufforderung betrachten.

Geben Sie an der Eingabeaufforderung ein:

IPCONFIG

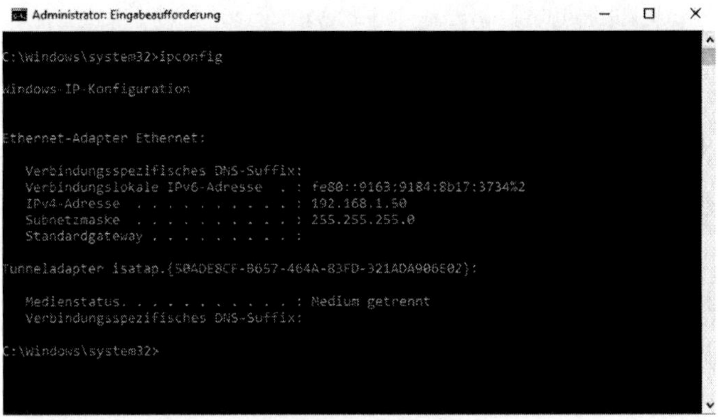

Abbildung 5.6: Ipconfig

Sie sehen hier natürlich auch die IPv6 Adresse, die aber momentan noch keine Bedeutung hat.

Alternative Konfiguration

Manchmal werden Computer in mehreren Netzwerken benutzt. Dieser Fall tritt häufig bei Notebooks ein. Ein Mitarbeiter reist mit dem Notebook in eine andere Filiale und möchte dort dem Netzwerk beitreten.

Abbildung 5.7: Alternative Konfiguration

Wenn in beiden Netzwerken mit DHCP gearbeitet wird, ist dies aus Sicht der IP-Adressierung kein Problem. Der Client fordert eben in jedem

Netzwerk beim Systemstart eine IP-Adresse an und erhält jeweils eine gültige IP-Adresse.

Sollte aber in einem der beiden Netzwerke mit statischen IP-Adressen gearbeitet werden, wird der DHCP-Client in diesem Netzwerk nicht funktionieren.

Aus diesem Grund stellt Microsoft bei Windows 10 eine alternative IP-Adressierung zur Verfügung.

Wenn der Client auf DHCP-Client konfiguriert ist, existiert eine zweite Karteikarte mit Namen „alternative Konfiguration".

Hier können Sie statische Werte eintragen, die dann verwendet werden, wenn kein DHCP-Server erreicht werden kann.

DHCP-Server ist nicht erreichbar

Wie eben bereits erwähnt, kann es in Netzwerken passieren, dass der DHCP-Server nicht erreichbar ist. Dies kann ein Versehen sein, es kann aber auch Absicht sein, beispielsweise kann es sein, dass gar kein DHCP-Server installiert wurde.

In einem Netzwerk mit DHCP-Server versuchen die Clients alle 15 Minuten, den DHCP-Server zu erreichen.

Wenn nun ein Client, der DHCP-Client ist, also seine IP-Adresse automatisch beziehen soll, keinen DHCP-Server antrifft, wie kann er dann eine IP-Adresse bekommen?

Eine Möglichkeit haben Sie bereits kennen gelernt: Die alternative IP-Adressierung.

Aber wenn keine alternative IP-Adressierung definiert ist, muss ein anderer Mechanismus zum Tragen kommen.

In diesem Fall gibt es die APIPA-Adressierung (Automatic Privat IP-Adressing).

Der Client versucht, eine IP-Adresse zu bekommen. Gelingt ihm das nicht, versucht er eine alternative, statische Adresse zu benutzen. Erst wenn keine alternative Adresse definiert ist, macht er APIPA.

Er gibt sich selber eine IP-Adresse aus dem Bereich 169.254.0.0 / 16.

1. DHCP Server verfügbar

Client nimmt Kontakt zu DHCP Server auf

DHCP Server weist Client IP Adresse zu

2. DHCP Server nicht verfügbar, alternative Konfiguration definiert

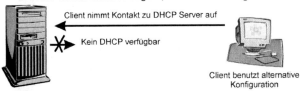

Client nimmt Kontakt zu DHCP Server auf

Kein DHCP verfügbar

Client benutzt alternative
Konfiguration

3. DHCP Server nicht verfügbar, keine alternative Konfiguration definiert

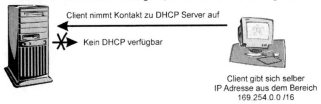

Client nimmt Kontakt zu DHCP Server auf

Kein DHCP verfügbar

Client gibt sich selber
IP Adresse aus dem Bereich
169.254.0.0 /16

Abbildung 5.8: Die drei Möglichkeiten des DHCP-Clients

Das hat natürlich Auswirkungen. Sollte es nicht beabsichtigt sein, dass kein DHCP- Server verfügbar ist, erhält der Client keine Fehlermeldung, sondern eine gültige IP- Adresse aus dem APIPA-Bereich.

Da wahrscheinlich alle Server IP-Adressen aus einem anderen Bereich haben, kann der Client keine Netzwerkressource erreichen.

Sollte dieser Fall auftreten und ein Client in Ihrem Netzwerk kann keinen Server erreichen, sollten Sie immer die IP-Adressierung überprüfen. Häufig liegt es an einer APIPA-Adressierung.

ACHTUNG!

APIPA wurde mit Windows 98 vorgestellt. Der Grundgedanke war, dass jeder ein Netzwerk mit TCP/IP aufbauen kann, ohne tiefere Kenntnisse über die IP-Adressen zu haben. Wenn man in einem Netzwerk alle Clients als DHCP-Clients konfiguriert, aber keinen DHCP-Server installiert, bekommen alle Clients eine APIPA-Adresse. In diesem Fall können sie wieder miteinander kommunizieren, da sich alle Clients im gleichen Netzwerk befinden.

5.2.2 Die Namensauflösung

Ein kritischer Punkt bei der Kommunikation mit anderen Computern im Netzwerk ist immer die Namensauflösung.

Wir benutzen gerne Computernamen, um andere Rechner zu identifizieren. Für die Kommunikation benötigen die Rechner jedoch die IP-Adressen.

Der Vorgang des Umwandelns des Computernamens in die entsprechende IP-Adresse wird „Namensauflösung" genannt.

Microsoft Computer – zwei verschiedene Architekturen

Microsoft hat bis einschließlich Windows NT 4.0 alle Computer als so genannte NetBios Rechner ausgelegt. NetBios Rechner waren nicht vollkommen für die Benutzung des Protokolls TCP/IP konzipiert und sind einige Sonderwege gegangen.

Ab Windows 2000 hat Microsoft seine Philosophie geändert und seine Computerarchitektur komplett an den Internetstandard mit dem Protokoll TCP/IP angepasst.

Dies ist der Hintergrund dafür, dass NetBios Rechner (Windows 3.x, 95. 98. ME, NT) eine andere Namensauflösung machen, als Hosts (ab Windows 2000, UNIX, LINUX).

Hilfsmittel für die Namensauflösung

Für die Namensauflösung im Netzwerk stehen verschiedene Hilfsmittel zur Verfügung:

Dies sind dynamische Datenbanken, in denen die Zuordnung von Namen zu IP- Adressen gespeichert wird:

* WINS-Server   (nur NetBios Rechner eingetragen)
* DNS-Server   (nur HOSTS eingetragen)

Die genaue Funktionsweise der dynamischen Datenbanken ist nicht Bestandteil einer Clientadministration und wird in diesem Buch nicht behandelt.

Außerdem gibt es statische Tabellen, in denen die Zuordnung von Namen zu IP- Adressen eingetragen werden kann.

- LMHOSTS   (nur NetBios Rechner eingetragen)
- HOSTS   (nur HOSTS eingetragen)

Diese Tabellen finden Sie auf jedem Computer im Ordner %SYSTEMROOT%\System32\Drivers\etc.

Hier können Sie diese Dateien betrachten und editieren.

Die genaue Reihenfolge für die Namensauflösung ist für NetBios Rechner und HOSTS verschieden.

Namensauflösung NetBios Rechner	Namensauflösung HOSTS
NetBios Namenscache	LocalHostName
Wins-Server	DNS-Cache
Broadcast	HOSTS
LMHOSTS	DNS
HOSTS	NetBios Namenscache
DNS	Wins-Server
	Broadcast
	LMHOSTS

Tabelle 4.1: Die Reihenfolge der Namensauflösung

Wenn Sie also ein gemischtes Netzwerk haben, in dem sowohl NetBios Rechner als auch HOSTS zu finden sind, sollten Sie darauf achten, dass in jedem Fall ein WINS-Server vorhanden ist.

5.2.3   Hilfsprogramme

Zum Überprüfen der IP-Adressierung stehen Ihnen einige Hilfsprogramme zur Verfügung.

IPCONFIG

Das bekannteste Tool ist das Tool IPCONFIG. Mit ihm können Sie die IP- Konfiguration anzeigen.

IPCONFIG gibt es mit mehreren Parametern.

IPCONFIG /ALL

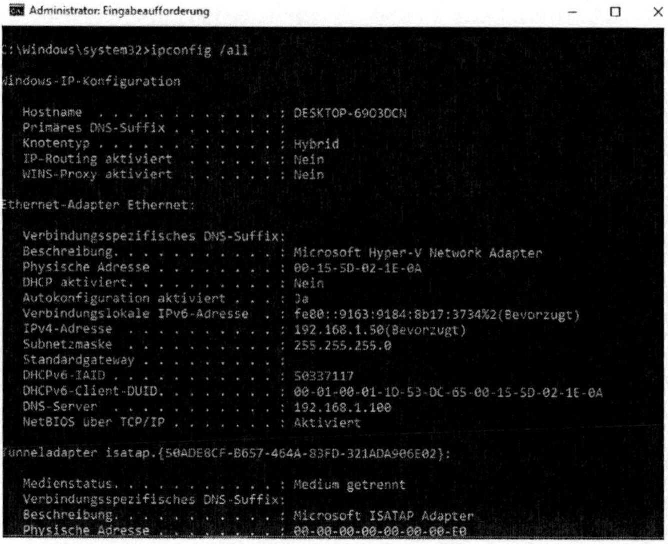

Abbildung 5.9: ipconfig /all

Mit dem Befehl ipconfig /all können Sie sich alle Parameter der IP-Adressierung anzeigen lassen, nicht nur die IP-Adresse, Subnetzmaske und Standardgateway.

IPCONFIG /RELEASE

Abbildung 5.10: ipconfig /release

Mit ipconfig /release können Sie eine IP-Adresse, die Sie per DHCP erhalten haben, zurückgeben. Dies tun Sie, wenn Ihre IP-Adresse nicht ordentlich funktioniert.

ACHTUNG!

Zum Ausführen vieler dieser Befehle benötigen Sie erhöhte Rechte, das heißt, Sie müssen die Eingabeaufforderung als Administrator öffnen!

IPCONFIG /RENEW

Anschließend holen Sie sich mit dem Befehl ipconfig /renew eine neue IP-Adresse vom DHCP-Server.

IPCONFIG /REGISTERDNS

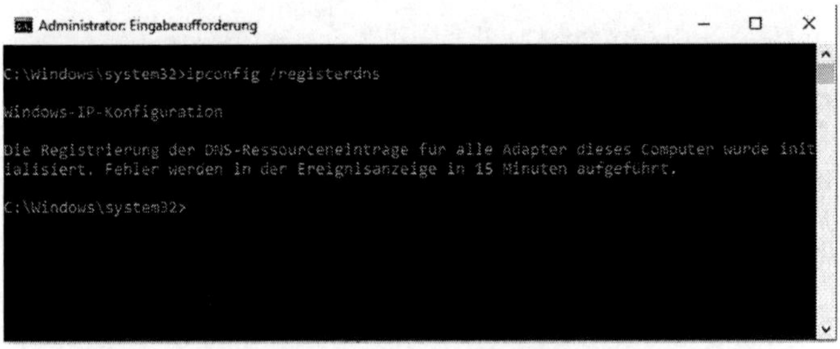

Abbildung 5.11: ipconfig /registerdns

Dieser Befehl zwingt Ihren Computer, seine IP-Adresse im DNS-Server zu registrieren. Falls andere Computer Ihren Computer nicht finden können, da er im DNS nicht eingetragen ist, ist dieser Befehl die Lösung.

IPCONFIG /FLUSHDNS

Abbildung 5.12: ipconfig /flushdns

Ihr Computer speichert die Zuordnung von Computernamen zu IP-Adressen in einem DNS-Cache zwischen.

Falls nun ein Computer eine andere IP-Adresse erhalten hat, zum Beispiel durch DHCP, stimmt der Eintrag in Ihrem DNS-Cache nicht mehr und Sie können den Computer nicht mehr erreichen.

Wenn ein solches Problem auftaucht, müssen Sie den DNS-Cache leeren und das tun Sie mit dem Befehl ipconfig /flushdns.

PING

Mit dem Befehl „Ping" können Sie untersuchen, ob Sie einen Rechner erreichen können.

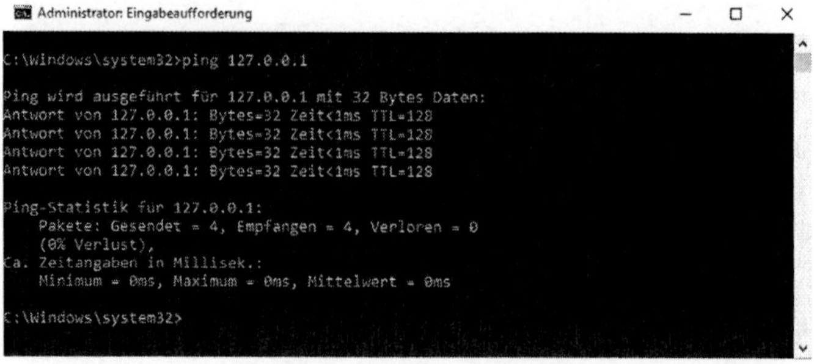

Abbildung 5.13: Ping

Wenn Sie den Namen anpingen, testen Sie auch gleich die Namensauflösung.

NBTSTAT

NBTSTAT zeigt Ihnen Statistiken über NetBios Namensauflösungen an. NBTSTAT muss mit Parametern benutzt werden.

Parameter	Bedeutung
/?	Zeigt die Hilfe an der Eingabeaufforderung an
-a Remotename	Zeigt die NetBIOS-Namentabelle eines Remotecomputers an, wobei Remotename dem NetBIOS-Computernamen des Remotecomputers entspricht. Die NetBIOS-Namentabelle ist die Liste der NetBIOS-Namen, die auf diesem Computer ausgeführten NetBIOS-Anwendungen entsprechen
-A IP-Adresse	Zeigt die NetBIOS-Namentabelle eines Remotecomputers an, der durch die IP-Adresse des Remotecomputers (in punktierter Dezimalschreibweise) angegeben wird
-c	Zeigt den Inhalt des NetBIOS-Namenzwischenspeichers, die Tabelle der NetBIOS-Namen und deren aufgelöste IP-Adressen an
-n	Zeigt die NetBIOS-Namentabelle des lokalen Computers an. Der Status „Registriert" zeigt an, dass der Name entweder durch Broadcast oder auf einem WINS-Server registriert ist

-r	Zeigt NetBIOS-Namensauflösungsstatistiken an. Auf einem Computer unter Windows XP, der zur Verwendung von WINS konfiguriert wurde, gibt dieser Parameter die Anzahl der Namen zurück, die über Broadcast und WINS registriert sind
-R	Löscht den Inhalt des NetBIOS-Namenzwischenspeichers und lädt dann erneut die durch #PRE gekennzeichneten Einträge aus der Datei Lmhosts
-RR	Gibt NetBIOS-Namen für den lokalen Computer frei, der auf WINS-Servern registriert ist und aktualisiert sie dann
-s	Zeigt NetBIOS-Client- und -Serversitzungen an und versucht dabei, die Ziel-IP-Adresse in einen Namen zu konvertieren
-S	Zeigt NetBIOS-Client- und -Serversitzungen an, wobei für Remotecomputer nur die IP-Adresse aufgelistet wird

Tabelle 4.2: Parameter nbtstat

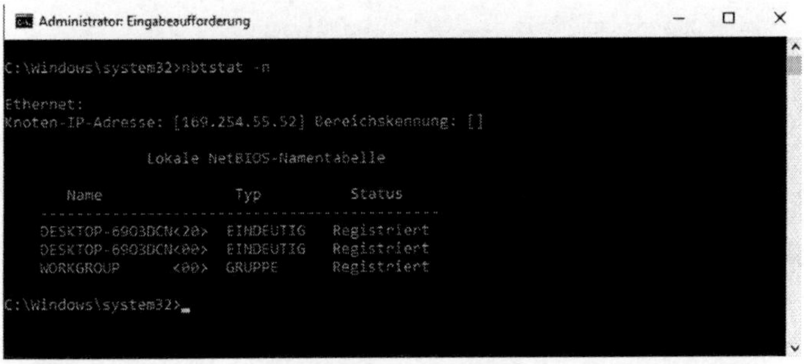

Abbildung 5.14: nbtstat -n

NETSTAT

Netstat zeigt Ihnen eine Netzwerkstatistik an. Sinnvolles Benutzen des Befehls ist nur mit Parametern möglich.

Parameter	Bedeutung
/?	Zeigt Hilfe an der Eingabeaufforderung an
-a	Zeigt alle aktiven TCP-Verbindungen sowie die TCP- und UDP-Anschlüsse an, an denen der Computer empfangsbereit ist

-e	Zeigt Ethernet-Statistiken an, beispielsweise die Anzahl gesendeter und empfangener Bytes und Pakete. Dieser Parameter kann mit -s kombiniert werden
-n	Zeigt aktive TCP-Verbindungen an. Die Adressen und Anschlussnummern werden jedoch in numerischer Form angezeigt und es wird nicht versucht, Namen zu ermitteln
-o	Zeigt aktive TCP-Verbindungen an und enthält die Prozess-ID (PID) für jede Verbindung. Sie können die Anwendung anhand der PID auf der Registerkarte Prozesse im Windows Task-Manager finden. Dieser Parameter kann mit -a, -n und -p kombiniert werden
-p Protokoll	Zeigt Verbindungen für das in Protokoll angegebene Protokoll an. Mögliche Werte für Protokoll sind hier tcp, udp, tcpv6 oder udpv6. Wird dieser Parameter zusammen mit -s zur Anzeige von Statistiken nach Protokollen verwendet, kann für Protokoll tcp, udp, icmp, ip, tcpv6, udpv6, icmpv6 oder ipv6 angegeben werden
-s	Zeigt Statistiken nach Protokollen an. Standardmäßig werden Statistiken für die Protokolle TCP, UDP, ICMP und IP angezeigt. Wenn das IPv6-Protokoll für Windows XP installiert ist, wird die Statistik für die Protokolle TCP über IPv6, UDP über IPv6, ICMPv6 und IPv6 angezeigt. Mit dem Parameter -p können Sie eine Gruppe von Protokollen angeben
-r	Zeigt den Inhalt der IP-Routingtabelle an. Dieser Parameter entspricht dem Befehl route print

Tabelle 4.3: Die Parameter von netstat

Ein häufig benutzter Befehl ist netstat –r. Hierbei können Sie sich die Routingtabelle betrachten.

```
Auswählen Administrator: Eingabeaufforderung                    —   □   ×

C:\Windows\system32>netstat -r
================================================================
Schnittstellenliste
  2...00 15 5d 02 1e 0a ......Microsoft Hyper-V Network Adapter
  1...........................Software Loopback Interface 1
  4...00 00 00 00 00 00 00 e0 Microsoft ISATAP Adapter
================================================================

IPv4-Routentabelle
================================================================
Aktive Routen:
    Netzwerkziel     Netzwerkmaske       Gateway    Schnittstelle Metrik
       127.0.0.0        255.0.0.0    Auf Verbindung      127.0.0.1    306
       127.0.0.1  255.255.255.255    Auf Verbindung      127.0.0.1    306
 127.255.255.255  255.255.255.255    Auf Verbindung      127.0.0.1    306
     169.254.0.0      255.255.0.0    Auf Verbindung  169.254.55.52    261
   169.254.55.52  255.255.255.255    Auf Verbindung  169.254.55.52    261
 169.254.255.255  255.255.255.255    Auf Verbindung  169.254.55.52    261
       224.0.0.0        240.0.0.0    Auf Verbindung      127.0.0.1    306
       224.0.0.0        240.0.0.0    Auf Verbindung  169.254.55.52    261
 255.255.255.255  255.255.255.255    Auf Verbindung      127.0.0.1    306
 255.255.255.255  255.255.255.255    Auf Verbindung  169.254.55.52    261
================================================================
Ständige Routen:
  Keine

IPv6-Routentabelle
================================================================
Aktive Routen:
 If Metrik Netzwerkziel          Gateway
  1    306 ::1/128               Auf Verbindung
  2    261 fe80::/64             Auf Verbindung
```

Abbildung 5.15: netstat -r

Was Sie hier sofort erkennen können, ist das eingetragene Standardgateway, an das alle Pakete geschickt werden, die nicht im eigenen Netzwerk aufgelöst werden können.

TRACERT und PATHPING

Mit den Befehlen tracert und pathping können Sie eine Route zu einem anderen Rechner verfolgen.

```
Administrator: Eingabeaufforderung                    —   □   ×

C:\Windows\system32>tracert 127.0.0.1

Routenverfolgung zu DESKTOP-6903DCN [127.0.0.1]
über maximal 30 Hops:

  1    <1 ms    <1 ms    <1 ms  DESKTOP-6903DCN [127.0.0.1]

Ablaufverfolgung beendet.

C:\Windows\system32>_
```

Abbildung 5.16: tracert

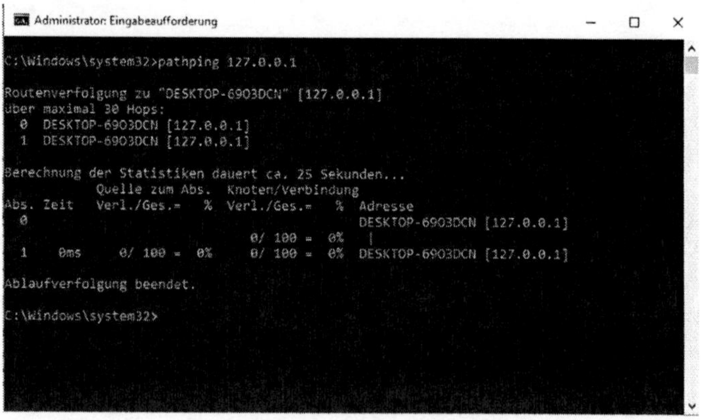

Abbildung 5.17: pathping

Netsh

Netsh ist ein Befehlszeilenprogramm, mit dem Sie die IP-Konfiguration ändern und bearbeiten können.

Die wichtigsten Befehle sind

Set <address; dns: wins....>   Einstellungen ändern

Add <address; dns: wins....>   Werte hinzufügen

Delete <address; dns: wins....>   Werte löschen

Show <address; dns: wins....>   Werte anzeigen

5.2.4   IPv4 – Die Kommunikation im Netzwerk

IPv4 ist nicht nur ein Protokoll, es handelt sich hierbei vielmehr um eine ganze Reihe von Protokollen, die Hand in Hand arbeiten. Jedes einzelne dieser Protokolle hat seine genau definierte Aufgabe im Kommunikationsablauf und alle Schnittstellen sind exakt definiert.

Das DARPA-Modell

Die meisten von Ihnen haben sich wahrscheinlich bereits mit dem OSI-Modell beschäftigt. Dieses Modell ist das allgemein gültige Modell, wenn es um die gesamte Kommunikation geht. Die gesamte Kommunikation beinhaltet natürlich auch die Vorgänge im Betriebssystem.

Um den Kommunikationsweg mit dem Schwerpunkt der Protokolle zu betrachten, reicht jedoch ein vereinfachtes Modell. Dieses Modell nennt sich DARPA-Modell (Defense Advanced Research Projects Agency).

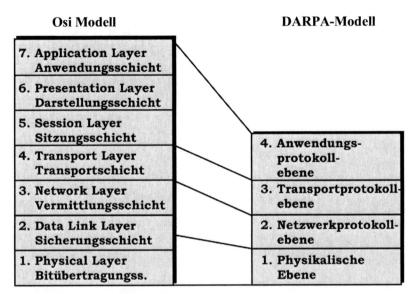

Abbildung 5.18: Das DARPA-Modell

Das DARPA-Modell ist eine Vereinfachung des OSI-Modells. Leider ist die Zuordnung nicht immer ganz genau, da sich einige Protokolle nicht an diese Vereinbarung halten.

Trotzdem ist das DARPA-Modell sehr nützlich, um den recht komplexen Kommunikationsverlauf der Protokolle zu verstehen.

Wir werden uns in diesem Kapitel alle Protokolle und deren Schnittstellen mithilfe des DARPA-Modells erarbeiten.

Der Weg eines Datenpakets

Die Kommunikationsstrecke kann man sich gut vorstellen, wenn man sich eine einfache Kommunikation als Leitbeispiel nimmt.

In unserem Fall ist das Leitbeispiel ein einfaches Zugreifen auf eine Freigabe auf dem Computer Ihres Übungspartners. Sie erstellen ein statisches Mapping dieser Freigabe auf Ihrem Rechner und geben dieser Freigabe den Laufwerksbuchstaben „G:".Dafür benutzen Sie den Befehl „Net use".

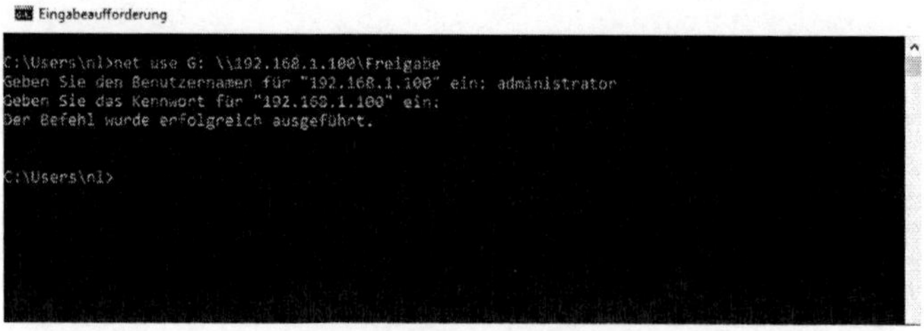

Abbildung 5.19: Net use

Dieser einfache Vorgang beinhaltet doch alle Schritte, die in jeder Kommunikation abgearbeitet werden müssen.

ACHTUNG!

Achten Sie auf die korrekte Syntax dieses Befehls! Er lautet:

Net use G: \\192.168.1.100\freigabe.

Wichtig ist hierbei das Leerzeichen nach der Laufwerksbezeichnung „G:"!

Der Quellrechner muss den Zielrechner ansprechen und erreichen können und der Zielrechner muss auf die Anforderungen reagieren und die Daten zum Quellrechner senden.

Dies steht stellvertretend für alle anderen Kommunikationsarten, denn das Prinzip ist immer gleich.

Die physikalische Ebene

Die physikalische Ebene umfasst im DARPA-Modell sowohl die Bitübertragungsschicht, als auch die Sicherungsschicht. Dies sind die Schichten des Kabels und der Netzwerkkarte.

Protokolle arbeiten auf diesen Ebenen noch nicht, also ist diese Schicht von geringer Bedeutung für die Analyse der Protokolle.

Die Netzwerkprotokollebene

Die Kommunikation beginnt also auf der Netzwerkprotokollebene. Hier gibt es mehrere Schritte, die getan werden müssen.

IP

Als erste Aktion muss festgestellt werden, ob sich der Zielhost lokal oder in einem anderen Netzwerk befindet.

Dies ist deshalb von zentraler Bedeutung, da manche anderen Protokolle, die später zum Einsatz kommen, mit Broadcast arbeiten und Broadcast bekanntlich einen Router nicht überwinden kann.

Für diese Auswahl ist das Protokoll „IP" (Internet Protocol) zuständig.

Ich kenne	Ich benötige	Wie ?
IP-Adresse des entfernten Computers	Information, ob Zielhost - Lokal - Remote	IP

Das Protokoll IP ist nur für diesen einen Vorgang zuständig: Es muss lediglich erkennen, ob sich der Zielhost im eigenen Netzwerk (lokal) oder in einem anderen Netzwerk (remote) befindet.

Dazu nutzt IP die Informationen, die es zu diesem Zeitpunkt der Kommunikation bereits besitzt.

IP hat folgende Informationen:

* Eigene IP-Adresse

* Eigene Subnetzmaske

* Remote IP-Adresse

* Remote Subnetzmaske

Nun beginnt das Protokoll IP, die sogenannte Netzwerk-ID auszurechnen.

Die Netzwerk-ID ist der Anteil der IP-Adresse, der den Straßennamen repräsentiert. Wenn beide Adressen, sowohl die eigenen, als auch die Remote-Adresse die gleiche Netzwerk-ID besitzen, bedeutet dies, dass sie sich im gleichen Netzwerk befinden, also nicht durch einen Router getrennt sind.

Sollten sich aber bei der Berechnung unterschiedliche Netzwerk-IDs ergeben, bedeutet dies wiederum, dass sich die Rechner in verschiedenen Netzwerken befinden, also durch einen Router getrennt sind.

Ein Beispiel:

Der Rechner mit den Daten:

IP-Adresse: 192.168.1.100

Subnetzmaske: 255.255.255.0

Standardgateway: 192.168.1.254

möchte den Rechner erreichen, der folgende Daten hat:

IP-Adresse:	192.168.1.1
Subnetzmaske:	255.255.255.0
Standardgateway:	192.168.1.254

Das Protokoll IP errechnet nun zunächst einmal bei der eigenen IP-Adresse die Netzwerk-ID. Dies geschieht, indem die IP-Adresse und die Subnetzmaske miteinander binär addiert werden (die genaue Berechnungsweise ist in diesem Kapitel noch nicht von Bedeutung, es handelt sich hierbei um das binäre „Anding").

Eigene Netzwerk-ID:

IP-Adresse:	192	168	1	100
Subnetzmaske:	255	255	255	0
Netzwerk-ID:	???			

In stark vereinfachter Form funktioniert das binäre „Anding" nach zwei Regeln:

1. Wenn die Subnetzmaske den Wert „255" hat, bleibt die Zahl so, wie sie in der IP-Adresse ist
2. Wenn die Subnetzmaske den Wert „0" hat, wird der errechnete Wert zu „0"

Das bedeutet für unsere Beispielrechnung:

Eigene Netzwerk-ID:

IP-Adresse:	192	168	1	100
Subnetzmaske:	255	255	255	0
Netzwerk-ID:	192	168	1	0

Nun muss noch die Netzwerk-ID des Zielrechners errechnet werden. Dies funktioniert nach genau demselben Schema:

Netzwerk-ID des Zielrechners:

IP-Adresse:	192	168	1	1
Subnetzmaske:	255	255	255	0

Netzwerk-ID:	192	168	1	0

Wie wir erkennen können, ist die Netzwerk-ID in beiden Fällen gleich. Das bedeutet, IP hat festgestellt, dass sich beide Rechner im gleichen Netzwerk befinden, also auch mithilfe von Broadcast erreicht werden können.

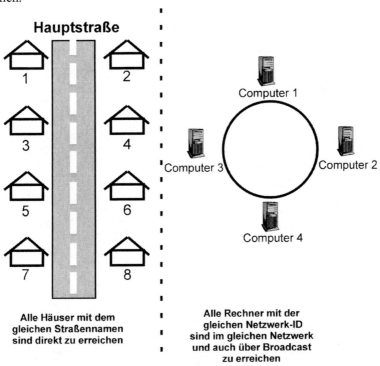

Abbildung 5.20: Prinzip gleicher Netzwerk-IDs

Betrachten wir ein zweites Beispiel:

Der gleiche Rechner, mit den Daten

IP-Adresse:	192.168.1.100
Subnetzmaske:	255.255.255.0
Standardgateway:	192.168.1.254

möchte einen anderen Rechner erreichen, der folgende Daten hat:

IP-Adresse: 192.168.2.10

Subnetzmaske: 255.255.255.0

Standardgateway: 192.168.2.254

Auch hier errechnet das Protokoll IP die zwei Netzwerk-ID:

Eigene Netzwerk-ID:

IP-Adresse:	192	168	1	100
Subnetzmaske:	255	255	255	0
Netzwerk-ID:	192	168	1	0

Netzwerk-ID des Zielrechners:

IP-Adresse:	192	168	2	10
Subnetzmaske:	255	255	255	0
Netzwerk-ID:	192	168	2	0

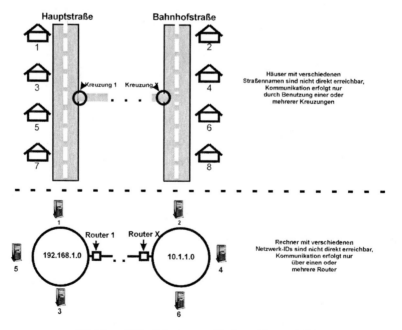

Abbildung 5.21: Prinzip verschiedener Netzwerk-IDs

In diesem Fall sind die Netzwerk-ID nicht identisch. Das bedeutet, dass sich die beiden Rechner nicht im gleichen Netzwerk befinden, also auch nicht über Broadcast kommunizieren können. Sie benötigen in jedem Fall einen oder mehrere Router.

Das Protokoll IP muss also nur eine einzige Aufgabe erledigen: Feststellen, ob sich der Zielhost im eigenen Netzwerk befindet, oder ob er sich in einem anderen Netzwerk befindet.

ARP

Der nächste Schritt, der getan werden muss, ist das Erkennen der MAC-Adresse.

Auch wenn die primäre Identifikation der Computer über die IP-Adresse stattfindet, ist doch die MAC-Adresse diejenige Adresse, an die die Datenpakete zugestellt werden.

Bleiben wir beim bekannten Beispiel der Straße. Die Zustellung des Datenpakets muss an einen Briefkasten erfolgen, die MAC-Adresse kann mit diesem Briefkasten verglichen werden, der zusätzlich zum Straßennamen und der Hausnummer vorhanden sein muss.

Ich kenne	Ich benötige	Wie ?
IP-Adresse des entfernten Computers	Information, ob Zielhost - Lokal - Remote	IP
IP-Adresse des entfernten Computers	MAC-Adresse	ARP

Die Aufgabe der Auflösung von IP-Adressen zu MAC-Adressen wird von einem der Protokolle erledigt: vom Protokoll „ARP" (Adress Resolution Protocol).

ARP arbeitet nach folgendem Schema:

1. Der lokale ARP-Cache wird überprüft. Wenn mit dem Zielhost bereits eine Kommunikation stattgefunden hat, wird sich die Zuordnung bereits im ARP-Cache befinden.

2. Wenn kein Eintrag im ARP-Cache gefunden worden ist, wird eine ARP-Anfrage per Broadcast gesendet.

3. Der Zielhost empfängt die ARP-Anfrage und fügt die Zuordnung von IP-Adresse zu MAC-Adresse des Quellcomputers in seinen eigenen ARP-Cache hinzu. Dies macht die zukünftige Kommunikation effizienter.

4. Der Zielhost sendet eine Antwort an den Quellhost.

5. Der Quellhost fügt diese Antwort zu seinem ARP-Cache hinzu.

6. Nun kann das Datenpaket zugestellt werden.

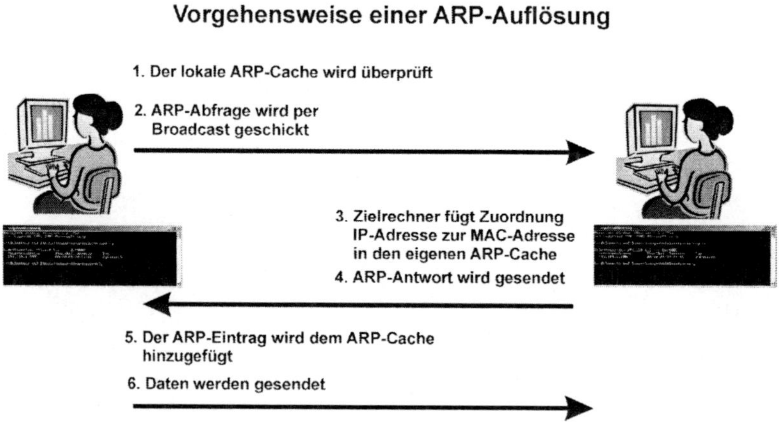

Abbildung 5.22: Funktionsweise der ARP-Auflösung

Sie können den ARP-Cache auch betrachten, dafür gibt es den Dienstbefehl „arp".

Geben Sie an der Eingabeaufforderung den Befehl „arp" ein.

Sie erhalten eine Anzeige aller Parameter, die Ihnen für diesen Befehl zur Verfügung stehen.

Der interessanteste Parameter ist „arp –a".

Mit diesem Parameter wird Ihnen der Inhalt des ARP-Caches angezeigt, Sie sehen also die Zuordnungen von IP-Adressen zu MAC-Adressen.

Sie sehen, ARP löst IP-Adressen zu MAC-Adressen auf, damit die Datenpakete zugestellt werden können. ARP arbeitet mit Broadcast.

Problem: Broadcast kann einen Router nicht überwinden!

Wie ist es aber dann möglich, einen Zielhost zu erreichen, der nicht im gleichen Netzwerk liegt? Nur hier kann Broadcast funktionieren!

Die Lösung liegt in der Vorarbeit, die das Protokoll IP bereits geleistet hat.

IP hat ja bereits festgestellt, ob der Zielhost im gleichen Netzwerk liegt, also per Broadcast erreicht werden kann, oder ob der Zielhost in einem anderen Netzwerk liegt und somit nicht durch Broadcast erreicht werden kann, was den direkten Einsatz von „ARP" unmöglich macht.

„ARP" kann nur IP-Adressen aus dem eigenen Subnetz zu MAC-Adressen auflösen, also können Datenpakete auch nur an Rechner im eigenen Subnetz zugestellt werden.

Wenn ein Rechner erreicht werden soll, der nicht im eigenen Subnetz liegt, muss also das Datenpaket trotzdem an einen Rechner geschickt werden, der im eigenen Subnetz liegt.

Diese Funktion übernimmt der Router. Ein Router ist im einfachsten Fall ein Computer, der in mindestens zwei Netzwerken eine Schnittstelle hat. Also gibt es immer eine Schnittstelle des Routers im eigenen Netzwerk.

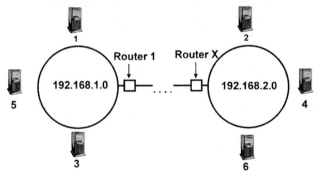

Abbildung 5.23: Router

Dies ermöglicht es, dass „ARP" doch eine MAC-Adresse auflösen kann. „ARP" holt nämlich in diesem Fall nicht die MAC-Adresse des Zielrechners, da dies unmöglich ist, sondern die MAC-Adresse des Routers, über den das Datenpaket geschickt werden muss.

Damit erfolgt die Auflösung der IP-Adresse zur MAC-Adresse in jedem Fall korrekt.

Ich kenne	Ich benötige	Wie ?
IP-Adresse des entfernten Computers	Information, ob Zielhost - Lokal - Remote	IP
- IP-Adresse des entfernten Computers im eigenen Subnetz	MAC-Adresse des Zielrechners	ARP
- IP-Adresse des entfernten Computers in einem anderen Subnetz	MAC-Adresse des Routers	ARP

Weitere Protokolle der Netzwerkprotokollebene

In dieser Ebene gibt es noch zwei weitere Protokolle, die aber am Kommunikationsvorgang nicht aktiv beteiligt sind.

ICMP

„ICMP" (Internet Control Message Protocol) ist ein Protokoll, das Fehler erkennt und meldet. So kann das „ICMP" feststellen, wenn ein Router überlastet ist und dann dem sendenden Host melden, dass er die Übertragungsgeschwindigkeit verringern sollte. „ICMP" wurde 1981 im RFC 792 definiert.

„ICMP" benutzt das Protokoll „IP", indem es seine Informationen in einen IP-Datenrahmen einbindet.

Viele Dienstprogramme benutzen das Protokoll „ICMP", so zum Beispiel das Programm „PING".

IGMP

Auch das Protokoll „IGMP" (Internet Group Management Protocol) ist ein Hilfsprogramm des Protokolls „IP".

IGMP definiert die Hosts und ihre benachbarten Multicast Router für den Gebrauch von Multicast.

Multicast ist ja bekanntlich das einmalige Senden von Daten an eine definierte Gruppe von Rechner. Es erlaubt dem Host seinen lokalen Router zu informieren, dass er Pakete, welche an eine bestimmte Multicasting Gruppe gesendet werden, ebenfalls an ihn übermitteln soll.

Die Transportprotokollebene

In der Transportprotokollebene wird für den Transport der Daten gesorgt. Hier gibt es nur zwei verschiedene Protokolle, die für den Datentransport sorgen.

TCP

TCP oder „Transmission Control Protocol" ist ein verbindungsorientiertes Transportprotokoll, das eine zuverlässige Zustellung garantiert. TCP richtet zunächst eine Sitzung ein, das bedeutet, dass die Gegenstelle gefragt wird, ob eine Bereitschaft zum Empfangen von Daten besteht. Der Vorgang des Einrichtens dieser Sitzung wird „TCP-Handshake" genannt und erfolgt in drei Schritten:

1. Zuerst schickt der Host, der eine Verbindung wünscht, ein TCP-Paket an das Zielsystem, in dem das SYN-Bit (Synchronize-Bit) angeschaltet ist. Dieses signalisiert dem Zielsystem, dass ein Verbindungsaufbau erwünscht ist.

2. Das Zielsystem sendet eine Antwort, bei der ebenfalls das SYN-Bit und zusätzlich das ACK-Bit (Acknowledge-Bit) gesetzt ist und signalisiert damit seine Bereitschaft.

3. Der initiierende Host bestätigt mit einem ACK-Bit. Damit steht die Verbindung.

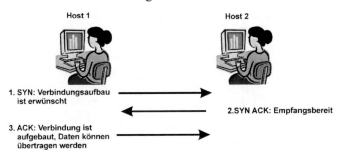

Abbildung 5.24: Der TCP-Handshake

Mit TCP können Daten sicher zugestellt werden, da TCP sich vor und während der Kommunikation versichert, dass die Gegenstelle empfängt.

TCP ist deswegen aber relativ langsam. TCP wird hauptsächlich benutzt, um viele Daten am Stück zu übertragen, hier ist die Zuverlässigkeit wichtiger als die Geschwindigkeit.

UDP

UDP dagegen ist ein verbindungsloses Protokoll. Hier wird keine Session eingerichtet, die Zuverlässigkeit der Verbindung liegt bei den höheren Ebenen.

Ich kenne	Ich benötige	Wie ?
IP-Adresse des entfernten Computers	Information, ob Zielhost - Lokal - Remote	IP
- IP-Adresse des entfernten Computers im eigenen Subnetz - IP-Adresse des entfernten Computers in einem anderen Subnetz	MAC-Adresse des Zielrechners MAC-Adresse des Routers	ARP ARP
Route für die Zustellung	Zustellung der Daten	- TCP: verbindungsorientiert zuverlässig TCP-Handshake langsam - UDP: verbindungslos unzuverlässig keine Sitzungseinrichtung schnell

UDP garantiert nicht, dass die Daten, die zwei Rechner austauschen, in der Reihenfolge ankommen, in der sie verschickt wurden, oder ob diese Daten überhaupt ankommen. UDP ist aber sehr schnell, da es nicht auf die Quittierung vom Zielrechner warten muss, bevor das nächste Paket abgeschickt werden kann.

Daten zu schicken mit UDP ist ähnlich dem Verschicken eines Briefes. Wenn man den Brief in den Briefkasten wirft, hofft man, dass dieser Brief auch an der Zieladresse ankommt, aber es gibt keine Garantie dafür.

UDP wird für Broadcast verwendet, was im Internet eigentlich nicht üblich ist. Daher verwenden die meisten Internetanwendungen nicht das Transportprotokoll UDP.

Wir als Administratoren haben keinerlei Einflussmöglichkeit, welche Programme TCP und welche UDP verwenden. Dies ist von den Programmierern festgelegt worden.

Die Anwendungsprotokollebene

Anwendungsprotokolle sind die Protokolle, an die TCP beziehungsweise UDP ausliefert. Anwendungsprotokolle können beispielsweise HTTP oder FTP sein, aber auch SMTP oder andere.

Nachdem die Daten zugestellt worden sind, egal ob mit TCP oder mit UDP, müssen sie noch an die Programme weitergegeben werden, mit denen sie bearbeitet oder gelesen werden können.

Die Schnittstelle zwischen den Transportprotokollen und den Anwendungsprotokollen sind die so genannten Ports. Man kann sie sich als Endpunkte der TCP/UDP Kommunikation vorstellen, als definierte Übergabevereinbarungen.

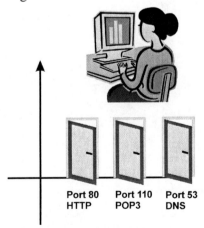

Abbildung 5.25: Die Ports

Die wichtigsten Ports sollten Sie kennen.

Eine Aufstellung häufig benutzter Ports:

Port	Schlüsselwort	TCP	UDP	Beschreibung
20	ftp-data	X	X	File Transfer (default Data)
21	ftp	X	X	File Transfer (Control)
23	telnet	X	X	Telnet
25	smtp	X	X	Simple Mail Transfer
37	time	X	X	Time
42	nameserver	X	X	Host Name Server
53	domain	X	X	DNS
67	bootp	X	X	Bootstrap Protocol Server
68	bootp	X	X	Bootstrap Protocol Client
69	tftp	X	X	Trivial File Transfer Protocol
70	gopher	X	X	Gopher
80	http	X	X	http
88	kerberos	X	X	Kerberos
110	pop3	X	X	POP3
118	sqlserv	X	X	SQL Services
119	nntp	X	X	NNTP
137	netbios-ns	X	X	NETBIOS Name Service
138	netbios-dgm	X	X	NETBOIS Datagram Service
139	netbios-ssn	X	X	NETBIOS Session Service
150	sql-net	X	V	SQL-Net
156	sqlsrv	X	X	SQL Service
161	snmp	X	X	SNMP
389	ldap	X	X	LDAP
443	https	X	X	HTTPS

Tabelle 5.4:Auszug aus den Well-Known-Ports

Es gibt Ports für UDP und für TCP, wobei beide Protokolle häufig die gleichen Ports benutzen. Die Ports von 0 bis 1023 werden die Well-Known Ports genannt, sie sind definiert. Eine genaue Aufstellung finden Sie im RFC 1700.

Ab Port Nummer 1024 werden die Ports als „Registered Ports" bezeichnet, sie sind nicht mehr zentral geregelt.

Ich kenne	Ich benötige	Wie ?
IP-Adresse des entfernten Computers	Information, ob Zielhost - Lokal - Remote	IP
- IP-Adresse des entfernten Computers im eigenen Subnetz	MAC-Adresse des Zielrechners	ARP
- IP-Adresse des entfernten Computers in einem anderen Subnetz	MAC-Adresse des Routers	ARP
Route für die Zustellung	Zustellung der Daten	- TCP: verbindungsorientiert zuverlässig TCP-Handshake langsam - UDP: verbindungslos unzuverlässig keine Sitzungseinrichtung schnell
Zustellung der Daten	Übergabe an die Anwendungsprogramme	Ports

259

5.2.5 Nicht-klassenbasierte IP-Adressierung

Die IP-Adressen sind durch die Klassen in ein relativ starres Schema gepresst.

Nicht immer ist es möglich, sich an diese Einteilung zu halten und auch nicht immer sinnvoll. Die „Nicht klassenbasierte IP-Adressierung" gehört mittlerweile zum Standardwerkzeug jedes Administrators, der sich mit effizienter IP-Adressierung beschäftigen muss. Ein bekannter Begriff aus diesem Bereich ist „CIDR" (Classless Inter Domain Routing), was bedeutet, dass die Klassenbasierung der IP-Adressen aufgehoben wird.

Die Verschwendung von IP-Adressen

Die TCP/IP Protokollsuite ist zwischen 1969 und 1982 vom DOD (Department of Defence), also dem amerikanischen Verteidigungsministerium entwickelt worden.

Zu diesem Zeitpunkt konnte sich niemand vorstellen, dass dieses Protokoll sich durchsetzen würde und dadurch ein weltweites Netzwerk aufgebaut werden würde.

Deswegen war es auch nicht nötig, auf die Effizienz der vergebenen Adressen zu achten.

Betrachten wir einmal eine normale Firma, die fünf Subnetze mit jeweils 100 Rechnern betreibt.

Diese Firma benötigt IP-Adressen, mit denen jedem Mitarbeiter ein Internetzugriff gewährt werden kann. Wenn diese Firma nun öffentliche IP-Adressen beantragt, erfolgt die Adressvergabe anhand der Daten

- Fünf Subnetze
- 100 Rechner pro Subnetz

Daraus ergibt sich, dass diese Firma fünf verschiedene IP-Bereiche benötigt, damit alle fünf Subnetze miteinander kommunizieren können. Für 100 Rechner pro Subnetz werden also fünf Netzwerke Klasse C benötigt. Daraus ergibt sich folgendes Szenario:

	Klasse	Zur Verfügung stehende Hosts	Benötigte Hosts	Verschwendete Adressen
Subnetz 1	C	254	100	154
Subnetz 2	C	254	100	154
Subnetz 3	C	254	100	154
Gesamt:		762	300	462

Dies ist natürlich keine akzeptable Lösung, um sparsam mit IP-Adressen umzugehen. Es steht fest, dass die IP-Adressen weltweit knapp werden. Solche Verschwendungen, wie oben gezeigt, darf es nicht mehr geben.

Zur Vermeidung der Verschwendung gibt es mehrere Möglichkeiten.

Eine davon ist die Unterteilung der Klassen in kleinere Netzwerke, „VLSM" (Variable Length Subnet Mask).

Umrechnung von Dezimalzahlen ins Binärformat und umgekehrt

Die IP-Adressen werden für uns in einer Form dargestellt, die für uns Menschen angenehm zu lesen ist, nämlich in der Dezimaldarstellung.

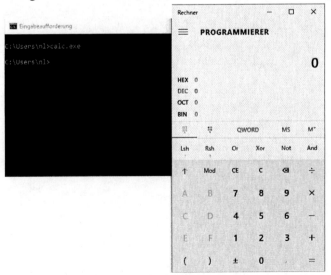

Abbildung 5.26: Windows Rechner

Leider kann ein Computer dies nicht lesen, er benötigt die Zahlen der IP-Adresse in einer binären Darstellung mit „0" und „1".

Die Umrechnung von dezimal auf binär kann leicht mit dem Windows Rechner gemacht werden.

Dazu stellen Sie die Ansicht auf „Programmierer" um und geben die dezimale Zahl ein.

Wählen Sie dann „Bin" und die Zahl wird in binärer Schreibweise dargestellt.

Auf die gleiche Weise können Sie auch binäre Zahlen in das Dezimalformat umrechnen.

Unterteilen der Klassen in kleinere Netzwerke (VLSM)

VLSM (Variable Length Subnet Mask) ist eine Methode, ein Netzwerk, beispielsweise ein Klasse C Netzwerk, in mehrere kleinere Netzwerke zu unterteilen.

Die Bedeutung der Punkte zwischen den Bytes

In der dezimalen Schreibweise sind alle IP-Adressen durch Punkte getrennt dargestellt.

Diese Schreibweise hat für die Bearbeitung der Adressen durch das Protokoll IP keinerlei Bedeutung.

Im Gegenteil, wenn die Bytes in binäre Schreibweise umgewandelt worden sind, liest das Protokoll IP diese Werte als Gesamtheit von 32 Bit und nicht als 4 Byte.

Dies gibt uns die Möglichkeit, die starre Klasseneinteilung zu umgehen.

Nehmen wir als Beispiel ein Klasse C Netzwerk, das einer Firma offiziell zur Verfügung gestellt worden ist, das Netzwerk 194.107.1.0 mit der Subnetzmaske 255.255.255.0.

Zunächst einmal werden wir diese Adresse in binäre Schreibweise umwandeln.

Dezimal:

IP-Adresse:	194	107	1	0
Subnetzmaske	255	255	255	0

Binär:

IP-Adresse:	11000010	01101011	00000001	00000000
Subnetzmaske	11111111	11111111	11111111	00000000

Was wir hier deutlich sehen können, ist die Tatsache, dass die Subnetzmaske immer aus einer kontinuierlichen Abfolge aus Einsen besteht und erst die letzten Bit bestehen aus Nullen.

Eine Klasse C Subnetzmaske besteht also aus 24 Einsern und 8 Nullen.

Diese Tatsache erlaubt uns eine neue Schreibweise für eine IP-Adresse.

Bisher mussten wir eine Adresse oder ein Netzwerk immer angeben mit

IP-Adresse (bzw. IP-Netzwerk) und Subnetzmaske.

Die gleiche Aussagekraft hat aber die Darstellung

IP-Adresse (bzw. IP-Netzwerk)/Anzahl der Einser-Bit der Subnetzmaske.

In unserem Fall wäre die Schreibweise also:

194.107.1.0/24

Diese Schreibweise ist viel schneller und hat sich mittlerweile durchgesetzt.

Das binäre Berechnen der Netzwerk-ID

Wie bereits besprochen, errechnet das Protokoll IP die eigene Netzwerk-ID und die des Remoterechners und vergleicht diese beiden IDs.

Bisher haben wir uns auf die klassenbasierte Vereinfachung beschränkt, nun aber betrachten wir, wie das IP wirklich vorgeht.

Das IP-Protokoll addiert die beiden Werte (IP-Adresse und Subnetzmaske) binär, um so die Netzwerk-ID zu errechnen.

Um diesen Rechenvorgang nachzuvollziehen, schreibt man die Werte untereinander, wie wir es auch vom dezimalen Addieren kennen.

Ein Beispiel:

Wir möchten die Netzwerk-ID der IP-Adresse 194.107.1.1/24 berechnen.

	194	107	1	1
IP-Adresse:	11000010	01101011	00000001	00000001
Subnetzmaske	11111111	11111111	11111111	00000000

Nun wird jedes einzelne Bit addiert („binäres Anding").

Die Berechnung der binären Netzwerk-ID erfolgt nach zwei einfachen Rechenregeln:

X+1=X
X+0=0

X+1=X:

Diese Regel bedeutet, dass der Wert der Netzwerk-ID gleich dem Wert der IP-Adresse bleibt, wenn in der Subnetzmaske eine 1 steht.

Dies zeigt sich in den ersten 3 Oktetten. Hier entsteht durch „Anding" die Netzwerk-ID, die den Werten der IP-Adresse gleich ist.

	194	107	1	1
IP-Adresse:	11000010	01101011	00000001	00000001
Subnetzmaske	11111111	11111111	11111111	00000000
Netzwerk-ID	11000010	01101011	00000001	
	194	107	1	

X+0=0:

Diese zweite Rechenregel bedeutet, dass der Wert der Netzwerk-ID 0 wird, wenn in der Subnetzmaske eine 0 steht.

Das ist in unserem Beispiel im vierten Oktett der Fall.

	194	107	1	1
IP-Adresse:	11000010	01101011	00000001	00000001
Subnetzmaske	11111111	11111111	11111111	00000000
Netzwerk-ID	**11000010**	**01101011**	**00000001**	**00000000**
	194	107	1	0

Auf diese Art errechnet das IP die Netzwerk-ID beider Computer und stellt dann fest, ob der Zielrechner im gleichen Netzwerk liegt, oder eine andere Netzwerk-ID hat und somit durch mindestens einen Router getrennt ist.

5.2.6   Die Verteilung der Bit

Im obigen Beispiel haben wir gesehen, dass die Länge der Subnetzmaske genau definiert, wie die Netzwerk-ID lautet.

Einen öffentlichen IP-Adressbereich bekommen wir häufig klassenbasiert zugeteilt, die Subnetzmasken lauten also /8, /16 oder /24.

Wenn wir also einen IP-Adressbereich erhalten haben der 194.107.1.0/24 lautet, bedeutet dies, dass die ersten 24 Bit festgelegt sind und wir an Ihnen natürlich nichts ändern dürfen. Dieser Teil ist der öffentliche Bereich.

Die letzten 8 Bit dagegen sind eigentlich für 254 Hosts gedacht, für die wir die Host-IDs frei vergeben können.

Momentan haben wir also folgenden Zustand:

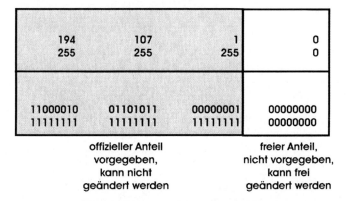

Abbildung 5.27: IP Bereich nach offizieller Zuteilung

Im Normalfall werden wir in diesem Beispiel also die letzten 8 Bit komplett für die Host-ID nutzen.

Dies ist aber nicht zwingend vorgeschrieben, wir können mit den letzten 8 Bit verfahren, wie wir wollen.

Ein Beispiel:

Wir haben ein Firmennetz, das drei Subnetze umfasst, die jeweils 50 Rechner beinhalten.

Von der Menge der Hosts würde ja dieses Klasse C Netzwerk genügen, aber leider benötigen wir ja drei Netzwerke, die verschiedene Netzwerk-IDs haben, um eine funktionierende Netzwerkumgebung zu erhalten.

Für die Hosts stehen uns 8 Bit zur Verfügung. Aber werden für diese Aufgabe überhaupt 8 Bit benötigt?

Wir sollten einmal berechnen, wie viele Bit benötigt werden, um 50 Rechner eindeutig zu kennzeichnen.

Dezimal: **50**
Binär: **110010**

Um die Zahl 50 in binärer Schreibweise darzustellen, benötigen wir also nur 6 Bit, das siebente und achte Bit wird für die Darstellung der Hosts nicht mehr benötigt.

Daraus ergibt sich für uns eine logische Schlussfolgerung:

Wenn nur 6 Bit benötigt werden, um 50 Rechner darzustellen, könnte man doch die anderen zwei Bit benutzen und die Netzwerk-ID in den frei zur Verfügung stehenden Bereich verschieben.

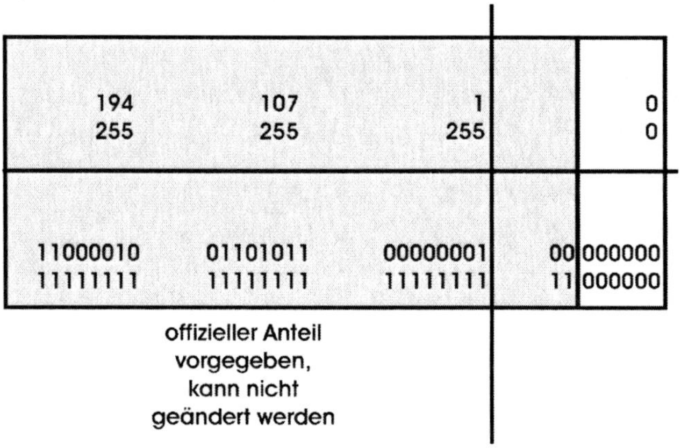

| 194 | 107 | 1 | 0 |
| 255 | 255 | 255 | 0 |

| 11000010 | 01101011 | 00000001 | 00|000000 |
| 11111111 | 11111111 | 11111111 | 11|000000 |

offizieller Anteil
vorgegeben,
kann nicht
geändert werden

Abbildung 5.28: Verschieben der Netzwerk-ID

Was würde das bringen?

Wenn die Netzwerk-ID um zwei Stellen nach hinten verschoben wird, erhalten wir die Möglichkeit, aus einem einzigen Netzwerk, das 254 Hosts beherbergen kann, mehrere Netzwerke zu machen, die zwar weniger Hosts beherbergen, aber dafür mehrere verschiedene Netzwerk-IDs haben, also genau den Zweck erfüllen, den wir benötigen.

In unserem Beispiel würde das erste mögliche Netzwerk nun lauten

194.107.1.0/**26**

Die Subnetzmaske hat sich verändert, da wir ein Bit des frei zur Verfügung stehenden vierten Oktetts benutzen.

Wir haben damit die Verteilung von Netzwerkanteil und Hostanteil verschoben. Für den Netzwerkanteil benutzen wir nun 26 Bit, für den Hostanteil dagegen nur noch 6 Bit.

Diese Verschiebung ist möglich und gebräuchlich, da durch diese Maßnahme mehrere kleinere Subnetze geschaffen werden können.

Bevor wir nun das Netzwerk in kleinere Subnetze unterteilen, müssen wir noch die Regeln für die IP-Adressierung überarbeiten. Diese Regeln haben wir ohne Kenntnisse der binären Schreibweise aufgestellt und nun können wir diese verfeinern und präzisieren. Die relevanten zwei Regeln sind folgende:

Die Host-ID darf nicht nur aus Nullen bestehen

Die Host-ID ist immer der Wert, der über den Bytes der Subnetzmaske mit dem Wert 0 steht.

Die Host-ID kann nur dann auf Null stehen, wenn die Subnetzmaske nur aus Nullen besteht, denn nur der Anteil der Subnetzmaske, der aus Einsern besteht, definiert die Netzwerk-ID.

Wenn die Host-ID komplett aus Nullen besteht, ist dies die ausgeschriebene Netzwerk-ID, die durch das „binäre Anding" entstanden ist.

Die Host-ID darf nicht aus Wiederholungen des Wertes 255 bestehen

Diese Regel war stark vereinfacht. Wir wissen mittlerweile, dass in einer klassenbasierten Einteilung der Wert 255 aus 8 Einsern besteht.

Diese Regel müsste nach unseren neuen Kenntnissen eigentlich lauten: Die Host-ID darf in binärer Schreibweise nicht nur aus Einsern bestehen, egal, wie lang der Hostanteil ist.

Wenn der Hostanteil aus lauter Einsern besteht, ist dies die Broadcastadresse, die natürlich keinem Host zugewiesen werden darf.

Classless Subnetting

Betrachten wir nun das erste Netzwerk, das uns somit zur Verfügung gestellt wird.

Binäre Schreibweise					Bezeichnung		Dezimale Schreibweise			
11000010	01101011	00000001	00 000000	▪	Ausgangsnetzwerk	▪	194	107	1	0
11111111	11111111	11111111	11 000000		Subnetzmaske	▪	255	255	255	192
11000010	01101011	00000001	00 000000	▪	Erstes Netzwerk	▪	194	107	1	0
11000010	01101011	00000001	00 000001		Erste gültige IP-Adresse	▪	194	107	1	1
...										
11000010	01101011	00000001	00 111110		Letzte gültige IP-Adresse	▪	194	107	1	62
11000010	01101011	00000001	00 111111		Broadcastadresse	▪	194	107	1	63
11000010	01101011	00000001	01 000000	▪	Zweites Netzwerk	▪	194	107	1	64
11000010	01101011	00000001	01 000001		Erste gültige IP-Adresse		194	107	1	65
..										
11000010	01101011	00000001	01 111110		Letze gültige IP-Adresse	▪	194	107	1	126
11000010	01101011	00000001	01 111111		Broadcastadresse	▪	194	107	1	127
...										

Abbildung 5.29: Erstellen von neuen Subnetzen

Das erste Netzwerk, das wir benutzen können, hat die binäre Schreibweise

11000010 01101011 00000001 00 |000000
11111111 11111111 11111111 11 |000000

Wie wir sehen, stehen alle 6 Bit, die für den Hostanteil stehen auf 0, was den Regeln der IP-Adressierung entspricht.

Die erste gültige IP-Adresse ist in diesem Fall die kleinste Zahl, die für den Hostanteil möglich ist.

Dies ist die

11000010 01101011 00000001 00 | 000001

Die letzte gültige IP-Adresse ist die größte Zahl, die vor der Broadcastadresse kommt:

11000010 01101011 00000001 00|111110

Die Broadcastadresse ist die Adresse, bei der alle Host-Bit auf 1 stehen:

11000010 01101011 00000001 00 | 111111

Die nächste Adresse ist bereits wieder die Netzwerkadresse des zweiten Subnetzes:

11000010 01101011 00000001 01 | 000000

Auch hier ist die erste gültige IP-Adresse die kleinste Zahl, die für den Hostanteil möglich ist:

11000010 01101011 00000001 01 | 000001

Die letzte gültige IP-Adresse ist die größte Zahl, die vor der Broadcastadresse kommt:

11000010 01101011 00000001 01 | 1111110

Die Broadcastadresse ist die Adresse, bei der alle Host-Bit auf 1 stehen:

11000010 01101011 00000001 01 | 1111111

und so weiter. Diese Rechnung lässt sich beliebig fortführen.

5.3 IPv6

Wie Sie sehen, ist das TCP/IP, das wir kennen gelernt haben, mit einigen Problemen behaftet. In einigen Jahren, wenn auch Menschen anderer Länder, die momentan noch keinen Internetzugang haben, das Internet benutzen wollen, ist das bekannte IP-System nicht mehr praktikabel.

Die größten Probleme sind

- Zu wenige Adressen
- Komplexe Konfiguration
- Wenig implementierte Sicherheit
- Keine Möglichkeit der Datenpriorisierung

Aus diesem Grund gibt es bereits einen Nachfolger für das IPv4: IPv6. Dieser Standard wurde bereits 1994 empfohlen. Übrigens: IPv5 hat es nie gegeben, mit der Versionsnummer 6 sollte gezeigt werden, wie revolutionär der Fortschritt gegenüber dem IPv4 ist.

Im Gegensatz zu den 32 Bit, die bei einer IPv4 Adresse zur Verfügung stehen, stellt IPv6 128 Bit zur Verfügung. Dies würde bedeuten, dass es nicht mehr nur vier Oktette geben kann, sondern es könnte 16 Oktette geben. Eine mögliche Adresse unter IPv6 wäre also

63.254.4.0.2.128.0.0.0.0.0.0.0.0.0.1

Dies ist nicht mehr verwaltbar. Aus diesem Grund wird die Schreibweise auf hexadezimal umgestellt. In hexadezimaler Schreibweise können 16 Stellen dargestellt werden. So können jeweils 2 Oktette von IPv6 als eine hexadezimale Stelle dargestellt werden.

Dafür werden die dezimalen Werte zweier Oktette zusammengeschrieben und dann in einen hexadezimalen Wert umgerechnet.

63	254	4	0	2	128	0	0	0	0	0	0	0	0	0	1
3FFE	400	250	0	0	0	0	1

Diese Schreibweise benutzt als Trennzeichen keine Punkte mehr, sondern Doppelpunkte.

3FFE:400:250:0:0:0:0:1

Als Besonderheit können wiederholte Nullen durch zwei Doppelpunkte dargestellt werden.

3FFE:400:250::1

Durch die Umstellung der IP-Adressierung werden wir 340.282.366.920.938.463.463.374.607.431.768.211.456 mögliche Adressen zur Verfügung haben.

Dies ist eine unvorstellbar große Zahl, mit der theoretisch jeder Quadratkilometer der Erdoberfläche mit 665.570.793.348.866.943.898.599 Adressen abgedeckt werden könnte.

5.3.1 Die Adressbereiche von IPv6

Microsoft unterstützt IPv6 seit Windows XP SP2 nativ. Mit einem aktuellen Microsoft Betriebssystem sind Sie für die Herausforderung der Umstellung gut gerüstet.

Natürlich gibt es auch in IPv6 bestimmte Adressbereiche die für bestimmte Gegebenheiten benutzt werden. Alle IPv6-Adressen haben, wie die IPv4 Adresse einen Netzwerkanteil und einen Hostanteil. Der Netzwerkanteil wird „Prefix" genannt, der Hostanteil „Suffix". Allerdings gibt es hier keine Subnetzmaske, eine IPv6 Adresse wird immer in der CIDR-Schreibweise dargestellt.

Die Adressen haben normalerweise folgendes Format:

2001:DB8:3F:2AO::/64

Das bedeutet, diese IPv6-Adresse hat ein Prefix von 64 bit, was gleichbedeutend ist mit einem Netzwerkanteil von 64 bit.

> **ACHTUNG!**
> Alle IPv6 Adressen haben ein Prefix von 64 bit!

IPv6 kennt folgende Adressbereiche:

- Unicast
- Multicast
- Anycast

Sie sehen, der klassische Broadcast wird nicht mehr unterstützt.

Unicast

Betrachten wir die Unicast-Adressen genauer. Hier gibt es auch eine Unterteilung

- Global Unicast (entspricht etwa den öffentlichen IPv4 Adressen)
- Link Local Unicast (entspricht etwa der APIPA-Adresse)
- Site Local und Unique Local (entspricht etwa den privaten IP-Adressen)

Global Unicast

Eine „Global Unicast" Adresse setzt sich folgendermaßen zusammen:

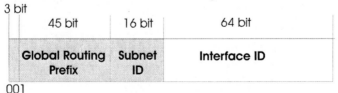

Abbildung 5.30: Global Unicast

Die ersten 3 bit

Der Wert der ersten drei bit ist 001.

Global Routing Prefix

Das ist ein Wert, der zusammen mit den ersten drei bit zusammen 48 bit darstellt. Er wird einem Teil einer Organisation zugewiesen.

Subnet ID

Diese 16 bit können verwendet werden, um individuelle Subnets zu bilden.

Interface ID

Die letzten 64 bit sind der Hostanteil der Adresse.

Diese Äquivalente der öffentlichen IP-Adressen werden auf absehbare Zeit genügen.

Link-Local Adresse

Eine Link-Local Adresse ist zwar ebenfalls eine Unicast-Adresse, hat aber eine völlig andere Zielausrichtung. Mit ihnen kann eine Kommunikation innerhalb eines Segments vorgenommen werden, sie sind nicht routingfähig.

Link-Local-Adressen werden automatisch zugewiesen. Damit entsprechen sie etwa der automatischen APIPA-Adresse. Link- Local Adressen haben folgenden Aufbau:

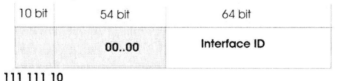

Abbildung 5.31: Link-Local Adresse

Diese Link-Local Adressen beginnen immer mit FE80::/64

Site-Local Adressen

Site-Local Adressen sind in etwa mit den früheren privaten IP-Adressen zu vergleichen. Sie haben folgenden Aufbau:

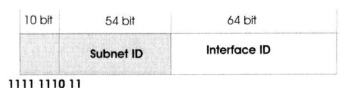

Abbildung 5.32: Site-Local Adresse

Site-Local Adressen beginnen immer mit
FECO::

Unique Local Adressen

Da die Site-Local Adressen leider in der Konfiguration relativ komplex sind, wurde eine zweite Definition der privaten Adressen eingeführt, die Unique Local Adressen.

Diese sind einfacher zu konfigurieren und sollten deswegen benutzt werden. Der Aufbau ist folgender:

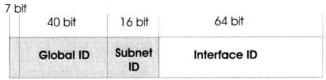

Abbildung 5.33: Unique-Local Adresse

Die Unique Local Adressen beginnen immer mit
FC00::

Multicast IPv6 Adressen

Die Multicast Adressen sind natürlich auch in IPv6 notwendig.
Der Aufbau ist folgender:

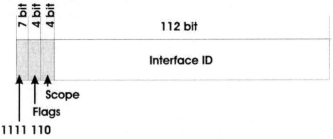

Abbildung 5.34: Multicast Adresse

Flags:

Hier werden diverse Flags angegeben, laut RFC.

Scope:

Hier wird der Multicast-Bereich festgelegt. Auch hierfür gibt es einen RFC (RFC 4291).

Anycast IPv6 Adresse

Die letzte relevante Adresse ist die Anycast Adresse. Sie wird mehreren Schnittstellen zugewiesen und spielt beim Routing eine Rolle.

Sie sehen, die IPv6 Adressen sind zwar unterschiedlich von den IPv4 Adressen, aber auch hier finden wir gewisse Regelmäßigkeiten und Vorschriften, wie sie einzusetzen sind.

5.3.2 Namensauflösung mit IPv6

LLMNR ist ein neues Protokoll für die Namensauflösung unter IPv6, das nur funktioniert, wenn das Betriebssystem mindestens Windows 7 oder Windows Server 2008 ist. Frühere Betriebssysteme unterstützen diese Art der Namensauflösung nicht!

LLMNR benutzt Multicast für die Namensauflösung und kann benutzt werden, wenn kein DNS-Server zur Verfügung steht. Es kann allerdings nur Namen im gleichen Netzwerk auflösen, da es nicht routingfähig ist.

Dass eine Namensauflösung über Broadcast stattfinden kann, wissen wir bereits. Diese Namensauflösung funktioniert allerdings nur mit IPv4 und auch nur, wenn NetBIOS aktiviert ist.

Sollten Sie NetBIOS deaktiviert haben, oder mit IPv6 arbeiten, bliebe Ihnen in diesem Fall nur die Namensauflösung mithilfe der Hosts-Datei.

LLMNR löst sozusagen das NetBIOS-Protokoll für die Namensauflösung ab. Der Host, der eine Namensauflösung vornehmen möchte, sendet eine Anfrage an die Multicastadresse (IPv4: 224.0.0.252, IPv6: FF02::1:3).

Alle Rechner, die das Protokoll LLMNR unterstützen, hören eben diese Multicastadressen nach entsprechenden Anfragen ab und können dann eine Antwort senden.

Die Vorgehensweise der Namensauflösung bei einem Windows 10-Client ist folgende:

- DNS-Namensauflösung

Wenn diese fehlschlägt:

- LLMNR-Namensauflösung (bis zu 2 Mal)

Wenn auch diese fehlschlägt und NetBIOS aktiviert ist:

- Broadcast-Namensauflösung mit NetBIOS

5.4 Netzwerkeinstellungen

Microsoft hat in Windows 10 eine sehr anschauliche grafische Darstellung für die Verwaltung des Netzwerks gewählt. Hier erkennen wir Elemente von Windows 8 wieder.

Öffnen Sie

- Einstellungen

- Ethernet

- Netzwerk und Freigabecenter

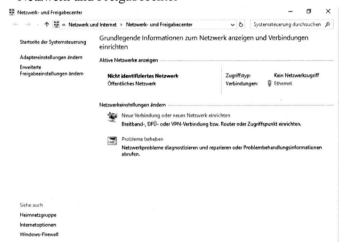

Abbildung 5.35: Netzwerk- und Freigabecenter

5.4.1 Netzwerkprofile

Netzwerkprofile ist ein Tool, mit dem Sie den Windows 10 Rechner den Sicherheitsanforderungen anpassen können.

Abbildung 5.36: Netzwerkstandort

Momentan befinden wir uns in einem „öffentlichen Netzwerk". Wenn Sie das ändern möchten, klicken Sie auf „Erweiterte Freigabeeinstellungen ändern".

Sie können auswählen zwischen

- Heimnetzwerk
- Arbeitsplatznetzwerk
- Öffentliches Netzwerk

Heimnetzwerk und Arbeitsplatznetzwerk bedeutet, dass der Computer sich nicht an einem öffentlich zugänglichen Platz befindet und Sie zulassen möchten, dass dieser Computer mit anderen Computern Daten austauschen kann.

Öffentlich bedeutet, dass der Computer an einem öffentlichen Platz betrieben werden kann, wie beispielsweise mit einem direkten Zugang zum Internet und trotzdem sicher ist.

Die Firewall ist automatisch so konfiguriert, dass keine Ausnahmen zugelassen sind, die Netzwerkerkennung ist ausgeschaltet.

Sie sehen, diese Einteilung in verschiedene Standorttypen ermöglicht Ihnen, einen Computer, der sich an einem öffentlich zugänglichen Ort befindet, schnell so zu konfigurieren, wie die Situation es erfordert.

Ein Beispiel:

Sie haben ein Notebook und arbeiten normalerweise in einem kleinen privaten Netzwerk, das über einen Router an das Internet angeschlossen ist.

In diesem Fall werden Sie den Computer wahrscheinlich in einem „privaten Netzwerk" betreiben und dies auch konfigurieren. Damit können Sie auf alle Ressourcen Ihres Rechners zugreifen lassen und die Firewall ist dementsprechend konfiguriert.

Nun müssen Sie verreisen und Sie möchten Ihr Notebook am Flughafen benutzen und dort über einen öffentlichen Access-Point ins Internet gehen.

In dieser Situation sollte Ihr Notebook so gut wie möglich geschützt sein, da es an einem öffentlichen Ort betrieben wird und niemand sollte auf Ihre Daten zugreifen können.

Sie stellen einfach den Standorttyp auf „Öffentliches Netzwerk" um und Windows 10 ist geschützt. Die entsprechenden Firewalleinstellungen werden automatisch gemacht.

Die verschiedenen Netzwerkstandorte bieten Ihnen große Konfigurationsmöglichkeiten.

So können Sie auch weiter Anpassungen in den jeweiligen Netzwerkstandorten vornehmen, beispielsweise die Firewall weiter an die Bedürfnisse anpassen, weitere Ports öffnen oder schließen.

5.4.2   Freigabe und Erkennung

Im linken Teil des Fensters befinden sich die Einstellungen für die Freigaben.

Abbildung 5.37: Freigabe und Erkennung

Hier können Sie sehr fein festlegen, ob Zugriff von außen auf bestimmte Daten erlaubt sein soll, oder nicht. Außerdem haben Sie die Möglichkeit die Art des Zugriffs zu bestimmen.

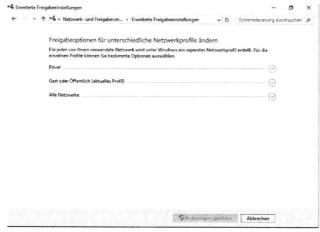

Abbildung 5.38: Freigabeoptionen für Netzwerkprofile

Sie sehen, Sie können für die eben erwähnten Netzwerkprofile hier die Freigabeeinstellungen festlegen und so den Computer abhängig von seinem Standort konfigurieren.

Netzwerkerkennung

Mit der Netzwerkerkennung legen Sie prinzipiell fest, ob der Rechner im Netzwerk überhaupt in Erscheinung treten soll, oder nicht.

Wenn Sie die Netzwerkerkennung einschalten, kann der Computer andere Rechner im Netzwerk sehen und nur dann kann er selber auch gesehen werden.

Datei- und Druckerfreigabe

Wenn Daten im Netzwerk verfügbar gemacht werden sollen, können Sie das an dieser Stelle einschalten.

Auch die gemeinsame Benutzung von lokal angeschlossenen Druckern können Sie hier konfigurieren.

Sie können die Freigabe von Daten natürlich auch ausschalten, in diesem Fall ist es nicht möglich, dass andere Rechner auf Ressourcen dieses Computers zugreifen können.

ACHTUNG!
Die Daten, die Sie freigeben möchten, sollten mit Freigaberechten und NTFS-Rechten geschützt werden!

5.4.3　Netzwerkverbindungen

Mit den Netzwerkeinstellungen im unteren Teil des Netzwerk- und Freigabecenter können Sie eine neue Verbindung konfigurieren.

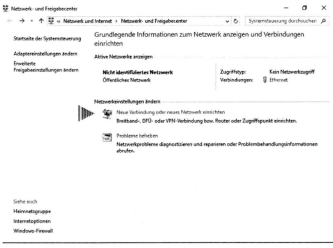

Abbildung 5.39: Neue Verbindung

Hier wählen Sie danach die Art der Verbindung aus und nehmen die weiteren Konfigurationsschritte vor.

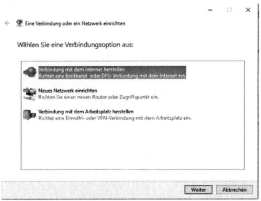

Abbildung 5.40: Art der Verbindung

5.5 Die Windows Firewall

Auch die Firewall ist ein zentraler Bestandteil von Windows 10.

Bisher war es ja bei den integrierten Firewallprodukten von Microsoft ein großer Kritikpunkt, dass es zwar möglich war, Regeln für den Zugriff von außen auf den Computer festzusetzen, aber leider gab es bisher keine Möglichkeit, Regeln für den Datenverkehr von innen nach außen zu definieren.

Dies ist mit der Firewall möglich!

Die Firewall-Grundkonfiguration nehmen Sie in der Systemsteuerung vor.

- Einstellungen
- Ethernet
- Windows Firewall

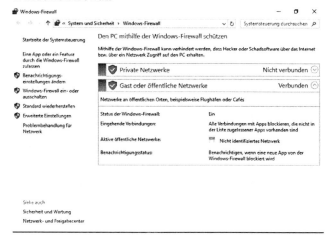

Abbildung 5.41: Windows Firewall

Zunächst sollten Sie wählen, ob Sie die Firewall ein- oder ausschalten möchten. Normalerweise sollte die Firewall immer eingeschaltet sein!

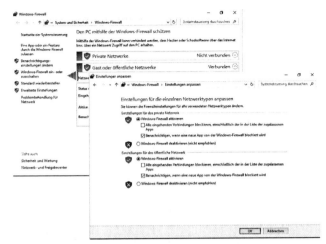

Abbildung 5.42: Konfiguration nach Netzwerktypen

Wenn Sie möchten, dass bestimmte Programme miteinander kommunizieren können, auch wenn die Firewall aktiviert ist, klicken Sie auf „Eine App oder Feature durch die Windows-Firewall zulassen".

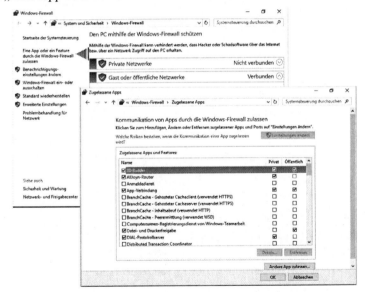

Abbildung 5.43: Programme konfigurieren

Aber hier ist doch immer noch nichts über Regeln für den ausgehenden Verkehr zu finden!

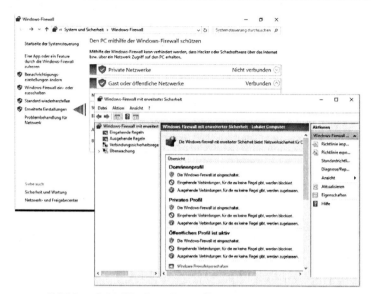

Abbildung 5.44: Windows-Firewall mit erweiterter Sicherheit

Um auch diese Einstellungen machen zu können, klicken Sie auf „Erweiterte Einstellungen".

Ah, hier finden wir endlich sowohl die eingehenden Regeln, als auch die ausgehenden Regeln.

Sie finden hier

- Eingehende Regeln (für den Datenverkehr von außen)
- Ausgehende Regeln (für den Datenverkehr von innen)
- Verbindungssicherheitsregeln (für den Datenverkehr über IPSec)
- Überwachung (Protokolle für die Überwachung)

Natürlich können Sie nun auch eigene Regeln erstellen. Dafür wählen Sie aus, ob Sie eine eingehende oder eine ausgehende Regel erstellen möchten und klicken dann auf „Neue Regel erstellen".

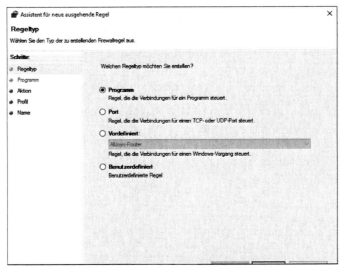

Abbildung 5.45: Neue Regel

Zunächst legen Sie fest, ob Sie eine Regel für ein Programm oder für einen Port erstellen wollen.

Natürlich können Sie auch eine vordefinierte Regel benutzen, oder benutzerdefiniert eine eigene Regel erstellen.

Sie können einfach dem Assistenten folgen, der Sie durch die Erstellung einer Regel leiten wird.

Alle Regeln werden auf die verschiedenen Netzwerktypen bezogen, so dass Sie hier sehr genaue Sicherheitseinstellungen machen können!

5.6   Mobileinstellungen

Mobile Computer müssen anders konfiguriert werden als stationäre Rechner. Sie haben andere Anforderungen, da sie nicht immer mit dem Firmennetzwerk verbunden sind (es sei denn, Sie benutzen DirectAccess).

5.6.1   Wireless Netzwerk

Gerade bei mobilen Computern ist ein Wireless Netzwerk von größter Bedeutung. Mittlerweile haben alle Notebooks, auch die der niedrigen Preiskategorie, eine Wirelesskarte eingebaut und der grenzenlosen Kommunikation steht eigentlich nichts mehr im Weg.

Wireless LAN kann auf zwei verschiedene Arten aufgebaut werden.

Peer-to-Peer WLAN

In einem Peer-to-Peer WLAN werden einige Rechner direkt über die Wireless Netzwerkkarte miteinander verbunden.

Dieses Netzwerk ist sehr schnell aufgebaut, hat aber keine Möglichkeit, auf Ressourcen zuzugreifen, die sich außerhalb dieses Netzes befinden.

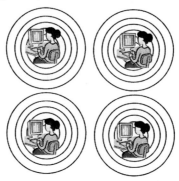

Abbildung 5.46: Peer-to-Peer WLAN

Jeder Rechner muss in der Funkreichweite jedes anderen Rechners liegen. Diese Konfiguration wird oftmals auch als „Ad Hoc" Modus bezeichnet.

Infrastruktur-WLAN

Hierbei wird der Kontakt über einen drahtlosen Zugriffspunkt (AccessPoint) hergestellt, der auch eine Anbindung an das restliche Netzwerk vornehmen kann.

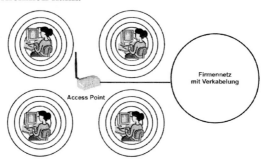

Abbildung 5.47: Infrastruktur-WLAN

Je nach Gebäudestruktur und Übertragungsrate können Funkzellen mit ca. 35-200 Metern innerhalb von Gebäuden gebildet werden.

WLANs sind einer ständigen Entwicklung unterworfen. Momentan gibt es folgende Standards, die sich in einigen Punkten unterscheiden:

Standard	Jahr	Frequenzen	Streams	Geschwindigkeit (maximal)
IEEE 802.11	1997	2,4 GHz	1	2 MBit/s
IEEE 802.11b	1999	2,4 GHz	1	11 MBit/s
IEEE 802.11a/h/j	1999	5 GHz	1	54 MBit/s
IEEE 802.11g	2002	2,4 GHz	1	54 MBit/s
IEEE 802.11n	2006	2,4	1 2 3 4	150 MBit/s 300 MBit/s 450 MBit/s 600 MBit/s
		5 GHz	1 2 3 4	150 MBit/s 300 MBit/s 450 MBit/s 600 MBit/s
IEEE 802.11ac	2012	5 GHz	1 2 3 4 5...8	433 MBit/s 867 MBit/s 1.300 MBit/s 1.733 MBit/s bis 6.936 MBit/s
IEEE 802.11ad	2012	60 GHz	1	4.620 MBit/s 6.757 MBit/s

Sicherheitsstandards für Wireless Netzwerke

Wireless Netzwerke haben ein großes Problem: Alle Daten werden über ein nicht geschütztes Medium übertragen, nämlich über die Luft.

Das erleichtert es natürlich nicht gerade, die Übertragungen sicher gegen Abhören zu machen.

Aus diesem Grund gibt es verschiedene Schutzmodelle für Wireless

Netzwerke, die mit Verschlüsselung in verschiedenen Stärken arbeiten.

WEP (Wired Equivalent Privacy)

WEP ist die einfachste, älteste und auch schlechteste Methode, ein Wireless Netzwerk zu schützen. Bei WEP werden die Daten mit einem 40, 128, 154 oder 256 Bit Schlüssel geschützt, der allen Seiten bei der Kommunikation bekannt sein muss.

Das Problem bei WEP ist, dass es möglich ist, den Schlüssel auf aufgezeichneten Datenpaketen zu errechnen. Es ist bereits mit unter 100.000 Datenpaketen möglich, den Schlüssel mit einer Wahrscheinlichkeit von etwa 95% zu errechnen. Dies kann in wenigen Minuten Datenverkehr geschehen.

Vermeiden Sie die Verschlüsselung mit WEP, wenn Sie die Möglichkeit haben, andere Sicherheitsmaßnahmen zu ergreifen, wie zum Beispiel

WPA (Wi-Fi Protected Access)

WPA ist eine Weiterentwicklung von WEP, bringt jedoch zusätzlichen Schutz durch dynamische Schlüssel, die auf dem Temporal Key Integrity Protocol (TKIP) basieren und bietet zur Authentifizierung von Nutzern Pre-Shared Keys (PSK) oder Extensible Authentication Protocol (EAP) über IEEE 802.1x an.

WPA2

WPA2 ist die logische Weiterentwicklung von WPA und existiert seit 2004. Hier wird der Verschlüsselungsalgorithmus AES benutzt.

WPA und WPA2 werden in der Konstellation eines einfachen Wireless Netzwerks im so genannten „Personal" Mode benutzt, in dem jeder Benutzer einen Schlüssel erhält, über den die Verschlüsselung vorgenommen wird.

Hierbei hängt die Sicherheit des Netzwerks natürlich von der Güte des Pre-Shared Keys ab.

ACHTUNG!

Nutzen Sie, wenn möglich, die maximale Schlüssellänge von 63 Zeichen, kombinieren Sie Buchstaben, Ziffern und Sonderzeichen und verwenden Sie Groß- und Kleinschreibung!

802.1x-Authentifizierung

Die momentan sicherste Möglichkeit, ein Wireless Netzwerk zu schützen, ist die Methode 802.1x.

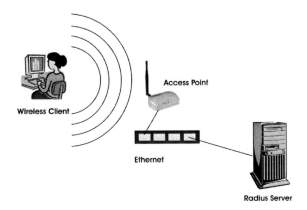

Abbildung 5.48: 802.1x

Der Wireless Client möchte über den AccessPoint Zugriff auf das Netzwerk erhalten. Damit der Zugriff stattfinden kann, muss zunächst eine Authentifizierung stattfinden, die von einem Authentifizierungsserver (RADIUS-Server) vorgenommen wird.

Somit muss sich der Client zunächst authentifizieren, bevor er Zugriff auf das Netzwerk erhalten kann.

In einem Netzwerk mit 802.1x Authentifizierung kann WPA und WPA2 im Enterprise Modus benutzt werden.

Verbindung mit einem Wireless Netzwerk herstellen

Das Herstellen einer Verbindung zu einem Wireless Netzwerk ist in der Regel recht einfach. Normalerweise erkennt die Netzwerkkarte automatisch ein Wireless Netzwerk in Reichweite und Sie werden gefragt, ob Sie sich mit diesem Netzwerk verbinden wollen.

Wenn das nicht automatisch passiert, gehen Sie folgendermaßen vor:

Klicken Sie im Infobereich auf das Symbol des Netzwerks.

Abbildung 5.49: Netzwerkeinstellungen

Nun sucht Windows 10 nach verfügbaren Wireless Netzwerken in Reichweite.

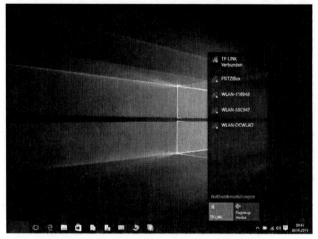

Abbildung 5.50: Wireless Netzwerk in Reichweite

Alle Netzwerke, die gefunden werden, finden Sie in einer Liste dargestellt. Suchen Sie sich das gewünschte Netzwerk aus und klicken Sie darauf.

Abbildung 5.51: Verfügbare Netzwerke

Sie können ein bevorzugtes Netzwerk festlegen, indem Sie „Automatisch verbinden" auswählen.

Normalerweise ist das Drahtlosnetzwerk gesichert. In diesem Fall erhalten Sie ein Fenster, in dem Sie den Sicherheitsschlüssel eingeben müssen.

Abbildung 5.52: Netzwerksicherheitsschlüssel

Unten haben Sie noch die Möglichkeit, in den Flugmodus zu schalten, und auch die erweiterten Einstellungen vorzunehmen.

Abbildung 5.53: Netzwerkeinstellungen

Hier sehen Sie noch einmal alle verfügbaren Wireless-Netzwerke und können die Eigenschaften betrachten.

Abbildung 5.54: Netzwerke

Außerdem haben Sie auch hier noch einmal die Möglichkeit, den Flugmodus zu konfigurieren.

5.6.2   Das Windows Mobilitätscenter

Ein Kernpunkt der Konfiguration der mobilen Geräte ist das Windows Mobilitätscenter.

Sie können es mit dem Befehl „mblctr" starten.

Abbildung 5.55: Mobilitätscenter

Wenn Sie dies auswählen, erhalten Sie eine Übersicht über die wichtigsten mobilen Konfigurationseinstellungen.

Leider gibt es kein einheitliches Aussehen für das Windows-Mobilitätscenter, da viele Einstellungen von der vorhandenen Hardware abhängen und deswegen von Gerät zu Gerät variieren. Beispielsweise gibt es ein Feld für die Lautstärke, das dann nicht vorhanden ist, wenn keine Soundkarte installiert ist oder wenn kein passender Treiber verfügbar ist.

Die wichtigsten Einstellungen sind in Folge dargestellt.

Helligkeit

Dies ist sehr einfach, hier können Sie den Helligkeitswert für das Display einstellen.

Lautstärke

Hier können Sie die Tonausgabe konfigurieren.

Akkustatus

Im nächsten Feld können Sie den Status des Akkus ablesen. In unserem Beispiel befinden wir uns im Netzbetrieb.

Darunter können Sie die Energieoptionen mit einem Klick konfigurieren. Über die exakte Konfiguration der Energieoptionen unterhalten wir uns im Verlauf dieses Kapitels noch genauer. An dieser Stelle können Sie nur aus bereits definierten Zuständen auswählen.

Externer Monitor

Oft wird an Notebooks ein externer Monitor angeschlossen. Dies kann dazu dienen, den Monitor zu spiegeln, um auf zwei Monitoren das gleiche Bild zu erhalten, oder um den Monitor zu erweitern, beispielsweise weil das Display zu klein ist.

Wenn Sie einen externen Monitor anschließen möchten, verbinden Sie diesen mit der Monitorschnittstelle und klicken Sie im Windows-Mobilitäts-Center auf „Monitor anschließen".

Sie erhalten die Anzeigeeinstellungen, um den zweiten Monitor zu konfigurieren.

Hier wählen Sie den Monitor mit der Nummer 2 aus und können sich dann entscheiden, ob Sie das Bild auf diesen Monitor

- erweitern oder
- spiegeln

möchten.

Natürlich können Sie diese Einstellung auch über die Befehlszeile vornehmen.

Der Befehl lautet

Display switch

und hat einige Parameter.

Parameter	Bedeutung
extend	Bildschirm erweitern
clone	Bildschirm spiegeln
internal	Nur interner Bildschirm
external	Nur externer Bildschirm

ACHTUNG!

Auch diese Einstellungen sind hardwareabhängig! Nicht bei allen Notebooks gibt es die Auswahl, ob das Bild gespiegelt oder erweitert werden soll!

Synchronisierungscenter

Das Synchronisierungscenter ist eine Plattform, in der Sie Daten zwischen zwei Computern synchron halten können.

5.6.3 Energieoptionen

Nun können wir uns den Detaileinstellungen widmen.

Da wären zunächst die Energieoptionen, die gerade für Notebooks von extremer Bedeutung sind.

Zwar haben die Akkus von mobilen Geräten mittlerweile eine ziemlich lange Laufzeit, wenn aber viele Geräte angeschlossen sind, ist auch der stärkste Akku irgendwann einmal leer.

Aus diesem Grund ist es von großer Wichtigkeit, die Geräte von Notebooks nur dann zu betreiben, also mit Strom zu versorgen, wenn es unbedingt nötig ist.

Betrachten wir die Einstellungen.

- Systemsteuerung
- System und Sicherheit
- Energieoptionen

Nachdem Sie in der Systemsteuerung das Menü „Energieoptionen" geöffnet haben, sehen Sie zunächst die vordefinierten Energiesparpläne.

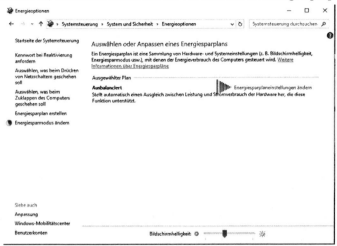

Abbildung 5.56: Energiesparpläne

Die Werte dieser Pläne können Sie betrachten, indem Sie jeweils auf „Energiesparplaneinstellungen ändern" klicken.

Abbildung 5.57: Einstellungen ändern

Sie sehen, auf den ersten Blick werden hier die Einstellungen verwaltet, wann der Bildschirm ausgeschaltet wird.

Das ist aber bei weitem nicht alles.

Wenn Sie auf „Erweiterte Energieeinstellungen ändern" klicken, gelangen Sie zu einem Menü, indem Sie das Verhalten beinahe aller Hardwarekomponenten konfigurieren können.

Abbildung 5.58: Erweiterte Optionen

Sollten Sie die vorhandenen Energiesparpläne ändern, können Sie die Standardeinstellungen jederzeit wiederherstellen, indem Sie auf „Standardeinstellungen für diesen Energieplan wiederherstellen" klicken.

Im weiteren Verlauf können Sie festlegen, was passieren soll, wenn Sie den Deckel schließen, oder den Netzschalter drücken.

Abbildung 5.59: Deckel schließen oder Netzschalter drücken

Diese Einstellungen haben wir bereits in der Liste der Standardeinstellungen gesehen und sie können sowohl dort als auch hier geändert werden.

Auf die gleiche Weise können Sie bequem im Menü das Ausschalten des Bildschirms festlegen und wann in den Energiesparmodus geschaltet wird.

Sie sehen, es gibt für die gebräuchlichsten Einstellungen mindestens zwei Stellen, an denen Sie diese konfigurieren können.

Wählen Sie diese Einstellungen sorgfältig aus, denn nur mit gut gewählten Einstellungen können Sie Ihr mobiles Gerät lange auch im Akkubetrieb nutzen.

Das Befehlszeilentool „Powercfg"

Alle Einstellungen, die Sie in der grafischen Oberfläche machen können, können Sie auch mit dem Befehlszeilentool „Powercfg" vornehmen.

Eine Besonderheit ist, dass Sie mit diesem Tool auch Konfigurationseinstellungen exportieren (-export) und auf einer anderen Maschine wieder importieren können (-import).

5.6.4   Drucken am Aufenthaltsort

Gerade, wenn Sie mit dem Laptop an mehreren Orten arbeiten, macht es Sinn, den jeweiligen Standarddrucker automatisch zugewiesen zu bekommen.

Dieses Feature heißt „Drucken am Aufenthaltsort".

ACHTUNG!

Die Voraussetzungen für „Drucken am Aufenthaltsort" ist Windows 10 in der Version Professional oder Enterprise.

Doch diese Funktion ist nur auf Hardware mit möglichem Akkubetrieb verfügbar, also niemals auf einem Desktop!

Die Einrichtung ist relativ einfach.

Sie öffnen die Systemsteuerung und wählen unter „Hardware und Sound" den Menüpunkt „Geräte und Drucker anzeigen".

Abbildung 5.60: Systemsteuerung

Klicken Sie nun auf einen Drucker.

Dann erscheint in der Kopfzeile der Menüpunkt „Standarddrucker verwalten".

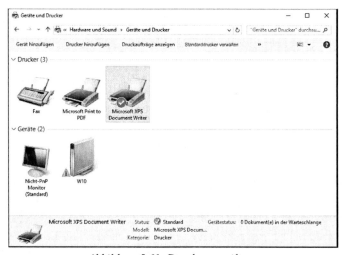

Abbildung 5.61: Druckerverwaltung

Klicken Sie auf diesen Menüpunkt.

Nun erscheint ein neues Fenster, in dem Sie die Standarddrucker den Netzwerken zuordnen können.

Abbildung 5.62: Welcher Drucker in welchem Netzwerk

5.7 Zusammenfassung, Übungen / Aufgaben

5.7.1 Zusammenfassung

Die Adressierung mit einer IPv4 Adresse ist momentan noch der Standard. Folgende Komponenten sind mindestens zu konfigurieren:

- IP-Adresse: in jedem Fall nötig
- Subnetzmaske: in jedem Fall nötig
- Standardgateway: nicht immer nötig
- DNS-Server: nicht immer nötig

Die Adressierung kann statisch oder dynamisch erfolgen, bei einer dynamischen Konfiguration kann eine alternative IP-Adresse definiert werden.

Die Namensauflösung ist in einem Netzwerk dafür da, die Namen der Rechner zu IP-Adressen aufzulösen. Es gibt verschiedene Namensauflösungen, je nachdem, welche Architektur der suchende Rechner hat.

Um die IP-Konfiguration zu überprüfen und zu konfigurieren, gibt es verschiedene Hilfsprogramme.

Die IP-Kommunikation erfolgt nach einem bestimmten Schema, in dem alle Protokolle, die zum IP-Stack gehören, Hand in Hand arbeiten.

Mit der nicht-klassenbasierten IP-Konfiguration können Sie die Verschwendung der IP-Adressen vermeiden.

IPv6 hat einen größeren Adressbereich. In Zukunft wird wohl die IPv6 Konfiguration zunehmend wichtiger werden.

Alle wichtigen Konfigurationseinstellungen werden im Netzwerk- und Freigabecenter vorgenommen.

Mit verschiedenen Netzwerkprofilen können Sie verschiedene Einstellungen eines Computers bewerkstelligen, je nachdem, ob er sich in einem sicheren Netzwerk oder in einem ungesicherten Netzwerk aufhält.

Die Windows-Firewall kann sowohl ausgehende Regeln als auch eingehende Regeln definieren, auch hier für die Netzwerkprofile getrennt.

Mobile Computer müssen anders konfiguriert werden als stationäre Rechner. Sie haben andere Anforderungen, da sie nicht immer mit dem Firmennetzwerk verbunden sind (es sei denn, Sie benutzen DirectAccess).

Gerade bei mobilen Computern ist ein Wireless Netzwerk von größter Bedeutung. Mittlerweile haben alle Notebooks, auch die der niedrigen Preiskategorie, eine Wirelesskarte eingebaut und der grenzenlosen Kommunikation steht eigentlich nichts mehr im Weg.

Wireless LAN kann auf zwei verschiedene Arten aufgebaut werden.

Peer-to-Peer WLAN

Infrastruktur-WLAN

Das Herstellen einer Verbindung zu einem Wireless Netzwerk ist in der Regel recht einfach. Normalerweise erkennt die Netzwerkkarte automatisch ein Wireless Netzwerk in Reichweite und Sie werden gefragt, ob Sie sich mit diesem Netzwerk verbinden wollen.

Ein Kernpunkt der Konfiguration der mobilen Geräte ist das Windows Mobilitätscenter.

Sie können es mit dem Befehl „mblctr" starten.

Das Synchronisierungscenter ist eine Plattform, in der Sie Daten zwischen zwei Computern synchron halten können.

Mit den Energieoptionen verwalten Sie den Stromverbrauch der mobilen Geräte.

Gerade, wenn Sie mit dem Laptop an mehreren Orten arbeiten, macht es Sinn, den jeweiligen Standarddrucker automatisch zugewiesen zu bekommen.

Dieses Feature heißt „Drucken am Aufenthaltsort".

5.7.2 Übungen

1. Starten Sie die virtuelle Maschine „DC" und melden Sie sich als Administrator der Domäne mit dem Kennwort „Kennw0rt!" an.

2. Starten Sie die virtuelle Maschine „W10" und melden Sie sich als Administrator der Domäne mit dem Kennwort „Kennw0rt!" an.

3. Öffnen Sie das „Netzwerk- und Freigabecenter" auf „W10".

4. Überprüfen Sie die IP-Konfiguration. Ist sie statisch oder dynamisch?

5. Erstellen Sie, wenn möglich, eine alternative IP-Konfiguration.

6. Benutzen Sie die erlernten Tools. Achten Sie darauf, welche Befehle mit erhöhten Rechten ausgeführt werden müssen.

7. Überlegen Sie den Kommunikationsweg eines Datenpaketes.

8. Betrachten Sie den ARP-Cache.

9. Überprüfen Sie, ob Ihr Rechner auch eine IPv6 Adresse hat.

10. Konfigurieren Sie die Windows Firewall.

11. Betrachten Sie das Mobiltätscenter, wenn Ihnen ein Notebook zur Verfügung steht.

12. Betrachten Sie die Energieoptionen. Sind sie sinnvoll? Was würden Sie ändern?

5.7.3 Aufgaben

1. Sie müssen ein Kommunikationsproblem zwischen zwei Rechnern lösen. Sie versuchen, einen Host im gleichen Netzwerk zu erreichen, aber es gelingt Ihnen nicht. Andere Rechner im gleichen Netzwerk können Sie erreichen.

   Ihr Rechner hat folgende Adressierung:

   IP-Adresse: 192.168.1.1
   Subnetzmaske: 255.255.255.0

   Der Zielrechner hat folgende Adressierung:

   IP-Adresse: 192.168.1.45
   Subnetzmaske: 255.255.0.0

   Warum können Sie den Zielrechner nicht erreichen?

2. Wie können Sie die komplette IP-Konfiguration auf einem Windows 10 Rechner betrachten?

3. Wie beginnt die IPv6-Adresse für Link-Local?

4. Welche Möglichkeit haben Sie, den Windows 10 Rechner zu zwingen, eine neue IP-Adresse vom DHCP-Server anzufordern?

5. Wie können Sie überprüfen, ob ein Windows 10 Rechner Anfragen auf einem bestimmten Port empfängt?

6. Nachdem ein Fileserver in einen anderen Gebäudeteil verlegt worden ist, können die Clients ihn nicht mehr erreichen.

   Was sollten Sie tun?

7. Welchen Befehl sollten Sie immer auf Clients ausführen, wenn sich IP-Adressen von Servern geändert haben?

8. Welcher Eintrag in der IP-Konfiguration erlaubt prinzipiell den Zugriff aufs Internet?

9. Mit welchem netsh-Befehl können Sie IP-Adressen zuweisen?

10. Sie verwalten die Notebooks Ihrer Firma, auf denen Windows 10 installiert ist.

    Sie stellen fest, dass einer dieser Computer keine anderen Geräte findet.

    Was müssen Sie tun?

11. Sie möchten bei den Notebooks, die mit Windows 10 ausgestattet sind, dafür sorgen, dass so wenig Batterie wie möglich gebraucht wird, wenn die Benutzer den Netzschalter drücken.

    Was sollten Sie tun?

12. Sie möchten eine Standardkonfiguration für die Energieoptionen mehrerer Windows 10 Clients.

    Dazu möchten Sie die Einstellungen einmal definieren und dann für alle Rechner anwenden.

    Wie machen Sie das?

6 Speicherkonfiguration

Prüfungsanforderungen von Microsoft:
- Support data storage
  - DFS client including caching settings
  - storage spaces including capacity and fault tolerance
- Support data security
  - Permissions including
    - Share
    - NTFS
    - Dynamic Access Control (DAC)
  - access to removable media
  - BitLocker and BitLocker To Go including Data Recovery Agent and Microsoft BitLocker
  - Administration and Monitoring (MBAM)

Quelle: Microsoft

Lernziele:
- DFS
- Die Festplattenverwaltung
- Speicherplatz und Speicherpools
- Zugriff auf Freigaben
  - Die Heimnetzgruppe
  - Datei- und Ordnerberechtigungen
  - Der Besitz
  - Das Bestimmen der effektiven Berechtigungen
  - Die Vererbung
- BitLocker und BitLocker To Go
- BitLocker Administration and Monitoring (MBAM)

6.1 Einführung

Clients greifen zum Arbeiten in den meisten Fällen auf im Netzwerk gespeicherte Daten zu.

Diese Speicherorte müssen angelegt und verwaltet werden.

6.2 DFS

DFS, „Distributed File System" ist eine Möglichkeit, den Clients mehrere Freigaben, die sich auf verschiedenen Servern befinden, unter einem gemeinsamen Namensraum zur Verfügung zu stellen.

6.2.1 Das Prinzip von DFS

Oft ist es in größeren Firmen ein komplexes Szenario, viele Freigaben auf vielen Servern müssen auf den Clients zur Verfügung gestellt werden.

Das kann sehr unübersichtlich werden, denn jede Freigabe erhält einen eigenen Laufwerksbuchstaben.

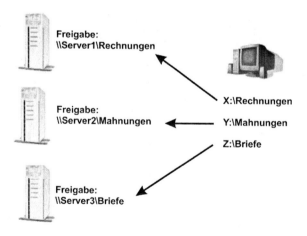

Abbildung 6.1: Freigaben sind gemappt

Hier kommt DFS ins Spiel.

Um die verschiedenen Freigaben kompakter zur Verfügung stellen zu können, wird ein Server zum „DFS-Server" gemacht.

Auf diesem wird ein DFS-Stamm erstellt, beispielsweise mit dem Namen „Firmendaten".

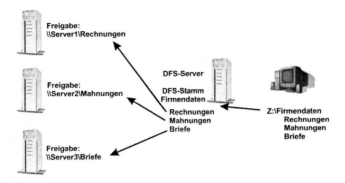

Abbildung 6.2: DFS-Server

An dieser Stelle, nämlich unterhalb des DFS-Stamms, werden nun die verschiedenen Laufwerke gemappt.

Das ergibt aus der Sicht des Clients eine einzige Freigabe mit diversen Unterordnern.

Damit haben Sie mehrere Fliegen mit einer Klappe erschlagen.

- Transparenz. Der Clientbenutzer hat nur noch eine Freigabe, es ist für ihn einfacher

- Zentralisierung. Sie müssen die verschiedenen Freigaben nur noch an einer einzigen Stelle verwalten, nämlich auf dem DFS-Server

- Vereinfachung. Sie müssen nicht mehr viele Freigaben auf allen Clients pflegen, sondern nur noch an einer Stelle

Alle Windows Clients seit Windows 2000 unterstützen DFS, das sollte also kein Problem sein.

DFS gibt es sowohl auf alleinstehenden Servern als auch in der Domäne.

Auf einem alleinstehenden Server hat DFS die oben genannte Funktionalität, und ist bereits eine große Vereinfachung.

6.2.2   DFS in einer Domäne

In der Domäne hat DFS allerdings noch weitere Vorteile, die es in Zusammenarbeit mit dem Active Directory ausspielen kann.

Redundante Speicherorte

Obwohl das Grundprinzip von DFS bereits sehr innovativ ist, besteht immer noch die Gefahr, dass einzelne Server ausfallen könnten, und damit die dort gespeicherten Daten nicht verfügbar sind.

Wenn Sie DFS in einer Domäne verwenden, ist das kein Problem, denn Sie können „replizierende Server" definieren.

Betrachten wir wieder unser Beispiel.

Die Freigabe \\Briefe ist nun doppelt vorhanden, das bedeutet, sie ist sowohl auf Server 3 als auch auf Server 4 verfügbar.

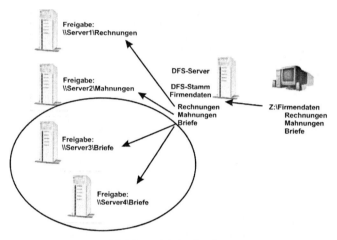

Abbildung 6.3: Redundanz

Sollte nun einer der beiden Server ausfallen, ist das kein Problem, denn die Daten sind ja noch auf dem anderen Server vorhanden.

Wie das funktionieren kann?

Nun, DFS benutzt den „File Replication Service", der in jeder Domäne vorhanden ist, um die Daten zu synchronisieren. Das erklärt auch, warum diese Funktion nur in einer Domäne vorhanden ist.

Übrigens:

Auch die DFS-Roots lassen sich über FRS duplizieren!

Standortübergreifendes DFS

Die Königsdisziplin in DFS ist es, die Clients in einer Active Directory Domäne bei aktivierter Redundanz der Daten an den „richtigen" Fileserver zu verweisen. Der richtige Fileserver ist natürlich der nächstliegende.

Nehmen wir einmal an, wir haben eine Active Directory Domäne mit zwei Standorten, München und Wien. Wir haben in der Domäne DFS aktiviert, und auch mehrere Speicherorte für Daten und DFS-Stämme festgelegt, um Redundanz zu haben.

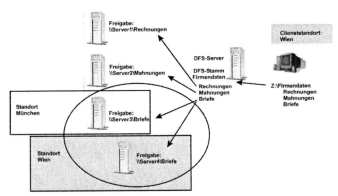

Abbildung 6.4: DFS standortübergreifend

Der Client am Standort Wien nimmt Kontakt mit seinem Domänencontroller auf, der ihn an den nächstliegenden DFS-Stamm verweist.

Dieser wiederum führt den Client dann an die Freigabe, die sich an seinem Standort befindet.

Das klingt sehr kompliziert, ist es aber nicht.

Erinnern wir uns: Die Standortdefinition basiert auf IP-Ranges, die bestimmten Active Directory-Standorten zugewiesen sind.

Anhand der IP-Adresse des Clients ist es einfach, ihn an den richtigen DFS-Stamm und dann natürlich auch an den richtigen Ressourcenserver zu verweisen.

6.2.3 Installation von DFS

DFS ist Teil einer Serverkonfiguration. Dies ist nicht Bestandteil dieses Kurses.

6.2.4 DFS aus der Sicht des Clients

Für den Client ist DFS transparent.

Sie müssen nur einmal ein Laufwerk verbinden, und zwar den Namespace (den Stamm) selber.

Abbildung 6.5: Verbinden mit dem Namespace

Nun erscheint dieses Laufwerk mit den Unterordnern.

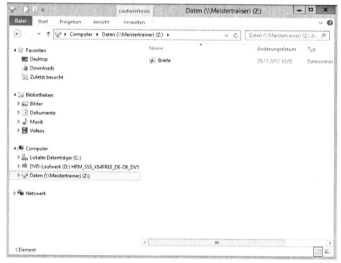

Abbildung 6.6: Laufwerk mit Unterordnern

6.3 Die Festplattenverwaltung

Ein Bestandteil des Betreibens eines Windows 10 Clients ist die Festplattenverwaltung. Dies ist zwar keine Aufgabe, die täglich durchgeführt werden muss, aber dennoch eine wichtige Arbeit, um Daten zu organisieren.

Windows 10 kann zwei Arten von Festplatten verwalten: Basisfestplatten und dynamische Festplatten.

Nach der Installation sind alle Festplatten Basisfestplatten, das Konvertieren zu einer dynamischen Festplatte muss von Hand gemacht werden, wenn gewünscht.

6.3.1 Verwaltung mithilfe der grafischen Oberfläche

Die grafische Festplattenverwaltung ist in der Konsole „Datenträgerverwaltung".

Diese finden Sie, indem Sie mit der rechten Maustaste auf das Windows-Symbol klicken, dann können Sie die „Datenträgerverwaltung" auswählen.

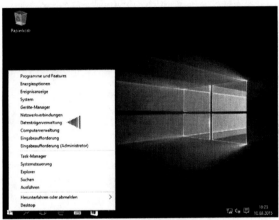

Abbildung 6.7: Datenträgerverwaltung

Es öffnet sich eine Konsole.

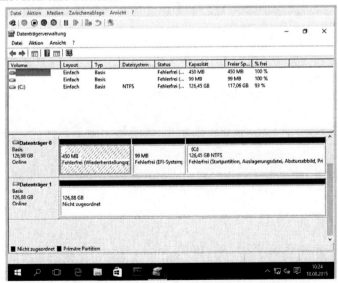

Abbildung 6.8: Festplattenverwaltungskonsole

Hier sehen Sie alle bestehenden Partitionen abgebildet und auch der freie, nicht zugeordnete Bereich der Festplatten kann hier verwaltet werden.

Was Sie deutlich erkennen können, ist die Tatsache, dass die Festplatte „C:" nicht die erste Partition im System ist, sondern dass sich davor noch zwei kleine Partitionen befinden.

Die erste Partition ist die Wiederherstellungspartition, auf die im Falle einer benötigten Wiederherstellung zugegriffen werden muss.

Die zweite Partition ist die UEFI-Bootpartition.

Erst die dritte Partition ist die Systempartition.

6.3.2 Festplattenverwaltung mithilfe der Befehlszeile

Windows 10 bietet hier die Möglichkeit der Verwaltung über die Befehlszeile. Dadurch können Sie die Festplattenverwaltung als Batchjob oder über ein Skript automatisieren.

Der Befehl lautet: „DISKPART".

Abbildung 6.9: Diskpart

Nach der Eingabe wird das Programm DISKPART gestartet. Sie können nun die Verwaltung vornehmen. DISKPART bietet eine sehr gute Hilfefunktion. Wenn Sie den genauen Befehl nicht wissen, geben Sie einfach ein „?" ein und Sie bekommen alle möglichen Befehle angezeigt.

6.3.3   Basisfestplatten

Wie bereits erwähnt, sind alle Festplatten direkt nach der Installation Basisfestplatten.

Der Begriff „Basisfestplatte" sollte zunächst einmal definiert werden.

Eine Basisfestplatte wird in Partitionen eingeteilt. Es können maximal vier primäre Partitionen erstellt werden, oder bis zu drei primäre Partitionen und eine erweiterte Partition. Die erweiterte Partition wiederum kann in logische Laufwerke unterteilt werden.

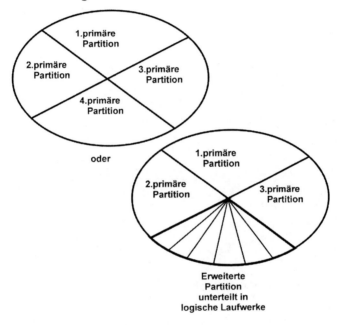

Abbildung 6.10: Die Basisfestplatte

Nur primäre Partitionen sind startfähig, das bedeutet, dass die Startdateien zwingend auf einer primären Partition liegen müssen.

Erstellen von neuen Partitionen

Auf Basisfestplatten können sehr einfach neue Partitionen erstellt werden.

*   Rechte Maustaste auf den nicht zugeordneten Bereich
*   Neues einfaches Volume

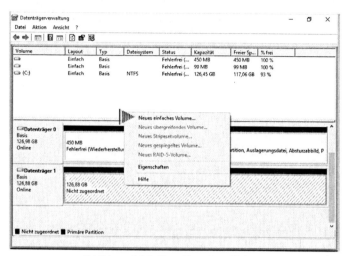

Abbildung 6.11: Erstellen eines Volumes

Ein Assistent startet.

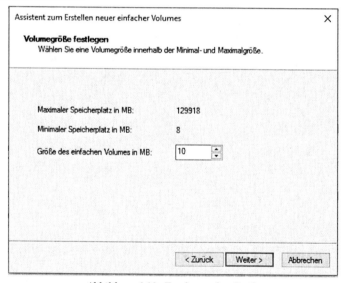

Abbildung 6.12: Festlegen der Größe

ACHTUNG!

In diesem Beispiel wird automatisch eine primäre Partition erstellt, da es die erste Partition auf einer leeren Festplatte ist!

Nun müssen Sie die Größe der Partition angeben.

Den Laufwerksbuchstaben für die neue Partition können Sie frei wählen und sind nicht an die Reihenfolge im Alphabet gebunden.

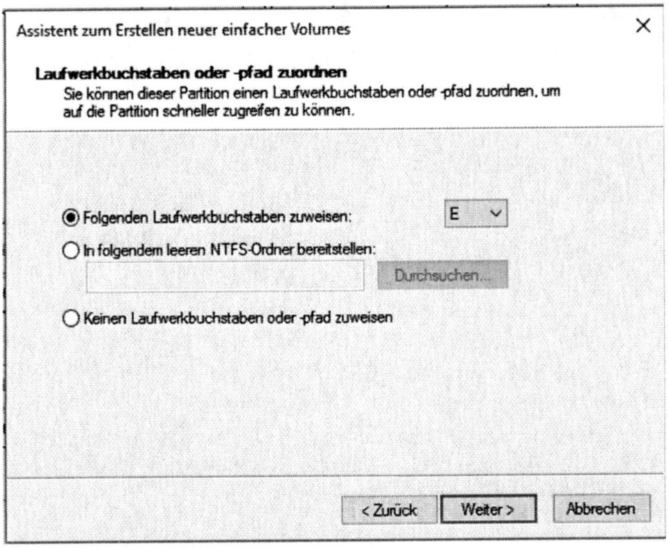

Abbildung 6.13: Auswahl des Laufwerksbuchstabens

Zuletzt wählen Sie noch die Formatierung.

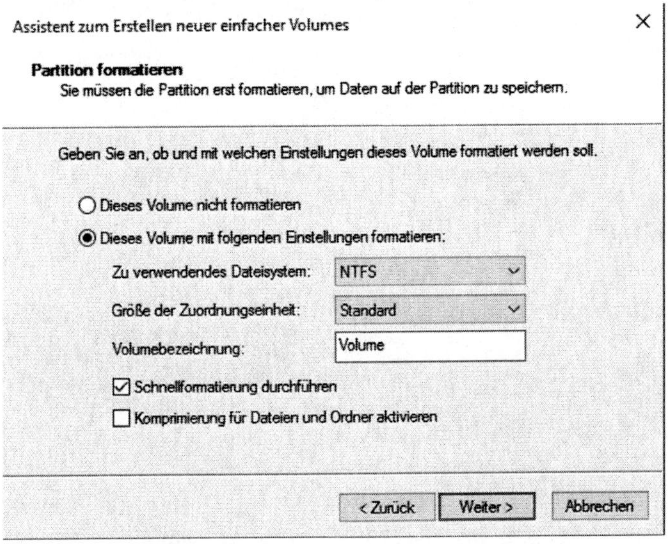

Abbildung 6.14: Auswahl der Formatierung

Sie können die Partition unformatiert lassen, oder sofort formatieren. Hier können Sie sich wiederum das Dateisystem, die Größe der

Zuordnungseinheit und die Laufwerksbezeichnung auswählen.

Danach ist der Assistent abgeschlossen und nach der Formatierung steht Ihnen die neue Partition zur Verfügung.

Mounten

Beim Erstellen einer neuen Partition wird normalerweise der neuen Partition ein Laufwerksbuchstabe zugewiesen. Irgendwann ist der Vorrat an Buchstaben erschöpft, dann könnten keine neuen Partitionen mehr erstellt werden. Bei der Größe der modernen Festplatten kann diese Grenze erreicht werden.

Vielleicht ist es aber auch nicht erwünscht, der neuen Partition einen eigenen Laufwerksbuchstaben zu geben, da die Partition nicht als solche in Erscheinung treten soll.

Für alle diese Anforderungen gibt es die Möglichkeit, die neue Partition in einen leeren Ordner auf einer bestehenden NTFS-Partition zu mounten.

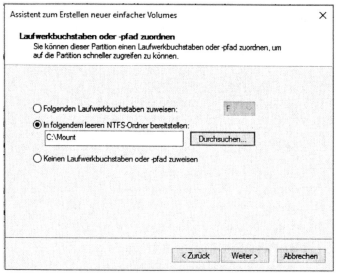

Abbildung 6.15: Mounten einer Partition

Wenn Sie beim Erstellen der Partition keinen Laufwerksbuchstaben zuweisen, sondern den Haken setzen bei: „In folgendem leeren NTFS-Ordner bereitstellen", wird das Laufwerk in diesem Ordner angelegt.

Im Explorer wird die neue Partition als Ordner dargestellt, jedoch mit einem anderen Symbol.

> **ACHTUNG!**
> Laufwerke mounten ist auch auf dynamischen Festplatten möglich. Die Voraussetzungen sind auf Basis- und auf dynamischen Festplatten die gleichen:
> 1. Der Ordner, in dem die Partition bereitgestellt wird, muss leer sein
> 2. Der Ordner muss sich auf einer NTFS-Partition befinden

Verkleinern und Vergrößern von Partitionen

In vorherigen Windows Versionen war ein Vergrößern einer Partition nur auf dynamischen Festplatten möglich und auch nur mit Einschränkungen. Eine Verkleinerung war gar nicht möglich.

Windows 10 bietet nun beide Funktionen auch auf einer Basisfestplatte an. Sie können jede Partition vergrößern (solange noch freier Speicherbereich vorhanden ist) oder verkleinern (solange die Partition dann nicht zu klein wird).

Verkleinern

Klicken Sie mit der rechten Maustaste auf die Partition, die Sie verkleinern möchten. In diesem Beispiel ist es die Systempartition.

Wählen Sie dann „Volume verkleinern".

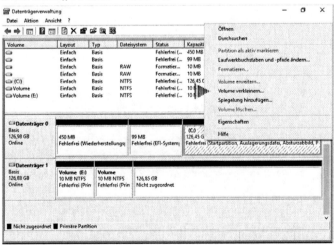

Abbildung 6.16: Verkleinern einer Partition

Die Partition wird untersucht, ob ein Verkleinern möglich ist.

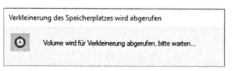

Abbildung 6.17: Analyse

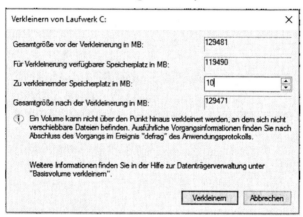

Abbildung 6.18: Verkleinern ist möglich

Nach der Eingabe des Werts, um die die Partition verkleinert werden soll, wird die Verkleinerung durchgeführt.

Vergrößern

Das Vergrößern oder Erweitern einer Partition funktioniert nach dem gleichen Prinzip.

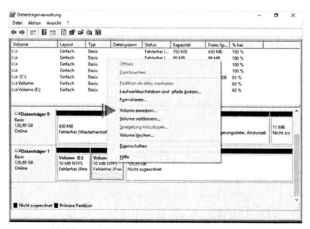

Abbildung 6.19: Erweiterung wird durchgeführt

Sie klicken mit der rechten Maustaste auf die Partition, die Sie erweitern möchten und geben den Wert an, um den Sie vergrößern möchten.

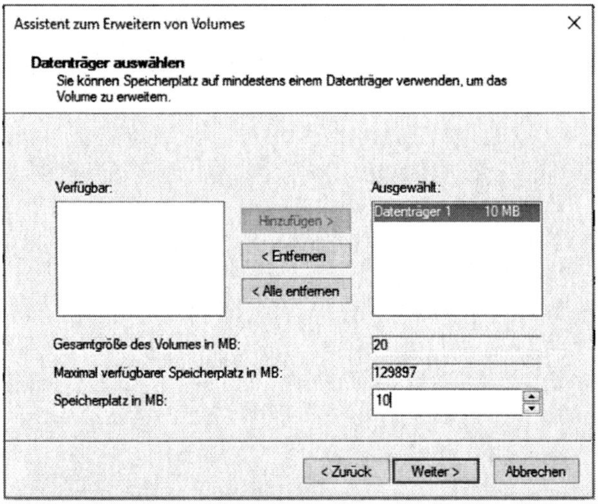

Abbildung 6.20: Angabe des Werts

6.3.4 Dynamische Festplatten

Ab Windows 2000 wird auch ein zweiter Festplattentyp unterstützt, die dynamische Festplatte.

Dynamische Festplatten sind die Antwort auf einige Probleme, die es mit den Basisfestplatten immer wieder gegeben hat.

Probleme der Basisfestplatten:

1. Single Point of Failure: Wenn der MBR (Master Boot Record), auf dem alle Partitionseinträge der Festplatte stehen, beschädigt wird, gibt es mit bordeigenen Mitteln keine Möglichkeit, ihn wieder herzustellen.

2. Wenn an Basisfestplatten Änderungen durchgeführt werden, ist häufig ein Neustart erforderlich. Dies liegt daran, dass die Festplattendaten in der Registry eingetragen sind, die nur bei einem Neustart aktualisiert wird.

3. Keine Informationen über andere Festplatten im System. Basisfestplatten verwalten nur die eigenen Daten, Informationen anderer Festplatten im gleichen System sind ihnen unbekannt.

4. Einschränkung durch primäre und erweiterte Partition. Falls Sie den Fehler machen, vier primäre Partitionen angelegt zu haben,

können Sie keine weitere Partition mehr anlegen. Diese Einteilung ist zu starr.

5. Keine Fehlertoleranz, keine übergreifenden Laufwerke.

Alle diese Probleme werden beseitigt, wenn die Festplatte zu einer dynamischen Festplatte umgewandelt worden ist.

Um eine Basisfestplatte in eine dynamische Festplatte umwandeln zu können, wird ein freier, unpartitionierter Speicherbereich von 1 MB benötigt.

Dies liegt daran, dass bei dynamischen Festplatten eine Datenbank angelegt wird, die maximal 1 MB Platz benötigt. In dieser Datenbank werden die Informationen der Festplatte gespeichert, also unter anderem auch die Partitionstabelle.

Zusätzlich werden hier auch noch die Informationen aller anderen, im System vorhandenen dynamischen Festplatten gespeichert. Dies sorgt für eine hohe Fehlertoleranz bei den Festplattendaten.

Außerdem sorgt die Speicherung der Daten auf der Festplatte dafür, dass das System bei Änderungen an der Festplatte nicht mehr neu gestartet werden muss. Dadurch wird „Hot Plugging" unterstützt, allerdings natürlich nur, wenn der Festplattencontroller dafür geeignet ist.

Nach der Konvertierung existieren außerdem keine „Partitionen" mehr, es gibt nur noch völlig gleichberechtigte „Datenträger". Oftmals werden sie auch „Volumes" genannt, wie wir bereits bei den Basisfestplatten gesehen haben.

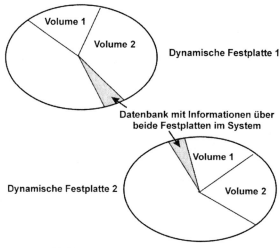

Abbildung 6.21: Die dynamische Festplatte

Auch die anderen Probleme der Basisfestplatten beseitigt die dynamische Festplatte:

- Übergreifende Laufwerke können eingerichtet werden
- Fehlertolerante Laufwerke können eingerichtet werden

Festplatten umwandeln

Zunächst einmal muss die Basisfestplatte zu einer dynamischen Festplatte konvertiert werden.

Diese Aufgabe wird in der Konsole Datenträgerverwaltung gemacht.

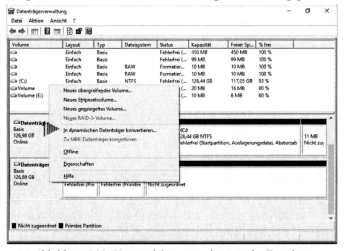

Abbildung 6.22: Umwandeln in eine dynamische Festplatte

Sie klicken mit der rechten Maustaste auf die Festplatte, die Sie umwandeln möchten und wählen „In dynamischen Datenträger konvertieren…".

ACHTUNG!

Es können nur ganze Festplatten, nicht aber einzelne Partitionen konvertiert werden!

Ihre Auswahl müssen Sie noch einmal bestätigen.

Abbildung 6.23: Bestätigung

Danach erhalten Sie noch einmal eine Zusammenfassung.

Abbildung 6.24: Zusammenfassung

Die nächste Meldung ist eine sehr wichtige Warnmeldung:

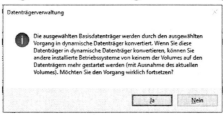

Abbildung 6.25: Konvertierung

Nach einer Aktualisierung der Ansicht im Festplattenmanager ist die Konvertierung durchgeführt.

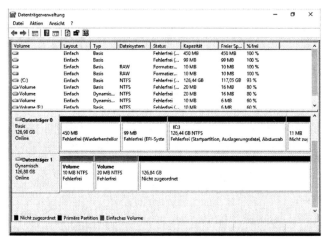

Abbildung 6.26: Konvertierung ist erfolgt

Sie benötigen keinen Neustart!

Arbeiten mit Volumes

Wenn Sie nach der Konvertierung die Datenträgerverwaltung öffnen, sehen Sie, dass nur noch gleichberechtigte Volumes existieren.

Volumes auf dynamischen Festplatten

Wenn wir ein neues Volume auf einer dynamischen Festplatte erstellen möchten, funktioniert dies prinzipiell genauso, als ob wir eine neue Partition auf einer Basisfestplatte anlegen möchten.

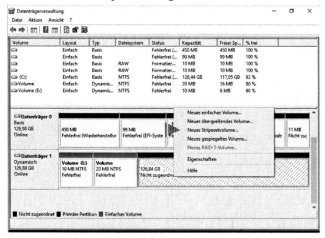

Abbildung 6.27: Erstellen eines Volumes

Auch hier leitet ein Assistent durch den Vorgang.

Wir erhalten die gleiche Maske, die wir bereits bei den Basisfestplatten erhalten haben.

Wo ist nun der praktische Unterschied?

Wenn Sie zwei oder mehrere dynamische Festplatten im System haben, werden Ihnen sowohl „Neues übergreifendes Volume" als auch „Neues Stripesetvolume" nicht mehr grau, sondern auswählbar angezeigt.

Alle diese Arten von Volumes stehen uns nur auf dynamischen Festplatten zur Verfügung.

Übergreifendes Volume

Ein übergreifendes Volume ist ein Volume, das Teile mehrerer Festplatten beinhalten kann.

Mit einem übergreifenden Volume können Sie sozusagen Festplattenreste „recyceln" die zu klein sind, um mit ihnen noch etwas anzufangen.

Für ein übergreifendes Volume benötigen Sie 2 bis 32 Festplatten. Wenn Sie nur eine Festplatte im System haben, wird Ihnen diese Option ausgegraut dargestellt.

Ein übergreifendes Volume wird der Reihe nach beschrieben, das heißt, zuerst wird der Teil der einen Festplatte benutzt, dann ein Teil einer anderen Festplatte und so weiter.

Dies bedeutet natürlich auch ein hohes Risiko, denn wenn auch nur eine Festplatte ausfällt, können unter Umständen alle Daten im übergreifenden Volume zerstört sein.

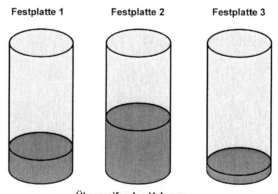

Übergreifendes Volume:
1. Festplatte 1 wird beschrieben
2. Festplatte 2 wird beschrieben
3. Festplatte 3 wird beschrieben

Abbildung 6.28: Übergreifendes Volume

Die Reste der Festplatten müssen nicht gleich groß sein.

Stripeset

Stripesets sind ähnlich aufgebaut, wie übergreifende Datenträger. Auch sie verwenden Reste von freiem Speicherplatz mehrerer Festplatten.

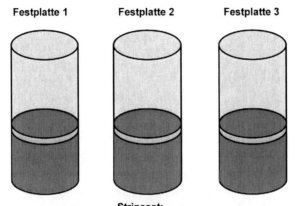

Festplatte 1   **Festplatte 2**   **Festplatte 3**

Stripeset:
1. Ein Streifen von Festplatte 1 wird beschrieben
2. Ein Streifen von Festplatte 2 wird beschrieben
3. Ein Streifen von Festplatte 3 wird beschrieben

Abbildung 6.29: Stripeset

Jedoch gibt es einige Unterschiede:

- Stripesets setzen sich aus gleich großen Festplattenteilen zusammen
- Stripesets beschreiben die verschiedenen Festplatten gleichmäßig, also „streifenweise"

Auch Stripesets können aus 2 bis 32 Festplattenteilen bestehen.

Durch ein Stripeset kann die Leistung des Datenzugriffs gesteigert werden. Da das Schreiben und natürlich auch das Lesen gleichzeitig von mehreren Controllern übernommen werden kann, ist der Zugriff sowohl beim Schreiben als auch beim Lesen erheblich beschleunigt.

Leider beinhaltet auch das Stripeset keine Fehlertoleranz. Bei Ausfall einer Festplatte können alle Daten des Stripesets zerstört werden.

Gespiegeltes Volume

Ein gespiegelter Datenträger ist ein fehlertoleranter Datenträger. Alle Daten, die auf ein Volume geschrieben werden, werden gleichzeitig auch auf ein anderes Volume geschrieben, diese beiden Volumes haben natürlich auch nur einen Laufwerksbuchstaben und sind nicht getrennt anzusprechen.

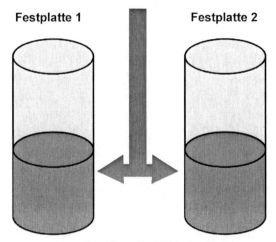

Festplatte 1   **Festplatte 2**

Gespiegeltes Volume:
Daten werden gleichzeitig auf beide
Volumes geschrieben

Abbildung 6.30: Gespiegeltes Volume

Gespiegelte Volumes werden hauptsächlich zum Schutz der Systempartition verwendet. Wenn eine der Festplatten ausfällt, ist ein Zugriff dennoch möglich, da die zweite Festplatte alle Daten komplett beinhaltet.

Für gespiegelte Volumes werden immer genau zwei Festplatten benötigt. Die Teile der Festplatten müssen natürlich gleich groß sein.

Eine Performancesteigerung beim Lesen der Daten ist zu erkennen, da im Idealfall zwei Controller zugreifen können. Allerdings ist das Schreiben nicht beschleunigt, da die doppelte Menge an Daten geschrieben werden muss. Auch die Kosten sind sehr hoch, da der doppelte Festplattenspeicher benötigt wird.

RAID-5

Als letzte Möglichkeit eines Volumes ist das RAID-5 Volume zu nennen, auch Stripeset mit Parität genannt.

Ein RAID-5 Volume funktioniert ähnlich, wie das bereits bekannte Stripeset. Auch hier werden die Daten streifenweise auf gleich große Festplattenteile geschrieben.

Allerdings bietet ein RAID-5 Volume Fehlertoleranz.

Festplatte 1   **Festplatte 2**   **Festplatte 3**

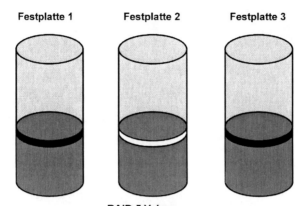

RAID-5 Volume:
Die Festplatten werden streifenweise beschrieben.
Auf einer der Festplatten werden keine Daten geschrieben,
sondern die Parität.

Abbildung 6.31: RAID-5

Bei einem RAID-5 Volume werden die Daten auf alle Festplatten streifenweise geschrieben. Allerdings wird ein Streifen von den Daten ausgespart, auf diesen Streifen wird die Parität geschrieben.

Die Parität ist ein mathematischer Algorithmus, mit dem es möglich ist, fehlende Informationen zu rekonstruieren, sollte eine Festplatte ausfallen.

Allerdings darf nur eine einzige Festplatte ausfallen, die Paritätsdaten können nur den Verlust einer Platte ersetzen, sollte eine zweite Platte ausfallen, sind die Daten verloren!

Aus diesem Grund ist die Mindestanzahl der Festplatten für ein RAID-5 drei Festplatten, bis zu 32 Platten können benutzt werden.

Fehlerbehebung

Leider treten auch bei Festplatten hin und wieder Fehler auf. In diesem Fall muss es schnell und einigermaßen problemlos möglich sein, den Rechnerbetrieb aufrecht zu erhalten.

Alle Fehler, die auftreten können, werden im Normalfall in der Datenträgerverwaltung bearbeitet.

Festplatten, die Fehler haben, sollten dies am Status anzeigen. Fehlerfreie Festplatten haben den Status „Online".

Wenn ein anderer Status angezeigt wird, kann in den meisten Fällen mit dem Objektmenü zumindest ein Lösungsversuch gestartet werden.

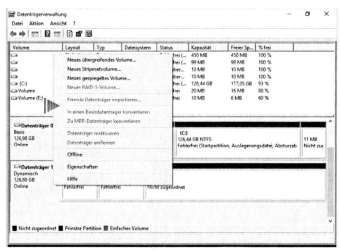

Abbildung 6.32: Reparaturmenü

Festplatte importieren

Mit dynamischen Festplatten haben Sie die interessante Möglichkeit, Festplatten aus anderen Systemen zu importieren.

So können Sie Festplatten, die auch übergreifend oder Stripesets sein können, kurzfristig bei einem Fehler aus einem anderen System holen und in ein funktionstüchtiges System einbauen.

Nach dem Einbau, der während des laufenden Betriebes vorgenommen werden kann, erscheint die neue Festplatte in der Konsole mit dem Status „Fremd". Das bedeutet, dass sie noch nicht in den Festplattenverbund aufgenommen wurde.

ACHTUNG!

Der Festplattenverbund bedeutet in diesem Fall, dass die Daten der Festplatte in die Datenbank der anderen Festplatten dieses Systems eingetragen werden müssen und dass die Datenbank der importierten Festplatte angepasst werden muss.

Um dies nachzuholen, klicken Sie mit der rechten Maustaste auf den Status der Festplatte und wählen „Fremde Datenträger importieren".

Wenn es sich um mehrere Festplatten handelt, die zusammengehören, wie bei einem Stripeset, müssen natürlich alle Festplatten einzeln importiert werden.

Festplatte entfernen

Falls Sie eine dynamische Festplatte aus einem Festplattenverbund entfernen möchten, muss sie natürlich auch aus den einzelnen Datenbanken entfernt werden, sonst kann es Ihnen passieren, dass die Festplatte in der Datenträgerverwaltung noch angezeigt wird, aber physisch nicht mehr vorhanden ist.

Klicken Sie mit der rechten Maustaste auf die zu entfernende Festplatte und wählen Sie „Datenträger entfernen". Damit werden alle Verweise auf diese Festplatte aus den Datenbanken der anderen Festplatten entfernt.

Festplatte ist Offline

Es gibt auch die Möglichkeit, dass der Status der Festplatte „Offline" anzeigt. Dies kann der Fall sein, wenn die Festplatte entfernt worden ist und die Prozedur „Datenträger entfernen" noch nicht abgeschlossen ist.

Es kann aber auch sein, dass ein interner Fehler aufgetreten ist, der die Festplatte offline gesetzt hat. Damit ist sie nicht mehr ansprechbar und auf die Daten kann nicht zugegriffen werden. Auch ist es möglich, dass eine Festplatte bereits importiert worden ist und damit die Datenbanken bereits angepasst worden sind, aber der Status ist noch immer „Offline".

In diesem Fall wählen Sie aus dem Objektmenü die Funktion „Datenträger reaktivieren". Dies erzwingt ein erneutes Einlesen der Daten der Festplatte. Danach sollte der Status auf „Online" springen.

6.3.5 Speicherplatz und Speicherpools

Es gibt noch eine zweite Art der Festplattenverwaltung direkt vom Client aus.

„Speicherplatz" ist eine fehlertolerante Speichervirtualisierung.

Alle nötigen Aktionen, um Daten wiederherzustellen, werden automatisch ausgeführt, wenn Festplatten ausgefallen sind.

Die Voraussetzungen für einen „Speicherplatz" sind mehrere unformatierte Festplatten, die zu einem Speicherpool zusammengefasst werden.

Erstellen eines Speicherplatzes

Zunächst müssen mehrere Festplatten zum System hinzugefügt werden, mindestens zwei. Diese dürfen nicht formatiert werden, sonst werden sie vom Assistenten nicht erkannt.

Danach wechseln Sie in die Systemsteuerung und wählen in „System und

Sicherheit" den Punkt „Speicherplätze" aus.

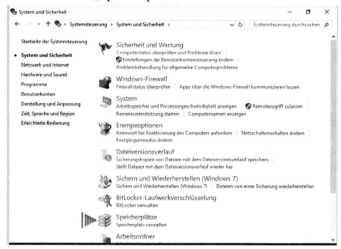

Abbildung 6.33: Speicherplätze

Nun haben Sie die Möglichkeit, gleichzeitig einen neuen Speicherpool zu definieren und daraus einen Speicherplatz zu generieren.

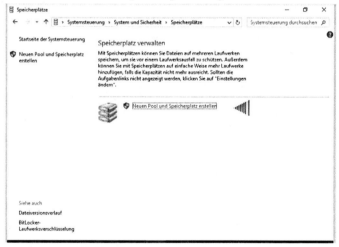

Abbildung 6.34: Neuen Pool und Speicher

Wählen Sie die einzige Möglichkeit aus.

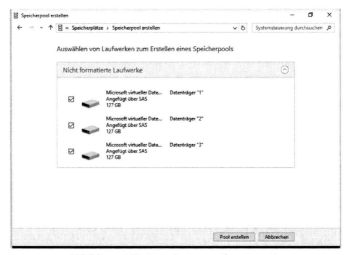

Abbildung 6.35: Festplatten werden angezeigt

Es werden alle Festplatten angezeigt, die für einen Speicherpool zur Verfügung stehen, also alle nicht formatierten Laufwerke.

Wählen Sie alle gewünschten Festplatten aus und klicken Sie auf „Pool erstellen".

Abbildung 6.36: Einstellungen

Nachdem der Pool erstellt ist, wird der Speicherplatz konfiguriert.

Zunächst können Sie einen Namen und einen Laufwerksbuchstaben vergeben.

Die wichtigste Einstellung hier ist der „Resilienztyp". Hier legen Sie fest, welche Fehlertoleranz Ihre Daten haben werden.

Sie haben folgende Auswahlmöglichkeiten:

Keine

Hier gibt es keine Fehlertoleranz. Der Vorteil ist, dass der maximale Speicherplatz zur Verfügung steht, da kein Platz für die Fehlertoleranz zur Verfügung gestellt werden muss.

Zwei-Wege-Spiegelung

Dies ist ein Spiegelsatz. Wenn Sie mindestens zwei Festplatten haben, kann diese Option gewählt werden.

Der Speicherplatz kann nur zur Hälfte ausgenutzt werden, da die Daten gespiegelt werden.

Drei-Wege-Spiegelung

In diesem Fall werden die Daten auf drei Festplatten geschrieben, also haben Sie auch Fehlertoleranz, wenn zwei Festplatten ausfallen.

Parität

Hier werden die Daten durch Paritätsinformationen geschützt, wie Sie es vom Stripeset mit Parität kennen.

Der Dateizugriff ist relativ langsam, diese Art der Fehlertoleranz ist ideal für große Dateien, die selten aktualisiert werden.

Abhängig von der Auswahl der Fehlertoleranz schlägt Windows die Größe des Speicherplatzes vor. Diese Auswahl können Sie aber ändern.

Sie können sogar eine fiktive Größe angeben, die Ihnen gar nicht zur Verfügung steht. Wenn die physikalisch zur Verfügung stehende Grenze erreicht ist, erhalten Sie eine Meldung, dass Sie zusätzlichen Speicherplatz hinzufügen müssen.

Wenn Sie alle Einstellungen gemacht haben, klicken Sie auf „Speicherplatz erstellen".

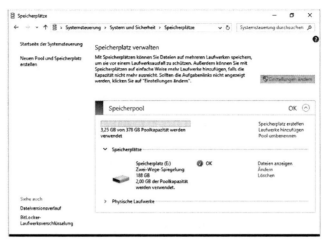

Abbildung 6.37: Speicherplatz ist erstellt

Diesen Speicherplatz können Sie nun völlig normal benutzen, denn er wird als Laufwerk angezeigt.

6.4 Zugriff auf Freigaben

Die Grundvoraussetzung, um auf Ressourcen auf einem anderen Computer zugreifen zu können, sind Freigaben.

Wenn Sie die Freigaben im Netzwerk- und Freigabecenter aktiviert haben, haben Sie damit schon den ersten Schritt getan.

Wenn Sie dann im Explorer die Netzwerkumgebung öffnen und betrachten, welche Ordner Sie auf einem anderen Computer sehen können, werden Sie feststellen, dass nur ein Bruchteil der vorhandenen Ordner angezeigt wird.

Nur die Ordner, die Sie hier sehen, sind auf einem anderen Rechner freigegeben worden.

Damit ergibt sich der Kernpunkt für Freigaben: Um auf einen Ordner, der sich auf einem anderen Rechner befindet, zugreifen zu können, muss dieser Ordner freigegeben worden sein. Ordner, die nicht freigegeben worden sind, sind (außer durch den Administrator, siehe weiter unten in diesem Kapitel) über das Netzwerk nicht zu erreichen.

Wenn ein Ordner freigegeben ist, haben Sie Zugriff auf alle Daten, die dieser Ordner beinhaltet, also auch auf Ordner, die unter dem freigegebenen Ordner angelegt worden sind.

Wenn Sie Freigaben erstellen möchten, müssen wir zwischen zwei Möglichkeiten unterscheiden:

- Mitglieder einer Heimnetzgruppe
- Kein Mitglied einer Heimnetzgruppe

6.4.1 Die Heimnetzgruppe

Die Heimnetzgruppe ist als Zusammenschluss mehrerer Computer im vorwiegend privaten Bereich gedacht.

Nun werden wir uns die genaueren Zusammenhänge ansehen.

Heimnetzgruppe einrichten (auf dem ersten PC)

Wenn Sie in einer Heimnetzgruppe arbeiten möchten, bedeutet dies den Zusammenschluss mehrerer Rechner.

Die Heimnetzgruppe muss nur einmal eingerichtet werden. Die anderen Windows 10 PCs treten der Gruppe einfach bei.

Unter

- Systemsteuerung
- Netzwerk und Internet
- Heimnetzgruppe

finden Sie dieses Fenster:

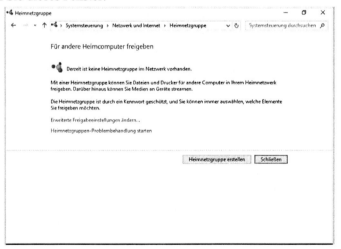

Abbildung 6.38: Heimnetzgruppe

ACHTUNG!

Wenn Sie einer Heimnetzgruppe beitreten oder eine erstellen wollen, muss das Netzwerkprofil auf „Privat" stehen!

Wählen Sie „Heimnetzgruppe erstellen". Danach wählen Sie aus, welche Objekte Sie freigeben möchten.

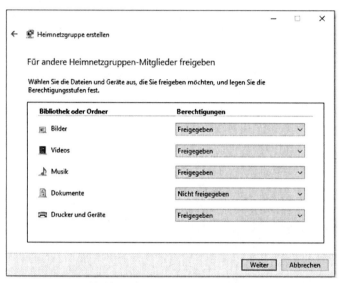

Abbildung 6.39: Freigegebene Objekte

Nun wird ein Kennwort generiert, das jeder Rechner, der der Gruppe beitreten will, eingeben muss.

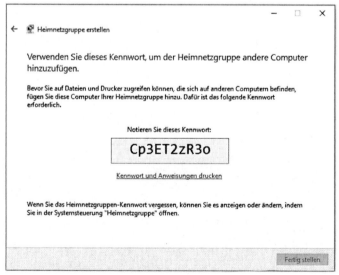

Abbildung 6.40: Kennwort

Der Heimnetzgruppe beitreten

Nun können Sie mit einem zweiten Windows 10 PC der Heimnetzgruppe beitreten. Dazu gehen Sie wieder zu Netzwerk und Internet – Heimnetzgruppe.

Nun können Sie der Heimnetzgruppe beitreten, indem Sie das Kennwort eingeben.

Nun ist die Heimnetzgruppe erstellt und Sie können innerhalb der freigegebenen Bibliotheken Freigaben machen.

Eine Freigabe zu erstellen ist sehr einfach.

- Explorer
- Rechte Maustaste auf den Ordner, den Sie freigeben möchten
- Freigeben für

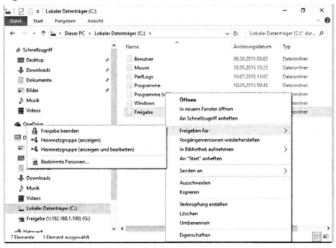

Abbildung 6.41: Freigeben

In diesem Fall sehen Sie, dass Sie beim Erstellen einer Freigabe folgende Auswahlmöglichkeiten haben:

- Freigabe beenden
- Heimnetzgruppe (anzeigen)
- Heimnetzgruppe (anzeigen und bearbeiten)
- Bestimmte Personen

Abbildung 6.42: Freigabe für bestimmte Personen

Wenn Sie sich für „Bestimmte Personen" entscheiden, können Sie die Personen aussuchen und festlegen, ob der Zugriff nur „Lesen" oder „Lesen / Schreiben" beinhalten soll.

Allerdings ist es möglich, dass diese einfache Dateifreigabe für Sie nicht genau genug ist, oder dass Sie sich nicht in einer Heimnetzgruppe befinden.

In diesem Fall ist diese einfache Freigabe entweder automatisch ausgeschaltet, oder Sie können sie sehr einfach selber ausschalten.

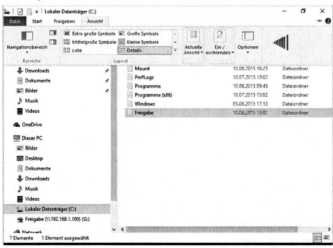

Abbildung 6.43: Ausschalten der vereinfachten Dateifreigabe

Sie klicken in diesem Fall im Explorer auf „Organisieren" und wählen „Ordner und Suchoptionen".

Abbildung 6.44: Freigabe-Assistent verwenden

Hier wechseln Sie auf die Karteikarte „Ansicht" und entfernen den Haken vor „Freigabe-Assistent verwenden".

Wenn Sie nun versuchen, eine Freigabe zu erstellen, sieht das Fenster etwas anders aus.

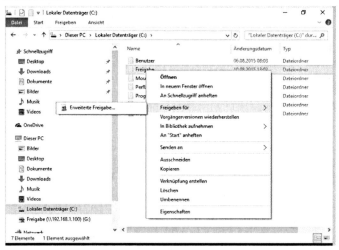

Abbildung 6.45: Freigabe erstellen

Sie haben nun die „Erweiterte Freigabe", in der Sie die Berechtigungen feiner setzen können.

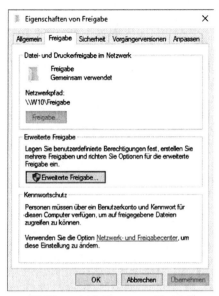

Abbildung 6.46: Erweiterte Freigabe

Wenn Sie auf die Schaltfläche „Erweiterte Freigabe" klicken, erhalten Sie ein Fenster, in dem Sie auf „Berechtigungen" klicken können, um genaue Berechtigungen an bestimmte Personen zu vergeben.

Abbildung 6.47: Berechtigungen

Sie können einzelne Personen, aber auch Gruppen hinzufügen und dann Berechtigungen zuweisen.

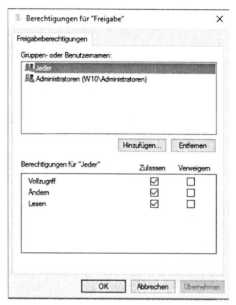

Abbildung 6.48: Berechtigungen

Es gibt drei verschiedene Arten der Berechtigungsstufen:

- Vollzugriff
- Ändern
- Lesen

Diese drei Stufen stellen die Berechtigungen dar, die ein Benutzer auf diesen Ordner hat, wenn er sich über das Netzwerk mit der Freigabe verbindet.

Lesen

„Lesen" bedeutet, dass er alle Daten betrachten kann, aber keine Änderungen vornehmen kann. Das bedeutet, dass er keine Daten in diesem Ordner erstellen kann und die vorhandenen Daten nicht verändern kann.

Mit dem Recht „Lesen" können auch Programme in dem freigegebenen Ordner ausgeführt werden.

Ändern

„Ändern" gibt das Recht, auch Änderungen an den Daten vorzunehmen, also neue Daten in diesem Ordner zu speichern und vorhandene Daten zu ändern. Das Löschrecht ist auch integriert.

Vollzugriff

„Vollzugriff" beinhaltet „Lesen" und „Ändern". Zusätzlich können mit der Berechtigung „Vollzugriff" auch die NTFS-Rechte verändert werden (siehe später in diesem Kapitel).

Nun klicken Sie auf „OK" und der Ordner ist freigegeben.

Standardmäßig wird Ihnen als Freigabename der Name des Ordners angezeigt. Diesen Namen können Sie aber ändern, Sie können den Namen der Freigabe frei wählen.

ACHTUNG!

Beachten Sie: Wenn Sie einen anderen Freigabenamen wählen, behält der freigegebene Ordner lokal auf dem Computer seinen alten Namen. Dadurch können Verwechslungen passieren.

Auch können Sie hier festlegen, wie viele gleichzeitige Verbindungen zu dieser Ressource erlaubt sein sollen.

Die Höchstanzahl von gleichzeitigen Zugriffen ist 20. Sie können diese Anzahl wählen, oder auch weniger gleichzeitige Zugriffe zulassen.

ACHTUNG!

Bei Windows 10 ist die Höchstanzahl von gleichzeitigen Zugriffen auf 20 begrenzt. Wenn Sie mehrere gleichzeitige Zugriffe auf eine Ressource erlauben wollen, benötigen Sie ein Serverprodukt.

Weitere Möglichkeiten, eine Freigabe zu erstellen

Auch wenn das Erstellen von Freigaben im Explorer die gebräuchlichste Art ist, gibt es doch noch andere Möglichkeiten, eine Freigabe zu erstellen.

In der Computerverwaltung

In der Computerverwaltungskonsole wird Ihnen eine sehr komfortable Möglichkeit geboten, eine Freigabe zu erstellen.

- Rechte Maustaste auf den Startknopf
- Computerverwaltung
- Rechte Maustaste auf „Freigaben"
- Neue Freigabe

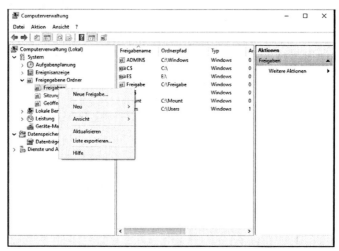

Abbildung 6.49: Erstellen einer Freigabe

Es startet ein Assistent, der Sie durch die Erstellung einer Freigabe führt.

Auf der ersten Seite geben Sie an, welcher Ordner freigegeben werden soll. Dies kann durch Angabe des Namens des Ordners geschehen. Diese Methode ist nicht zu empfehlen, da die Fehleranfälligkeit sehr hoch ist.

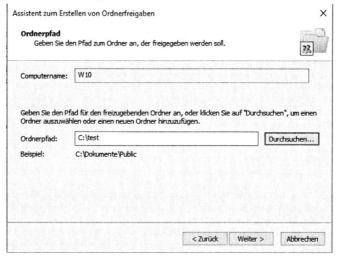

Abbildung 6.50: Angabe des Namens

Besser ist es, auf „Durchsuchen" zu klicken und sich den entsprechenden Ordner mit einem Klick auszusuchen.

Auf der nächsten Seite sehen Sie auch die Einstellungen für die

Offlinedateien (siehe später).

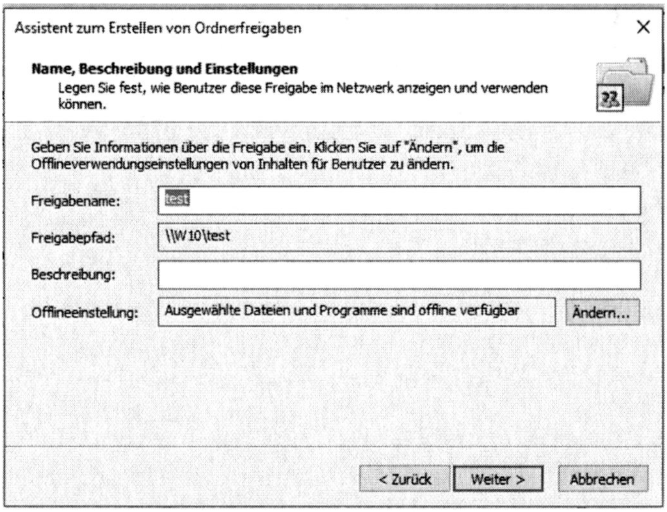

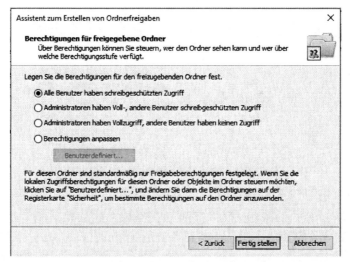

Abbildung 6.51: Offlineeinstellungen

Danach können Sie die Zugriffsberechtigungen definieren.

Abbildung 6.52: Zugriffsberechtigungen

Die Standardeinstellung hier ist, dass alle Benutzer schreibgeschützten Zugriff haben.

Administrative Freigaben

Wie Sie erkennen konnten, ist die Freigabe die minimale Voraussetzung, um auf Ressourcen eines Remotecomputers zugreifen zu können.

Diese Tatsache ist natürlich ein wichtiger Sicherheitsaspekt, denn so haben Sie als Administrator die Möglichkeit, den Zugriff alleine schon durch das Auswählen, welche Ordner freigegeben werden, zu steuern.

Allerdings ist es auch ein Problem für den Administrator. Er sollte im Idealfall uneingeschränkten Zugriff auf alle Ressourcen des Netzwerks haben und natürlich auch Vollzugriff und nicht nur Lesen.

Diesem Umstand hat Windows 10 mit den „Administrativen Freigaben" Sorge getragen.

Betrachten Sie in der Computerverwaltung die Freigabe des Laufwerks „C:\".

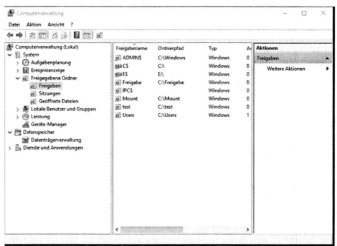

Abbildung 6.53: Freigabe des Laufwerks „C:\"

Das Laufwerk ist bereits freigegeben und zwar als „C$". Offensichtlich ist diese Freigabe anders, als die Freigaben, die wir bisher gemacht haben, denn sie ist über das Netzwerk nicht erkennbar.

ACHTUNG!

Wenn nach dem Freigabenamen ein $ steht, ist dieser Ordner freigegeben, aber versteckt. Das bedeutet, dass auf den Ordner zwar zugegriffen werden kann, aber nur, wenn der Freigabename bekannt ist.

Das ist natürlich für die Administratoren eine hervorragende Lösung. Wenn das gesamte Laufwerk freigegeben ist, können sie auf jeden einzelnen Ordner darin zugreifen und eine Art von „Fernwartung" ausführen.

Nun stellt sich noch die Frage, ob auch hier die Standardberechtigung „Jeder" „Lesen" ist, denn das wäre aus zwei Gründen schlecht.

1. Jeder Benutzer könnte auf alle Ressourcen zugreifen.

2. Auch der Administrator als Mitglied der Gruppe „Jeder" hätte nur das Recht „Lesen".

Weitere administrative Freigaben

Zum Überprüfen, welche weiteren administrativen Freigaben es gibt, betrachten Sie die Freigaben, die auf Ihrem Computer erstellt sind, in der Computerverwaltung.

Hier sehen Sie alle Freigaben, auch die versteckten.

ADMIN$

Diese administrative Freigabe deutet immer auf das Verzeichnis hin, in dem Windows installiert ist, das Systemroot. Egal, wie das Windowsverzeichnis heißt, es ist in jedem Fall mit „ADMIN$" freigegeben. Jeder Administrator kann so ohne weiteres auf das Systemroot eines Remoterechners zugreifen.

C$, D$

Jedes Festplattenlaufwerk ist administrativ freigegeben.

IPC$

Dies ist keine Freigabe, auf die direkt zugegriffen werden kann, sondern eine Systemfreigabe, die bei Remotezugriff zusätzlich genutzt wird.

PRINT$

Wenn Drucker auf dem Computer installiert sind, ist das Druckverzeichnis ebenfalls administrativ freigegeben.

Weitere Anwendungsmöglichkeiten von versteckten Freigaben

Wie können Sie nun die Möglichkeit der versteckten Freigaben weiterhin nutzen?

Ein Beispiel: In Ihrem Unternehmen haben Sie eine Projektgruppe, die an einem streng geheimen Projekt arbeitet. Dieses Projekt ist so geheim, dass die anderen Benutzer nicht einmal die freigegebenen Ordner sehen sollten, die dieses Projektteam benutzt.

In diesem Fall erstellen Sie eine versteckte Freigabe und teilen deren Namen nur dem Projektteam mit.

Damit haben Sie die Freigabe versteckt, kein Benutzer wird sie sehen können, nur wenn man Kenntnisse über den Namen der Freigabe hat, kann auf sie zugegriffen werden.

6.5 NTFS

Bisher haben wir uns mit den Freigaberechten beschäftigt. Eine Freigabe ist bekanntlich die elementare Voraussetzung für Zugriff über das Netzwerk.

Leider haben die Freigaberechte auch Grenzen:

- Es können nur Rechte auf Ordner vergeben werden, alle Daten, die in diesem Ordner sind, bekommen die gleichen Rechte wie der Ordner. Eine Differenzierung ist somit nicht möglich. Auch können keine Rechte auf einzelne Dateien gegeben werden

- Es gibt nur drei Stufen der Rechte

- Ressourcen können nur bei Zugriff über das Netzwerk geschützt werden, nicht aber wenn ein Benutzer direkt am Computer sitzt. Freigaberechte gelten nur bei Netzwerkzugriff

Dies sind Probleme, die das betagte Freigaberecht nicht lösen kann.

6.5.1 Datei- und Ordnerberechtigungen

NTFS hat die Möglichkeit, zusätzliche Informationen zu den Daten im Dateisystem mitzuspeichern.

Das gibt uns die Möglichkeit, zusätzlich zu den Freigaberechten eine zweite Schiene an Berechtigungen zu definieren: Die NTFS-Rechte.

Mit NTFS-Rechten ist es möglich, die lokale Maschine vor unberechtigtem Zugriff zu schützen. Freigaberechte können ja nur Netzwerkfreigaben schützen, die lokale Maschine ist aber völlig ungeschützt.

Ein Beispiel:

Ein Windows 10 Rechner hat eine Freigabe mit dem Namen „Daten". Diese Freigabe ist mit Freigaberechten geschützt, so dass die Benutzer diese Daten nur mit lesendem Zugriff benutzen können.

Wenn nun ein Mitarbeiter lokal an der Maschine sitzt, umgeht er damit die Freigaberechte. Diese gelten nur bei Zugriff über diese Freigabe. Der lokale Benutzer greift jedoch auf die Ressource nun direkt zu.

Um alle Daten vor lokalem Zugriff zu schützen, können nur die NTFS-Rechte dienen.

NTFS-Rechte sind natürlich nur auf Datenträgern verfügbar, die mit dem Dateisystem NTFS formatiert sind. Auch hier gibt es Standardberechtigungen, die direkt nach der Erstellung einer Ressource vorhanden sind.

NTFS-Rechte können, im Gegensatz zu den Freigaberechten auch auf jede einzelne Datei angewendet werden. Es ist möglich, einen Ordner mit der Berechtigung „Lesen" zu versehen, einer einzelnen Datei in diesem Ordner aber das Recht „Vollzugriff" zuzuweisen.

Betrachten wir einmal die Standardrechte bei NTFS. Um die NTFS-Rechte sehen zu können, öffnen Sie den Explorer.

- Rechte Maustaste auf die Ressource, deren NTFS-Rechte Sie sehen möchten

- Eigenschaften

- Karteikarte Sicherheit

Diese Karteikarte ist nur vorhanden, wenn dies eine Partition ist, die mit dem Dateisystem NTFS formatiert ist.

Hier sehen Sie nun die Standardberechtigungen.

Abbildung 6.54: NTFS-Standardberechtigungen

Was auffällt, ist die Vielfalt der Berechtigungsstufen. Im Gegensatz zu den Freigaberechten, bei denen es nur drei verschiedene Berechtigungen gibt, findet man hier mehrere Berechtigungen:

- Vollzugriff
- Ändern
- Lesen / Ausführen
- Ordnerinhalte auflisten
- Lesen
- Schreiben
- Spezielle Berechtigungen

Interessant sind die Doppelbezeichnungen, wie zum Beispiel Lesen, Ausführen. Einen Ordner kann man nicht ausführen, was ist also die Bedeutung dieser Bezeichnungen?

NTFS-Rechte können, wie bereits erwähnt, sowohl auf Ordner als auch auf Dateien angewendet werden. Daraus ergibt sich diese Doppelbezeichnung.

Wenn Sie die NTFS-Rechte einer Datei betrachten, entfällt das Recht „Ordnerinhalte auflisten" komplett.

Aber kehren wir zurück zu den NTFS-Rechten eines Ordners.

Wenn Sie auf die Schaltfläche „Erweitert" klicken, erhalten Sie detailliertere Informationen zur Rechtestruktur.

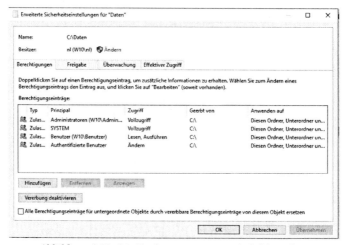

Abbildung 6.55: Die Rechte in genauerer Aufschlüsselung

Um die einzelnen Rechte anzeigen zu lassen, klicken Sie auf die Schaltfläche „Hinzufügen".

Auf der nächsten Karte müssen wir noch einmal auf „Erweiterte Berechtigungen anzeigen" klicken.

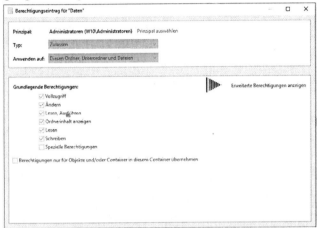

Abbildung 6.56: Die NTFS-Rechte

Die NTFS-Rechte sind eine Zusammenstellung von Einzelrechten, die dann eine sinnvolle Kombination ergeben.

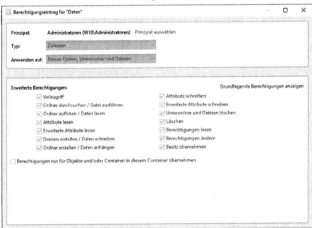

Abbildung 6.57: NTFS-Einzelrechte

Nun sehen Sie die einzelnen Rechte, aus denen sich die oben erwähnten NTFS-Rechte zusammensetzen.

Was bedeuten die „Speziellen Berechtigungen"?

Die Zusammenstellung der Einzelrechte zu den NTFS-Rechten ist genau definiert. Wenn Sie von dieser Definition abweichen und es ergibt sich aus ihrer Einzelrechtkombination kein NTFS-Recht, dann wird diese Kombination als „Spezielle Berechtigungen" geführt.

6.5.2   Der Besitz

Eine weitere Einstellungsmöglichkeit ist „Besitz".

Derjenige, der eine Datei oder einen Ordner erstellt, ist auch der Besitzer. Dies ist von großer Bedeutung, denn der Besitzer hat immer das Recht, sich die Berechtigungen an einer Ressource zu betrachten. Dies kann bei einem Rechteproblem große Bedeutung haben.

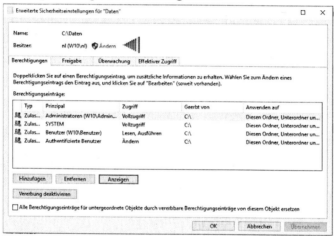

Abbildung 6.58: Der Besitzer

Ein Beispiel:

Ein Benutzer mit Namen Peter Pan erstellt einen Ordner und ist damit auch der Besitzer dieses Ordners.

Sie, als Administrator, haben die NTFS-Rechte dieses Ordners so geändert, dass niemand mehr Zugriff hat (Zum Ändern der Rechte muss die Vererbung ausgeschaltet werden, mehr dazu später).

Dies war aber ein Fehler und Sie möchten der Gruppe der Administratoren wieder Vollzugriff geben.

Wenn Sie aber versuchen, sich die aktuellen NTFS-Rechte anzeigen zu lassen, bekommen Sie eine Sicherheitswarnung, die besagt, dass Sie keinerlei Rechte haben.

Sie können also die Berechtigungen nicht ändern. Nur der Besitzer der Ressource kann sich die Berechtigungen anzeigen lassen.

Sie sind also gezwungen, sich selber zum Besitzer zu machen, sich also die Ressource „auszuleihen".

Mit der Karteikarte „Besitzer" können Sie das tun.

Standardmäßig können Sie wählen zwischen Ihrem administrativen Account und der Gruppe der Administratoren. Wählen Sie eine der Möglichkeiten aus und klicken Sie auf „OK."

Nun sind Sie in der Lage, die aktuellen Berechtigungen anzeigen zu können und sie dann auch ändern zu können.

Peter Pan wird aber merken, dass Sie sich seinen Ordner „ausgeliehen" haben.

ACHTUNG!
Sie können ab Windows Server 2003 und Windows Vista den Besitz wieder an die ursprüngliche Person zurückgeben.

6.5.3 Das Bestimmen der effektiven Berechtigungen

Es ist nicht ganz einfach, die effektiven NTFS-Berechtigungen zu erkennen. Auch hier kann der Benutzer Mitglied in mehreren Gruppen sein und es kann eine Verweigerung eines Rechtes bestehen.

Wie bei den Freigaberechten gibt es auch hier die zwei bekannten Regeln:

1. Lehrsatz der Ermittlung der NTFS-Rechte:

Das effektive NTFS-Recht ist kumulativ, ergibt sich also aus der Addition der Einzelrechte.

Zum Beispiel:

* Mitgliedschaft in der Gruppe „Domänenadministratoren":
                                                          Vollzugriff

* Mitgliedschaft in der Gruppe „Datenbank Zugriff Lesen":
                                                          Lesen

Addiertes Recht = effektives Freigaberecht:
                                                          Vollzugriff

2. Lehrsatz der Ermittlung der NTFS-Rechte:

Verweigern setzt alle positiven Berechtigungen außer Kraft.

Das bedeutet in unserem Beispiel:

- Mitgliedschaft in der Gruppe „Domänenadministratoren":
                                        Vollzugriff
- Mitgliedschaft in der Gruppe „Datenbank Zugriff Lesen":
                                        Vollzugriff verweigert
- Addiertes Recht = effektives NTFS-Recht:

                                        Vollzugriff verweigert

ACHTUNG!

Verwenden Sie das Verweigern von Rechten äußerst sparsam. Verweigern ist immer das stärkste Recht und setzt immer die positiven Rechte außer Kraft.

Zur Bestimmung der effektiven NTFS-Rechte gibt es aber zum Glück eine sehr komfortable Möglichkeit.

Die Karteikarte „Effektive Rechte" gibt uns die Möglichkeit, die NTFS-Rechte aller Benutzer oder Gruppen anzeigen zu lassen.

Abbildung 6.59: Die effektiven NTFS-Rechte

ACHTUNG!

Es werden hier nur die NTFS-Rechte berücksichtigt, nicht die Freigaberechte!

6.5.4 Die Vererbung

Bei Betrachtung der NTFS-Rechte ist Ihnen sicherlich aufgefallen, dass die Kästchen zum Ankreuzen grau unterlegt sind und dass Sie diese Berechtigungen nicht ändern können.

Abbildung 6.60: NTFS-Rechte sind vererbt

Dies liegt an der Vererbung.

In allen Windows Betriebssystemen ist die NTFS-Rechtevergabe so gelöst, dass im Stammlaufwerk bestimmte Rechte definiert werden und diese Standardrechte dann an alle untergeordneten Ordner und Dateien vererbt werden.

Wenn wir die NTFS-Rechte des Laufwerk C:\ betrachten, sehen wir, dass diese Kästchen weiß hinterlegt sind und wir auch die Berechtigungen verändern können.

Wenn wir nun mit den ererbten Rechten nicht einverstanden sind, weil wir beispielsweise nur Lesezugriff auf einen Unterordner möchten, müssen wir die Vererbung ausschalten.

Abbildung 6.61: Vererbung ausschalten

Hier klicken wir auf „Vererbung deaktivieren". Wir erhalten folgende Abfrage.

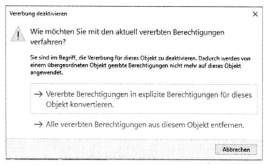

Abbildung 6.62: Sicherheitsabfrage beim Ausschalten der Vererbung

Wir können nun wählen, ob wir die Berechtigungen, die wir bis zu diesem Moment von oben erhalten haben,

- Kopieren oder
- Entfernen

möchten. Wenn die Berechtigungen kopiert werden, bleiben sie gleich, mit dem Unterschied, dass sie nun geändert werden können. Bei „Entfernen" werden alle Berechtigungen entfernt und es müssen neue Berechtigungen definiert werden.

ACHTUNG!

Das Ausschalten der Vererbung bedeutet, dass die Verbindung nach oben durchtrennt wird. Alle Berechtigungen, die in der Ressource neu gesetzt werden, vererben sich aber sofort wieder an alle untergeordneten Ordner und Dateien. Wenn das nicht der Fall sein soll, müssen diese ebenfalls die Vererbung ausschalten.

Zuletzt gibt es noch **„Bestehende vererbbare Berechtigungen aller untergeordneten Objekte durch vererbbare Berechtigungen dieses Objekts ersetzen"**.

Hier ist normalerweise kein Haken gesetzt. Diese Option sollten Sie dann verwenden, wenn Sie eine Änderung an den Berechtigungen durchgeführt haben und Sie möchten, dass diese Änderungen an alle bereits bestehenden untergeordneten Ressourcen weitervererbt werden.

ACHTUNG!

Nur neu erstellte Objekte erben die Berechtigungen, die die übergeordnete Instanz für sie hat. Wenn später Berechtigungen geändert werden, hat das keine Auswirkungen auf existierende Objekte. Um hier eine Änderung der Berechtigungen zu erzwingen, muss der Haken bei „Berechtigungen für alle untergeordneten Objekte durch die angezeigten Einträge, sofern anwendbar, ersetzen" gesetzt werden.

6.6 BitLocker und BitLocker To Go

Das Verschlüsseln von Daten können Sie mit EFS vornehmen, das Verschlüsseln von ganzen Laufwerken dagegen ist bedeutend aufwändiger.

Für Datenträger, die fest in den Client eingebaut sind, stellt Microsoft den „BitLocker" zur Verfügung, für Wechseldatenträger gibt es den „BitLocker To Go".

6.6.1 BitLocker

BitLocker ist eine Möglichkeit, ganze Laufwerke komplett zu verschlüsseln, so dass beim Systemstart immer ein Verschlüsselungscode abgefragt wird. Diese Funktion steht in den Versionen Windows 10 Pro und Enterprise zur Verfügung.

Damit wird sichergestellt, dass das Betriebssystem und die lokalen Festplatten sicher sind. Dies kann auf zwei verschiedene Arten erreicht werden:

Computer hat TPM (Trusted Platform Module) Chip 1.2

Die Computer der neuen Generation haben einen TPM Chip 1.2 oder höher. In diesem Fall kann die Verschlüsselung auf diesem Chip gespeichert werden.

Computer hat kein TPM (Trusted Platform Module) Chip 1.2

Alle anderen Computer, die den TPM Chip nicht haben, können BitLocker trotzdem verwenden, indem die Verschlüsselung auf einem USB Memory Stick gespeichert wird.

ACHTUNG!

Die Speicherung des Schlüssels auf einem USB-Stick kann natürlich nur ein Notbehelf sein. Ein USB-Stick ist ein Medium, das nicht die Zuverlässigkeit hat, wie ein Hardwarechip!

Sie sehen, bei einer BitLocker Verschlüsselung wird die Festplatte verschlüsselt und die Verschlüsselungsinformation wird auf der Hardware gespeichert.

Dadurch ergeben sich folgende Schutzszenarien, die durch BitLocker abgedeckt sind:

- Falls die Festplatte aus dem System ausgebaut wird und in ein anderes System eingebaut wird, ist die Entschlüsselungssequenz nicht verfügbar und das System kann nicht gestartet werden.

  Dies kann natürlich nur funktionieren, wenn der Schlüssel entweder auf dem TPM-Chip gespeichert worden ist, oder der USB-Stick nicht verfügbar ist, deswegen sollten Sie den USB-Stick immer abziehen, wenn Sie das System nicht benutzen!

- Falls Änderungen an den Startdateien, (die natürlich nicht verschlüsselt werden können) oder am BIOS vorgenommen worden sind, stimmt der Schlüssel nicht mehr und das System kann ebenfalls nicht mehr gestartet werden.

ACHTUNG!

Natürlich gibt es für diese Fälle auch ein Wiederherstellungskennwort, denn es ist ja möglich, dass Startdateien geändert werden müssen, oder dass Sie eine Festplatte in ein anderes System übernehmen müssen.

Dieses Kennwort sollten Sie sehr gut verwahren!

Wenn Sie den BitLocker aktivieren wollen, gehen Sie folgendermaßen vor:

- Systemsteuerung
- System und Sicherheit
- BitLocker-Laufwerksverschlüsselung

Abbildung 6.63: BitLocker Laufwerksverschlüsselung

Sie klicken hier auf „BitLocker aktivieren".

Nun überprüft Windows die Hardware. Wenn ein TPM-Chip gefunden wird, erhalten Sie folgende Meldung:

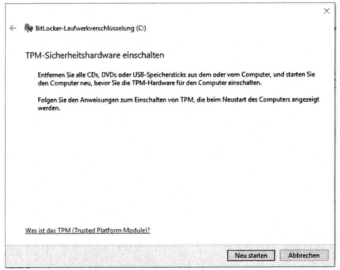

Abbildung 6.64: TPM-Chip gefunden

Nach einem Neustart wird BitLocker gestartet.

Abbildung 6.65: BitLocker wird gestartet

Abbildung 6.66: Verschlüsselung

Nun wählen Sie aus, wo das komplexe Wiederherstellungskennwort gespeichert wird, das Sie benutzen müssen, wenn der Start von BitLocker verhindert wird.

Dies kann immer dann passieren, wenn Sie die Festplatte in ein anderes

Gerät einbauen, oder wenn Sie beispielsweise die Startdateien geändert haben.

Dieses Kennwort wird in einer Datei oder im Microsoft-Konto gespeichert und kann auch ausgedruckt werden.

ACHTUNG!

Sie können das Kennwort auf Diskette, auf dem USB-Stick oder auf der Festplatte speichern, nicht aber auf der verschlüsselten Partition!

Bedenken Sie auch, dass es auf dem USB-Stick vielleicht nicht so gut aufgehoben ist, denn gerade bei einem Ausfall des Sticks brauchen Sie das Kennwort!

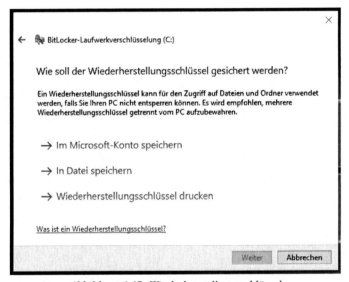

Abbildung 6.67: Wiederherstellungsschlüssel

Allerdings kann es auch passieren, dass der Computer, den Sie verschlüsseln möchten, keinen TPM-Chip hat.

In diesem Fall erhalten Sie eine Fehlermeldung, wenn Sie BitLocker aktivieren möchten.

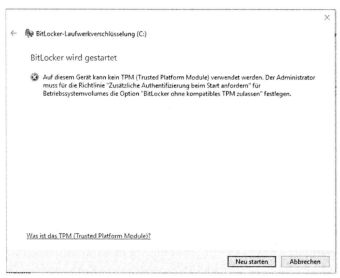

Abbildung 6.68: Kein TPM-Chip

In diesem Fall müssen wir BitLocker für USB-Stick konfigurieren.

BitLocker mit USB-Stick

Wenn Sie allerdings, wie wir in diesem Beispiel, keine TPM-Hardware haben, müssen Sie Windows 10 nun so konfigurieren, dass der BitLocker-Schlüssel nicht auf einem TPM-Chip gespeichert wird, sondern auf einem USB-Stick.

Dies können Sie wieder in der lokalen Gruppenrichtlinie konfigurieren.

Dafür erstellen Sie wieder eine MMC und fügen das Snap-In „Gruppenrichtlinienobjekt – Lokaler Computer" ein.

Nun gehen Sie folgenden Weg:

- Computerkonfiguration
- Administrative Vorlagen
- Windows Komponenten
- BitLocker-Laufwerksverschlüsselung

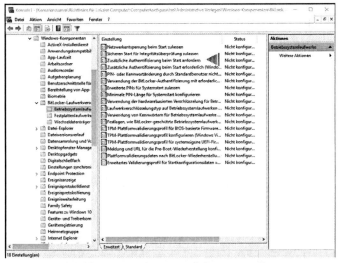

Abbildung 6.69: Gruppenrichtlinieneinstellung

Dort wechseln Sie ins Untermenü „Betriebssystemlaufwerk" und wählen die Einstellung: „Zusätzliche Authentifizierung beim Start anfordern" aus.

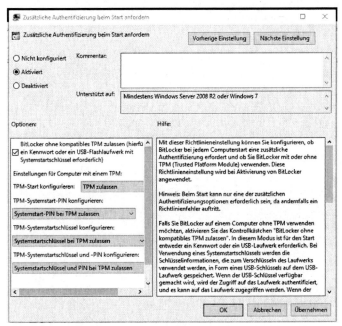

Abbildung 6.70: Zusätzliche Authentifizierung

Hier können Sie den Haken setzen vor „BitLocker ohne kompatibles TPM zulassen". Dann wird für den Systemstart ein USB-Stick vorausgesetzt, der TPM ersetzt.

Nun können Sie BitLocker aktivieren.

6.6.2 BitLocker To Go

BitLocker To Go ist für Wechselmedien gedacht. Es werden folgende Dateisysteme unterstützt:

- exFat
- FAT 16
- FAT 32
- NTFS

In der Standardkonfiguration wird mit 128 Bit AES verschlüsselt, dies können Sie aber in einer Gruppenrichtlinie anpassen.

Wenn ein Wechseldatenträger, wie ein USB-Stick, einmal mit BitLocker To Go verschlüsselt worden ist, kann er an jedem Windows Rechner ab Windows XP gelesen werden.

Der Zugriff auf die verschlüsselten Dateien wird durch ein Passwort oder eine Smart Card geschützt.

Konfiguration von BitLocker To Go

BitLocker To Go wird an der gleichen Stelle wie BitLocker konfiguriert.

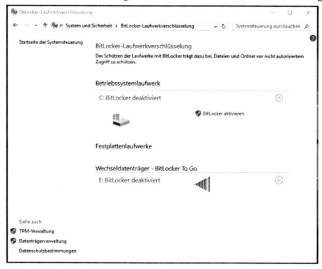

Abbildung 6.71: BitLocker To Go

Sie starten die Verschlüsselung des USB-Sticks, indem Sie auf „BitLocker deaktiviert" klicken.

Nun wird BitLocker gestartet.

Abbildung 6.72: BitLocker wird gestartet

Nun legen Sie fest, ob der Stick mit einem Kennwort oder mit einer Smartcard entschlüsselt werden soll.

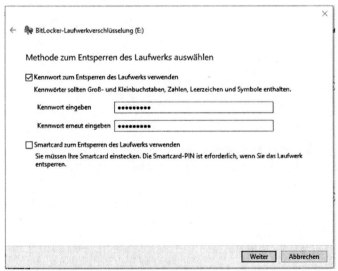

Abbildung 6.73: Kennwort oder Smartcard

Der Wiederherstellungsschlüssel wird nun generiert und Sie können wählen, ob Sie ihn ausdrucken wollen, oder in einer Datei speichern wollen. Sie können es auch in Ihrem Microsoft-Konto speichern!

Abbildung 6.74: Wiederherstellungsschlüssel

Die nächste Frage ist, ob Sie den gesamten USB-Stick oder nur die bereits vorhandenen Daten schützen wollen.

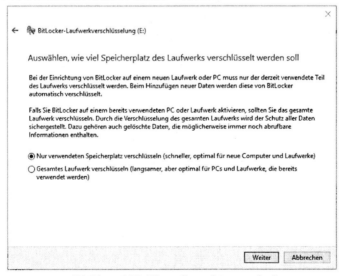

Abbildung 6.75: Was soll geschützt werden?

Nun wird das Laufwerk verschlüsselt.

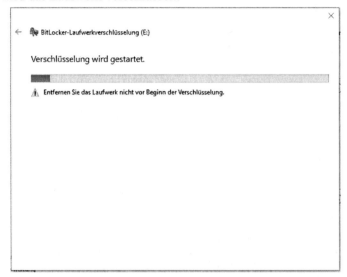

Abbildung 6.76: Verschlüsselung läuft

Nach Abschluss der Verschlüsselung erkennen Sie dies in der Konsole.

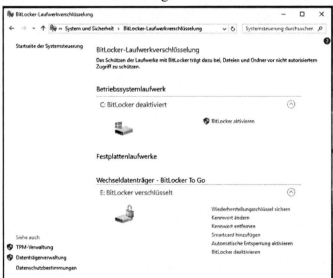

Abbildung 6.77: Verschlüsselung war erfolgreich

Sie können natürlich BitLocker To Go hier wieder deaktivieren, oder Konfigurationseinstellungen vornehmen.

6.6.3 Wiederherstellung durch Active Directory

Falls Sie die mit BitLocker geschützten Daten wiederherstellen müssen, haben Sie ja für diesen Fall den Wiederherstellungsschlüssel, den Sie in einer Datei gespeichert haben und ihn eventuell auch ausgedruckt haben.

Wenn Sie BitLocker in einer Domäne einsetzen, besteht auch die Möglichkeit, die Informationen für die Wiederherstellung im Active Directory zu speichern.

Diese Konfiguration nehmen Sie in einer Gruppenrichtlinie vor.

Abbildung 6.78: Gruppenrichtlinie

Bitte beachten Sie, dass Sie hierfür mindestens eine Windows Server 2008 Domäne benötigen!

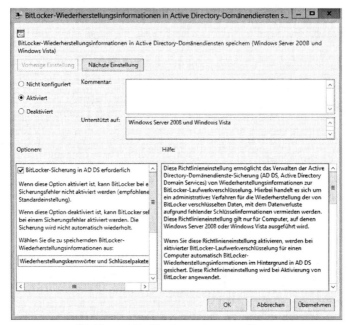

Abbildung 6.79: Konfigurationseinstellungen

6.6.4 BitLocker Administration and Monitoring (MBAM)

Microsoft bietet mit dem BitLocker-Administration und -Überwachung (MBAM) ein Verwaltungstool für BitLocker und BitLocker To Go.

Hiermit können Sie Bittlocker-Einstellungen für die Clients zentral verwalten und Berichte generieren. Diese werden in einer SQL-Datenbank gespeichert.

Das MBAM ist Bestandteil des MDOP.

Mit dem MBAM verwalten Sie zentral die mit BitLocker verschlüsselten Rechner im Netzwerk und können Berichte der Nutzung erstellen.

MBAM besteht aus zwei Komponenten, der Serverkomponente und der Clientkomponente.

Die Serverkomponente wird auf einem oder verteilt auf mehreren Servern installiert.

Die Clients verbinden sich zum Server mit einem Agent, der auf allen verwalteten Clients installiert werden muss.

Installation der Serverkomponente

Die Serverkomponente wird auf einem Server der Domäne installiert. In einer produktiven Umgebung sollte das kein Domänencontroller sein.

Bevor die Serverkomponente installiert werden kann, müssen einige Voraussetzungen erfüllt sein:

- Ein SQL-Server ab Version 2008R2 SP1 mit SQL_Latin1_General_CP1_CI_AS-Sortierung muss installiert sein
- Folgende SQL-Berechtigungen müssen gesetzt sein:
  - Serverrollen zum Anmelden bei der SQL Server-Instanz:
    - dbcreator
    - processadmin
  - Rechte für die Instanz von SQL Server Reporting Services:
    - Ordner erstellen
    - Berichte veröffentlichen
- SQL Server-Datenbankmoduldienste müssen installiert sein und während der MBAM-Serverinstallation ausgeführt werden.
- Wenn Berichte verwendet werden sollen: SSRS muss installiert sein und während der Installation des MBAM-Servers ausgeführt werden.
  - Erforderliche Instanzenrechte:
    - Ordner erstellen
    - Berichte veröffentlichen
- Der IIS muss installiert sein mit folgenden Rollendiensten:
  - Allgemeine HTTP-Features:
    - Statische Inhalte
    - Standarddokument
  - Anwendungsentwicklung:
    - ASP.NET
    - .NET-Erweiterbarkeit
    - ISAPI-Erweiterungen

- ISAPI-Filter
  - o Sicherheit:
    - Windows-Authentifizierung
    - Anforderungsfilterung
- Folgende Serverfeatures müssen installiert und aktiv sein:
  - o .NET Framework 4.5
    - WCF-Aktivierung
      - HTTP-Aktivierung
      - Nicht-HTTP-Aktivierung
      - TCP-Aktivierung
  - o Windows-Prozessaktivierungsdienst:
    - Prozessmodell
    - .NET Framework-Umgebung
    - Konfigurations-APIs

Nachdem alle Anforderungen erfüllt sind, können Sie die MBAM-Serverkomponenten von der MDOP-DVD installieren.

Dafür wechseln Sie in das Unterverzeichnis der aktuellen MBAM-Version, wählen den richtigen Installer und installieren dann „MbamServerSetup".

Abbildung 6.80: Server Setup

Die Installation geht sehr schnell.

Abbildung 6.81: Installation beendet

Im Anschluss wird sofort das Konfigurationsprogramm aufgerufen.

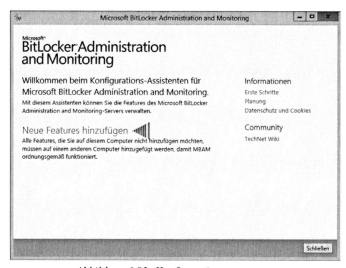

Abbildung 6.82: Konfigurationsprogramm

Hier wählen Sie „Neue Features hinzufügen".

Abbildung 6.83: Auswahl

In unserem Beispiel haben wir nur einen einzigen Server. In einer produktiven Umgebung sollten Sie die Komponenten auf mehrere Server verteilen.

Den SQL-Server brauchen Sie natürlich nur einmal zu installieren, die Komponenten können auf ihn zugreifen.

Auch den IIS müssen Sie nur auf den Servern konfigurieren, auf denen Sie die Webanwendungen laufen lassen möchten.

Wählen Sie nun alle gewünschten Komponenten aus.

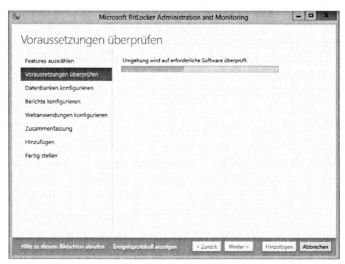

Abbildung 6.84: Überprüfung

Nun werden der Server und das Netzwerk überprüft.

Im Idealfall erhalten Sie folgenden Bildschirm:

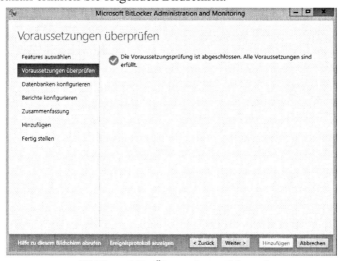

Abbildung 6.85: Überprüfung erfolgreich

Sollte das Konfigurationsprogramm feststellen, dass noch Komponenten fehlen, können Sie diese nun nachinstallieren.

Im Anschluss daran machen Sie die Einstellungen für die Datenbankkonfiguration.

Abbildung 6.86: Datenbankkonfiguration

Danach ist die Serverkomponente eingerichtet.

Erstellen der Gruppenrichtlinien

Im nächsten Schritt müssen die Gruppenrichtlinien für MBAM erstellt werden.

Dafür müssen noch die „Verwaltungsvorlagen für Microsoft Desktop Optimization Pack" heruntergeladen werden.

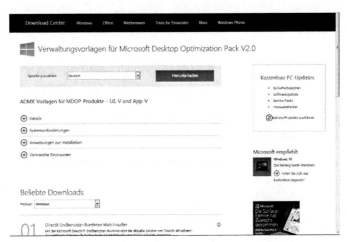

Abbildung 6.87: Vorlagen

Diese Sammlung enthält diverse Vorlagen zum Einbinden in die Gruppenrichtlinien.

Öffnen Sie die Sammlung und suchen Sie die MBAM-Vorlagen

- BitLockerManagement.admx
- BitLockerUserManagement.admx

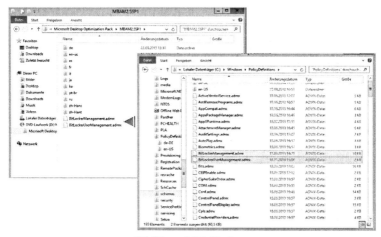

Abbildung 6.88: Vorlagen

Diese kopieren Sie auf den DC in den Pfad

%Systemroot%PolicyDefinitions

Dasselbe machen Sie mit den beiden Dateien, die in der Vorlagensammlung im Unterpfad „de" zu finden sind.

ACHTUNG!

Der oben genannte Pfad ist normalerweise der Standardpfad für administrative Vorlagen der Gruppenrichtlinien.

Wenn in der Domäne die domänenweite Replikation der Administrativen Vorlagen konfiguriert ist, ist der Pfad anders. Dies sollten Sie vorher klären.

Wenn Sie alles richtig gemacht haben, erscheint nun in jeder Gruppenrichtlinie der Knotenpunkt „MDOPMBAM" bei den administrativen Vorlagen.

Abbildung 6.89: Neuer Knotenpunkt

Hier können Sie nun alle Einstellungen für die zentralisierte Clientverwaltung vornehmen.

ACHTUNG!

Wenn Sie MBAM einsetzen, sollten Sie alle relevanten Einstellungen genau an dieser Stelle machen!

Clientinstallation

Der letzte Schritt ist die Installation der Clientkomponente auf allen Clients, die Sie mit MBAM verwalten wollen.

Diese Installation ist genauso problemlos. Sie müssen danach keinerlei Konfigurationseinstellungen vornehmen.

Danach können Sie die BitLocker Komponenten zentral steuern.

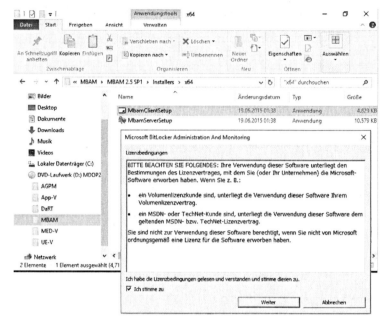

Abbildung 6.90: Installation der Clientkomponenten

6.7 Zusammenfassung, Übungen / Aufgaben

6.7.1 Zusammenfassung

DFS, „Distributed File System", ist eine Möglichkeit, den Clients mehrere Freigaben, die sich auf verschiedenen Servern befinden, unter einem gemeinsamen Namensraum zur Verfügung zu stellen.

Um die verschiedenen Freigaben kompakter zur Verfügung stellen zu können, wird ein Server zum „DFS-Server" gemacht.

Auf diesem wird ein DFS-Stamm erstellt, beispielsweise mit dem Namen „Firmendaten".

An dieser Stelle, nämlich unterhalb des DFS-Stamms, werden nun die verschiedenen Laufwerke gemappt.

Das ergibt aus der Sicht des Clients eine einzige Freigabe mit diversen Unterordnern.

Obwohl das Grundprinzip von DFS bereits sehr innovativ ist, besteht immer noch die Gefahr, dass einzelne Server ausfallen könnten, und damit die dort gespeicherten Daten nicht verfügbar sind.

Wenn Sie DFS in einer Domäne verwenden, ist das kein Problem, denn Sie können „replizierende Server" definieren.

Windows 10 kann zwei Arten von Festplatten verwalten: Basisfestplatten und dynamische Festplatten.

Nach der Installation sind alle Festplatten Basisfestplatten, das Konvertieren zu einer dynamischen Festplatte muss von Hand gemacht werden, wenn gewünscht.

Windows 10 bietet die Möglichkeit der Verwaltung über die Befehlszeile. Der Befehl lautet: „DISKPART".

Wenn Sie zwei oder mehrere dynamische Festplatten im System haben, werden Ihnen sowohl „Neues übergreifendes Volume" als auch „Neues Stripesetvolume" nicht mehr grau, sondern auswählbar angezeigt.

„Speicherplatz" ist eine fehlertolerante Speichervirtualisierung.

Alle nötigen Aktionen, um Daten wiederherzustellen, werden automatisch ausgeführt, wenn Festplatten ausgefallen sind.

Die Voraussetzungen für einen „Speicherplatz" sind mehrere unformatierte Festplatten, die zu einem Speicherpool zusammengefasst werden.

Die Grundvoraussetzung, um auf Ressourcen auf einem anderen Computer zugreifen zu können, sind Freigaben.

Wenn Sie die Freigaben im Netzwerk- und Freigabecenter aktiviert haben, haben Sie damit schon den ersten Schritt getan.

Die Heimnetzgruppe ist als Zusammenschluss mehrerer Computer im vorwiegend privaten Bereich gedacht.

Allerdings ist es möglich, dass diese einfache Dateifreigabe für Sie nicht genau genug ist, oder dass Sie sich nicht in einer Heimnetzgruppe befinden.

In diesem Fall ist diese einfache Freigabe entweder automatisch ausgeschaltet, oder Sie können sie sehr einfach selber ausschalten.

Es gibt drei verschiedene Arten der Berechtigungsstufen:

- Vollzugriff
- Ändern
- Lesen

Diese drei Stufen stellen die Berechtigungen dar, die ein Benutzer auf diesen Ordner hat, wenn er sich über das Netzwerk mit der Freigabe verbindet.

NTFS hat die Möglichkeit, zusätzliche Informationen zu den Daten im Dateisystem mitzuspeichern.

Das gibt uns die Möglichkeit, zusätzlich zu den Freigaberechten eine zweite Schiene an Berechtigungen zu definieren: Die NTFS-Rechte.

Mit NTFS-Rechten ist es möglich, die lokale Maschine vor unberechtigtem Zugriff zu schützen. Freigaberechte können ja nur Netzwerkfreigaben schützen, die lokale Maschine ist aber völlig ungeschützt.

Eine weitere Einstellungsmöglichkeit ist „Besitz".

Derjenige, der eine Datei oder einen Ordner erstellt, ist auch der Besitzer. Dies ist von großer Bedeutung, denn der Besitzer hat immer das Recht, sich die Berechtigungen an einer Ressource zu betrachten. Dies kann bei einem Rechteproblem große Bedeutung haben.

1. Lehrsatz der Ermittlung der NTFS-Rechte:

Das effektive NTFS-Recht ist kumulativ, ergibt sich also aus der Addition der Einzelrechte.

2. Lehrsatz der Ermittlung der NTFS-Rechte:

Verweigern setzt alle positiven Berechtigungen außer Kraft.

In allen Windows Betriebssystemen ist die NTFS-Rechtevergabe so gelöst, dass im Stammlaufwerk bestimmte Rechte definiert werden und diese Standardrechte dann an alle untergeordneten Ordner und Dateien vererbt werden.

Wenn wir die NTFS-Rechte des Laufwerk C:\ betrachten, sehen wir, dass diese Kästchen weiß hinterlegt sind und wir auch die Berechtigungen verändern können.

Wenn wir nun mit den ererbten Rechten nicht einverstanden sind, weil wir beispielsweise nur Lesezugriff auf einen Unterordner möchten, müssen wir die Vererbung ausschalten.

Das Verschlüsseln von Daten können Sie mit EFS vornehmen, das Verschlüsseln von ganzen Laufwerken dagegen ist bedeutend aufwändiger.

Für Datenträger, die fest in den Client eingebaut sind, stellt Microsoft den „BitLocker" zur Verfügung, für Wechseldatenträger gibt es den „BitLocker To Go".

Falls Sie die mit BitLocker geschützten Daten wiederherstellen müssen, haben Sie ja für diesen Fall den Wiederherstellungsschlüssel, den Sie in einer Datei gespeichert haben und ihn eventuell auch ausgedruckt haben.

Microsoft bietet mit dem BitLocker-Administration und -Überwachung (MBAM) ein Verwaltungstool für BitLocker und BitLocker To Go.

Hiermit können Sie Bittlocker-Einstellungen für die Clients zentral verwalten und Berichte generieren. Diese werden in einer SQL-Datenbank gespeichert.

Das MBAM ist Bestandteil des MDOP.

6.7.2 Übungen

1. Starten Sie die virtuelle Maschine „DC" und melden Sie sich als Administrator der Domäne mit dem Kennwort „Kennw0rt!" an.

2. Starten Sie die virtuelle Maschine „W10" und melden Sie sich als Administrator der Domäne mit dem Kennwort „Kennw0rt!" an.

3. Versuchen Sie, das Prinzip von DFS nachzuvollziehen.

4. Erstellen Sie einen Snapshot der virtuellen Maschine „W10". Nennen Sie diesen Snapshot „W10-S6".

5. Erstellen Sie einen Snapshot der virtuellen Maschine „DC". Nennen Sie diesen Snapshot „DC-S6".

6. Fahren Sie die virtuelle Maschine „W10" herunter.

7. Erstellen Sie drei weitere Festplatten für diese virtuelle Maschine, so dass jeder Controller maximal 2 Geräte verwaltet. Entfernen Sie gegebenenfalls das DVD-Laufwerk.

8. Starten Sie „W10" wieder und melden Sie sich als Administrator der Domäne an.

9. Initialisieren Sie die zweite Festplatte. Achten Sie darauf, dass **nur** die zweite Festplatte initialisiert wird!

10. Erstellen Sie einfache Volumes auf der zweiten Festplatte.

11. Erstellen Sie ein einfaches Volume auf der gleichen Festplatte, das Sie in einen NTFS-Ordner mounten.

12. Wandeln Sie die zweite Festplatte in eine dynamische Festplatte um.

13. Verkleinern Sie eine beliebige Partition.

14. Vergrößern Sie eine beliebige Partition.

15. Betrachten Sie, welche Möglichkeiten der Volumes Ihnen nun zur Verfügung stehen.

16. Erstellen Sie einen Speicherplatz aus den beiden verbleibenden

zusätzlichen Festplatten.

17. Wählen Sie als Resilienztyp „Zwei-Wege-Spiegelung" aus.

18. Erstellen Sie auf „W10" Freigaben.

19. Erstellen Sie auch Freigaben in der Computerverwaltung.

20. Greifen Sie von „W10" über die administrative Freigabe „C$" auf „DC" zu (\\DC\C$).

21. Öffnen Sie eine Freigabe und betrachten Sie die NTFS-Rechte des Ordners und der Freigabe.

22. Schalten Sie in diesem Ordner die Vererbung aus. Ändern Sie nun die NTFS-Rechte.

23. Betrachten Sie auf der Maschine „W10" die Konfigurationsmöglichkeiten für BitLocker.

24. Öffnen Sie eine Gruppenrichtlinie. Wo finden Sie die relevanten Einstellungen für BitLocker und was bedeuten sie?

Wenn Sie noch Zeit haben:

25. Installieren Sie den MBAM und führen Sie alle Konfigurationsschritt durch.

Führen Sie diesen Schritt auf jeden Fall aus:

26. Setzen Sie danach beide Maschinen auf die Snapshots „DC-S6" und „W10-S6" zurück.

6.7.3 Aufgaben

1. Sie möchten auf einem Windows 10 Computer auf der einzigen Festplatte im System eine zweite Partition einrichten. Momentan hat diese Festplatte eine Partition, die die komplette Festplatte belegt, die allerdings nur zu 3% mit Daten belegt ist.

   Was können Sie tun?

2. Sie möchten ein dynamisches Laufwerk erzeugen, das maximale Schreibperformance hat.

   Was tun Sie?

3. Sie möchten die drei unformatierten Festplatten im System benutzen, um Videodateien fehlertolerant zu speichern.

   Sie möchten auch, dass für diese Daten ein einzelner Laufwerksbuchstabe benutzt wird.

   Was richten Sie ein und in welcher Reihenfolge?

4. Sie verwalten einen Windows 10 Client. Die Daten sind auf einer zweiten Festplatte gespeichert.

   Nun fügen Sie eine dritte Festplatte ein und möchten für diese Daten Fehlertoleranz haben. Auch möchten Sie die Möglichkeit haben, noch weitere Festplatten hinzuzufügen und das bestehende Laufwerk so zu erweitern.

   Wie gehen Sie vor?

5. Sie erstellen eine neue Freigabe und belassen die Standardfreigabe. Ein Kollege berichtet, dass er in dieser Freigabe keine Daten hinzufügen kann.

   Sie betrachten seine effektiven Rechte und stellen fest, dass er „Vollzugriff" hat. Woran kann es liegen, dass er in dieser Freigabe keine Daten hinzufügen kann?

6. Hans, ein Kollege von Ihnen, führt die Gehaltsdatei in einer Freigabe. Dieses Dokument ist von Hans erstellt worden, und darf nur von ihm geändert werden.

   Während Hans im Urlaub ist, müssen andere Kollegen aus der Abteilung „Lohn" auf das Dokument zugreifen, aber nur lesend, das Recht zum Ändern soll ausschließlich bei Hans bleiben.

   Wenn die Kollegen der Abteilung „Lohn" versuchen, das Dokument zu öffnen, bekommen Sie die Fehlermeldung „Zugriff verweigert".

   Sie müssen nun dafür sorgen, dass die Mitarbeiter der Abteilung

„Lohn" die Gehaltsdatei öffnen können, aber nicht ändern. Das Ändern soll weiterhin nur Hans machen. Wie können Sie das tun?

7. Sie möchten einen freigegebenen Ordner verstecken, so dass er bei Remotezugriffen nicht angezeigt wird. Wie tun Sie das?

8. In Ihrer Firma gibt es eine Freigabe, in der vertrauliche Daten gespeichert werden. Sie möchten, dass ein bestimmter Kollege in diesem Ordner NTFS Berechtigungen ändern darf. Welches NTFS-Recht benötigt dieser Kollege mindestens?

9. Sie benutzen BitLocker und möchten, dass der Wiederherstellungsschlüssel im Active Directory geschützt wird.

    Wie machen Sie das?

10. Sie sind Client-Administrator der Firma Meistertrainer.

    Alle Clients sind Mitglied der Domäne Meistertrainer.info. Sie möchten die Windows 10 Notebooks mit BitLocker schützen. Nicht alle Notebooks haben einen TPM Chip.

    Was machen Sie?

7 Datenzugriff und Datenschutz

Prüfungsanforderungen von Microsoft:

- Configure shared resources
    - configure libraries
    - configure shared printers
    - configure OneDrive
- Configure file and folder access
    - Encrypt files and folders by using EFS
    - configure disk quotas
    - configure file access auditing

Quelle: Microsoft

Lernziele:

- Bibliotheken
- Druckerberechtigungen
- OneDrive
- Encrypting File System
- Die Grundlagen des Verschlüsselns
- Datenträgerkontingente
- Die Systemüberwachung
- Der Windows Defender

7.1 Einführung

Nachdem wir im letzten Kapitel gelernt haben, wie man Freigaben erstellt und mit Zugriffsrechten versieht, geht es nun um den Zugriff und den Schutz dieser Ressourcen.

7.2 Ressourcen konfigurieren

„Ressourcen" ist der Überbegriff für alle Orte, an denen Informationen gespeichert sein können.

Das betrifft natürlich auch Drucker und die Cloud, in unserem Fall den Onlinespeicher „OneDrive".

7.2.1 Bibliotheken

Bibliotheken wurden mit Windows 7 eingeführt. Sie sehen aus wie jeder andere Ordner im Explorer, haben aber eine andere Funktion.

In Ordnern sind Dateien physisch gespeichert, in Bibliotheken dagegen werden Dateien angezeigt, die an anderen Stellen gespeichert sind.

Um Bibliotheken zu betrachten, öffnen Sie den Explorer.

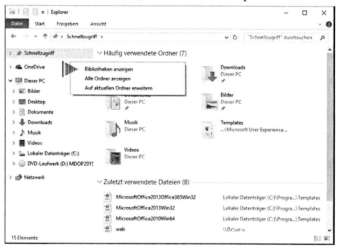

Abbildung 7.1: Bibliotheken

Windows 10 stellt in der Standardeinstellung die Bibliotheken nicht dar. Um sie anzuzeigen, klicken Sie auf der linken Seite des Explorers mit der rechten Maustaste ins Leere. Dann wählen Sie „Bibliotheken anzeigen".

Nun wird der Knotenpunkt „Bibliotheken" angezeigt.

Falls dieser Knotenpunkt leer sein sollte, sind die Standardbibliotheken „Bilder", „Dokumente", „Musik" und „Videos" nicht angelegt. In diesem Fall klicken Sie mit der rechten Maustaste auf „Bibliotheken" und wählen „Standardbibliotheken wiederherstellen".

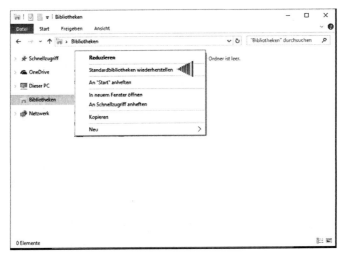

Abbildung 7.2: Standardbibliotheken wiederherstellen

Nun können Sie die Bibliotheken sehen.

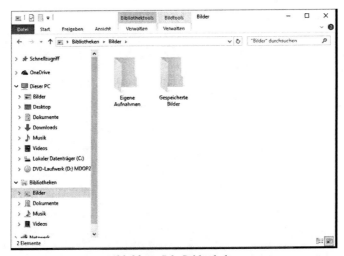

Abbildung 7.3: Bibliotheken

Bibliotheken verwalten

Eine Bibliothek ist eine Zusammenfassung verschiedener Ordner. Welche Ordner in einer Bibliothek verwaltet werden, können Sie festlegen.

Klicken Sie auf die gewünschte Bibliothek, in unserem Beispiel die

Bibliothek „Bilder".

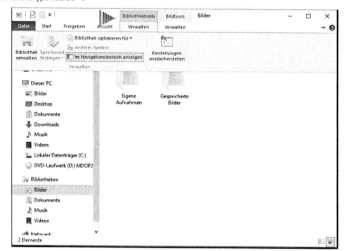

Abbildung 7.4: Bibliothek „Bilder"

Nun erscheint oben ein zusätzliches Menü „Bibliothektools".
Wählen Sie dies aus.

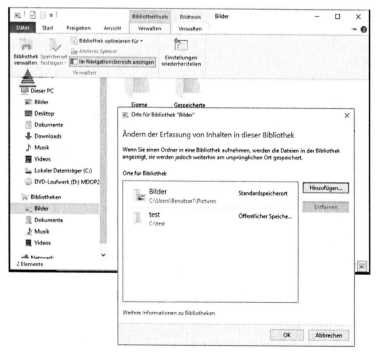

Abbildung 7.5: Bibliothek verwalten

Nun können Sie mit Klick auf „Bibliothek verwalten" die Ordner festlegen, die in dieser Bibliothek verwaltet werden sollen.

Speicherort festlegen

Die Verwaltung mehrerer Ordner in einer Bibliothek bringt auch Probleme mit sich.

So ist es zum Beispiel nicht genau ersichtlich, in welchem physikalischen Ordner eine Datei gespeichert wird, wenn sie in einer Bibliothek abgelegt wird.

Dies müssen Sie festlegen.

Abbildung 7.6: Speicherort festlegen

Wählen Sie im Bibliothektool „Speicherort festlegen" und geben Sie den Ordner an, in dem alle Daten, die Sie der Bibliothek hinzufügen, abgelegt werden sollen.

Auf die gleiche Art können Sie auch den „Öffentlichen Speicherort" festlegen.

Ordner in Bibliotheken aufnehmen

Genauso einfach ist es, Ordner in Bibliotheken aufzunehmen. Dazu klicken Sie mit der rechten Maustaste auf den gewünschten Ordner und wählen „In Bibliothek aufnehmen".

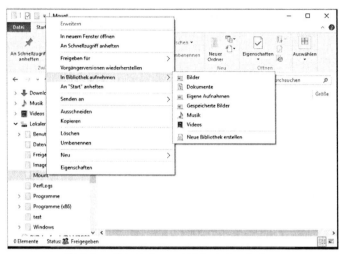

Abbildung 7.7: Ordner in Bibliothek aufnehmen

Auf die gleiche Art können Sie auch eine neue Bibliothek mit dem Namen des Ordners erstellen.

7.2.2 Druckerberechtigungen

In Kapitel 5 haben wir uns mit den Zugriffsberechtigungen beschäftigt.

Natürlich gibt es auch für Drucker Zugriffsberechtigungen. Diese sind den Freigabeberechtigungen sehr ähnlich und werden genauso verwaltet.

Es gibt vier verschiedene Druckberechtigungen:

Drucken

Die Berechtigung „Drucken" bedeutet, dass man sich mit einem Drucker verbinden kann und Dokumente drucken darf. Im Normalfall hat die Gruppe „Jeder" das Recht zu drucken.

Dokumente verwalten

Dokumente verwalten bedeutet, dass der Druck eines Dokumentes angehalten, unterbrochen, abgebrochen und neu gestartet werden kann und dass die Reihenfolge der Druckaufträge geändert werden kann. Dieses Recht hat normalerweise die Gruppe „Ersteller – Besitzer". Dadurch kann jeder seine eigenen Dokumente verwalten, aber nicht die Dokumente der anderen.

Drucker verwalten

Drucker verwalten bedeutet, dass neue Drucker installiert werden können und vorhandene Drucker verändert werden können. Dieses Recht steht natürlich den Benutzern nicht zur Verfügung.

Abbildung 7.8: Druckerberechtigungen

Begriffe

Bevor wir auf den Vorgang des Druckens eingehen, müssen bestimmte Begriffe geklärt werden.

Es ist wichtig, diese Begriffe zu kennen, denn in der Literatur und in den Prüfungen werden ausschließlich diese Begriffe verwendet.

Druckgerät

Das Druckgerät ist das, was in der Alltagssprache als „Drucker" bezeichnet wird.

Es gibt zwei Arten von Druckgeräten:

Lokales Druckgerät

Ein lokales Druckgerät ist direkt mit einer Schnittstelle des Druckservers verbunden. Es kann für den Zugriff über das Netzwerk freigegeben werden, oder es kann ausschließlich lokal verwendet werden.

Netzwerkdruckgerät

Netzwerkdruckgeräte sind nicht direkt mit einer Schnittstelle des Druckservers verbunden, sondern haben eine eigene Netzwerkkarte und eine eigene IP-Adresse.

Drucker

Der Drucker ist die Schnittstelle zwischen dem Druckgerät und dem Betriebssystem. Optisch sichtbar ist ein Drucker durch das Druckersymbol in der Verwaltungskonsole.

Durch einen Doppelklick auf den Drucker kann man die Druckerwarteschlange sehen, hier werden alle Dokumente angezeigt, die noch nicht vollständig ausgedruckt sind. Diese Druckerwarteschlange wird auch als „Spooler" bezeichnet.

Wenn Sie die rechte Maustaste benutzen und dann „Eigenschaften" wählen, erhalten Sie alle Konfigurationsmöglichkeiten des Druckers.

Druckserver

Auf dem Druckserver werden die Drucker verwaltet. Auf ihm sind die Drucker installiert und auf ihm werden auch die Treiber für die Clients verwaltet.

Druckertreiber

Druckertreiber sind Dateien, mit denen das Ansprechen der Drucker ermöglicht wird. Druckertreiber sind für jedes Druckgerätmodell individuell.

Spooler

Der Spooler ist die Warteschlange der zu druckenden Dokumente. Der Spooler benutzt sowohl den Festplattenspeicher, als auch den Arbeitsspeicher.

Spoolen bedeutet, dass die Daten in eine Form umgewandelt werden, die der Drucker verstehen kann. Diese Datenaufbereitung kann sehr viel Platz in Anspruch nehmen. Aus diesem Grund wird eine gespoolte Datei zunächst auf der Festplatte gespeichert. Nur immer der Teil, der gerade bearbeitet wird, wird in den Arbeitsspeicher geladen.

Es gibt sowohl den lokalen Spooler auf dem Client, als auch den Spooler auf dem Druckserver. Zunächst wird lokal auf dem Client gespoolt, danach werden die bereits gespoolten Daten über das Netzwerk an den Druckserver übertragen.

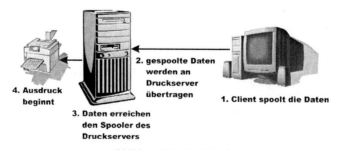

Abbildung 7.9: Der Spooler

Einstellungen der Drucker

Nachdem Drucker installiert sind, können diese natürlich verwaltet werden. Einstellungen können Sie in der Systemsteuerung jederzeit ändern, indem Sie auf den gewünschten Drucker mit der rechten Maustaste klicken und „Druckeigenschaften" wählen.

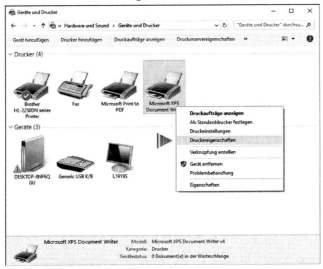

Abbildung 7.10: Eigenschaften eines Druckers

Auf der Karteikarte „Freigabe" können Sie noch einmal überprüfen, ob der Drucker auch wirklich freigegeben ist.

Abbildung 7.11: Freigabe

Auch das Anlegen im Verzeichnis kann hier gemacht werden.

Ein interessanter Haken ist „Druckaufbereitung auf Clientcomputern durchführen". Das bedeutet nichts anderes, als dass der Client bereits die Arbeit übernimmt und die Daten spoolt.

Eine weitere interessante Funktion ist „Zusätzliche Treiber…".

Hier sollten Sie alle Treiber installieren, die Sie für Ihre Clients im Netzwerk benötigen, die sich mit diesem Druckserver verbinden wollen.

Insbesondere ist hier der Unterschied zwischen den 32-bit Treibern und den 64-bit Treibern zu erwähnen. Computer, die mit einem 32-bit Betriebssystem ausgestattet sind, benötigen zwingend einen 32-bit Treiber, 64-bit Betriebssysteme brauchen auf jeden Fall einen 64-bit Treiber.

Clients, die Zugriff auf den Netzwerkdrucker haben sollen, verbinden sich mit dem Drucker. Bei dieser Erstinstallation wird ein passender Druckertreiber auf dem Druckserver gesucht und lokal auf dem Client installiert, sofern vorhanden.

Wenn der passende Druckertreiber nicht vorhanden ist, muss er lokal auf dem Client von der Installations-CD installiert werden. Dies ist natürlich keine Lösung und aus diesem Grund sollten Sie immer alle im Netzwerk benötigten Treiber auf dem Druckserver installiert haben.

Außerdem ist bei allen modernen Clients die Verbindung zum Druckserver dynamisch. Bei jedem Druckvorgang überprüfen die Clients, ob der lokal installierte Druckertreiber in derselben Version vorliegt, wie auf dem Druckserver. Wenn ja, wird der Druckvorgang eingeleitet. Wenn nein, wird der aktuelle Treiber vom Druckserver heruntergeladen und lokal installiert.

Aus diesem Grund sollten Sie aktualisierte Druckertreiber nur auf dem Druckserver installieren, die Clients können sich dann die aktualisierten Treiber bei der nächsten Verbindung herunterladen.

Auf der Karteikarte „Anschlüsse" sind alle möglichen Anschlüsse aufgezählt.

Abbildung 7.12: Anschlüsse

Sie können natürlich auch manuell Anschlüsse hinzufügen, dies kann nötig sein, wenn ein DOS-Programm auf einen Drucker zugreifen will.

Die Karteikarte „Erweitert" erlaubt Ihnen, die zeitliche Verfügbarkeit des Druckers zu definieren.

Abbildung 7.13: Erweitert

Wenn Sie beispielsweise einen Drucker haben, auf dem immer nur in der Nacht lange Listen ausgedruckt werden und der tagsüber nicht verfügbar sein soll, so aktivieren Sie „Verfügbar von...bis..." und geben hier das

Zeitintervall ein, in dem der Drucker verfügbar sein soll.

Anderenfalls belassen Sie es bei der Standardeinstellung „Immer verfügbar".

Im unteren Teil der Karteikarte können Sie die Eigenschaften des Spoolers einstellen.

Sie können wählen, ob Sie den Spooler benutzen möchten, oder ob Sie die Druckaufträge direkt zum Drucker leiten möchten.

Hier ist immer die Benutzung des Spoolers zu empfehlen, da die meisten Druckgeräte nicht die nötige Kapazität haben, einen Druckauftrag aufzunehmen.

Wenn Sie den Spooler benutzen, können Sie zwischen zwei Optionen wählen:

Drucken nachdem die letzte Seite gespoolt wurde

In diesem Fall ist der Beginn des Druckens verzögert, da gewartet wird, bis der komplette Druckauftrag im Spooler angekommen ist.

Sofort drucken

Dies ist die Standardeinstellung und auch die schnellste Einstellung.

Weitere Einstellungen:

Fehlgeschlagene Druckaufträge anhalten

Wenn Druckaufträge nicht ausgeführt werden können, können Sie hier auswählen, dass diese Druckaufträge angehalten werden.

Druckaufträge im Spooler zuerst drucken

Hier wird die Priorität auf den Spooler gelegt.

Druckaufträge nach dem Drucken nicht löschen

Wählen Sie diese Einstellung nur dann, wenn Sie Druckaufträge unbedingt archivieren müssen. Dies ist eine äußerst gefährliche Einstellung, denn wenn die fertigen Druckaufträge nicht mehr gelöscht werden, ist die Festplatte des Spoolers in kurzer Zeit voll und alle weiteren Druckaufträge schlagen fehl.

Erweiterte Druckfunktionen aktivieren

Mit dieser Funktion können Sie alle zusätzlichen Funktionen des Druckers konfigurieren (herstellerabhängig).

Erweiterte Druckverwaltung

Für das Verwalten der Drucker gibt es eine Konsole. Diese öffnen Sie, indem Sie den Startknopf drücken und dann „Druckverwaltung" eintippen.

Abbildung 7.14: Konsole Druckverwaltung

Hier haben Sie die Möglichkeit, mehrere Drucker zu verwalten, die auf diesem Client bereitgestellt werden.

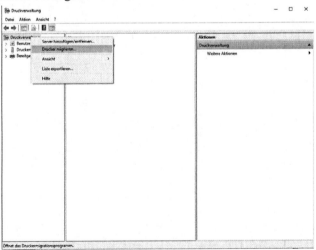

Abbildung 7.15: Drucker migrieren

Auch haben Sie hier die Möglichkeit, die Druckerwarteschlange von einem Druckserver auf einen anderen zu verschieben.

Dazu klicken Sie mit der rechten Maustaste auf „Druckverwaltung" und wählen „Drucker migrieren".

Nun startet ein Assistent, mit dessen Hilfe Sie Druckerwarteschlangen exportieren und importieren können.

Abbildung 7.16: Assistent

7.2.3 OneDrive

Windows 10 bietet Ihnen die Möglichkeit, Daten im Cloudservice „OneDrive" zu speichern und mit allen Ihren Geräten (PC, Tablet, Smartphone) zu nutzen.

Um OneDrive benutzen zu können benötigen Sie ein Microsoft-Konto.

Mit diesem können Sie dann von allen Geräten aus auf Ihren gemeinsamen Speicher zugreifen.

OneDrive wird wie ein Festplattenlaufwerk benutzt.

Abbildung 7.17: OneDrive

Wenn Sie auf OneDrive zugreifen möchten und nicht mit Ihrem Microsoft-Konto angemeldet sind, startet ein Assistent.

Abbildung 7.18: Assistent

Im nächsten Schritt müssen Sie Ihr Microsoft-Konto angeben.

Abbildung 7.19: Microsoft-Konto

Erst dann wird eine Verbindung zu OneDrive hergestellt.

Nun können Sie wählen, welche Daten auf dem PC automatisch mit OneDrive synchronisiert werden sollen.

Abbildung 7.20: Synchronisation von Daten

Danach ist OneDrive einsatzfähig.

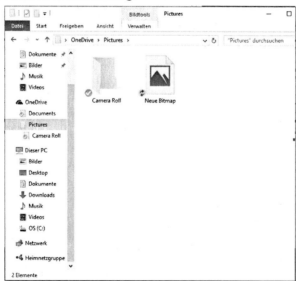

Abbildung 7.21: OneDrive ist eingerichtet

Im Bild können Sie auch das Synchronisations-Symbol erkennen.

7.3 Zugriffschutz auf Ordner und Dateien

Ein weiteres Problem bei der Datenverwaltung ist der Schutz und die Überwachung der Ressourcen. Es muss sichergestellt werden, dass nur berechtigte Personen eine Datei lesen können, dafür gibt es zum Einen die Berechtigungen, aber man kann auch noch einen Schritt weitergehen und die Daten verschlüsseln.

Mit Datenträgerkontingenten ist es möglich, den Speicherplatz zu beschränken.

Auch die Überwachung der Ressourcen kann von großer Bedeutung sein, immer dann, wenn man sich nicht sicher sein kann, dass alle Ressourcen bestimmungsgemäß verwendet werden.

7.3.1 Encrypting File System (EFS)

EFS, Encrypting File System, ist eine Möglichkeit, seine Daten gegen unbefugten Zugriff zu schützen, aber mit ausgewählten Personen teilen zu können.

EFS verschlüsselt die Daten auf Dateisystemebene und ist deswegen auch nur auf NTFS-Partitionen möglich.

Die Grundlagen des Verschlüsselns

Verschlüsseln – Sichern von Dateien

Das Verschlüsseln von Daten kann man mit dem Versperren der eigenen Wohnung vergleichen. Durch das Absperren mit meinem eigenen Schlüssel kann ich meine Wohnung vor unbefugtem Zugriff schützen. Genau auf diese Art werden Daten verschlüsselt. Sie haben einen Schlüssel, der an Ihr Benutzerkonto gekoppelt ist, mit dem Sie die Daten verschlüsseln. Entschlüsseln können Sie die Daten auch nur mit eben diesem Schlüssel. Der Schlüssel wird auch „Zertifikat" genannt.

> **ACHTUNG!**
> Der Schlüssel wird erst in dem Moment generiert, wenn Sie zum ersten Mal eine Ressource verschlüsseln. Vorher sind Sie nicht im Besitz eines Schlüssels!

Mehrere Personen haben Zugriff auf verschlüsselte Daten

Es ist nicht ungewöhnlich, dass mehrere Personen auf ein und dieselbe

Datei zugreifen müssen, obwohl die Datei verschlüsselt ist. Dies lässt sich mit der Vergabe von Zweitschlüsseln an Familienmitglieder vergleichen.

Derjenige, der die Datei verschlüsselt hat, kann entscheiden, ob noch andere Personen diese Datei benutzen dürfen.

Notfallabsicherung: Wenn die Datei nicht mehr entschlüsselt werden kann

Was passiert nun aber, wenn die Person, die die Datei verschlüsselt hat, nicht in der Lage ist, die Datei wieder zu entschlüsseln? So könnte ein längerer Urlaub hier schon für Probleme sorgen, falls diese Datei wichtig ist.

In unserem Beispiel mit dem Wohnungsschlüssel könnte man hier den Hausmeister bemühen, der immer einen Ersatzschlüssel hat, um im Notfall jede Wohnung öffnen zu können. Genauso wird es mit den Daten gelöst, es gibt immer einen „Wiederherstellungsagenten", der das Recht hat, alle verschlüsselten Daten zu entschlüsseln.

Dieser Wiederherstellungsagent ist im Normalfall der Administrator. Leider könnte man ihm unterstellen, Daten unbefugt zu lesen, da er die Möglichkeit hat.

Um solchen Vorwürfen zu entgehen, wird empfohlen, das Zertifikat auf einen Wechseldatenträger zu exportieren und damit dem Wiederherstellungsagenten die Möglichkeit zu nehmen, verschlüsselte Daten zu lesen.

Erst wenn ein Notfall eintritt, sollte das Zertifikat (der Schlüssel) wieder importiert werden, um die verschlüsselten Daten entschlüsseln zu können.

Windows 10 bietet auch die Möglichkeit, die Schlüssel auf einer Smartcard zu speichern und auch der Datentransfer über das Netzwerk ist verschlüsselt, wenn Sie verschlüsselte Daten auf einem Server speichern.

Das Verschlüsseln

Wie bereits erwähnt, wird ein Zertifikat (ein Schlüssel) zum Verschlüsseln erst erstellt, wenn zum ersten Mal eine Datei verschlüsselt wird.

Wir wollen überprüfen, ob dies richtig ist.

- Eingabeaufforderung: MMC
- Snap-In hinzufügen
- Zertifikate
- Eigenes Benutzerkonto

Wechseln Sie in der Konsole auf

- Eigene Zertifikate

Abbildung 7.22: Zertifikate

Also ist noch kein Zertifikat für das Verschlüsseln von Dateien angelegt.

Wir müssen zunächst einmal Daten verschlüsseln.

Wenn wir einen Ordner mit allen enthaltenen Dateien verschlüsseln möchten, wählen Sie den entsprechenden Ordner aus und öffnen das Eigenschaftenmenü.

Klicken Sie auf „Erweitert."

Nun können Sie den Haken bei „Inhalt verschlüsseln, um Daten zu schützen" setzen.

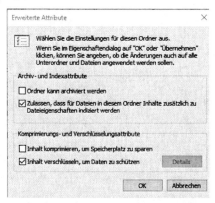

Abbildung 7.23: Dateien verschlüsseln

ACHTUNG!
Sie können Daten entweder verschlüsseln oder komprimieren. Beide Attribute zugleich können nicht vergeben werden!

Nach dem Verschlüsseln der Daten werden Ihnen die Daten und Ordner grün angezeigt, damit Sie auch visualisieren können, dass es sich hierbei um verschlüsselte Daten handelt.

Wenn Sie nun erneut den Zertifikatsspeicher betrachten, sehen Sie, dass das Zertifikat zum Verschlüsseln erstellt worden ist. Mit diesem Zertifikat können Sie nun weitere Daten verschlüsseln und die bereits verschlüsselten Daten wieder entschlüsseln.

Abbildung 7.24: Das Zertifikat ist nun vorhanden

Übrigens:
Am unteren Rand des Bildschirms erscheint eine Meldung, dass Sie den Schlüssel (also das Zertifikat) sichern sollten. Dies sollten Sie wirklich machen, denn ein Verlust eines Zertifikats kann den kompletten Verlust der Daten bedeuten!

Hintergründe

Das Zertifikat

Betrachten wir das Zertifikat einmal genauer. Mit einem Doppelklick kann es geöffnet werden.

Ohne tiefer in die komplexe Materie der Zertifizierungsstellen einzusteigen, kann wenig über das Zertifikat gesagt werden.

Auffällig ist aber, dass im unteren Teil des Zertifikats der private Schlüssel erwähnt wird. Solange Sie im Besitz dieses Schlüssels sind, können Sie das Zertifikat benutzen. Das Verschlüsseln verlangt beides:

* Zertifikat

* Privaten Schlüssel

Multiuser-EFS

Ein interessantes Feature ist das Multiuser-EFS. Mit Windows 10 ist es möglich, mehreren Benutzern den Zugriff auf verschlüsselte Dateien zu gestatten. Dies entspricht auch der Realität, da ganz selten nur eine einzige Person Zugriff auf eine bestimmte Datei haben soll.

Wenn Sie den Zugriff auf eine bestimmte Datei mehreren Benutzern gestatten möchten, gehen Sie in das Eigenschaftsmenü der Datei und klicken auf „Erweitert".

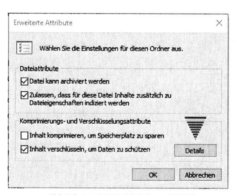

Abbildung 7.25: Multiuser EFS

Hier können Sie nun auf die Schaltfläche „Details" klicken.

ACHTUNG!
Diese Schaltfläche ist nur für Dateien, nicht für Ordner anwählbar!

Ein Fenster erscheint, in dem Sie im oberen Teil zusätzliche Benutzer hinzufügen können.

Im unteren Teil sehen Sie die definierten Wiederherstellungsagenten.

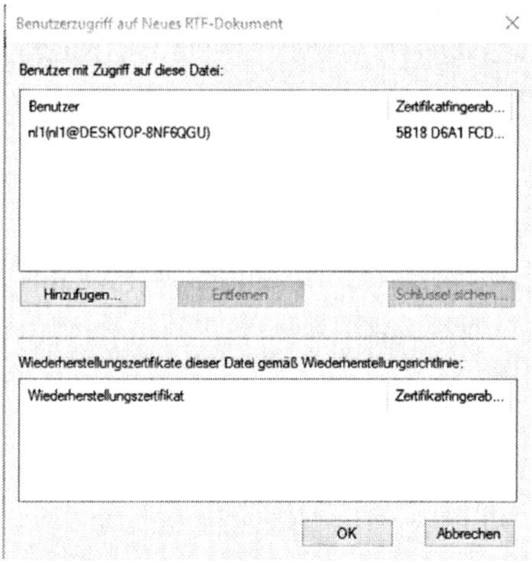

Abbildung 7.26: Berechtigte Benutzer

Nach dem Klicken auf die Schaltfläche „Hinzufügen" erhalten Sie eine Auswahl von Zertifikaten, die Sie hinzufügen können.

ACHTUNG!

Eigentlich fügen Sie keine Benutzer hinzu, sondern deren Zertifikate. Das bedeutet, dass Sie nur Benutzer hinzufügen können, die bereits ein Verschlüsselungszertifikat auf diesem Computer haben!

Nach dem Hinzufügen hat der berechtigte Benutzer die Möglichkeit, Daten, die von Ihnen verschlüsselt worden sind, zu öffnen und zu bearbeiten.

Wiederherstellung

Wie bereits erwähnt, sollte es immer einen Wiederherstellungsagenten geben, der die verschlüsselten Daten im Zweifelsfall wiederherstellen kann, auch wenn das Zertifikat des Besitzers der Datei zerstört worden ist.

Wenn Sie einen Windows 10 Rechner ohne Domänenzugehörigkeit betreiben, müssen Sie das Zertifikat für einen Wiederherstellungsagenten zunächst erstellen und dann importieren.

Das Erstellen eines Zertifikats für die EFS-Wiederherstellung ist ein Kommandozeilenbefehl:

Cipher /r:Name

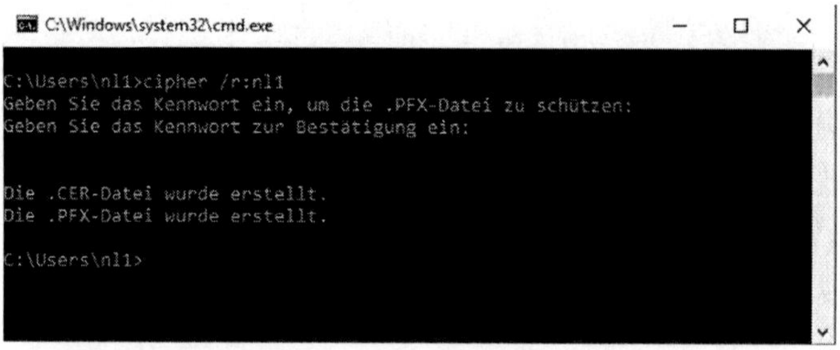

Abbildung 7.27: Erstellen eines Wiederherstellungszertifikats

Dabei werden für den momentan angemeldeten Benutzer zwei Dateien erstellt, eine .cer-Datei und eine .pfx-Datei.

Nun muss das Zertifikat nur noch importiert werden. Dies können Sie ebenfalls in einer MMC mit dem Snap-In „Zertifikate" vornehmen.

Sie klicken mit der rechten Maustaste auf „Eigene Zertifikate" und wählen „Alle Aufgaben – Importieren".

Nun folgen Sie dem Assistenten zum Import eines Zertifikats.

Danach erkennen Sie in der Konsole das eben importierte Zertifikat für den Wiederherstellungsagenten.

In einer Domäne gilt Ähnliches: Dort gibt es zwar einen Wiederherstellungsagenten, aber zum Wiederherstellen auf einem Client ist der sicherste Weg, das Zertifikat auf dem entsprechenden Client zu importieren.

7.3.2 Datenträgerkontingente

Eine Möglichkeit, Platz auf der Festplatte zu sparen, sind die Datenträgerkontingente.

Die meisten Benutzer sammeln in kürzester Zeit Unmengen an Daten an. Dies ist nicht etwa böser Wille, aber solange Speicherplatz vorhanden ist, wird er auch benutzt.

Besser wäre es, wenn nur ein Teil der Festplattenkapazität zum Speichern von Daten zur Verfügung gestellt werden könnte, und den Benutzern ein individuelles Limit für die Menge der Daten gestellt würde, die sie speichern können.

Dies ist mit Datenträgerkontingenten möglich. Auf einer NTFS-Partition können Speichergrenzen für einzelne Personen oder auch für alle Benutzer festgelegt werden. Bei Überschreitung dieser Grenze kann das Speichern verweigert werden, und somit die Benutzer zum Löschen alter

Daten gezwungen werden.

Um Datenträgerkontingente einzurichten, öffnen Sie den Explorer.

- Rechte Maustaste auf die Partition, die Sie beschränken möchten
- Eigenschaften
- Kontingent

Abbildung 7.28: Datenträgerkontingent

Hier klicken Sie auf „Kontingenteinstellungen anzeigen".

Die Aktivierung erfolgt durch einen Haken bei „Kontingentverwaltung aktivieren".

In den meisten Fällen sollte der Haken bei „Speicherplatz bei Überschreitung des Kontingents verweigern" gesetzt werden.

Legen Sie alle Optionen fest, die Sie möchten, und wählen Sie sinnvolle Speicherplatzbeschränkungen und Warnstufen.

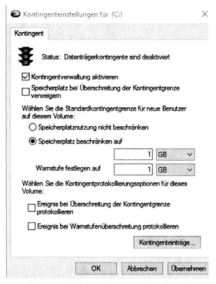

Abbildung 7.29: Kontingente konfigurieren

Wenn Sie nun auf „OK" klicken, ist dieses Kontingent für alle Benutzer gültig, mit Ausnahme der Gruppe der Administratoren.

Falls Sie aber die Einträge feiner dosieren möchten, und einzelnen Personen andere Kontingente zuweisen möchten, klicken Sie auf die Schaltfläche „Kontingenteinträge".

Abbildung 7.30: Kontingenteinträge

Hier können Sie nun einzelne Benutzer hinzufügen.

Abbildung 7.31: Benutzer hinzufügen

ACHTUNG!

Sie können nur Benutzer, keine Gruppen auswählen! Dies liegt daran, dass die Daten den einzelnen Benutzern zugeordnet werden müssen, um nach Größe beschränken zu können. Diese Zuordnung erfolgt über den Besitzer der Datei.

Da Besitzer immer derjenige ist, der die Datei erstellt hat, ist dies immer eine Person und keine Gruppe. Aus diesem Grund können Kontingenteinträge nur Benutzern zugeordnet werden. Auch erklärt dies, warum Kontingenteinträge nur auf NTFS-Partitionen möglich sind.

Wie Sie sehen, sind die Administratoren immer von den Kontingenten ausgenommen.

Leider gibt es bei dieser einfachen Lösung, die auf dem Dateisystem NTFS basiert, auch einige Nachteile.

So ist es nicht möglich, bestimmten Ordnern Kontingente zuzuweisen, wir sind hier auf die Datenträgerebene beschränkt.

Auch die Tatsache, dass es nicht möglich ist, Gruppen zu beschränken, ist eine Einschränkung.

7.3.3 Die Systemüberwachung

Um ein System überwachen zu können, gibt es bei Windows 10 verschiedene Tools.

Mit diesen Tools können Sie zunächst einmal Probleme feststellen, um diese danach beseitigen zu können.

Oftmals müssen Sie mit sinkender Systemleistung kämpfen. Deswegen ist es wichtig, dass Sie einige Werkzeuge an der Hand haben, die Ihnen entweder die Analyse der sinkenden Systemleistung ermöglichen, oder Ihnen sogar helfen, die Systemleistung wieder zu steigern.

Der Task-Manager

Die einfachste und auch bekannteste Überwachungsmöglichkeit ist der Task-Manager. Ihn können Sie aufrufen über

- STRG-ALT-ENTF

- Task-Manager starten

Zunächst einmal sehen Sie die Ansicht, in der die gestarteten Apps angezeigt werden, hier können Sie die Apps beenden, wenn sie nicht mehr reagieren.

Abbildung 7.32: Task-Manager

Allerdings ist diese Ansicht nicht sehr aussagekräftig, all die anderen Informationen, die wir aus den älteren Systemen kennen, sind nicht sichtbar.

Deswegen sollten Sie auf „Mehr Details" klicken.

Abbildung 7.33: Prozesse

In der Karteikarte „Prozesse" werden nicht nur die Apps, sondern auch die Hintergrund- und die Windowsprozesse angezeigt.

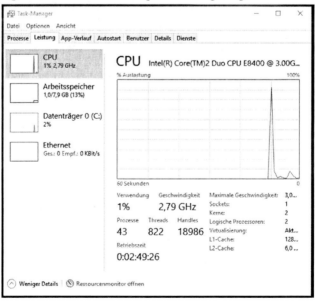

Abbildung 7.34: Leistung

Dies kann von Bedeutung sein, wenn ein Systemprozess Probleme macht. Die Karteikarte „Leistung" gibt Auskunft über die Systemparameter.

Sie sehen grafisch dargestellt die Auslastung der CPU, des Arbeitsspeichers, der Datenträger und der Netzwerkkarte.

Wenn Sie zwei CPU im System haben, sehen Sie die gesamte CPU-Leistung und im einzelnen beide CPU aufgeführt. Wenn ein CPU wenig Last, der andere beinahe die ganze Last trägt, deutet das darauf hin, dass der zweite Prozessor von den Anwendungen nicht verwendet wird.

In diesem Fall müssen Sie den entsprechenden Prozess in der Karteikarte „Prozesse" gezielt auf den entsprechenden Prozessor legen (rechte Maustaste).

Die Karteikarte „App-Verlauf" zeigt Ihnen die Benutzung der Apps in der letzten Zeit an.

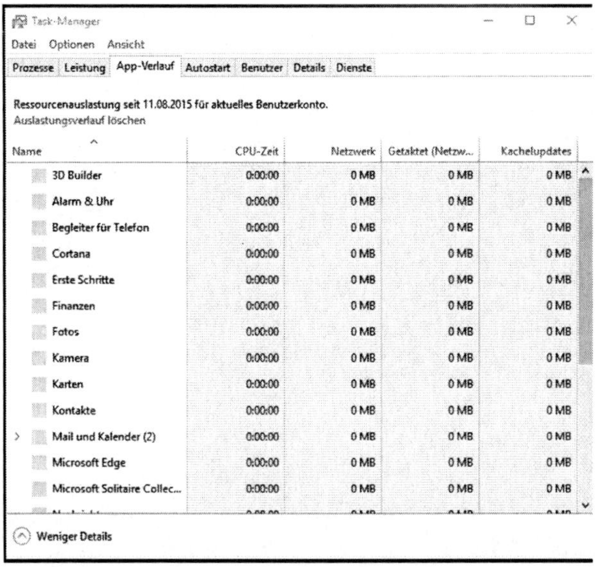

Abbildung 7.35: App-Verlauf

„Autostart" zeigt Ihnen die Programme, die beim Systemstart automatisch gestartet werden.

Abbildung 7.36: Autostart

Auf der Karteikarte „Benutzer" sehen Sie alle momentan angemeldeten Benutzer und können diese vom Netzwerk trennen.

Abbildung 7.37: Benutzer

Die Karteikarte „Details" gibt Ihnen detailliert Auskunft über alle Prozesse.

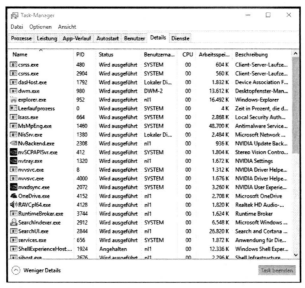

Abbildung 7.38: Details

Wenn Sie mit der rechten Maustaste auf einen einzelnen Prozess klicken, können Sie die Prioritäten der Prozesse festlegen, mit der sie ausgeführt werden.

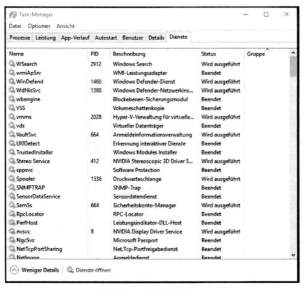

Abbildung 7.39: Dienste

Normale Anwendungen werden meistens mit der Priorität „Normal" ausgeführt.

ACHTUNG!

Sie können die Prioritäten der Prozesse verändern. Seien Sie aber vorsichtig! Verändern Sie niemals Systemprozesse und geben Sie niemals einem Prozess die Priorität „Echtzeit". Ein Prozess mit der Priorität „Echtzeit" würde alle anderen Prozesse komplett blockieren!

Die Karteikarte „Dienste" listet alle momentan gestarteten Dienste.

Die Leistungsüberwachung

Wenn Sie eine systematische Überwachung der Performancedaten eines Windows 10 Computers benötigen, sollten Sie auf den Systemmonitor, der auch „Leistungsüberwachung" genannt wird, zurückgreifen. Die Leistungsüberwachung erlaubt eine weitaus genauere Untersuchung der verschiedenen Leistungsdaten, als es mit dem Task-Manager möglich ist.

Sie finden dieses Tool in der Computerverwaltung:

- Leistung
- Überwachungstools
- Leistungsüberwachung

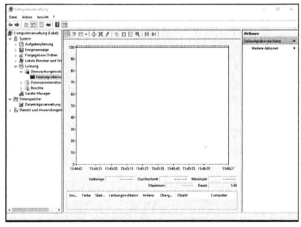

Abbildung 7.40: Leistungsüberwachung

Zunächst sehen wir ein leeres Koordinatensystem.

Um Werte zu erhalten, müssen Aufzeichnungsdaten definiert werden. Diese Daten heißen „Leistungsindikatoren".

Klicken Sie auf das grüne Plus im oberen Bereich des Systemmonitors.

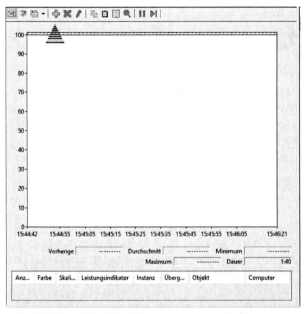

Abbildung 7.41: Hinzufügen von Leistungsindikatoren

Sie erhalten nun ein Auswahlfenster.

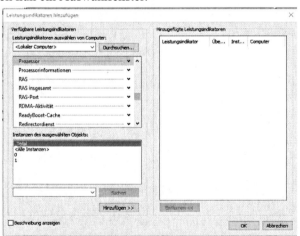

Abbildung 7.42: Auswahlfenster

Auswahl, welcher Computer überwacht wird

Sie haben die Möglichkeit, den lokalen Computer zu überwachen, oder auch einen Remotecomputer.

Leistungsobjekt

Hier wählen Sie aus, welches Objekt Sie überwachen möchten, Prozessor, Datenträger, Arbeitsspeicher oder viele andere.

Leistungsindikatoren wählen

Leistungsindikatoren sind Werte, die sich auf das Leistungsobjekt beziehen.

Um beispielsweise für das Leistungsobjekt „Prozessor" Indikatoren auszuwählen, öffnen Sie die Auswahl, indem Sie auf den kleinen Pfeil neben „Prozessor" klicken.

Nun wählen Sie einzelne Indikatoren aus und wählen „Hinzufügen". Sie erscheinen danach im rechten Auswahlfenster.

Instanzen

Die Instanzenauswahl ist nicht immer relevant. Wenn Sie beispielsweise mehrere Prozessoren haben, können Sie wählen, welche Instanz der Prozessoren überwacht werden soll, ein einzelner Prozessor (Instanz 0. 1…) oder alle (total).

Auf diese Art können Sie sich alle Leistungswerte anzeigen lassen, die Sie für relevant halten.

Wenn Sie nun auf „OK" klicken, erhalten Sie eine Analyse der gewählten Leistungsindikatoren in Echtzeit.

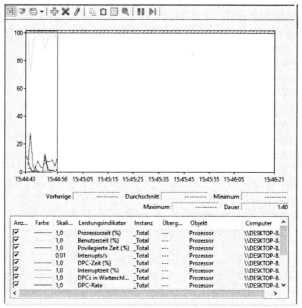

Abbildung 7.43: Echtzeitanalyse

Die Standarddarstellung ist die Diagrammdarstellung.

Wenn Sie möchten, können Sie diese Darstellungen aber ändern, indem Sie eine Auswahl bei den „Darstellungen" treffen.

Abbildung 7.44: Darstellungen

Histogramm

In einem Histogramm werden alle Daten als Balken dargestellt.

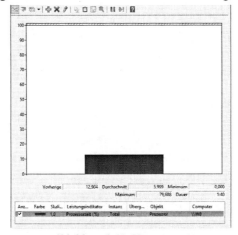

Abbildung 7.45: Histogramm

Bericht

Auch eine Berichtansicht ist möglich.

Abbildung 7.46: Bericht

Der Bericht stellt die Daten in Zahlenform dar und ist besser, um Werte exakt abzulesen.

Die Ereignisanzeige

Die Ereignisanzeige ist eine komplette Sammlung aller Ereignisse, die das System oder auch die Anwendungen betreffen.

Wer die Ereignisanzeige von älteren Windows Versionen noch kennt, wird erstaunt sein, wie stark die Darstellung verbessert wurde und wie detailliert nun die Ereignisse gesucht werden können.

Auch die Ereignisanzeige finden Sie in der Computerverwaltung.

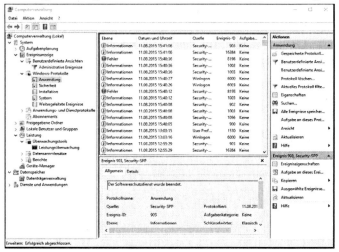

Abbildung 7.47: Ereignisanzeige

Die Startseite ist eine Zusammenfassung der wichtigsten Ereignisse.

Die einzelnen Protokolle

Die Ereignisanzeige teilt sich auf in die verschiedenen Protokolle.

Zunächst sehen Sie die benutzerdefinierten Ansichten. An dieser Stelle können Sie eigene Protokolle erstellen.

In vielen Fällen ist es schwierig, aus vielen einzelnen Protokollen immer genau die Ereignisse herauszusuchen, die gerade von Belang sind. Deswegen ist die Möglichkeit, eigene Protokolle zu erstellen, besonders interessant.

Auffällig ist, dass bereits ein Protokoll in dieser Ansicht vorhanden ist, nämlich das Protokoll „Administrative Ereignisse".

Hier sind bereits alle Ereignisse, die die Administration des Systems betreffen, dargestellt.

Sie sehen, alle Ereignisse sind in drei Kategorien eingeteilt.

ⓘ Information

Nicht kritisch, nur zur Information

⚠ Warnung

Nicht unbedingt kritisch, sollte beobachtet werden

❶ Fehler

Kritisch und kann zu Systeminstabilität führen

Es gibt eine große Anzahl an weiteren Protokollen, in denen die entsprechenden Ereignisse dargestellt werden.

Abonnement

Eine interessante Möglichkeit der Kontrolle bieten die Abonnements.

Mit Abonnements können Sie Ereignisse von anderen Computern sammeln und damit von einer zentralen Stelle aus eine Überwachung durchführen.

Wenn Sie ein neues Abonnement erstellen möchten, erhalten Sie die Warnung, dass der Windows-Ereignissammlungsdienst gestartet und konfiguriert sein muss.

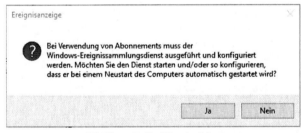

Abbildung 7.48: Warnmeldung

Sie können die Konfiguration automatisch vornehmen lassen, indem Sie auf „Ja" klicken.

Nun geben Sie dem Abonnement einen Namen und suchen den oder die Quellcomputer aus.

Abbildung 7.49: Abonnementeigenschaften

Im nächsten Schritt legen Sie die zu überwachenden Ereignisse fest.

Damit haben Sie ein neues Abonnement erstellt.

Aufgaben anfügen

Leider ist es in den meisten Fällen so, dass das Ereignisprotokoll nur dann überprüft wird, wenn Sie bereits ein Problem haben.

Besser wäre es, wenn Sie dies bereits vorher machen würden, oder wenn Sie zumindest eine Meldung erhalten könnten, wenn bestimmte Ereignisse eintreffen.

Diese Möglichkeit gibt es zum Glück in Windows 10.

Dazu suchen Sie sich ein Ereignis aus, bei dessen Eintreffen Sie in Zukunft gewarnt werden wollen und klicken mit der rechten Maustaste auf dieses Ereignis.

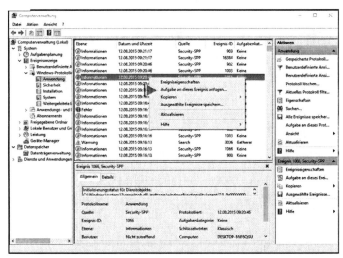

Abbildung 7.50: Ereignis

Sie wählen hier „Aufgabe an dieses Ereignis anfügen".

Nun startet ein Assistent, der Ihnen beim Erstellen der Aufgabe hilft.

Zunächst geben Sie dem Ereignis einen Namen und erhalten noch eine Zusammenfassung des ausgewählten Ereignisses.

Dann wählen Sie, welche Aktion ausgeführt werden soll.

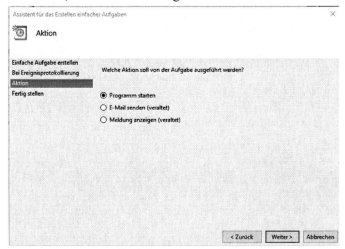

Abbildung 7.51: Aktion

Sie können ein Programm starten lassen, eine E-Mail schicken lassen, oder eine Meldung auf dem Bildschirm anzeigen lassen.

Datensammlersätze und Berichte

Mit Datensammlersätze können Sie die Performance des Rechners über einen längeren Zeitraum hinweg überwachen und bestimmte Indikatoren aufzeichnen.

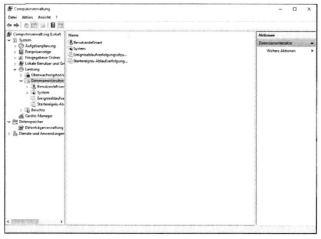

Abbildung 7.52: Datensammlersätze

Wenn Sie zu den Datensammlersätzen wechseln, sehen Sie, dass bereits einige Datensammlersätze vordefiniert sind, wie System oder Ereignisablaufverfolgung.

Interessanter ist allerdings die Möglichkeit, eigene Datensammlersätze zu definieren, mit denen Sie die Probleme des Systems verfolgen können.

Abbildung 7.53: Erstellen eines benutzerdefinierten Datensammlersatzes

Zunächst geben Sie dem Datensammlersatz einen Namen und entscheiden sich, ob Sie den Datensammlersatz aus einer Vorlage erstellen möchten, oder völlig frei generieren.

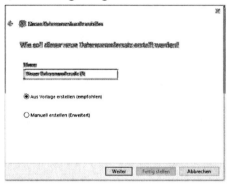

Abbildung 7.54: Neuer Sammlungssatz

Zunächst sollten Sie „Aus Vorlage erstellen" wählen, wenn Sie etwas mehr Erfahrung haben, können Sie auch einen manuellen Datensammlersatz erstellen.

Nun entscheiden Sie sich für die Vorlage, die Sie für den Datensammlersatz benutzen möchten.

Im letzten Schritt geben Sie den Speicherort an.

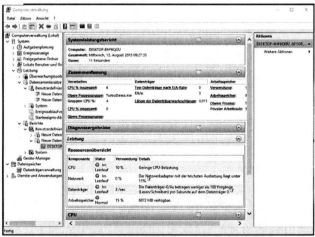

Abbildung 7.55: Bericht

Sie können wählen, ob der Datensammlersatz zunächst nur erstellt werden soll, oder ob er gleich gestartet wird.

Ein gestarteter Datensammlersatz kann eine beliebige Zeit laufen und muss aber zur Auswertung angehalten werden.

Wenn Sie den Datensammlersatz angehalten haben, können Sie den Bericht über diese Sammlung betrachten und eine detaillierte Auswertung machen.

Das Tool „Systemkonfiguration"

Das Tool „Systemkonfiguration" ist ein kleines Tool, mit dem Sie die aktuelle Systemkonfiguration betrachten und einige Einstellungen ändern können.

Sie öffnen es durch Eingabe von „Msconfig.exe".

Abbildung 7.56: Allgemein

Die Karteikarte „Allgemein"

Hier finden Sie Funktionen für den Systemstart. Sie können hier einstellen, was Windows beim nächsten Systemstart ausführen soll:

- Normaler Systemstart (Alle Gerätetreiber und Dienste laden)
- Diagnosesystemstart (Nur grundlegende Geräte und Dienste laden)
- Benutzerdefinierter Systemstart

An dieser Einstellung sollten Sie normalerweise nichts ändern, da der erste Eintrag „Normaler Systemstart" die richtige Auswahl ist.

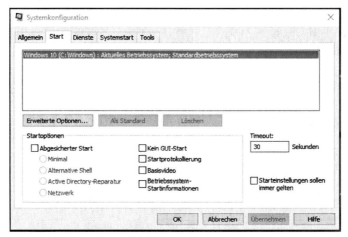

Abbildung 7.57: Start

Die Karteikarte „Start"

Hier sehen Sie die Einstellungen für den Systemstart.

Dies sind die Einstellungen, die Sie mit dem Tool „BCDEdit.exe" gemacht haben.

Außerdem können Sie wählen, ob Sie einen abgesicherten Start möchten und mit welchen Optionen dieser abgesicherte Start stattfinden soll.

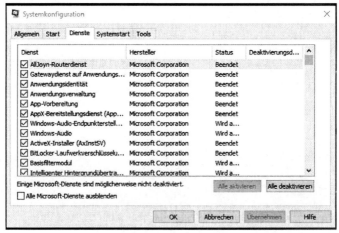

Abbildung 7.58: Dienste

Die Karteikarte „Dienste"

Über diesen Eintrag können Sie sich die vorhandenen Dienste auf Ihrem

Rechner anzeigen lassen. Sie können hier nicht benötigte Dienste deaktivieren, dabei sollten Sie aber beachten, dass Sie keine wichtigen Dienste ausschalten.

Über die Checkbox „Alle Microsoft-Dienste ausblenden" können Sie alle Microsoft-Dienste ausblenden lassen und sehen somit nur noch die Dienste, welche von anderen Programmen/Herstellern installiert wurden.

Abbildung 7.59: Systemstart

Die Karteikarte „Systemstart"

Hier werden weitere Programme und Tools aufgeführt, die beim Starten von Windows automatisch gestartet werden.

Durch das Deaktivieren von nicht gebrauchten Einträgen, können Sie den Systemstart oft beschleunigen.

Hierbei werden Sie zum Taskmanager weitergeleitet.

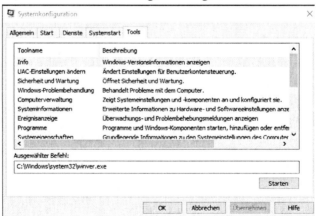

Abbildung 7.60: Tools

Die Karteikarte „Tools"

Hier können Sie Konfigurationseinstellungen und Tools von Windows aufrufen. Wählen Sie dafür das entsprechende Tool aus und klicken Sie anschließend auf den Button „Starten".

Überwachungsrichtlinien

Manchmal ist es nötig nachzuprüfen, ob das Netzwerk wirklich so sicher ist, wie man es gerne hätte. Microsoft hat eine ganze Reihe an Überwachungsmöglichkeiten mit Windows 10 mitgeliefert, es sollte in jedem Fall möglich sein, das Netzwerk nach Schwachpunkten zu untersuchen.

Ein großer Schwachpunkt ist die Sicherheit nach außen. Wie sollen Sie zum Beispiel nachvollziehen, dass niemand versucht, durch Erraten des Kennwortes in das Netzwerk einzudringen?

Oder ist es in Ihrer Firma auch schon passiert, dass Dateien verschwunden sind, aber niemand hat sie gelöscht?

Um solche Manipulationsversuche von außen (oder auch von innen!) festzustellen, benötigen Sie eine Überwachungsfunktion.

In der lokalen Sicherheitsrichtlinie wird auch ein Menüpunkt „Überwachungsrichtlinie" verwaltet.

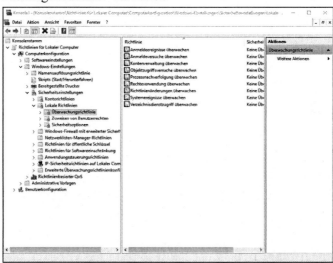

Abbildung 7.61: Überwachungsrichtlinie

Hier sind verschiedene Überwachungseinstellungen dargestellt.

Einstellung	Bedeutung
Anmeldeereignisse überwachen	Zugriffe auf den lokalen Computer, um sich lokal anzumelden, können überwacht werden
Anmeldeversuche überwachen	Zugriffe auf das Active Directory, um sich an der Domäne anzumelden, können überwacht werden
Kontenverwaltung überwachen	Zugriff auf Konten, mit dem Ziel der Erstellung, Änderung oder Löschung, können überwacht werden
Objektzugriffsversuche überwachen	Zugriffe auf Ordner, Dateien oder Drucker können überwacht werden
Prozessverfolgung überwachen	Einzelne Prozesse, das sind Teile eines Programms, können überwacht werden
Rechteverwendung überwachen	Das Einsetzen eines Benutzerrechts kann überwacht werden
Richtlinienänderung überwachen	Änderungen an Gruppenrichtlinien können überwacht werden
Systemereignisse überwachen	Ereignisse, die das System betreffen, können überwacht werden. Beispiel: Herunterfahren eines Computers
Verzeichnisdienstzugriff überwachen	Der Zugriff auf Objekte im Active Directory kann überwacht werden

Wenn Sie hier Konfigurationen vornehmen, werden die entsprechenden Überwachungseinträge im Ereignisprotokoll vorgenommen.

Wie Sie sehen, sind die Überwachungsmöglichkeiten mehr als ausreichend. Sie müssen sich als nächstes überlegen, ob Sie

- Erfolg oder
- Fehlschlag

einer Aktion aufzeichnen möchten.

Abbildung 7.62: Erfolg oder Fehlschlag

Ein Beispiel:

Seit einiger Zeit vermuten Sie Zugriffsversuche auf die Domäne von unbefugten Personen. Sie möchten gerne wissen, wann und von welcher Maschine aus Angriffe versucht werden.

In diesem Fall sollten Sie „Anmeldeversuche" und dabei „Fehlschlag" aktivieren. Erfolgreiche Anmeldeversuche können Sie getrost außen vor lassen, denn sonst zeichnen Sie auch alle Anmeldeversuche aller Mitarbeiter auf.

ACHTUNG!

Jede Überwachung ist ein Eingriff in die Arbeitsumgebung der Mitarbeiter. Sprechen Sie jede Überwachung mit den Mitarbeitern oder dem Betriebsrat ab!

Nun stellt sich die Frage, ob das einfache Aussuchen, ob Erfolg oder Fehlschlag aufgezeichnet werden soll, ausreicht.

In den allermeisten Fällen wird es ausreichen, aber bei einigen Zugriffen wäre die Überwachungsbandbreite zu groß und das Ereignisprotokoll würde in kürzester Zeit überquellen.

Diese Ereignisse sind

- Objektzugriffsversuche
- Verzeichnisdienstzugriffe

Wenn Sie Objektzugriffe nicht weiter einschränken könnten, würde jedes Öffnen, Benutzen oder Löschen einer Datei oder eines Ordners von Jedem aufgezeichnet werden. Das kann natürlich keine Lösung sein.

Auch bei Verzeichnisdienstzugriffen ist das Problem vorhanden. Aus diesem Grund müssen für diese zwei Überwachungsrichtlinien weitere Einschränkungen getroffen werden.

Einstellungen	Weitere Einschränkungen
Anmeldeereignisse überwachen	Nicht nötig
Anmeldeversuche überwachen	Nicht nötig
Kontenverwaltung überwachen	Nicht nötig
Objektzugriffsversuche überwachen	Ja: Welche Gruppe Welches Ereignis
Prozessverfolgung überwachen	Nicht nötig
Rechteverwendung überwachen	Nicht nötig
Richtlinienänderung überwachen	Nicht nötig
Systemereignisse überwachen	Nicht nötig
Verzeichnisdienstzugriff überwachen	Ja: Welche Gruppe Welches Ereignis

Weitere Einschränkungen: Objektzugriff auf Ordner und Dateien

Um die Überwachung des Objektzugriffs auf Ordner oder Dateien weiter einzuschränken, öffnen Sie den Explorer.

Ein Beispiel:

Aus einem Ordner mit Namen „Daten" verschwinden regelmäßig Dateien, aber niemand will sie gelöscht haben. Aus diesem Grund haben Sie eine Überwachungsrichtlinie erstellt, die den Erfolg und den Fehlschlag des Objektzugriffs überwachen soll. Sie möchten nicht nur wissen, wer erfolgreich eine Datei gelöscht hat, sondern auch, wer es erfolglos probiert hat.

Abbildung 7.63: Überwachen eines Ordners

Um nun die weiteren Einschränkungen zu treffen, öffnen Sie die Eigenschaften des Ordners „Daten".

* Sicherheit
* Erweitert
* Überwachung

Wie Sie sehen, ist kein Überwachungseintrag erstellt.

Um die Überwachung zu konfigurieren, klicken Sie auf „Hinzufügen".

Hier suchen Sie sich die Gruppe oder den Benutzer aus, den Sie überwachen wollen.

In unserem Beispiel haben wir noch keine Ahnung, wer der Übeltäter sein könnte. Aus diesem Grund wählen wir die zu überwachende Gruppe sehr groß, nämlich die Benutzer.

Nun erscheint ein Fenster, in dem wir noch die Art der Aktion eintragen müssen, die überwacht werden soll.

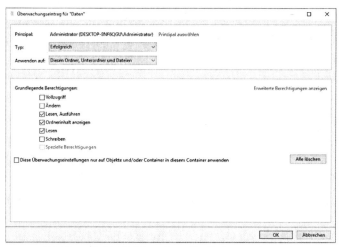

Abbildung 7.64: Welcher Zugriff soll überwacht werden

Da wir in unserem Beispiel nur wissen möchten, wer Daten löscht, wählen wir auch nur „Löschen" aus.

ACHTUNG!

Wie Sie bemerkt haben, werden hier die NTFS-Rechte bearbeitet. Deswegen ist es nur auf NTFS-Partitionen möglich, Datei- und Ordnerzugriff zu überwachen. Auf einer FAT Partition besteht dafür keine Möglichkeit!

Ein Tipp:

Entfernen Sie die Überwachungseinträge nach Beendigung der Überwachung wieder. Wenn Sie nur die Überwachung deaktivieren, haben Sie auf den ersten Blick zwar das Gleiche erreicht, aber wenn Sie später ein anderes Objekt überwachen möchten und die Überwachung in der Sicherheitskonsole wieder einrichten, bekommen Sie ansonsten auch die alten Einträge angezeigt. Um diesen Datenmüll zu vermeiden und um das Ganze übersichtlich und verwaltbar zu halten, sollten Sie die NTFS-Rechte auf jeden Fall entfernen.

Die Verzeichnisdienstzugriffsüberwachung wird an dieser Stelle nicht besprochen, da dies eine Aufgabe der Domänenadministratoren ist.

7.3.4 Der Windows Defender

Der Windows Defender ist eine Antispywaresoftware, die von Microsoft mitgeliefert wird.

Spyware kann zunächst nur im Hintergrund installiert werden, und Sie merken nichts davon. Erst nach einiger Zeit wird sie aktiv, und sendet Informationen über Ihr System oder über Ihre privaten Daten.

Manchmal bleibt Spyware auf dem Computer aber nicht ohne Hinweise für Sie. Folgende Symptome sind ein Zeichen, dass Ihr Rechner möglicherweise mit Spyware infiziert ist:

- Der Webbrowser hat sein Aussehen verändert. Er hat neue Links, Symbolleisten oder Favoriten, die Sie nicht hinzugefügt haben
- Der Webbrowser hat eine neue Startseite, die Sie nicht eingestellt haben
- Sie werden im Webbrowser immer auf eine bestimmte Seite umgeleitet
- Sie sehen im Browser Werbung, auch wenn Sie nicht mit dem Internet verbunden sind
- Der Computer läuft plötzlich langsamer als normalerweise

Leider ist dies keine komplette Liste. Deswegen sollten Sie ein Tool verwenden, das Spyware und andere bösartige Programme erkennt, und zuverlässig beseitigt.

Dagegen gibt es den Windows Defender. Er bietet mehrere Möglichkeiten, um Spyware und andere möglicherweise unerwünschte Software davon abzuhalten, den Computer zu infizieren.

> **ACHTUNG!**
> Der Windows Defender ist kein Ersatz für ein aktuelles Antivirenprogramm! Im Idealfall verwenden Sie sowohl ein Tool gegen Spyware, wie zum Beispiel den Windows Defender, und ein Antivirenprogramm. Beide Tools müssen immer aktuell gehalten werden!

Sie können den Windows Defender an folgender Stelle konfigurieren:

- Start
- Einstellungen
- Update und Sicherheit
- Windows Defender

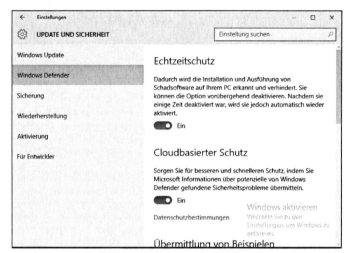

Abbildung 7.65: Windows Defender

Hier können Sie den Echtzeitschutz und den cloudbasierten Schutz einstellen.

Auch, ob Sie Beispiele an Microsoft übermitteln möchten, können Sie hier festlegen.

Im unteren Teil des Fensters können Sie auf „Windows Defender verwenden" klicken.

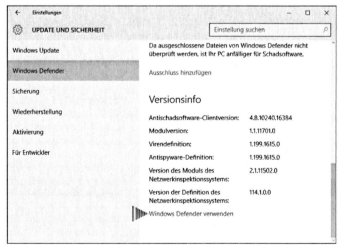

Abbildung 7.66: Windows Defender verwenden

Damit öffnen Sie ein anderes Fenster, das sich in der Systemsteuerung befindet.

Abbildung 7.67: Startseite Defender

Hier legen Sie die Überprüfungsoptionen fest, nämlich ob die Prüfung

- Schnell
- Vollständig
- Benutzerdefiniert

stattfinden soll.

Wenn Sie auf die Karteikarte „Update" wechseln, sehen Sie, wann das letzte Update der Spywaredefinitionen gemacht worden ist.

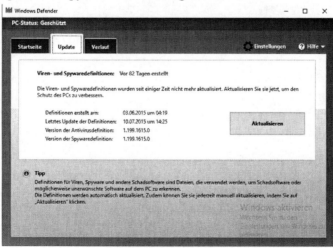

Abbildung 7.68: Update

Normalerweise müssen Sie sich um nichts kümmern, da die Updates über das Windows Update gemacht werden.

Die letzte Karteikarte ist „Verlauf". Hier können Sie die Historie betrachten.

Abbildung 7.69: Verlauf

7.4 Zusammenfassung, Übungen / Aufgaben

7.4.1 Zusammenfassung

Bibliotheken wurden mit Windows 7 eingeführt. Sie sehen aus wie jeder andere Ordner im Explorer, haben aber eine andere Funktion.

In Ordnern sind Dateien physisch gespeichert, in Bibliotheken dagegen werden Dateien angezeigt, die an anderen Stellen gespeichert sind.

Natürlich gibt es auch für Drucker Zugriffsberechtigungen. Diese sind den Freigabeberechtigungen sehr ähnlich und werden genauso verwaltet.

Es gibt vier verschiedene Druckberechtigungen:

Drucken

Die Berechtigung „Drucken" bedeutet, dass man sich mit einem Drucker verbinden kann und Dokumente drucken darf. Im Normalfall hat die Gruppe „Jeder" das Recht zu drucken.

Dokumente verwalten

Dokumente verwalten bedeutet, dass der Druck eines Dokumentes angehalten, unterbrochen, abgebrochen und neu gestartet werden kann und dass die Reihenfolge der Druckaufträge geändert werden kann. Dieses Recht hat normalerweise die Gruppe „Ersteller – Besitzer". Dadurch kann jeder seine eigenen Dokumente verwalten, aber nicht die Dokumente der anderen.

Drucker verwalten

Drucker verwalten bedeutet, dass neue Drucker installiert werden können und vorhandene Drucker verändert werden können. Dieses Recht steht natürlich den Benutzern nicht zur Verfügung.

Bevor wir auf den Vorgang des Druckens eingehen, müssen bestimmte Begriffe geklärt werden.

Es ist wichtig, diese Begriffe zu kennen, denn in der Literatur und in den Prüfungen werden ausschließlich diese Begriffe verwendet.

Druckgerät

Das Druckgerät ist das, was in der Alltagssprache als „Drucker" bezeichnet wird.

Es gibt zwei Arten von Druckgeräten:

Lokales Druckgerät

Ein lokales Druckgerät ist direkt mit einer Schnittstelle des Druckservers verbunden. Es kann für den Zugriff über das Netzwerk freigegeben werden, oder es kann ausschließlich lokal verwendet werden.

Netzwerkdruckgerät

Netzwerkdruckgeräte sind nicht direkt mit einer Schnittstelle des Druckservers verbunden, sondern haben eine eigene Netzwerkkarte und eine eigene IP-Adresse.

Drucker

Der Drucker ist die Schnittstelle zwischen dem Druckgerät und dem Betriebssystem. Optisch sichtbar ist ein Drucker durch das Druckersymbol in der Verwaltungskonsole.

Druckserver

Auf dem Druckserver werden die Drucker verwaltet. Auf ihm sind die Drucker installiert und auf ihm werden auch die Treiber für die Clients verwaltet.

Druckertreiber

Druckertreiber sind Dateien, mit denen das Ansprechen der Drucker ermöglicht wird. Druckertreiber sind für jedes Druckgerätmodell individuell.

Spooler

Der Spooler ist die Warteschlange der zu druckenden Dokumente. Der Spooler benutzt sowohl den Festplattenspeicher, als auch den Arbeitsspeicher.

Windows 10 bietet Ihnen die Möglichkeit, Daten im Cloudservice „OneDrive" zu speichern und mit allen Ihren Geräten (PC, Tablet, Smartphone) zu benutzen.

Um OneDrive benutzen zu können benötigen Sie ein Microsoft-Konto.

Mit diesem können Sie dann von allen Geräten aus auf Ihren gemeinsamen Speicher zugreifen.

OneDrive wird wie ein Festplattenlaufwerk benutzt.

Wenn Sie auf OneDrive zugreifen möchten und nicht mit Ihrem Microsoft-Konto angemeldet sind, startet ein Assistent, der Sie durch die Konfiguration führt.

Ein Problem bei der Datenverwaltung ist der Schutz und die Überwachung der Ressourcen. Es muss sichergestellt werden, dass nur berechtigte Personen eine Datei lesen können, dafür gibt es zum Einen die Berechtigungen, aber man kann auch noch einen Schritt weitergehen und die Daten verschlüsseln.

Mit Datenträgerkontingenten ist es möglich, den Speicherplatz zu beschränken.

Auch die Überwachung der Ressourcen kann von großer Bedeutung sein, immer dann, wenn man sich nicht sicher sein kann, dass alle Ressourcen bestimmungsgemäß verwendet werden.

EFS, Encrypting File System, ist eine Möglichkeit, seine Daten gegen unbefugten Zugriff zu schützen, aber mit ausgewählten Personen teilen zu können.

EFS verschlüsselt die Daten auf Dateisystemebene und ist deswegen auch nur auf NTFS-Partitionen möglich.

Das Verschlüsseln wird über ein Zertifikat bewerkstelligt, das bei der ersten Verschlüsselung generiert wird.

Ein interessantes Feature ist das Multiuser-EFS. Mit Windows 10 ist es möglich, mehreren Benutzern den Zugriff auf verschlüsselte Dateien zu gestatten. Dies entspricht auch der Realität, da ganz selten nur eine einzige Person Zugriff auf eine bestimmte Datei haben soll.

Wie bereits erwähnt, sollte es immer einen Wiederherstellungsagenten geben, der die verschlüsselten Daten im Zweifelsfall wiederherstellen kann, auch wenn das Zertifikat des Besitzers der Datei zerstört worden ist.

Wenn Sie einen Windows 10 Rechner ohne Domänenzugehörigkeit betreiben, müssen Sie das Zertifikat für einen Wiederherstellungsagenten zunächst erstellen und dann importieren.

Eine Möglichkeit, Platz auf der Festplatte zu sparen, sind die Datenträgerkontingente.

Die meisten Benutzer sammeln in kürzester Zeit Unmengen an Daten an. Dies ist nicht etwa böser Wille, aber solange Speicherplatz vorhanden ist, wird er auch benutzt.

Besser wäre es, wenn nur ein Teil der Festplattenkapazität zum Speichern von Daten zur Verfügung gestellt werden könnte, und den Benutzern ein individuelles Limit für die Menge der Daten gestellt würde, die sie speichern können.

Dies ist mit Datenträgerkontingenten möglich. Auf einer NTFS-Partition können Speichergrenzen für einzelne Personen oder auch für alle Benutzer festgelegt werden. Bei Überschreitung dieser Grenze kann das Speichern verweigert werden, und somit die Benutzer zum Löschen alter Daten gezwungen werden.

Um ein System überwachen zu können, gibt es bei Windows 10 verschiedene Tools.

Mit diesen Tools können Sie zunächst einmal Probleme feststellen, um diese danach beseitigen zu können.

Oftmals müssen Sie mit sinkender Systemleistung kämpfen. Deswegen ist es wichtig, dass Sie einige Werkzeuge an der Hand haben, die Ihnen entweder die Analyse der sinkenden Systemleistung ermöglichen, oder Ihnen sogar helfen, die Systemleistung wieder zu steigern.

Manchmal ist es nötig nachzuprüfen, ob das Netzwerk wirklich so sicher ist, wie man es gerne hätte. Microsoft hat eine ganze Reihe an

Überwachungsmöglichkeiten mit Windows 10 mitgeliefert, es sollte in jedem Fall möglich sein, das Netzwerk nach Schwachpunkten zu untersuchen.

Ein großer Schwachpunkt ist die Sicherheit nach außen. Wie sollen Sie zum Beispiel nachvollziehen, dass niemand versucht, durch Erraten des Kennwortes in das Netzwerk einzudringen?

Oder ist es in Ihrer Firma auch schon passiert, dass Dateien verschwunden sind, aber niemand hat sie gelöscht?

Um solche Manipulationsversuche von außen (oder auch von innen!) festzustellen, benötigen Sie eine Überwachungsfunktion.

In der lokalen Sicherheitsrichtlinie wird auch ein Menüpunkt „Überwachungsrichtlinie" verwaltet.

Der Windows Defender ist eine Antispywaresoftware, die von Microsoft mitgeliefert wird.

7.4.2 Übungen

1. Starten Sie die virtuelle Maschine „DC" und melden Sie sich als Administrator der Domäne mit dem Kennwort „Kennw0rt!" an.

2. Starten Sie die virtuelle Maschine „W10" und melden Sie sich als Administrator der Domäne mit dem Kennwort „Kennw0rt!" an.

3. Konfigurieren Sie Bibliotheken auf „W10".

4. Installieren Sie einen Drucker auf „W10".

5. Betrachten Sie die Druckerrechte.

6. Starten Sie die Maschine „W10-I" und melden Sie sich mit Ihrem Microsoft-Konto an.

7. Konfigurieren Sie „OneDrive".

8. Erstellen Sie auf „W10" eine MMC mit dem Snap-In „Zertifikate". Haben Sie bereits ein EFS-Zertifikat?

9. Verschlüsseln Sie eine Datei. Haben Sie nun ein Zertifikat?

10. Versuchen Sie, einer anderen Person Zugriff auf diese verschlüsselte Datei zu gewähren. Ist das möglich?

11. Melden Sie sich ab und mit einem anderen Konto wieder an. Wenn noch kein weiteres Konto vorhanden ist, legen Sie eins an. Verschlüsseln Sie eine Datei.

12. Melden Sie sich ab und als „Administrator" wieder an.

13. Können Sie nun dem neuen Benutzer Zugriff auf Ihre zuvor verschlüsselte Datei gewähren?

14. Erstellen Sie einen Wiederherstellungsagenten und importieren Sie das Zertifikat.

15. Konfigurieren Sie Datenträgerkontingente.

16. Benutzen Sie den Taskmanager und untersuchen Sie den Zustand des Systems.

17. Betrachten Sie die Standardprioritäten einiger Prozesse. Ändern Sie nichts!

18. Öffnen Sie die Leistungsüberwachung. Überprüfen Sie die Leistungswerte des Prozessors und des Arbeitsspeichers.

19. Kontrollieren Sie die Ereignisanzeige.

20. Erstellen Sie ein Abonnement.

21. Erstellen Sie einen Sammlungssatz.

22. Betrachten Sie den eben erstellten Bericht.

23. Öffnen Sie die Systemkonfiguration und betrachten Sie die Einstellungsmöglichkeiten.

24. Öffnen Sie die lokale Gruppenrichtlinie. Betrachten Sie die Überwachungsrichtlinie und interpretieren Sie die jeweilige Vorgehensweise.

25. Konfigurieren Sie den Defender.

7.4.3   Aufgaben

1. Wie können Sie eine Druckerwarteschlange von einem Windows 10 Rechner zu einem anderen migrieren?

2. Wie können Sie dafür sorgen, dass eine bestimmte Benutzergruppe die eigenen Druckaufträge bearbeiten kann, aber nicht die Druckaufträge der anderen Kollegen?

3. Sie haben einen 64-bit Windows 10 Rechner als Druckserver eingerichtet. Nun möchten Sie von einem 32-bit Windows 8 Rechner aus über diesen Druckserver ausdrucken.

    Wie gehen Sie vor?

4. Wie lautet der Befehl, mit dem Sie Dateien und Ordner verschlüsseln können?

5. Sie betreuen die Windows 10 Clients Ihrer Firma.

    Was müssen Sie tun, um alle Dateien, die auf einem Client mit EFS verschlüsselt worden sind, wiederherstellen zu können?

6. Sie möchten, dass ein zweiter Benutzer auf Ihrem Windows 10 Rechner Ihre mit EFS verschlüsselten Dateien öffnen kann.

    Was muss dieser Benutzer zuerst tun, damit dies möglich ist?

7. Sie möchten den Speicherplatz auf einem Laufwerk eines Windows 10 Computers für alle Benutzer auf jeweils 500 GB begrenzen.

    Administratoren sollen keine Begrenzung des Speicherplatzes haben.

    Wie können Sie das erreichen?

8 Remotezugriff

Prüfungsanforderungen von Microsoft:
- Configure remote connections
  - o Configure remote authentication
  - o configure Remote Desktop settings
  - o configure VPN connections and authentication
  - o enable VPN reconnect
  - o configure broadband tethering
- Configure mobility options
  - o Configure offline file policies
  - o configure Windows To Go
  - o configure sync options
  - o configure Wi-Fi direct

Quelle: Microsoft

Lernziele:
- Remoteverbindungen
- Remotedesktop
- Remoteunterstützung
- VPN (Virtual Privat Network)
- DirectAccess
- BranchCache
- Mobilitätseinstellungen
  - o Offlinedateien
  - o Arbeitsordner
- Windows To Go
- Installation von Windows To Go

8.1 Einführung

Zum Remotezugriff gehören natürlich alle Arten von Zugriff von außen auf das Netzwerk. Ein weiteres, wichtiges Thema ist die Verwaltung von mobilen Geräten.

8.2 Remoteverbindungen

Gerade bei Notebooks ist es immer wieder der Fall, dass man von außen auf das Netzwerk zugreifen muss. Hierfür gibt es viele Möglichkeiten, die wir uns in diesem Kapitel ansehen werden.

8.2.1 Remotedesktop

Eine Remoteverwaltungsmöglichkeit stellt der Remote Desktop dar. Sie verbinden sich mit einem Remotecomputer und können ihn benutzen, als wenn Sie direkt an der Maschine sitzen würden.

Ganz besonders praktisch ist der Remote Desktop, wenn Sie sowohl in der Firma als auch zu Hause mit einem Windows 10 Client arbeiten und beispielsweise von zu Hause aus auf Ihren Firmenrechner zugreifen möchten.

Im Prinzip erfolgt eine Remote Desktop Sitzung folgendermaßen:

- Sie stellen eine Verbindung zum Zielrechner her
- Sie melden sich am Zielrechner an
- Sie arbeiten am Zielrechner, Ihr momentaner Client stellt Ihnen nur Tastatur, Maus und Bildschirm zur Verfügung.

ACHTUNG!

Windows 10 erlaubt nur eine Verbindung! Wenn Sie sich an einem Rechner Remote anmelden, wird der Benutzer, der an der Maschine arbeitet, sofort abgemeldet!

Voraussetzung

Die Voraussetzungen, um eine Remotesitzung aufbauen zu können, sind einfach.

1.   Das Aufbauen einer Remotesitzung muss am Zielrechner genehmigt werden.

- Am Server rechte Maustaste auf Computer

- Eigenschaften

Oder Sie gehen folgenden Weg:

- Systemsteuerung

- System und Sicherheit

- System

In beiden Fällen klicken Sie nun links auf die Schaltfläche „Remoteeinstellungen".

Im unteren Teil der Karteikarte finden Sie „Remotedesktop".

Abbildung 8.1: Grundeinstellungen für Remotedesktop

Hier haben Sie drei Auswahlmöglichkeiten:

Keine Remoteverbindung zu diesem Computer zulassen

Auf diesen Computer kann nicht über Remotedesktop zugegriffen werden.

Remoteverbindung mit diesem Computer zulassen

Mit dieser Wahl werden auch noch die älteren Versionen von Remotedesktop unterstützt.

Verbindungen nur von Computern zulassen, auf denen Remotedesktop mit Authentifizierung auf Netzwerkebene ausgeführt

wird (empfohlen)

Wenn Sie sicher wissen, dass es nur ein Windows Vista, Windows 7 oder Windows 10 Client sein kann, der auf Ihren Client zugreifen möchte, dann wählen Sie diese Einstellung. Windows 10 unterstützt die Authentifizierung auf Netzwerkebene, wobei diese Funktionalität auch für ältere Clients heruntergeladen und installiert werden kann.

2. Der Benutzer muss das Recht haben, sich Remote anzumelden.

Der Benutzer muss Mitglied in einer Gruppe sein, die das Recht hat, sich an einem Remotesystem anzumelden.

Dieses Recht haben zwei Gruppen:

- Administratoren
- Remotedesktopbenutzer

Für administrative Tätigkeiten ist sowieso nur die Gruppe der Administratoren von Bedeutung. Falls Sie zusätzlich einigen Benutzern das Recht zum Anmelden an einem Remotesystem geben möchten, fügen Sie sie einfach der Gruppe „Remotedesktopbenutzer" hinzu.

Es gibt aber auch noch eine zweite Möglichkeit, einzelnen Benutzern den Remotezugriff auf einen einzelnen Rechner zu gewähren, indem Sie auf die Schaltfläche „Benutzer auswählen" klicken und die ausgewählten Benutzer hinzufügen.

Abbildung 8.2: Benutzer hinzufügen

3. Die Firewall muss eine Remotedesktopsitzung zulassen.

Natürlich müssen Sie darauf achten, dass die Windows Firewall eine

Remotedesktopsitzung erlaubt.

Dazu kontrollieren Sie, ob der Haken bei der Ausnahme „Remotedesktop" gesetzt ist.

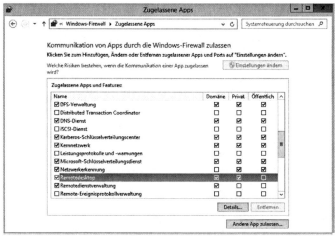

Abbildung 8.3: Konfiguration der Firewall

Aufbauen einer Remotesitzung

Nun können Sie vom Client aus eine Remotesitzung aufbauen.

Dies können Sie mit einer App machen.

Öffnen Sie das Startmenü und geben Sie ein „Remotedesktopverbindung".

Abbildung 8.4: Remotedesktopverbindung

Aber egal, auf welche Weise Sie die App öffnen, es erscheint immer das Fenster, in dem Sie gefragt werden, mit welchem Computer Sie sich verbinden möchten.

Abbildung 8.5: Verbindung zum Remotecomputer

Wenn Sie hier den Namen oder IP-Adresse des gewünschten Remotecomputers eintragen, werden Sie sofort verbunden und bekommen das Anmeldefenster.

Abbildung 8.6: Allgemeine Einstellungen

Sie können aber auch auf die Schaltfläche „Optionen" klicken und noch einige Einstellungen machen.

Auf der Karteikarte „Allgemein" können Sie die Verbindungseinstellungen in einer RDP-Datei speichern. Dadurch können Sie auf Ihre einmal getroffenen Konfigurationseinstellungen jederzeit zurückgreifen.

Abbildung 8.7: Anzeigeoptionen

Auf der Registerkarte „Anzeige" können Sie die Einstellungen Ihres Bildschirms definieren. Der obere Schieber stellt die Größe des Remotebildes dar. Wenn der Schieber ganz rechts ist, wird das Remotebild im Vollbild dargestellt.

Auch die Farbtiefe können Sie hier einstellen. Der Haken bei „Verbindungsleiste bei Vollbild anzeigen" ist standardmäßig gesetzt. Das bedeutet, dass Sie im Vollbildmodus eine Leiste am oberen Bildschirmrand sehen, die Sie daran erinnert, dass Sie auf einem Remotesystem arbeiten.

Abbildung 8.8: Lokale Ressourcen

Auf der Karteikarte „Lokale Ressourcen" stellen Sie ein, wie die Ressourcen des Clients, an dem Sie sitzen, verwendet werden.

Sie können auswählen, ob Sounds auf Ihrem Computer wiedergegeben werden sollen.

Interessant ist auch die Verwendung von Tastenkürzeln. Hier sollten Sie die Einstellung belassen „Nur im Vollbildmodus anwenden". So vermeiden Sie Verwechslungen mit Ihrem lokalen Desktop.

Auch weitere lokale Geräte können vom Remotecomputer aus benutzt werden. Hier ist der Drucker sehr wichtig, wobei auf dem Remotecomputer der entsprechende Druckertreiber installiert sein muss.

Auf der Karteikarte „Leistung" können Sie die Übertragungsrate wählen. In Abhängigkeit dieser Rate können Sie auch verschiedene Dinge anzeigen oder nicht anzeigen lassen.

Bei einer niedrigen Übertragungsrate ist es besser, wenn aufwändige Grafiken, wie das Hintergrundbild, nicht übertragen werden. Diese

Einstellungen können Sie hier nach Ihren Wünschen vornehmen.

Abbildung 8.9: Leistung

Die letzte Karteikarte „Erweitert" beschäftigt sich mit der Authentifizierung auf Netzwerkebene. Sie können wählen, ob Sie eine Warnmeldung sehen wollen, falls die Authentifizierung fehlschlägt.

Abbildung 8.10: Erweitert

Wenn Sie auf „Einstellungen" klicken, können Sie die Einstellung „Remotedesktop-Gateway" machen.

Ein Remote-Desktop Gateway ist ein Server, auf dem dieser Rollendienst aktiviert ist. Hierbei wird das Protokoll RDP über https getunnelt. Damit ist eine Kommunikation über eine Firewall viel einfacher möglich.

Abbildung 8.11: Remotedesktop-Gateway

Die Remotesitzung

Wenn Sie auf die Schaltfläche „Verbinden" klicken, wird die Remotedesktopsitzung aufgebaut. Ein eventuell momentan am Remoterechner angemeldeter Benutzer wird abgemeldet.

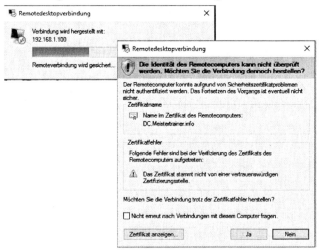

Abbildung 8.12: Meldung

Es ist möglich, dass eine Fehlermeldung erscheint, die einen Zertifikatsfehler anzeigt. Dies passiert immer dann, wenn es sich um zwei Computer handelt, die keine gemeinsame Domäne oder Arbeitsgruppe teilen.

Sie können die Verbindung aber trotzdem herstellen, wenn Sie sicher sind, dass der Zielcomputer vertrauenswürdig ist.

Abbildung 8.13: Remotesitzung

Sie sehen den Desktop des entfernten Computers und im Vollbild ist eine Leiste am oberen Ende eingeblendet, die Ihnen bestätigt, dass es sich um eine Remotesitzung handelt.

Nun können Sie alle administrativen Aufgaben durchführen.

Beenden einer Remotesitzung

Es gibt zwei Möglichkeiten, das Ende einer Sitzung zu gestalten:

- Sitzung trennen
- Sitzung beenden

Bei einer getrennten Sitzung werden auf dem Server die Ressourcen nicht wieder freigegeben, ein Trennen ist also nur für eine kurze Abwesenheit vom Arbeitsplatz richtig.

ACHTUNG!

Wenn Sie eine Remotesitzung ordnungsgemäß beenden wollen, wählen Sie „Start" „Abmelden".

Besonderheiten beim Remotedesktop

Sollten Sie eine Firewall betreiben, muss der entsprechende Port offen sein, das ist der Port 3389 (RDP). Andernfalls sollten Sie ein Remotedesktop-Gateway in der Firma konfigurieren, damit Sie RDP über https tunneln können. Damit muss an der Firewall im Normalfall nichts mehr geändert werden, da der https Port 443 sowieso meistens offen ist.

Häufig ist es ein Problem, dass Internetverbindungen aus Kostengründen bei Leerlauf schnell gekappt werden. Sie sollten auf jeden Fall vermeiden, dass Ihre Internetverbindung während der Sitzung beendet und wieder aufgebaut wird. Meistens bekommen Sie dann eine andere IP-Adresse und die Kommunikation kann nicht mehr stattfinden.

> **ACHTUNG!**
> Dies ist auch ein häufiges Problem bei der Remoteunterstützung. Sie senden einen Hilferuf und beenden die Internetverbindung. Der Helfer kann nun nicht antworten, da die IP-Adresse, die ihm mit dem Hilferuf zugegangen ist, nicht mehr gültig ist. Sorgen Sie dafür, dass Sie während des Wartens auf Antwort nicht vom Internet getrennt werden!

8.2.2 Remoteunterstützung

Eine sehr sinnvolle Hilfe für Benutzer, die ein Problem haben, ist die Remoteunterstützung. Sie basiert auf einem ähnlichen Prinzip wie der Remotedesktop.

1. Benutzer fordert Hilfe an

    2. Helfer antwortet auf Hilferuf und bietet Hilfe an

3. Benutzer erlaubt dem Helfer, seinen Desktop zu sehen

    4. Helfer bittet darum, die Steuerung des Desktops zu übernehmen

5. Benutzer erlaubt die Steuerung seines Desktops, und kann dabei zuschauen

    6. Helfer löst das Problem

7. Benutzer kann Remoteunterstützung jederzeit trennen

Abbildung 8.14: Das Prinzip der Remoteunterstützung

Ein Benutzer, der ein Problem hat, bittet einen anderen Benutzer um Hilfe. Dieser kann sich mit dem Desktop des Benutzers verbinden und das Problem sehen.

Wenn der Benutzer es dem Helfer erlaubt, kann der Helfer sogar die Steuerung des Desktops übernehmen und der Benutzer kann zuschauen, wie der Helfer das Problem löst.

Die Voraussetzungen

Damit eine Remoteunterstützung stattfinden kann, müssen folgende Voraussetzungen erfüllt sein:

1. **Das Senden einer Hilfeanfrage muss am anfragenden Rechner genehmigt werden.**

- Systemsteuerung
- System und Sicherheit
- System

Klicken Sie links auf die Schaltfläche „Remoteeinstellungen".

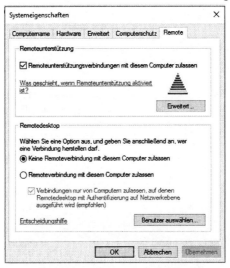

Abbildung 8.15: Remoteunterstützung

Um zu erlauben, dass von diesem Computer aus Remoteunterstützungsanfragen geschickt werden können, setzen Sie den Haken vor „Remoteunterstützungsverbindungen mit diesem Computer zulassen".

ACHTUNG!
Dieser Haken muss nur bei demjenigen gesetzt sein, der um Hilfe bittet. Der Helfer benötigt die Aktivierung nicht!

Klicken Sie auf „Erweitert" und setzen Sie die maximale Dauer der Gültigkeit der Anforderung fest.

Abbildung 8.16: Zeitdauer der Einladungen

2. Die Windows Firewall ist für Remoteunterstützung geöffnet

Natürlich müssen Sie wieder darauf achten, dass die Windows Firewall für Remoteunterstützung geöffnet ist.

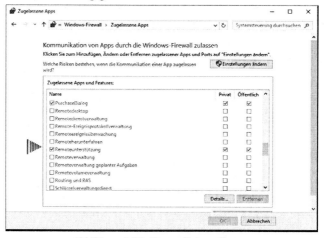

Abbildung 8.17: Firewalleinstellungen

Bitte um Hilfe

Nun können Sie jemanden um Hilfe bitten, wenn Sie ein Problem nicht alleine lösen können.

Starten Sie die App mit der Eingabe von „msra.exe".

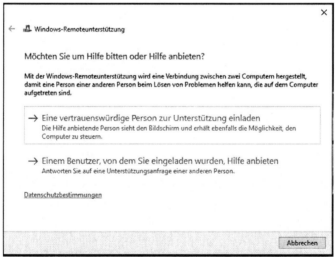

Abbildung 8.18: Starten der Anfrage

Im nächsten Fenster können Sie eine Einladung schicken, oder auch jemandem Hilfe anbieten.

In diesem Beispiel wollen wir um Hilfe bitten.

Abbildung 8.19: Um Hilfe bitten oder Hilfe anbieten

Im nächsten Fenster wählen Sie, auf welche Art Sie die Einladung verschicken möchten.

Abbildung 8.20: Verschicken

Normalerweise werden Einladungen über das firmeninterne Mailsystem verschickt, oder über Easy Connect.

In dieser Schulungsumgebung ist kein Mailsystem konfiguriert. Aus diesem Grund arbeiten wir hier mit der Alternative, nämlich die Anfrage in einer Datei speichern.

Sie müssen nun nur noch dem Helfer die Datei und das zufällige Kennwort zukommen lassen.

Abbildung 8.21: Speicherort

Nach dem Absenden der Einladung warten Sie nun, dass der Helfer antwortet.

Nun ist der Helfer an der Reihe. Er erhält die Einladung und öffnet sie.

Abbildung 8.22: Einladung

Wenn er helfen kann und möchte, gibt er gegebenenfalls das Kennwort ein und stellt die Verbindung zum Computer des Anfragenden her.

Er wird mit dem anderen Computer verbunden, sieht aber zunächst einmal den Desktop des Fragenden nicht.

Denn nun wird der Anfragende darüber informiert, dass der Helfer sich gerne mit dem Computer verbinden würde. Dies geht aber nur, wenn die Verbindung erlaubt wird.

Der Anfragende muss die Verbindung explizit erlauben.

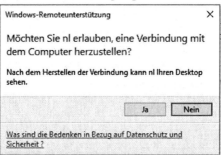

Abbildung 8.23: Der Anfragende muss die Verbindung erlauben

Nachdem der Anfragende der Verbindung zugestimmt hat, wird er über den momentanen Stand unterrichtet.

Jetzt ist der Helfer in der Lage, den Computer fernzusteuern. Der Anfragende kann jede Mausbewegung sehen und weitere Fragen jederzeit über das Chatboard stellen.

Möchte der Anfragende beispielsweise während der Sitzung etwas erledigen, was der Helfende nicht sehen soll, so klickt er auf „Anhalten".

Der Helfer sieht nun nur noch einen schwarzen Bildschirm, solange, bis der Anfragende die Sitzung fortsetzt.

Natürlich kann der Anfragende auch chatten, eine Datei an den Helfer senden, die Einstellungen ändern, oder die Sitzung trennen.

Abbildung 8.24: Verwaltungskonsole

8.3 Remoteverbindungen

Oft müssen Sie eine Remoteverbindung aufbauen, um den Client mit dem Firmennetz zu verbinden.

Die einfachste Remoteverbindung kennen wir alle. Es ist die RAS Verbindung ins Internet.

Eine RAS Verbindung ist immer eine Kommunikation eines Clients mit einem RAS Server. Dieser RAS Server authentifiziert die Clients, die mit ihm kommunizieren möchten und lehnt nicht autorisierte Verbindungen ab. So ist es auch, wenn Sie sich mit Ihrem Internet Service Provider (ISP) verbinden.

Eine RAS Verbindung findet immer über eine Telefonleitung statt. Nun ist eigentlich eine Telefonleitung nicht geeignet, Daten zu übertragen, sie wurde für Sprachkommunikation entwickelt.

Um Daten über eine Telefonleitung transportieren zu können, müssen wir die Daten auf eine ganz bestimmte Art „formatieren". Dafür ist ein Protokoll zuständig, das für jede RAS / DFÜ – Verbindung benötigt wird: PPP (Point to Point Protocol).

Das bedeutet, wenn wir eine DFÜ-Verbindung erstellen, werden die Daten in einem TCP/IP Netzwerk (denn das Internet ist ein TCP/IP Netzwerk) übertragen und dazu wird das Protokoll PPP benutzt.

ACHTUNG!

In Deutschland hat sich DSL durchgesetzt. Auch hier wird eine Art von DFÜ Verbindung aufgebaut, allerdings wird hier ein anderes Protokoll benutzt, nämlich PPPoE (Point to Point Protocol over Ethernet). Dieses Protokoll wird ab Windows XP Professional komplett unterstützt und muss nicht mehr nachinstalliert werden.

Zunächst einmal muss eine DFÜ-Verbindung aufgebaut werden. Dies nehmen wir im Netzwerk- und Freigabecenter vor, unter dem Menüpunkt

„Neue Verbindung oder neues Netzwerk einrichten".

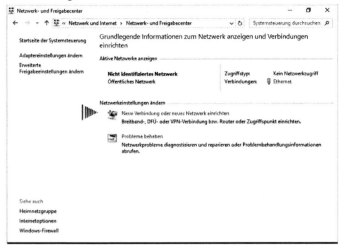

Abbildung 8.25: Netzwerk oder Verbindung einrichten

Wählen Sie hier „Verbindung mit dem Arbeitsplatz herstellen".

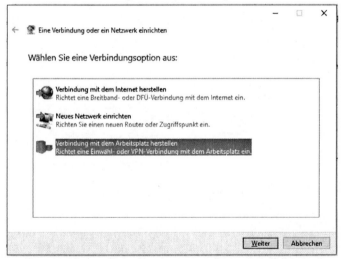

Abbildung 8.26: Einrichten einer DFÜ-Verbindung

Im nächsten Schritt wählen Sie, ob Sie eine VPN-Verbindung oder eine direkte Verbindung erstellen wollen.

Abbildung 8.27: VPN oder direkte Verbindung

In unserem Fall ist die direkte Verbindung richtig.

Im nächsten Schritt geben Sie die Wahlparameter ein.

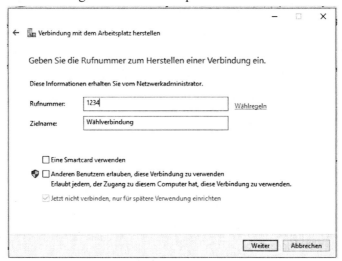

Abbildung 8.28: Wahlparameter

Damit ist die Verbindung erstellt und wird automatisch getestet.

Wenn die Verbindung erstellt ist, können Sie die Parameter konfigurieren, indem Sie die Eigenschaften der Verbindung bearbeiten.

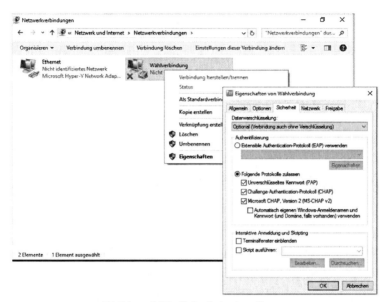

Abbildung 8.29: Sicherheitseinstellungen

Die wichtigsten Parameter finden Sie auf der Karteikarte „Sicherheit" in den Netzwerkverbindungen. Wie bereits erwähnt, müssen Sie sich am Server authentifizieren und zwar mit den Benutzerdaten, die Ihnen mitgeteilt worden sind.

Gerade bei Firmennetzen ist aber eine Authentifizierung bei Weitem nicht genug. Es muss auf jeden Fall dafür gesorgt werden, dass die Authentifizierungsdaten verschlüsselt übertragen werden.

Wenn die Anmeldedaten nicht verschlüsselt gesendet werden, ist die Möglichkeit gegeben, dass jemand die Leitung abhört und sich die Anmeldedaten „besorgen" kann.

ACHTUNG!

Hier geht es nicht in erster Linie um die Verschlüsselung der Daten! Bei den Authentifizierungsprotokollen geht es hauptsächlich um die Verschlüsselung der Anmeldeinformationen! Manche Authentifizierungsprotokolle verschlüsseln zwar auch noch die Daten, aber das ist nicht der Hauptzweck der Protokolle.

Hier können Sie die Authentifizierungsprotokolle wählen.

PAP (Password Authentication Protocol)

Sendet Benutzername und Kennwort unverschlüsselt und ist aus diesem Grund möglichst nicht zu wählen.

CHAP (Challange Authentication Protocol)

Auch CHAP verschlüsselt zwar Benutzername und Kennwort, sendet aber Daten unverschlüsselt.

Für eine VPN-Verbindung über PPTP muss CHAP benutzt werden.

MS-CHAP v2 (Microsoft Challange Authentication Protocol Version 2)

Dies ist die modernste und beste Version des Protokolls CHAP. Diese Version wird unterstützt von Clients mit den Betriebssystemen Windows 95/98/ME, Windows NT 4.0, Windows 2000, Windows XP und Windows Server 2003.

ACHTUNG!

Wählen Sie immer die höchstmögliche Verschlüsselungsstufe, die beide Seiten verstehen! Kreuzen Sie alle anderen Protokolle möglichst nicht an! In früheren Windows-Versionen wurden auch noch die Protokolle SPAP und MS-CHAP unterstützt, unter Windows 10 werden diese nicht mehr unterstützt!

Smartcard

Die Authentifizierung mithilfe der Smartcard setzt sich immer mehr durch.

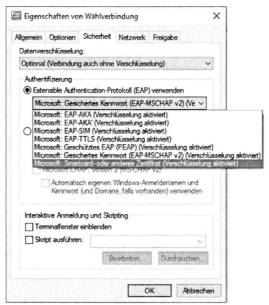

Abbildung 8.30: Smartcard-Anmeldung

Auch eine RAS Verbindung kann mithilfe einer Smartcard initiiert werden.

In diesem Fall muss das Protokoll „EAP (Extensible Authentication Protocol)" gewählt werden und aus dem Auswahlfeld „Smartcard oder anderes Zertifikat".

Natürlich können Sie auch bei der Smartcard Authentifizierung wählen, was bei einer Kommunikation mit unverschlüsselten Daten zu geschehen hat.

8.3.1   VPN (Virtual Privat Network)

DFÜ-Verbindungen können sehr teuer sein. Stellen Sie sich vor, Sie wählen sich von München aus mit Ihrem Client an einem Server in Hamburg ein. Sie zahlen die Telefongebühren für ein Ferngespräch.

Um diese Kosten zu vermeiden, können Sie ein VPN aufbauen. Ein VPN benutzt das Internet als Kommunikationsweg. Sie stellen über Ihren ISP eine Verbindung zum Internet her und Ihre Daten werden dann durch das Internet bis zum VPN-Server der Firma geschickt.

Eine VPN-Verbindung stellen Sie ähnlich wie eine DFÜ-Verbindung her.

Abbildung 8.31: Erstellen einer VPN-Verbindung

Sie können natürlich auch die so genannte Anfangsverbindung definieren. Das ist die Verbindung, die Sie zunächst wählen müssen, um sich mit Ihrem ISP zu verbinden.

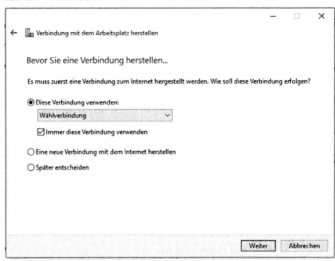

Abbildung 8.32: Anfangsverbindung

Zum Schluss müssen Sie noch den Namen oder die IP-Adresse des VPN-Servers in der Firma angeben, wobei der Name oder die IP-Adresse natürlich öffentlich und im Internet bekannt sein muss.

Abbildung 8.33: Angabe des VPN-Servers

VPN-Protokolle

Gerade in einem VPN müssen wir Sorge tragen, dass die Daten unversehrt ankommen.

Die Datenübertragung über das Internet erfolgt natürlich über ein DFÜ-Protokoll, also entweder PPP oder PPPoE.

Damit das Internet benutzt werden kann, muss aber noch eine zweite Protokollschicht darüber gelegt werden, nämlich ein VPN-Protokoll.

Momentan gibt es drei verschiedene VPN-Protokolle:

PPTP: Das ältere Protokoll

L2TP: Neuer und moderner

SSTP: vorhanden ab Windows Vista SP1

Aber bleiben wir zunächst bei PPTP und L2TP.

L2TP erscheint in allen Belangen besser, bis auf den wichtigsten: L2TP kann nicht verschlüsseln.

Das ist aber kein Problem, denn L2TP erlaubt eine Verschlüsselung, die viel besser ist, als die eigene Verschlüsselung von PPTP.

Mit L2TP ist es möglich, eine Verschlüsselung über IPSec zu machen.

IPSec ist ein Industriestandard und momentan wohl eine der sichersten Verschlüsselungen. Bei IPSec werden die Daten von der sendenden Netzwerkkarte bis zur empfangenden Netzwerkkarte verschlüsselt.

Versuchen Sie, wenn möglich, bei einem VPN immer L2TP zusammen mit IPSec zu benutzen.

Funktion	PPTP	L2TP
Header Komprimierung	Nein	Ja
Tunnel Authentifizierung	Nein	Ja
Eigene Verschlüsselung	Ja	Nein
Kann mit IP-basierten Netzwerken benutzt werden	Ja	Ja
Kann mit Netzwerken benutzt werden, die auf Frame Relay, X25 oder ATM basieren	Nein	Ja

SSTP (Secure Socket Tunneling Protocol)

SSTP verfolgt einen völlig anderen Weg: Es ermöglicht einen Transport der Daten über HTTPS.

Damit haben Sie die Möglichkeit, eine VPN-Verbindung durch eine Firewall einzurichten, ohne weitere Ports öffnen zu müssen.

SSTP benutzt standardmäßig Port 443, dies ist der SSL-Port. Dadurch ergibt sich zwangsläufig, dass auf dem VPN-Server ein Computerzertifikat installiert sein muss.

ACHTUNG!

SSTP ist ein wirklich gutes VPN-Protokoll, da die Konfiguration der Firewall sehr einfach ist.

Allerdings können Sie SSTP nur benutzen, wenn der VPN-Server mindestens Windows Server 2008 als Betriebssystem hat und die Clients mindestens Windows Vista ab SP1.

VPN und Internetzugang

Eine Besonderheit ist der Internetzugang, während Sie eine VPN-Sitzung aufgebaut haben.

Normalerweise ist es so, dass das Standardgateway des Remotenetzwerks benutzt wird, sobald eine VPN-Verbindung aufgebaut ist.

Meistens beinhaltet die VPN-Konfiguration aber gar kein Standardgateway und somit haben Sie keinen Internetzugang, während eine VPN-Sitzung aktiv ist.

Sie können natürlich die VPN-Verbindung beenden, dann gelten wieder Ihre lokalen Einstellungen und Sie können über Ihr lokales Standardgateway im Internet surfen.

Allerdings gibt es eine elegantere Möglichkeit, dieses Problem zu lösen.

Bearbeiten Sie die Eigenschaften Ihrer VPN-Verbindung und wählen Sie

- Netzwerk
- Internetprotokoll Version 4 – Eigenschaften
- Erweitert

Hier haben Sie die Möglichkeit, das Standardverhalten zu ändern, indem Sie den Haken vor „Standardgateway für das Remotenetzwerk verwenden" entfernen.

Somit können Sie wieder Ihre lokalen Einstellungen für das Standardgateway benutzen und haben Internetzugang.

VPN Reconnect

Eine Besonderheit gibt es noch, wenn Sie einen Windows 10 Client mit einem VPN Server kommunizieren lassen, der Windows Server 2008 R2 als Betriebssystem hat.

In diesem Fall gibt es die Funktion des „VPN Reconnect".

Dies ist eine Funktion, mit der eine VPN-Verbindung immer wieder aufgenommen wird, falls der Client den Zugang zum Internet verloren hat.

Die Konfiguration ist sehr einfach. Sie müssen nichts anderes tun, als in der VPN-Verbindung in der Karteikarte „Sicherheit" als VPN-Typ „IKEv2" wählen.

Abbildung 8.34: IKEv2

Die Konfiguration auf dem VPN-Server ist aufwändiger, aber nicht Thema dieses Buchs.

8.3.2 DirectAccess

DirectAccess ist eine völlig neue Funktion, die seit Windows Server 2008 R2 und Windows 7 zur Verfügung steht.

Der Gedanke hinter dem wohlklingenden Namen ist, dass alle Clients jederzeit Verbindung zum Firmennetzwerk haben, egal, wo sie sich befinden, solange ein Internetzugang zur Verfügung steht.

DirectAcces will ein Ersatz für eine VPN-Verbindung sein und stellt somit einen innovativen Schritt in die Zukunft dar.

DirectAccess bietet folgende Vorteile:

Die Clients von mobilen Mitarbeitern können besser verwaltet werden

Mit einer VPN-Verbindung ist es immer nötig, dass die Verbindung vom Benutzer eingerichtet wird.

DirectAccess dagegen ermöglicht eine Verwaltung auch von der Firma aus und so können Updates eingespielt werden, oder andere Wartungsarbeiten durchgeführt werden.

Sichere Verbindung

Die Verbindung von DirectAccess wird mit IPSec gesichert.

ACHTUNG!

DirectAccess setzt IPv6 voraus!

Allerdings sind die Anforderungen an die Umgebung hoch.

IPv6 wird vorausgesetzt, allerdings ist eine solche Infrastruktur noch nicht im Internet verfügbar. Also müssen IPv6-Verbindungen durch IPv4-Verbindungen getunnelt werden. Deswegen gibt es momentan nur wenige Testszenarien für DirectAccess, in der Realität wird es momentan noch nicht eingesetzt.

Für die Einrichtung von DirectAccess benötigen Sie in der Active Directory Domäne zusätzlich zu den DirectAccess Servern, die Windows Server 2008 R2 als Betriebssystem haben müssen, eine Zertifikatsinfrastruktur, die im besten Fall die Zertifikate für Autoenrollment (automatische Ausgabe der Zertifikate) an die Clients konfiguriert ist.

Diese Zertifikate benötigt der Client für die Autorisierung und die Verschlüsselung des Datenverkehrs.

Auf den Clients ist glücklicherweise nicht viel zu konfigurieren, wenn die restliche Infrastruktur stimmt.

Sie müssen lediglich IPv6 aktivieren und das Zertifikat muss auf dem Client vorhanden sein.

DirectAccess ist eine vielversprechende Technologie die ein Schritt in die richtige Richtung ist.

8.3.3   BranchCache

Die weiterhin zunehmende Vernetzung (Außenstellen, Regionalbüros etc.) findet auch außerhalb von Ballungszentren statt, wo eine ausreichende Versorgung mit Breitbandanschlüssen weiterhin Wunschdenken ist. Hier sind Funktionalitäten gefragt, die vorhandene Ressourcen optimal ausnutzen. Eine dieser Funktionalitäten ist BranchCache.

Was macht BranchCache?

Der BranchCache ist ein lokaler Zwischenspeicher. Wird von einer über eine WAN-Verbindung angebundenen Außenstelle auf eine Datei zugegriffen, die sich physikalisch auf einem Laufwerk in der Hauptniederlassung befindet, kann diese im BranchCache lokal in der Außenstelle vorgehalten werden.

BranchCache gibt es in zwei Modi:

- Verteilter Cache (engl. distributed cache): die Daten werden auf den Clients zwischengespeichert und innerhalb des lokalen Netzwerks weitergegeben, wenn sie erneut aus der Hauptniederlassung angefordert werden sollten. Dieser Modus ist sinnvoll, wenn es eine sehr kleine Zweigstelle ohne Server ist

- Gehosteter Cache (engl. hosted cache): die Daten werden auf einem eigenen BranchCache Host zwischengespeichert, von dem sich die lokalen Clients die Kopie holen. Dazu braucht es einen eigenen Server mit dem BranchCache Feature. Dieser Modus ist für größere Niederlassungen sinnvoll

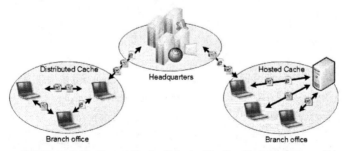

Abbildung 8.35: BranchCache Prinzip (Quelle: Technet Microsoft)

Allerdings gibt es für den Einsatz des BranchCaches einige Voraussetzungen:

- Die Server (Webserver oder Dateiserver), deren Daten gecacht werden sollen, müssen mindestens Windows Server 2008 R2 als Betriebssystem haben.

- Die Clients, die BranchCache benutzen wollen, müssen mindestens Windows 7 als Betriebssystem haben.

- Die Server, die im Modus „Hosted Cache" die Daten in den Zweigstellen hosten sollen, müssen ebenfalls mindestens Windows Server 2008 R2 als Betriebssystem haben.

- IPv6 muss auf allen beteiligten Maschinen aktiviert sein.

Installation von BranchCache

BranchCache wird auf dem Server installiert. Dies ist nicht Bestandteil dieses Kurses.

Aktivieren in einer Gruppenrichtlinie

Auf dem Client können Sie den BranchCache einfach in einer Gruppenrichtlinie aktivieren. Verfolgen Sie den Pfad

- Computerkonfiguration
- Administrative Vorlagen
- Netzwerk
- BranchCache

Hier sehen Sie alle Richtlinien für BranchCache.

Abbildung 8.36: BranchCache Gruppenrichtlinien

Zunächst müssen Sie die erste Einstellung „BranchCache aktivieren" bearbeiten und diese Einstellung aktiv setzen.

Dann müssen Sie sich noch für den Modus entscheiden und entweder „Verteilter Cache" oder „Gehosteter Cache" aktivieren. Beim „Gehosteten Cache" müssen Sie den BranchCache Host in der Zweigstelle angeben.

Dann können Sie noch festlegen, welche Speicherbelegung in Prozent Sie zulassen möchten und wie lange die Daten im Cache bleiben sollen (der Standardwert für eine nicht konfigurierte Richtlinie ist 28 Tage).

Konfiguration der Firewall

Sie sollten die Firewall entsprechend konfigurieren, wenn sie aktiv ist.

Für beide Modi, sowohl „Verteilter Cache" als auch „Gehosteter Cache" müssen Sie eine ausgehende Regel einrichten, die Sie aber aus den vordefinierten Regeln benutzen können. Rufen Sie die „Windows-Firewall mit erweiterter Sicherheit" auf und wechseln Sie zu den ausgehenden Regeln:

„BranchCache – Inhaltsabruf (verwendet http)"

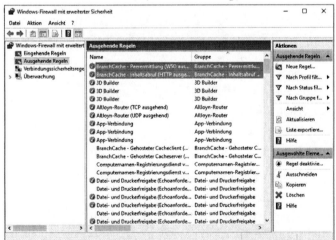

Abbildung 8.37: Firewallregeln für BranchCache

Wenn Sie den „Verteilten Cache" benutzen, benötigen Sie noch eine zweite Firewallregel:

„BranchCache – Peerermittlung (verwendet WSD)"

WSD (Web Services on Devices) ist ein Protokoll von Microsoft, mit dem sich Windows-Geräte im Netzwerk auffinden lassen. Auch diese Regel muss natürlich den Datenverkehr genehmigen.

8.4 Mobilitätseinstellungen

Um mobilen Zugriff zu konfigurieren, gibt es viele Hilfsmittel. Die wichtigsten betrachten wir hier.

8.4.1 Offlinedateien

Kommen wir nun zu der Bedeutung des Synchronisierungscenters.

Das Synchronisationscenter benötigen wir für die Offlinedateien. Dies ist eine interessante Methode des mobilen Zugriffs auf Dateien, die eigentlich auf einem Firmenserver liegen.

In vielen Unternehmen sind Mitarbeiter mit ihren Notebooks teilweise in der Firma anwesend, wobei sie sich mit dem Firmennetz verbinden und teilweise unterwegs, wobei sie keine Verbindung zum Firmennetz haben.

Dadurch ergeben sich Zugriffsprobleme. Während die Benutzer Zugriff auf alle Ressourcen haben, während sie am Firmennetz angemeldet sind, haben sie auf Ressourcen, die nicht auf der lokalen Maschine sondern im Firmennetz gespeichert sind, keinen Zugriff während des Außendienstes.

Um auf Daten Zugriff zu haben, die während der Abwesenheit vom Büro benötigt werden, werden in einigen Fällen die entsprechenden Daten manuell vom Netzwerk auf das Notebook kopiert.

Manuelles Kopieren der Daten

Diese Methode ist nicht zu empfehlen, da sie ein hohes Problembewusstsein des Benutzers erfordert. Er muss ständig daran denken, die neueste Version auf sein Notebook zu kopieren. Noch dazu sind die Zugriffspfade unterschiedlich.

Besser wäre es, wenn ein Mechanismus existieren würde, der dem Benutzer manuelle Eingriffe erspart und noch dazu den bekannten Netzwerkpfad (virtuell) benutzt, auch wenn der Benutzer nicht mit dem Netzwerk verbunden ist.

Die Lösung für dieses Problem bieten die „Offlinedateien". Der Mechanismus des Offline Caching funktioniert folgendermaßen:

Benutzer greift über das Netzwerk auf die Ressource zu

Abbildung 8.38: Arbeiten am Netzwerk

Dies ist die normale Arbeitssituation. Der Benutzer ist am Netzwerk angemeldet und greift auf die Netzwerkressourcen zu.

Diese Situation ändert sich, wenn sich der Notebookbesitzer vom Firmennetz abmeldet.

Gewünschte Ressource wird auf dem Notebook zwischengespeichert

Abbildung 8.39: Client meldet sich ab, Offlinedateien werden kopiert

Wenn das Offline Caching aktiviert und konfiguriert ist, wird bei der Abmeldung des Notebooks vom Netzwerk die gewünschte Ressource vom Netzwerk auf das Notebook kopiert und zwischengespeichert. Dabei wird der ursprüngliche Netzwerkpfad virtuell beibehalten.

ACHTUNG!

Es ist wichtig, dass Sie sich ordentlich vom Netzwerk abmelden, denn nur bei der Abmeldung wird das Caching aktiviert. Wenn Sie das Notebook ohne Abmeldung entfernen, haben Sie keine aktuellen zwischengespeicherten Daten, oder Sie können sich dabei Ihre bisher zwischengespeicherten Daten sogar zerstören.

Benutzer arbeitet mit lokal zwischengespeicherter Kopie der Ressource

Abbildung 8.40: Client arbeitet mit zwischengespeicherten Daten

Während Sie vom Firmennetz getrennt sind, können Sie mit der Ressource arbeiten, als ob Sie mit dem Firmennetz verbunden wären. Sie merken keinen Unterschied, sogar der Netzwerkpfad ist der gleiche.

Abbildung 8.41: Synchronisation mit dem Netzwerk

Wenn sich der Notebookbesitzer wieder am Firmennetz anmeldet, wird ein Vergleich zwischen der lokalen Kopie und der Netzwerkdatei durchgeführt. Die Daten werden dann auf das Netzwerk synchronisiert.

Abbildung 8.42: Synchronisation abgeschlossen

Wenn Sie wieder mit dem Firmennetz verbunden sind, können Sie wieder mit der Netzwerkressource arbeiten.

Konfiguration des Servers

Um das Offline Caching nutzen zu können, muss sowohl der Server als auch der Client konfiguriert werden.

Beginnen wir mit dem Server. Voraussetzung ist immer eine Freigabe, in der Daten vorhanden sind, die offline verfügbar gemacht werden sollen.

- Explorer
- Rechte Maustaste auf die Freigabe
- Eigenschaften
- Karteikarte „Freigabe"
- Erweiterte Freigabe

Abbildung 8.43: Offline Einstellungen auf dem Server

Hier klicken Sie auf „Zwischenspeichern".

Es öffnet sich das Konfigurationsfenster für die Offlinedateien.

Abbildung 8.44: Einstellungen

Es gibt hier drei Einstellungsmöglichkeiten.

Nur vom Benutzer angegebene Dateien und Programme sind offline verfügbar

Dies ist die Standardeinstellung. In diesem Fall muss der Benutzer manuell wählen, welche Daten er offline verfügbar machen möchte.

Hier kann auch der BranchCache aktiviert werden.

Keine Dateien oder Programme aus dem freigegebenen Ordner offline verfügbar machen

Hiermit können Sie die Offlinedateien ausschalten.

Alle Dateien und Programme, die Benutzer auf der Freigabe öffnen, automatisch offline verfügbar machen

Wenn Sie diese Einstellung wählen, werden alle Daten, die ein Benutzer während seiner Netzwerksitzung in diesem Ordner öffnet, automatisch beim Abmelden offline verfügbar gemacht. Dies kann gewaltige Datenmengen hervorrufen!

Für hohe Leistung optimieren

Sollten ausführbare Dateien (.EXE, .COM etc.) offline verfügbar gemacht worden sein, wird in diesem Fall nur eine Überprüfung der Versionen durchgeführt und keine komplette Übertragung. Dies erhöht die Leistung.

ACHTUNG!

Bedenken Sie, dass jede Freigabe automatisch die Möglichkeit des offline Verfügbarmachens beinhaltet. Sie sollten sich überlegen, ob Sie diese Funktionen nicht auf den meisten Freigaben ausschalten. Andernfalls können die Benutzer alle Daten aller Freigaben mit ihren Notebooks herunterladen und aus der Firma mitnehmen.

Dateien offline verfügbar machen

Nun sind die Vorarbeiten für die Offlinedateien erledigt. Die Benutzer können jetzt Dateien offline verfügbar machen.

Wenn Sie auf der Serverseite die Standardeinstellung belassen haben, müssen die Benutzer manuell wählen, welche Daten sie mitnehmen möchten.

Dazu wird eine Verbindung mit der Ressource hergestellt. In unserem Beispiel verbindet sich der Client mit der Freigabe „Daten", die sich auf dem Server befindet. Aus diesem Ordner wählt der Benutzer nun eine oder mehrere Dateien aus, die offline verfügbar gemacht werden sollen.

* Rechte Maustaste auf die Datei
* Immer offline verfügbar

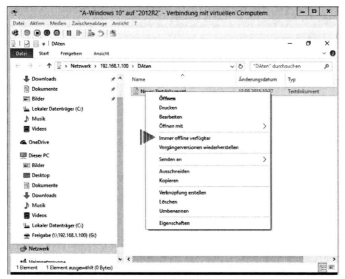

Abbildung 8.45: Offline verfügbar machen

Der Status wird sofort eingerichtet, Sie erkennen ihn an den Symbolen vor der verfügbar gemachten Datei und in der Taskleiste.

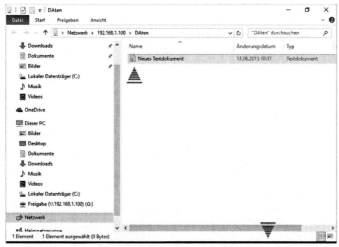

Abbildung 8.46: Symbole

Um den Status der Synchronisation zu sehen, klicken Sie einfach auf das Symbol in der Taskleiste.

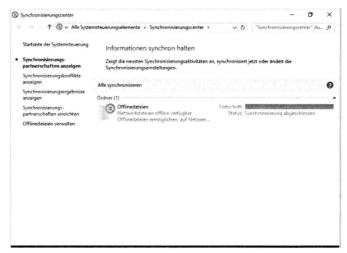

Abbildung 8.47: Synchronisation

Da ist es ja endlich, das Synchronisationscenter. Nun sehen wir die Bedeutung dieses Menüs. Sobald Offlinedateien eingerichtet sind, können Sie hier den Status verfolgen.

Trennen vom Netzwerk

Um zu testen, was passiert, wenn die Verbindung zum Netzwerk getrennt wird, müssen wir in dieser Umgebung auf einen Trick zurückgreifen: Die Netzwerkkarte wird deaktiviert. Damit ist keine Verbindung mehr zum Firmennetz vorhanden und wir müssen mit Offlinedateien arbeiten.

- Systemsteuerung
- Netzwerk und Internet
- Netzwerk- und Freigabecenter
- Netzwerkverbindungen verwalten
- Rechte Maustaste auf die Netzwerkkarte
- Deaktivieren

In der Taskleiste erscheint nun das Symbol für ein getrenntes Netzwerk.

Wir befinden uns nun offline. Öffnen Sie nun den Explorer und verbinden Sie sich mit der Freigabe, deren Daten Sie offline verfügbar gemacht haben.

Sie können auf die Daten, die Sie in diesem Ordner offline verfügbar gemacht haben, genauso zugreifen, als wenn Sie online mit dem Netzwerk verbunden wären.

ACHTUNG!

Sie erkennen in der obigen Abbildung sehr schnell, dass Sie offline sein müssen: Alle anderen Freigaben, die sich auf dem Server befinden, werden nicht angezeigt! Nur die wirklich offline verfügbaren Daten werden Ihnen angezeigt.

Synchronisationskonflikt

Konflikte treten immer dann auf, wenn beide Versionen der Datei geändert wurden. Nehmen wir einmal an, Sie waren mit dem Notebook unterwegs und haben eine Datei geändert. Leider hat ein Kollege die Netzwerkversion im gleichen Zeitraum ebenfalls geändert.

Öffnen Sie das Synchronisationscenter, Sie sehen, dass es einen Konflikt gibt.

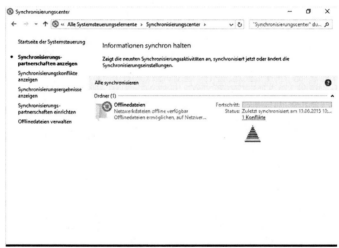

Abbildung 8.48: Konflikt

Wenn es mehrere Konflikte gibt, werden alle an dieser Stelle angezeigt. Klicken Sie auf den Konflikt, den Sie lösen wollen. Es erscheint ein Fenster.

Sie können zwischen drei Möglichkeiten auswählen:

Diese Version behalten (lokale Version)

Wählen Sie diese Option, wenn Sie absolut sicher sind, dass die lokale Version die richtige ist.

Diese Version behalten (Serverversion)

Dies ist die Umkehrung der obigen Möglichkeit.

Beide Versionen beibehalten

In diesem Fall wird die Netzwerkversion nicht geändert und die lokale Version wird unter einem anderen Namen gespeichert.

Abbildung 8.49: Konfliktlösung

Offlinedateien verwalten

Der Windows 10 Client ist automatisch für das Benutzen von Offlinedateien konfiguriert.

Allerdings können Sie die Einstellungen anpassen.

Abbildung 8.50: Offlinedateien verwalten

Dafür klicken Sie im Synchronisierungscenter auf „Offlinedateien verwalten".

Abbildung 8.51: Allgemein

Auf der Karteikarte „Allgemein" können Sie die Offlinedateien generell für diesen Computer deaktivieren. Auch können Sie an dieser Stelle die auf dem Notebook vorhandenen Offlinedateien betrachten.

Abbildung 8.52: Datenträgerverwendung

Die Karteikarte „Datenträgerverwendung" gibt Ihnen die Möglichkeit, die Limits für die Offlinedateien festzulegen. In der Standardeinstellung wird hier 19% der Laufwerksgröße angegeben. Dies ist bei den heutigen Festplattengrößen ein gewaltiger Wert. Setzen Sie den Wert auf jeden

Fall so klein wie möglich, denn wenn der Benutzer 400 MB zur Verfügung hat, wird er sie auch nutzen! Eventuell kann er dann komplette Installationsordner herunterladen und sich so illegale Installationen besorgen.

Die zweite Möglichkeit, die Sie an dieser Stelle haben, ist das Löschen der temporären Dateien.

Auf der Karteikarte „Verschlüsselung" können Sie die Offlinedateien auf dem Client verschlüsseln.

Abbildung 8.53: Verschlüsselung

ACHTUNG!
Hier werden nur die Offline-Kopien der Daten verschlüsselt, nicht die Daten auf dem Server!

Die Verschlüsselung wird mit EFS (Encrypted File System) ausgeführt, deswegen ist diese Karteikarte auch nur auf Versionen aktiv, die EFS unterstützen.

Abbildung 8.54: Netzwerk

Die letzte Konfigurationsmöglichkeit finden Sie auf der Karteikarte „Netzwerk". Hier können Sie für eine langsame Netzwerkverbindung ein automatisches Arbeiten mit Offlinedateien festlegen.

8.4.2 Arbeitsordner

Arbeitsordner sind die modernere Implementierung von Dateien, die man immer im Zugriff haben möchte.

Im Arbeitsordner werden die Dateien jedes Benutzers gespeichert, nur er kann auf sie zugreifen.

Wie bei den Offline-Dateien werden die Dateien auf dem Client zwischengespeichert und wieder synchronisiert, sobald das Netzwerk wieder verfügbar ist.

Sie sind eine Neuerung, die serverseitig seit Windows Server 2012 R2 unterstützt werden.

Im einfachsten Fall sind diese Arbeitsordner nur für Clients der Domäne verfügbar, es ist aber auch möglich, Clients, die nicht Mitglied der Domäne sind, diese Funktion zur Verfügung zu stellen. Dafür werden die Active Directory Federation Services benötigt.

In unserem Beispiel beschränken wir uns auf die einfachste Variante, alle Clients sind Domänenmitglied.

Die serverseitige Konfiguration ist relativ komplex und wird hier nur kurz angesprochen.

Konfiguration des Servers

Zunächst muss ein Mitgliedserver der Domäne mit dem Rollendienst „Arbeitsordner" konfiguriert werden.

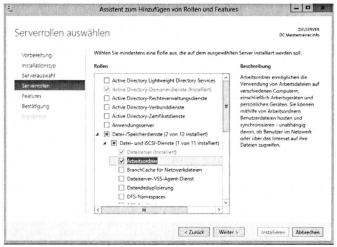

Abbildung 8.55: Arbeitsordner

Alle benötigten Funktionen, wie der IIS, werden automatisch mit installiert.

Synchronisierungsfreigabe anlegen

Nun ist die Funktion „Arbeitsordner" installiert und kann konfiguriert werden.

Dafür wird im Servermanager im Punkt „Arbeitsordner" eine neue Synchronisationsfreigabe erstellt.

Abbildung 8.56: Neue Synchronisierungsfreigabe

Hierbei muss eine Freigabe angelegt werden, in der die Ordner der Benutzer zu finden sein werden.

Abbildung 8.57: Konfiguration der Freigabe

Hierbei wird sowohl festgelegt, in welcher Freigabe sich in Zukunft die Daten befinden sollen, als auch, welche Benutzergruppen Zugriff haben sollen und andere Parameter.

SSL-Zertifikat

Nun muss eine SSL-Seite eingerichtet werden, auf die die Clients zugreifen können. Dafür muss ein Zertifikat an die Website gebunden werden.

In den meisten Fällen wird im Unternehmen eine CA vorhanden sein, hier können Sie ein Domänenzertifikat anfordern und dies dann an die Default Website binden.

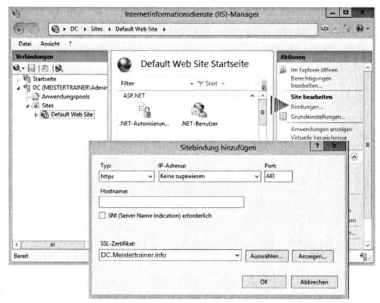

Abbildung 8.58: SSL Zertifikat

ACHTUNG!

Bitte achten Sie darauf, dass das Zertifikat genauso wie der Server heißt, auf dem es installiert wird!

Clients einrichten

Nun werden die Clients eingerichtet, damit sie die Synchronisation vornehmen können.

ACHTUNG!

Bevor Sie die Clients einrichten, sorgen Sie auf jeden Fall dafür, dass der Server den aktuellen Patchstand hat!

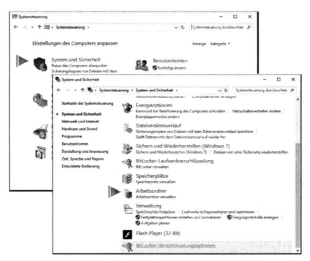

Abbildung 8.59: Arbeitsordner auf den Clients

Auf dem Client wechseln Sie zur Systemsteuerung – System und Sicherheit.

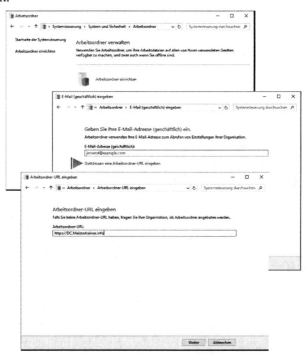

Abbildung 8.60: Verbinden mit der Freigabe

Hier finden Sie den Menüpunkt „Arbeitsordner".

Nun geben Sie die E-Mail-Adresse oder die URL des Arbeitsordners ein, je nachdem, was Sie beim Server-Setup festgelegt haben.

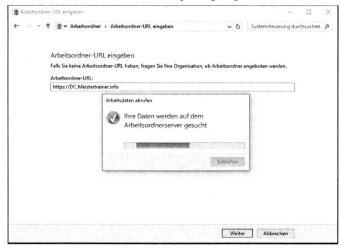

Abbildung 8.61: Verbinden mit dem Arbeitsordner

Nun wird der Arbeitsordner gesucht und Sie können die Konfiguration starten.

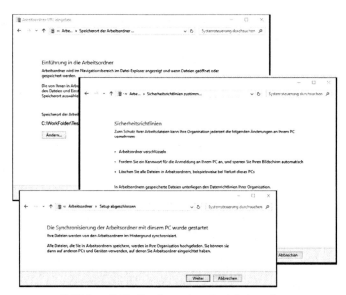

Abbildung 8.62: Konfiguration der Arbeitsordner

8.5   Windows To Go

Windows To Go ist ein Feature, das erst ab der Professional Version zur Verfügung steht.

Sie können eine vollständige Windows 10 Installation auf einem USB-Stick speichern und einen anderen Rechner dann mit diesem Stick starten.

Windows To Go funktioniert sowohl mit einem konventionellen BIOS als auch mit UEFI.

Für Windows To Go benötigt man einen USB-Stick mit 32 GB. Es wird sowohl USB 2.0 als auch USB 3.0 unterstützt.

Damit haben Sie die Möglichkeit, Ihre eigene Windows Installation mit allen Apps auf einem fremden Rechner laufen zu lassen.

Falls der USB-Stick im Betrieb entfernt wird, dann wird der Desktop eingefroren und der Anwender hat einige Sekunden Zeit, den Speicher wieder einzustecken. Nach dieser Zeit wird das OS automatisch beendet und die Daten im Hauptspeicher vollständig gelöscht.

Einige weitere Dinge sind bei Windows To Go zu beachten:

- Energiesparmaßnahmen wie Ruhezustand sind deaktiviert, können aber mit einer Gruppenrichtlinie wieder aktiviert werden
- Wenn Windows To Go gestartet ist, sind die internen Festplatten des Systems nicht zu erreichen
- Wenn der USB-Stick mit Windows To Go an einem laufenden System angeschlossen wird, ist er als Laufwerk nicht erkennbar
- TPM (Trusted Platform Module) kann nicht benutzt werden

8.5.1   Installation von Windows To Go

Windows To Go kann mit einem einfachen Assistenten installiert werden.

Um den Assistenten aufzurufen, muss man „PWCreator.exe" eingeben, das ist die Abkürzung für den englischen Namen „Portable Workspace Creator".

Danach wird nach einem geeigneten USB Gerät gesucht.

Es kann sowohl eine USB-Festplatte als auch ein USB-Stick sein, wobei aber die Hardwarevoraussetzungen erfüllt werden müssen. Kontrollieren Sie das bitte auf der Microsoft Seite.

Abbildung 8.63: USB Gerät

Wenn der Assistent ein geeignetes USB-Gerät findet, werden Sie danach um ein Windows 10 Image gebeten.

Dazu legen Sie idealerweise die DVD ein und navigieren zum Ordner „Sources".

Abbildung 8.64: Windows 10-Image

Nun können Sie noch ein Kennwort für die BitLocker-Verschlüsselung festlegen.

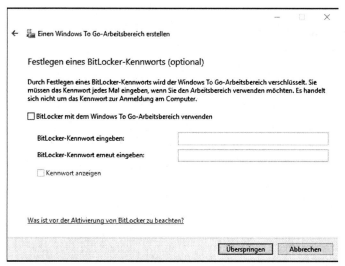

Abbildung 8.65: BitLocker

Der letzte Schritt ist das Erstellen des Windows To Go Arbeitsbereichs. Hierbei wird das USB-Gerät auch formatiert.

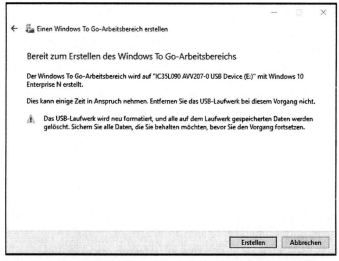

Abbildung 8.66: Windows To Go Arbeitsbereich wird erstellt

Sie können im Anschluss gleich mit dem Arbeitsbereich starten, wenn Sie wollen.

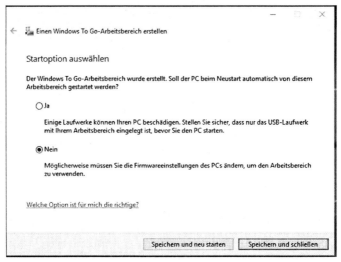

Abbildung 8.67: Arbeitsbereich ist einsetzbar

8.6 Zusammenfassung, Übungen / Aufgaben

8.6.1 Zusammenfassung

Eine Remoteverwaltungsmöglichkeit stellt der Remote Desktop dar. Sie verbinden sich mit einem Remotecomputer und können ihn benutzen, als wenn Sie direkt an der Maschine sitzen würden.

Eine sehr sinnvolle Hilfe für Benutzer, die ein Problem haben, ist die Remoteunterstützung. Sie basiert auf einem ähnlichen Prinzip wie der Remotedesktop.

Ein Benutzer, der ein Problem hat, bittet einen anderen Benutzer um Hilfe. Dieser kann sich mit dem Desktop des Benutzers verbinden und das Problem sehen.

Wenn der Benutzer es dem Helfer erlaubt, kann der Helfer sogar die Steuerung des Desktops übernehmen und der Benutzer kann zuschauen, wie der Helfer das Problem löst.

Die einfachste Remoteverbindung kennen wir alle, das ist die RAS Verbindung ins Internet.

Hier können Sie die Authentifizierungsprotokolle wählen.

PAP (Password Authentication Protocol)

CHAP (Challange Authentication Protocol)

MS-CHAP v2 (Microsoft Challange Authentication Protocol Version 2)

DFÜ-Verbindungen können sehr teuer sein. Stellen Sie sich vor, Sie wählen sich von München aus mit Ihrem Client an einem Server in Hamburg ein. Sie zahlen die Telefongebühren für ein Ferngespräch.

Um diese Kosten zu vermeiden, können Sie ein VPN aufbauen. Ein VPN benutzt das Internet als Kommunikationsweg. Sie stellen über Ihren ISP eine Verbindung zum Internet her und Ihre Daten werden dann durch das Internet bis zum VPN-Server der Firma geschickt.

Momentan gibt es drei verschiedene VPN-Protokolle:

PPTP: Das ältere Protokoll

L2TP: Neuer und moderner

SSTP: Ab Windows Vista SP1

Eine Besonderheit gibt es noch, wenn Sie einen Windows 10 Client mit einem VPN Server kommunizieren lassen, der Windows Server 2008 R2 als Betriebssystem hat.

In diesem Fall gibt es die Funktion des „VPN Reconnect".

Dies ist eine Funktion, mit der eine VPN-Verbindung immer wieder aufgenommen wird, falls der Client den Zugang zum Internet verloren hat.

DirectAccess ist eine völlig neue Funktion, die seit Windows Server 2008 R2 und Windows 7 zur Verfügung steht.

Der Gedanke hinter dem wohlklingenden Namen ist, dass alle Clients jederzeit Verbindung zum Firmennetzwerk haben, egal, wo sie sich befinden, solange ein Internetzugang zur Verfügung steht.

Die weiterhin zunehmende Vernetzung (Außenstellen, Regionalbüros etc.) findet auch außerhalb von Ballungszentren statt, wo eine ausreichende Versorgung mit Breitbandanschlüssen weiterhin Wunschdenken ist. Hier sind Funktionalitäten gefragt, die vorhandene Ressourcen optimal ausnutzen. Eine dieser Funktionalitäten ist BranchCache.

Was macht BranchCache?

Der BranchCache ist ein lokaler Zwischenspeicher. Wird von einer über eine WAN-Verbindung angebundenen Außenstelle auf eine Datei zugegriffen, die sich physikalisch auf einem Laufwerk in der Hauptniederlassung befindet, kann diese im BranchCache lokal in der Außenstelle vorgehalten werden.

BranchCache gibt es in zwei Modi:

- Verteilter Cache
- Gehosteter Cache

Offline-Dateien geben den Benutzern die Möglichkeit, Daten, die auf einem Server liegen, auch mobil zu benutzen, da sie auf dem Client gecacht werden.

Arbeitsordner ist die neuere Implementierung für das gleiche Problem.

Windows To Go ist ein Feature, das erst ab der Professional Version zur Verfügung steht.

Sie können eine vollständige Windows 10 Installation auf einem USB-Stick speichern und einen anderen Rechner dann mit diesem Stick starten.

Windows To Go funktioniert sowohl mit einem konventionellen BIOS als auch mit UEFI.

Für Windows To Go benötigt man einen USB-Stick mit 32 GB. Es wird sowohl USB 2.0 als auch USB 3.0 unterstützt.

Damit haben Sie die Möglichkeit, Ihre eigene Windows Installation mit allen Apps auf einem fremden Rechner laufen zu lassen.

Falls der USB-Stick im Betrieb entfernt wird, dann wird der Desktop eingefroren und der Anwender hat einige Sekunden Zeit, den Speicher wieder einzustecken. Nach dieser Zeit wird das OS automatisch beendet und die Daten im Hauptspeicher vollständig gelöscht.

8.6.2   Übungen

1. Starten Sie die virtuelle Maschine „DC" und melden Sie sich als Administrator der Domäne mit dem Kennwort „Kennw0rt!" an.

2. Starten Sie die virtuelle Maschine „W10" und melden Sie sich als Administrator der Domäne mit dem Kennwort „Kennw0rt!" an.

3. Starten Sie die virtuelle Maschine „W10-I" und melden Sie sich als Anna Admin mit dem Kennwort „Kennw0rt!" an.

4. Erstellen Sie einen Snapshot der virtuellen Maschine „W10-I". Nennen Sie diesen Snapshot „W10-I-8".

5. Treten Sie mit dieser Maschine der Domäne „meistertrainer.info" bei.

6. Richten Sie eine Remotedesktopverbindung zwischen den beiden Clients ein und trennen Sie diese wieder.

7. Richten Sie danach eine Remotehilfesitzung ein und trennen Sie diese wieder.

8. Setzen Sie danach die virtuelle Maschine „W10-I" auf den Snapshot „W10-I-8" zurück.

9. Richten Sie auf dem Client „W10" eine VPN-Verbindung ein.

10. Machen Sie sich mit dem Prinzip des BranchCaches vertraut.

11. Konfigurieren Sie die Gruppenrichtlinien und die Firewall für BranchCache.

12. Erstellen Sie auf der virtuellen Maschine „DC" eine Freigabe (Jeder – Vollzugriff) und legen Sie dort eine Datei an.

13. Überprüfen Sie die Einstellungen für „Zwischenspeichern" für diese Freigabe. Zwischenspeichern muss aktiviert sein.

14. Wechseln Sie zur virtuellen Maschine „W10".

15. Verbinden Sie sich mit der eben erstellten Freigabe und machen Sie die Daten offline verfügbar.

16. Deaktivieren Sie nun die Netzwerkkarte von „W10", um ein offline Arbeiten zu simulieren.

17. Ändern Sie den Inhalt der Datei.

18. Vergleichen Sie beide Dateien. Sind sie identisch oder verschieden?

19. Synchronisieren Sie die Offlinedateien und vergleichen Sie die Dateien erneut.

20. Erzeugen Sie einen Replikationskonflikt, indem Sie eine Datei offline verfügbar machen, die Netzwerkkarte deaktivieren und beide Versionen der Datei ändern.

21. Was passiert beim Synchronisieren?

22. Machen Sie sich mit der Funktionsweise der Arbeitsordner vertraut.

23. Wenn Sie einen Client haben, der nicht in einer virtuellen Maschine läuft, generieren Sie „Windows To Go".

8.6.3 Aufgaben

1. Sie administrieren die Windows 10 Rechner der Firma Meistertrainer.

   Einige Kollegen arbeiten von zu Hause aus und wollen sich gerne über das Internet mit der Firma verbinden. Sie müssen die Remotedesktop Verbindung so einrichten, dass Sie an der Firewall keine neuen Ports öffnen müssen.

   Wie machen Sie das?

2. Sie möchten einem Kollegen bei einem Problem mit seinem Rechner helfen.

   Wie können Sie das über das Netzwerk machen, und dabei den Bildschirm des Kollegen sehen?

3. Wie können Sie dafür sorgen, dass ein Windows 8 Client auch dann Zugang zum Internet hat, wenn er eine VPN-Verbindung aktiviert hat? Der Internetzugang ist nicht über VPN zu erreichen, sondern liegt lokal.

4. Sie möchten einigen Kollegen Windows To Go zur Verfügung stellen.

   Welche Hardwarevoraussetzungen müssen Sie beachten?

5. Mit welcher App können Sie Windows To Go einrichten?

9 Das Verwalten von Apps

Prüfungsanforderungen von Microsoft:

- Deploy and manage Azure RemoteApp
    - Configure RemoteApp and Desktop Connections settings
    - configure Group Policy Objects (GPOs) for signed packages
    - subscribe to the Azure RemoteApp and Desktop Connections feeds
    - export and import Azure RemoteApp configurations
    - support iOS and Android
    - configure remote desktop web access for Azure RemoteApp distribution
- Support desktop apps
    - Desktop app compatibility using Application Compatibility Toolkit (ACT) including shims and compatibility database
    - desktop application co-existence using Hyper-V, Azure RemoteApp, and App-V
    - deploy desktop apps by using Microsoft Intune

Quelle: Microsoft

Lernziele:

- Anwendungen installieren und konfigurieren
- Der Kompatibilitätsmodus
- Ausführen als Administrator
- Die Einstellungen der Benutzerkontensteuerung
- AppLocker
- Das Application Compatibility Toolkit (ACT)

- RemoteApps
- Azure
- Azure RemoteApps
- AppV

9.1 Einführung

Anwendungen müssen gerade auf Clients immer wieder installiert und verwaltet werden.

Manche Anwendungen funktionieren klaglos, andere nicht. Diese müssen zum Funktionieren gebracht werden.

Auch aus der Cloud können Apps installiert und verwaltet werden.

9.2 Anwendungen installieren und konfigurieren

Anwendungen werden auch unter Windows 10 installiert, indem das Setup-Programm gestartet wird.

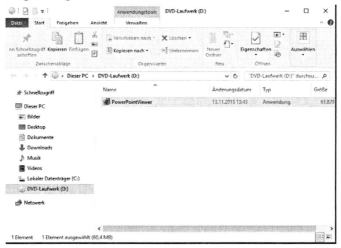

Abbildung 9.1: Installation

Nach der Installation tauchen die Programme im Startmenü auf.

Abbildung 9.2: Office ist installiert

Installation mit msiexec

Eine weitere Möglichkeit, ein Programm zu installieren, ist mit dem Befehlszeilentool „MSIEXEC.exe".

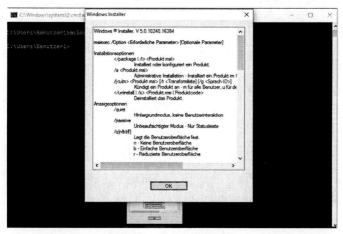

Abbildung 9.3: msiexec.exe

Hier haben Sie den Vorteil, dass Sie dieses Tool mit Parametern nutzen können.

9.2.1   Der Kompatibilitätsmodus

Manche Programme funktionieren nur unter Windows 7, einige andere nur unter Windows 8. Mit dem Assistenten für Programmkompatibilität können Sie in den meisten Fällen diese Programme zum Laufen bringen.

- Systemsteuerung
- Programme
- Programme ausführen, die für vorherige Versionen von Windows entwickelt worden sind

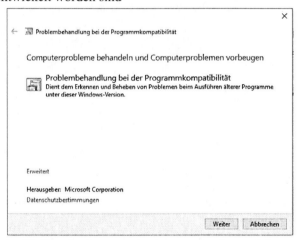

Abbildung 9.4: Assistent für die Programmkompatibilität

Zunächst suchen Sie das Programm aus, mit dem Sie Probleme haben.

Abbildung 9.5: Programmwahl

Danach können Sie wählen, ob Windows 10 selber den Kompatibilitätsmodus festlegen soll, oder ob Sie die Probleme genauer spezifizieren möchten, um die richtige Einstellung zu finden.

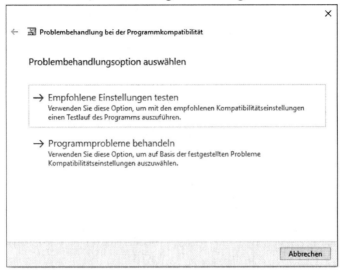

Abbildung 9.6: Option wählen

Meistens werden Sie die zweite Option wählen.

Dabei geben Sie an, welche Probleme das Programm macht.

Abbildung 9.7: Windows Version, unter der das Programm funktionierte

Danach schlägt Windows 10 einen Kompatibilitätsmodus vor.

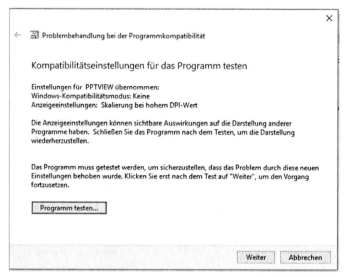

Abbildung 9.8: Kompatibilitätsmodus

Nun können Sie das Programm in diesem Modus testen.

9.2.2   Ausführen als Administrator

Ein großes Problem bei den bisherigen Betriebssystemen von Microsoft war die Tatsache, dass die meisten Benutzer mit administrativen Rechten angemeldet waren und dadurch alle Vorgänge als Administrator, und damit mit vollen Rechten, steuern konnten.

Alle Programme, die als Administrator ausgeführt werden, können an jede Stelle auf dem Computer Daten schreiben, einschließlich den systemrelevanten Verzeichnissen und der Registry.

Das bedeutete bisher leider auch, dass Schadprogramme, wie Viren oder Würmer, sollten sie auf den Computer gelangen, ebenfalls vollen administrativen Zugriff auf das System hatten.

Es gab zwar schon unter den älteren Systemen einige Möglichkeiten, diese Problematik zu umgehen, aber leider wurden diese nicht in ausreichendem Maße wahrgenommen.

Aus diesem Grund hat Microsoft eine Regelung entwickelt, die mit Windows Vista eingeführt wurde und mit Windows 10 in der Benutzerfreundlichkeit deutlich verbessert wurde.

Egal, ob jemand als Administrator oder als Standardbenutzer angemeldet ist, alle Programme werden immer nur mit eingeschränkten Rechten ausgeführt.

Sollten erhöhte Rechte benötigt werden, setzt die Benutzerkontensteuerung (User Account Control, UAC) ein und bittet um Freigabe für diesen Prozess, oder sogar um die Eingabe eines Kontos mit administrativen Rechten.

Dadurch wird die Zugriffsmöglichkeit auf sensible Systemteile erheblich erschwert.

Die Rechte der Benutzer

Damit die Benutzerkontensteuerung Sinn macht, muss man sich zunächst überlegen, welche Rechte der Standardbenutzer benötigt.

In vorherigen Systemen bis Windows XP gab es drei Gruppen, die für die lokale Maschine relevant waren:

- Benutzer
- Hauptbenutzer (Bis einschließlich Windows Vista)
- Administratoren

Hierbei hatten die Benutzer die wenigsten Rechte.

Hauptbenutzer waren eine Art von Zwischending zwischen den rechtelosen Benutzern und den allmächtigen Administratoren.

In Windows 10 wurde dies vereinfacht. Es gibt die Gruppe der Hauptbenutzer zwar noch, aber nur noch aus Gründen der Abwärtskompatibilität.

Um dies zu betrachten, wählen Sie:

- Rechte Maustaste auf den Startknopf
- Computerverwaltung
- Lokale Benutzer und Gruppen
- Gruppen

Hier können Sie die Gruppen sehen.

Wenn Sie mit der Maus über die Hauptbenutzer streichen, erhalten Sie den Hinweis, dass diese Gruppe aus Gründen der Rückwärtskompatibilität eingeschlossen ist.

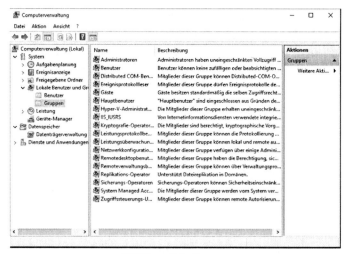

Abbildung 9.9: Gruppen

Schön und gut.

Aber welche Rechte hat der normale Benutzer eigentlich?

Diese Information erhalten wir, wenn wir die Sicherheitseinstellungen des Computers betrachten.

Dafür erstellen wir eine mmc.

Fügen Sie das Snap-In „Gruppenrichtlinienobjekt – Lokaler Computer" hinzu.

In diesem Gruppenrichtlinienobjekt gibt es viele Einstellungen, von denen die meisten mit Sicherheitseinstellungen zu tun haben.

Wir müssen uns an folgende Stelle bewegen:

- Computerkonfiguration
- Windows-Einstellungen
- Sicherheitseinstellungen
- Lokale Richtlinien
- Zuweisen von Benutzerrechten

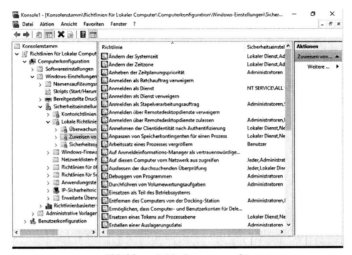

Abbildung 9.10: Benutzerrechte

Hier sind alle Rechte aufgeführt und dargestellt, welche Gruppe das jeweilige Recht hat.

Damit wird deutlich, dass viele Einstellungen nur von Administratoren durchgeführt werden können, aber einige Einstellungen auch von normalen Standardbenutzern gemacht werden können.

ACHTUNG!

Natürlich können an dieser Stelle auch Änderungen durchgeführt werden. Dies sollten Sie aber nicht tun, denn damit könnten Sie Gruppen oder Personen Rechte zuweisen, die diese Rechte nicht haben sollten.

Anwendungen ausführen, die erhöhte Rechte benötigen

All das hat noch nicht direkt etwas mit der Benutzerkontensteuerung zu tun, es wurde nur gezeigt, dass es Berechtigungsunterschiede zwischen Standardbenutzer und Administratoren gibt.

Leider funktionieren nicht alle Anwendungen mit den Rechten eines Standardbenutzers.

Dies sind in den meisten Fällen Anwendungen, die schon älter sind, oder nicht für Windows 10 geschrieben worden sind.

Damit diese Anwendungen funktionieren, müssen sie unter einem administrativen Konto ausgeführt werden.

Abbildung 9.11: Als Admin ausführen

Auch für diese Funktion gibt es ein Befehlszeilentool:

Runas

9.2.3 Die Einstellungen der Benutzerkontensteuerung

Die Benutzerkontensteuerung wurde mit Windows Vista eingeführt. Sie soll verhindern, dass Benutzer zu hohe Rechte haben.

Dies kann zu einem Problem werden, wenn sich beispielsweise Schadsoftware auf dem Rechner eingenistet hat und im Kontext des angemeldeten Users das System verändern will.

Windows 10 ist sehr benutzerfreundlich, denn hier können Sie in der Systemsteuerung die Eingriffstiefe konfigurieren.

Öffnen Sie die Systemsteuerung und wählen Sie

- System und Sicherheit
- Sicherheit und Wartung

Dort klicken Sie auf „Einstellungen der Benutzerkontensteuerung ändern".

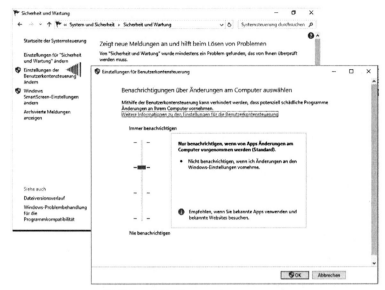

Abbildung 9.12: Benutzerkontensteuerung

Hier haben Sie verschiedene Einstellungen zur Auswahl.

Die Benutzerkontensteuerung in Gruppenrichtlinien

Dazu müssen Sie erneut eine MMC erstellen und das Gruppenrichtlinienobjekt des lokalen Computers hinzufügen.

Diesmal gehen Sie folgenden Weg, um ans Ziel zu gelangen:

- Computerkonfiguration
- Windows-Einstellungen
- Sicherheitseinstellungen
- Lokale Richtlinien
- Sicherheitsoptionen

Abbildung 9.13: Einstellungen der Benutzerkontensteuerung

Hier sind die verschiedenen Einstellungsmöglichkeiten, die Sie gut kennen sollten.

Benutzerkontoschutz: Administratorbestätigungsmodus für das integrierte Administratorkonto

Hier wird das Verhalten des integrierten Administratorkontos festgelegt. Dieses Konto ist standardmäßig deaktiviert, kann aber aktiviert werden.

Optionen:

Aktiviert:

Der integrierte Administrator wird im so genannten Administratorbestätigungsmodus angemeldet. Dies ist der Modus, der bei jeder Aktion, die systemnah ist, bestätigt oder abgelehnt werden muss.

Deaktiviert:

Wenn Sie deaktiviert wählen, gibt es für das Administratorkonto keine Benutzerkontensteuerung und der Administrator hat volle Rechte (dies ist der XP-kompatible Modus).

Standardeinstellung:

Deaktiviert

Benutzerkontensteuerung: Alle Administratoren im Administratorbestätigungsmodus ausführen

Hier wird das Verhalten aller Administratorenkonten festgelegt.

Optionen:

Aktiviert:

Der Administratorgenehmigungsmodus ist aktiviert. Die Richtlinie muss aktiviert werden und zugehörige UAC-Richtlinieneinstellungen müssen ebenfalls ordnungsgemäß festgelegt werden, um die Ausführung des integrierten Administratorkontos und aller anderen Benutzer, die Mitglieder der Administratorgruppe sind, im Administratorgenehmigungsmodus zu ermöglichen.

Deaktiviert:

Wenn Sie deaktiviert wählen, werden der Administratorgenehmigungsmodus und alle zugehörigen UAC-Richtlinieneinstellungen deaktiviert.

ACHTUNG!

Wird die Richtlinieneinstellung deaktiviert, werden Sie vom Sicherheitscenter benachrichtigt, dass die Gesamtsicherheit des Betriebssystems verringert wurde.

Standardeinstellung:

Aktiviert

Benutzerkontensteuerung: Anwendungsinstallationen erkennen und erhöhte Rechte anfordern

Hier legen Sie fest, wie das Verhalten des Systems ist, wenn Anwendungen installiert werden sollen.

Optionen:

Aktiviert:

Wenn Anwendungen installiert werden sollen, erscheint automatisch die entsprechende Abfrage.

Deaktiviert:

In einer Unternehmensumgebung wird oftmals nicht am Einzelplatz installiert, sondern durch Tools, wie SMS oder auch Gruppenrichtlinien. Hier sollte die Option deaktiviert sein.

Standardeinstellung:

- Aktiviert (privat)
- Deaktiviert (Unternehmen)

Benutzerkontensteuerung: Bei Benutzeraufforderung nach erhöhten Rechten zum sicheren Desktop wechseln

Hier legen Sie fest, ob die Anforderung erhöhter Rechte als Benutzeraufforderung auf dem interaktiven Benutzerdesktop oder auf dem sicheren Desktop angezeigt wird.

Optionen:

Aktiviert:

Alle Anforderungen nach erhöhten Rechten werden standardmäßig auf dem sicheren Desktop angezeigt.

Deaktiviert:

Alle Anforderungen nach erhöhten Rechten werden auf dem interaktiven Benutzerdesktop angezeigt.

Standardeinstellung:

Aktiviert

Benutzerkontensteuerung: Nur erhöhte Rechte für UIAccess-Anwendungen, die an sicheren Orten installiert sind

Diese Einstellung sorgt dafür, dass sich Anwendungen, die eine Ausführung mit einer UIAccess-Integritätsebene anfordern (über das Kennzeichnen von UIAccess=true in ihrem Anwendungsmanifest) an bestimmten Stellen im Dateisystem befinden müssen. Tun sie das nicht, werden ihnen keine erhöhten Rechte gewährt.

Folgendes sind diese bestimmten Stellen:

- …\Programme\, einschließlich Unterverzeichnissen
- …\Windows\system32\
- …\Programme (x86)\, einschließlich Unterverzeichnissen für 64-Bit-Versionen von Windows

Optionen:

Aktiviert:

Nur Anwendungen, die sich an den richtigen Speicherorten befinden, werden mit UIAccess-Integrität gestartet.

Deaktiviert:

Auch Anwendungen, die sich nicht an den richtigen Speicherorten befinden, werden mit UIAccess-Integrität gestartet.

Standardeinstellung:

Aktiviert

Benutzerkontensteuerung: Nur ausführbare Dateien heraufstufen, die signiert und überprüft sind

Mit dieser Einstellung können Sie PKI-Signaturüberprüfungen für interaktive Anwendungen mit erhöhten Rechten erzwingen.

Sie können eine Liste mit zugelassenen Anwendungen erstellen und diese durch Zertifikate steuern.

Optionen:

Aktiviert:

Die Überprüfung der PKI-Zertifikatkette wird erzwungen, bevor sie ausgeführt werden darf.

Deaktiviert:

Die Überprüfung der PKI-Zertifikatkette wird nicht erzwungen, bevor sie ausgeführt werden darf.

Standardeinstellung:

Deaktiviert

Benutzerkontensteuerung: UIAccess-Anwendungen das Anfordern erhöhter Rechte ohne Verwendung des sicheren Desktop erlauben.

Mit dieser Richtlinieneinstellung wird gesteuert, ob Programme für Eingabehilfen für die Benutzeroberfläche (UIAccess oder UIA) den sicheren Desktop für von einem Standardbenutzer verwendete Eingabeaufforderungen für erhöhte Rechte automatisch deaktivieren können.

Optionen:

Aktiviert:

UIA-Programme, einschließlich Windows-Remoteunterstützung, deaktivieren automatisch den sicheren Desktop für Benutzeraufforderungen mit erhöhten Rechten.

Deaktiviert:

Der sichere Desktop kann nur vom Benutzer des interaktiven Desktops oder durch Deaktivieren der Einstellung „Benutzerkontensteuerung: Bei Eingabeaufforderung für erhöhte Rechte zum sicheren Desktop wechseln" deaktiviert werden.

Standardeinstellung:

Deaktiviert.

Benutzerkontensteuerung: Verhalten der Benutzeraufforderung mit erhöhten Rechten für Standardbenutzer

Hier legen Sie fest, was bei Anforderungen eines Standardbenutzers passiert.

Optionen:

Aufforderung zur Eingabe der Anmeldeinformationen:

Der Benutzer muss einen Benutzernamen und ein Kennwort eines Kontos mit administrativen Rechten angeben, damit der Vorgang fortgesetzt werden kann.

Anhebungsaufforderung automatisch abweisen:

Hier wird ein Versuch, eine Aktion auszuführen, die höhere Rechte benötigt, sofort abgewiesen.

Standardeinstellung:

Aufforderung zur Eingabe der Anmeldeinformationen (privat).

Anhebungsaufforderung automatisch abweisen (Unternehmen).

Benutzerkontensteuerung: Verhalten der Benutzeraufforderung mit erhöhten Rechten für Administratoren im Administratorbestätigungsmodus

Der Administratorenbestätigungsmodus ist der Modus, in dem ein Administrator eine Aktion, die systemnah ist, bestätigen oder ablehnen kann (Standardeinstellung).

Optionen:

Aufforderung zur Eingabe der Zustimmung:

Der Administrator muss zustimmen oder kann ablehnen.

Aufforderung zur Eingabe der Anmeldeinformationen:

Hier reicht Zustimmen nicht, sondern es müssen die Kontodaten mit administrativen Rechten eingegeben werden.

Keine Aufforderung:

In diesem Fall wird keine Abfrage gemacht. Dies ist eine nicht sichere Einstellung.

Standardeinstellung:

Aufforderung zur Eingabe der Zustimmung.

Die Virtualisierung

Sicher ist Ihnen aufgefallen, dass wir gerade eine Einstellung der Benutzerkontensteuerung in der Besprechung ausgelassen haben.

Diese Einstellung ist besonders bemerkenswert, denn sie erlaubt, dass ältere Anwendungen eventuell trotz eingeschalteter Benutzerkontensteuerung funktionieren können.

Wie Sie sicherlich immer wieder merken werden, funktionieren nicht alle Anwendungen unter Windows 10.

Das liegt unter anderem daran, dass viele ältere Anwendungen nicht nur in der Registry, sondern auch in die nun geschützten Ordner, wie beispielsweise %systemroot% schreiben möchten.

Dafür sind aber erhöhte Benutzerrechte nötig, was dazu führt, dass diese Anwendungen nicht funktionieren.

ACHTUNG!

Auch wenn Sie als ein Administrator angemeldet sind, funktionieren diese Programme nicht automatisch, denn Sie haben ja auch nur normale Benutzerrechte!

In diesem Fall könnte die „Virtualisierung" helfen.

Das Prinzip funktioniert folgendermaßen:

Das Programm versucht, in einen geschützten Bereich zu schreiben, was von der Benutzerkontensteuerung verboten wird.

Allerdings wird nun dieser Bereich als virtuelle Ressource bereitgestellt, in die das Programm schreiben kann und damit die Möglichkeit hat, ausgeführt zu werden.

Diese virtuellen Verzeichnisse werden für jeden Benutzer im Profil gespeichert.

ACHTUNG!

Also stehen für das Ausführen dieser älteren Programme mehrere Möglichkeiten zur Verfügung: zum eEnen die Virtualisierung, wie eben besprochen.

Sie können aber natürlich auch die Anwendung mit dem Flag „Als ein Administrator ausführen" setzen, dann hat die Anwendung immer erhöhte Rechte.

Nun betrachten wir die Einstellung in der Gruppenrichtlinie noch einmal im Detail:

Benutzerkontensteuerung: Datei- und Registrierungsschreibfehler an Einzelbenutzerstandorte virtualisieren

Mit dieser Einstellung können ältere Anwendungen, die in geschützte Verzeichnisse, wie "%Programme%, %Windir%, %Windir%\system32" oder "HKLM\Software\..." schreiben möchten, ein virtualisiertes Verzeichnis zugewiesen bekommen.

Optionen:

Aktiviert:

Vereinfacht die Umleitung von Anwendungsschreibfehlern zur Laufzeit an definierte Benutzerspeicherorte für das Dateisystem und die Registrierung.

Deaktiviert:

Für Anwendungen, die Daten in geschützte Speicherorte schreiben, wird wie in vorherigen Windows-Versionen auch ein Fehler zurückgegeben.

Standardeinstellung:

Aktiviert.

9.2.4 Konfiguration von Anwendungssteuerungsrichtlinien

Mit Anwendungsrichtlinien oder AppLocker können Sie festlegen, welche Personen oder Personengruppen welche Anwendungen ausführen dürfen.

Dabei können Sie folgende Dinge festlegen:

- Welche Anwendungen dürfen ausgeführt werden
- Wer darf neue Software installieren
- Welche Version darf installiert werden

Im Installationszustand existieren keine Anwendungssteuerungsrichtlinien. Sie müssen diese zunächst einmal aktivieren.

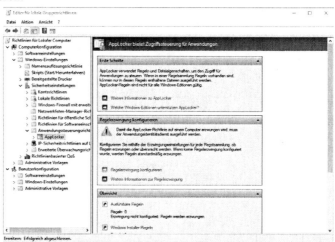

Abbildung 9.14: AppLocker

Dazu wählen Sie die entsprechende Gruppenrichtlinie aus:

- Lokale Gruppenrichtlinie
- Computerkonfiguration
- Windows-Einstellungen
- Sicherheitseinstellungen

- Anwendungssteuerungsrichtlinien
- AppLocker

Sie sehen, es gibt drei Arten von Regeln, die Sie konfigurieren können:

- Ausführbare Regeln: Hier werden ausführbare Dateien (*.exe) erlaubt oder verboten
- Windows Installer-Regeln: Damit können Sie Installationsdateien einschränken (*.msi, *.msp)
- Skriptregeln: Damit können Sie die Skriptausführung steuern (*.ps1, *.bat, *.cmd, *.vbs, *.js)

In der Standardinstallation ist keine Regelerzwingung eingestellt, diese müssen Sie manuell aktivieren, wenn Sie das wünschen, indem Sie wählen „Regelerzwingung konfigurieren".

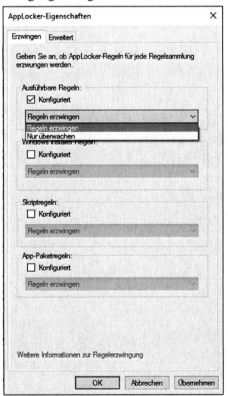

Abbildung 9.15: Aktivieren der Regeln

Sie können wählen zwischen „Regel erzwingen" oder „Nur überwachen". Wenn Sie nur überwachen wollen, wird die Regel nicht erzwungen, sondern Überschreitungen werden im Ereignisprotokoll dokumentiert. Aber nun sollten wir auch Regeln einrichten!

Abbildung 9.16: Regeln einrichten

Wenn wir beispielsweise bestimmte Programme verbieten wollen, klicken wir mit der rechten Maustaste auf „Ausführbare Regeln" und wählen „Neue Regel erstellen".

Ein Assistent startet.

Im ersten Fenster wählen Sie aus, ob Sie die Ausführung des festzulegenden Programms zulassen oder verweigern möchten und welche Gruppe dies betreffen soll.

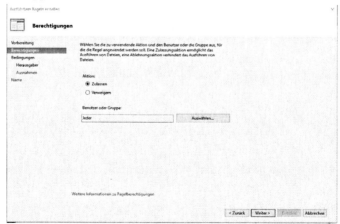

Abbildung 9.17: Zulassen oder Verweigern

Die wirklich wichtige Frage ist, welches Programm oder welche Programme Sie denn eigentlich einschränken möchten.

Auf diese Frage geben Sie im nächsten Fenster Antwort.

Abbildung 9.18: Typ der Einschränkung

Sie können das Programm oder die Programme nach drei Möglichkeiten aussuchen:

- Herausgeber
- Pfad
- Dateihash

Programme eines Herausgebers haben meistens digitale Signaturen, die den Herausgeber anzeigen. Dadurch ist es möglich, den Hersteller durch Angabe einer Referenzdatei zu bestimmen.

Abbildung 9.19: Identifikation mit einer Referenzdatei

Natürlich ist es auch möglich, Ausnahmen zu definieren.

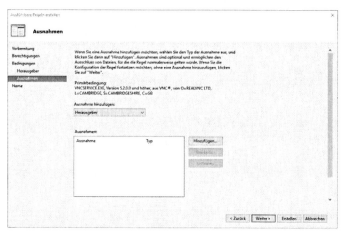

Abbildung 9.20: Ausnahmen

Für die Pfad- oder Dateihashregeln ist die Vorgehensweise identisch, nur dass hier die Programme entweder durch ihren Pfad oder ihren Dateihash identifiziert werden.

9.3 Das Application Compatibility Toolkit (ACT)

Es gibt eine Möglichkeit, Kompatibilitätsprobleme zu lösen, ohne auf eine vorherige Version des Betriebssystems zurückgreifen zu müssen.

Microsoft bietet hierfür das „Application Compatibility Toolkit" (ACT) an. Mit dem Toolkit können Sie Anwendungen überprüfen und feststellen, ob diese nach einer Migration Probleme machen werden und gegebenenfalls bereits im Vorfeld einschreiten, beispielsweise mit verschiedenen Patches.

Eine weitere interessante Funktion ist die Möglichkeit zu überprüfen, welche Probleme mit Anwendungen im Zusammenspiel mit den neuen Sicherheitsfunktionen und Standardbenutzern auftreten können.

Das Microsoft Application Compatibility Toolkit 6.1 bietet noch viel mehr Analyse- und Eingriffsmöglichkeiten, die im Verlauf eines Softwarelebens von Bedeutung sein können.

Das Microsoft Application Compatibility Toolkit ist Bestandteil des Windows Assessment and Deployment Kit. Hier sind auch noch andere nützliche Tools vorhanden.

Laden Sie zunächst das Windows Assessment and Deployment Kit herunter und installieren Sie es (wenn Sie dies noch nicht vorher gemacht haben).

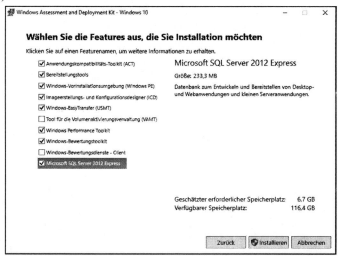

Abbildung 9.21: Installation des Assessment and Deployment Kits

Hier wählen Sie „ACT" aus.

In der Beschreibung sehen Sie, dass für das ACT eine Datenbank benötigt wird.

Hier können Sie entweder auf eine bereits vorhandene Datenbank zurückgreifen, oder Sie wählen die letzte Option aus: „Windows SQL Server 2012 Express".

Nun startet die Installation.

Nach der Installation starten Sie den „Application Compatibility Manager". Diesen finden Sie bei „alle Apps" – „Windows Kits".

ACHTUNG!

Sie müssen den „Application Compatibility Manager" mit erhöhten Rechten starten, damit Sie alle Einstellungen vornehmen können!

Abbildung 9.22: Der Application Compatibility Manager

Es wird Ihnen sofort mitgeteilt, dass Sie sich mit einem SQL-Server verbinden müssen.

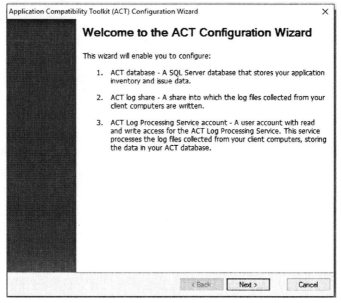

Abbildung 9.23: Ein SQL-Server wird benötigt

Den SQL Server haben wir ja schon installiert.

Im nächsten Fenster legen Sie fest, ob Sie diesen Computer für den ACT Log Processing Service benutzen wollen.

Wählen Sie hier „Yes".

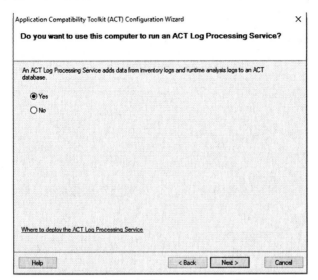

Abbildung 9.24: ACT Log Processing Service

Klicken Sie auf „Next". Im nächsten Fenster legen Sie die Konfiguration für den SQL-Server fest.

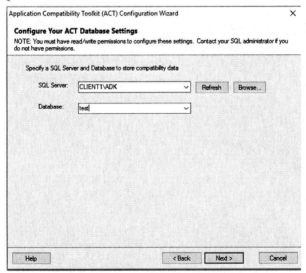

Abbildung 9.25: Konfigurationsdaten

Danach klicken Sie auf „Next". Die Datenbank wird nun erstellt.

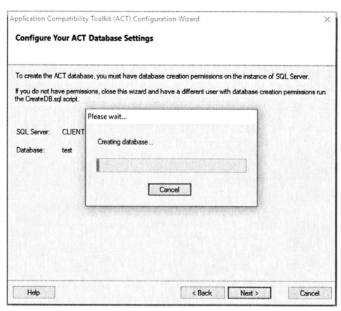

Abbildung 9.26: Datenbank wird erstellt

Nun legen Sie noch den Speicherort der Log-Dateien fest.

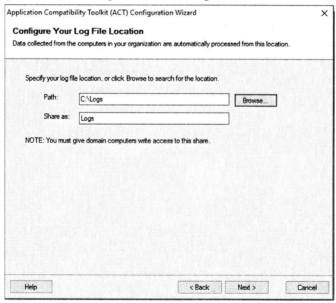

Abbildung 9.27: Log-Dateien

Der letzte Schritt ist, Benutzernamen, Kennwort und Domäne

(beziehungsweise den lokalen Computer) festzulegen, unter dem die Anwendung laufen soll.

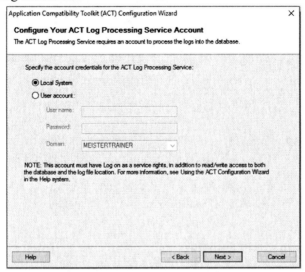

Abbildung 9.28: Festlegen der Anmeldekonfiguration

Nun ist der ACT installiert und Sie können das System untersuchen lassen.

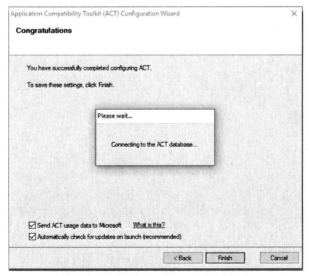

Abbildung 9.29: Installation abgeschlossen

Mit dem ACT können Sie nun Daten sammeln und diese analysieren lassen, indem Sie auf „Collect Inventory" klicken.

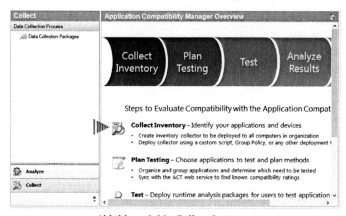

Abbildung 9.30: Collect Inventory

Geben Sie hier die entsprechenden Daten an und speichern Sie das Paket.

Abbildung 9.31: Erstellen eines Kompatibilitätspakets

Die nun erstellte Datei können Sie ausführen.

Im Hintergrund werden nun der Computer und alle installierten Programme untersucht.

Nachdem die Sammlung beendet ist, können Sie im ACT durch Klicken auf „Analyse" die gesammelten Daten anzeigen lassen.

Sie erhalten eine schöne Aufstellung über alle installierten Programme und ihre eventuellen Probleme.

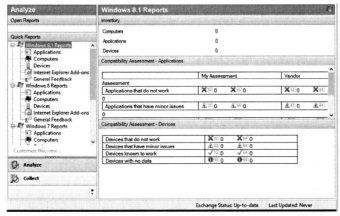

Abbildung 9.32: Auflistung

Kompatibilitätsprobleme durch die Benutzerkontensteuerung (UAC)

Viele Programme haben Probleme durch die UAC. Vorher in diesem Kapitel haben wir bereits gelernt, dass mit aktivierter UAC alle Benutzer, einschließlich des Administrators, als Standardbenutzer ausgeführt werden und damit nur eingeschränkte Rechte haben.

Die bisherigen Möglichkeiten, Anwendungen zum Laufen zu „überreden", beliefen sich auf das Ausführen mit administrativen Rechten.

Wenn sich berechtigte Benutzer bei ihrem Konto anmelden, aktivieren sie damit die Umgebung des Standardbenutzerkontos.

Allerdings gibt es für Standardbenutzer die Möglichkeit, Anwendungen mit allen Berechtigungen auszuführen, indem sie die entsprechende Genehmigung einholen. Nachdem ihnen diese gewährt wurde, können sie die Anwendung mit allen Berechtigungen nutzen.

Bei Windows 10-kompatiblen Anwendungen, wird unterschieden zwischen Anwendungen, die unter einem Standardbenutzerkonto ausgeführt werden und administrativen Anwendungen, die mit einem entsprechenden Eintrag markiert sind. Im letzteren Fall werden die Benutzer darauf hingewiesen, dass sie eine administrative Anwendung starten und eine entsprechende Genehmigung benötigen.

Allerdings stellen wir ja immer wieder schmerzhaft fest, dass nicht alle Anwendungen diese Konventionen einhalten.

Mithilfe des ACT können Sie feststellen, ob die Ausführung eines Programms unter Windows 10 nur möglich ist, wenn es administrative Operationen ausführen kann.

Dieses Programm muss speziell gekennzeichnet werden, damit vom Benutzer eine Genehmigung eingeholt wird, bevor er es mit allen administrativen Berechtigungen starten kann.

Die Kennzeichnung wird mithilfe von Einträgen in der AppCompat-Datenbank bereitgestellt. Das ACT enthält alle Funktionen, die hierfür erforderlich sind.

Die Ausführungsebenen

Für die Ausführung von älteren Programmen gibt es verschiedene Ausführungsebenen:

RunAsUAC

Die Anwendung wird mit denselben Berechtigungen wie der übergeordnete Prozess ausgeführt. In diesem Fall existiert keine AppCompat-Datenbank für die Anwendung. Sie wird mit denselben Berechtigungen wie der aufrufende Prozess gestartet.

RunAsHighest

Die Anwendung wird mit den höchstmöglichen Rechten ausgeführt, die der Benutzer anfordern kann. Dies funktioniert auch, wenn der Benutzer keine administrativen Rechte hat.

RunAsAdmin

Die Anwendung muss mit administrativen Rechten gestartet werden.

Erstellen von Kompatibilitäts-Shims

Nachdem Sie nun mit dem ACT festgestellt haben, welche Anwendungen auf Ihrem System nicht ordnungsgemäß funktionieren werden, können Sie sogenannte Kompatibilitäts-Shims erstellen.

Dies sind Datenbankeinträge, die die Ausführungsebene für die als problematisch identifizierten Programme festlegen.

Zum Erstellen eines Shims starten Sie das Programm „Compatibility Administrator", das Teil des ACT ist.

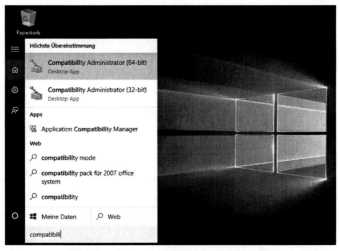

Abbildung 9.33: Compatibility Administrator

ACHTUNG!

Es gibt zwei „Compatibility Administrators", einen für 32-bit Anwendungen und einen für 64-bit Anwendungen. Wählen Sie jeweils den richtigen!

Um nun einen Shim für ein bestimmtes Programm zu erstellen, klicken Sie auf die Schaltfläche „Fix".

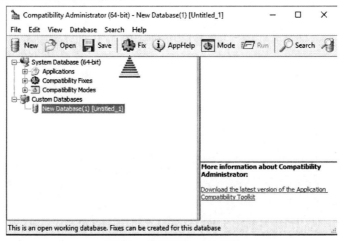

Abbildung 9.34: Shim erstellen

Sie geben nun die Daten des Programms an, für das Sie einen Shim erstellen möchten.

Abbildung 9.35: Erstellen eines Shims

Auf der nächsten Seite können wir entscheiden, ob wir die Anwendung in einem Kompatibilitätsmodus laufen lassen wollen.

Aber eigentlich geht es uns ja um die Ausführungsebene.

Diese können wir hier auch definieren.

Abbildung 9.36: Definition der Ausführungsebenen

Auf der nächsten Seite können wir noch zusätzliche Kompatibilitätsparameter definieren.

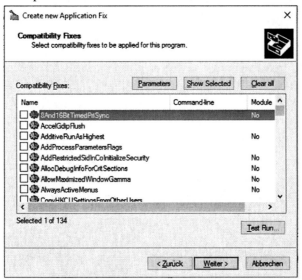

Abbildung 9.37: Weitere Kompatibilitätsparameter

Nun wählen Sie Informationen für die Dateisuche aus. Anhand dieser Informationen wird die Datei identifiziert, zu der das Shim gehört.

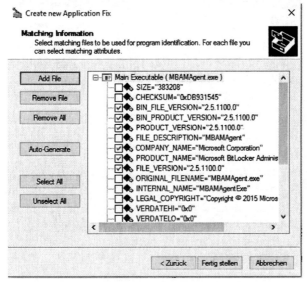

Abbildung 9.38: Attribute

Normalerweise reichen die Attribute Größe und Prüfsumme aus, um zu verhindern, dass das Shim unabsichtlich anderen Anwendungen mit identischem Namen zugewiesen wird. Die Angabe weiterer Informationen ist nur in seltenen Fällen erforderlich.

Klicken Sie auf „Fertig stellen". Nun können Sie den Shim speichern. Sie sollten es gleich im Programmverzeichnis speichern, da es sonst nicht angewendet werden kann.

Wechseln Sie nun in das Programmverzeichnis und installieren Sie den Shim mit der Eingabeaufforderung und dem Tool „Sdbinst.exe".

Abbildung 9.39: Installation des Shims

Nun ist der Kompatibilitätsfix installiert und die Anwendung funktioniert, wie sie sollte.

Natürlich können Sie die Shims auch mithilfe des Active Directory zuweisen, indem Sie ein Anmeldeskript für die Benutzer erstellen und dort „Sdbinst.exe" laufen lassen.

9.4   RemoteApps

RemoteApps sind Anwendungen, die auf einem Remotedesktopserver laufen. Auf ihm müssen die Remotedesktopdienste installiert sein.

Clients können auf diese Anwendungen zugreifen, indem sie sich mit dem Remotedesktop zu diesen Programmen verbinden.

Die Anwendungen laufen nicht auf dem Client, es ist vielmehr so, als ob der Client den Server „fernbedient".

Das hat den Vorteil, dass die RemoteApps nicht mit lokal installierten Programmen kollidieren können, da sie nicht lokal ausgeführt werden.

9.4.1 Die Installation der Remotedesktopdienste

Die Remotedesktopdienste werden als Rolle installiert.

Wählen Sie „Rollen und Features hinzufügen" und im nächsten Schritt „Installation von Remotedesktopdiensten".

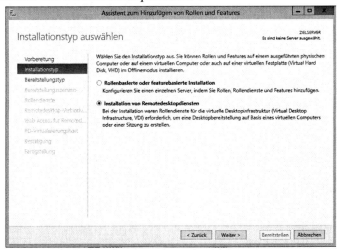

Abbildung 9.40: Installation von Remotedesktopdiensten

Nun wählen Sie die Standardbereitstellung.

Abbildung 9.41: Standardbereitstellung

Der nächste Schritt ist das Bereitstellungsszenario.

Hier haben Sie zwei Auswahlmöglichkeiten:

Auf virtuellen Computern basierende Desktopbereitstellung

Dies ist die Desktopvirtualisierung, die hier nicht thematisiert wird.

Sitzungsbasierte Desktopbereitstellung

Diesen Menüpunkt wählen wir an.

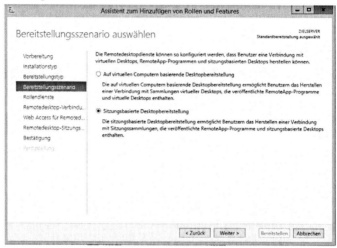

Abbildung 9.42: Sitzungsbasierte Desktopbereitstellung

Den Bildschirm „Rollendienste" können Sie einfach bestätigen, da alle drei Rollen installiert werden müssen.

Abbildung 9.43: Dieser Haken ist wichtig

Bestätigen Sie bei „Remotedesktop-Verbindung" einen Server.

Wichtig ist, dass Sie auf der Seite „Web Access für Remotedesktop" den Haken vor „Rollendienst „Web Access" für Remotedesktop" auf dem RD-Verbindungsbroker installieren" setzen, denn das ist eine Voraussetzung für RemoteApps.

Nun wählen Sie noch den RD-Sitzungshost aus, und die Installation der Rolle beginnt.

Der Rechner wird während der Installation neu gestartet.

Melden Sie sich nach dem Neustart auf jeden Fall mit dem gleichen Benutzerkonto an, mit dem Sie die Installation gestartet haben, denn die Installation wird noch beendet!

Eine wichtige Warnmeldung erscheint nach dem Neustart:

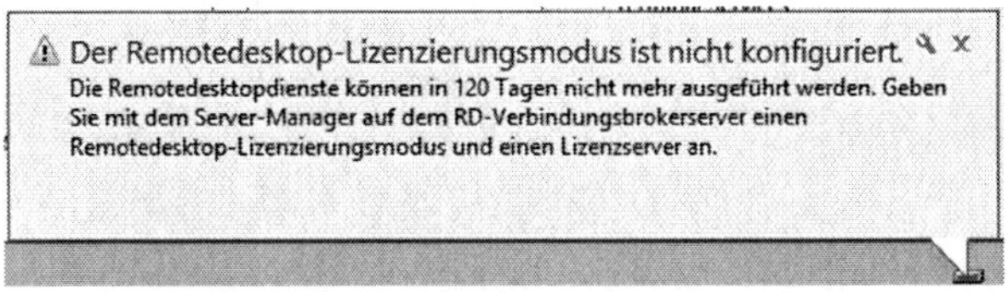

> ⚠ Der Remotedesktop-Lizenzierungsmodus ist nicht konfiguriert. ⬉ ✕
> Die Remotedesktopdienste können in 120 Tagen nicht mehr ausgeführt werden. Geben Sie mit dem Server-Manager auf dem RD-Verbindungsbrokerserver einen Remotedesktop-Lizenzierungsmodus und einen Lizenzserver an.

Abbildung 9.44: Warnmeldung

Der Terminalserver versucht, einen Lizenzserver zu finden. Da der Lizenzserver zwar installiert ist, aber keinerlei Konfiguration hat, ist ein Arbeiten mit dem Terminalserver zwar möglich, aber nur für 120 Tage.

Für eine Testumgebung ist das völlig ausreichend, und im wirklichen Leben werden Sie innerhalb dieser Zeitspanne den Dienst konfigurieren können...

Nun ist die Installation eigentlich abgeschlossen. Sie erkennen im Servermanager eine zusätzliche Konsole „Remotedesktop-Dienste".

Abbildung 9.45: Remotedesktop-Dienste

9.4.2   Sitzungssammlung erstellen

Der nächste Schritt ist, eine Sitzungssammlung zu erstellen. Benutzer können später nur auf Sitzungssammlungen zugreifen.

Eine Sitzungssammlung ist eine Plattform, die für bestimmte Benutzer zur Verfügung gestellt wird. Sie kann mehrere Anwendungen enthalten.

Klicken Sie auf „Sitzungssammlungen erstellen".

Abbildung 9.46: Sitzungssammlungen erstellen

Es startet ein Assistent, in dem Sie der Sammlung zunächst einen Namen geben.

In der Folge legen Sie den RD-Sitzungshostserver fest, auf diesem wird die Sammlung verwaltet.

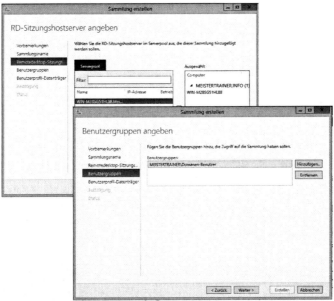

Abbildung 9.47: Remotesitzungshost und Benutzergruppe

Auch die Benutzergruppe, die später Zugriff auf die Sammlung haben soll, legen Sie fest.

9.4.3 RemoteApps erstellen

Nach dem Erstellen einer Sammlung erscheint diese in der Konsole des Servermanagers.

Abbildung 9.48: RemoteApp-Programme veröffentlichen

Wenn Sie im nächsten Schritt RemoteApps bereitstellen wollen, klicken Sie auf „RemoteApp-Programme veröffentlichen".

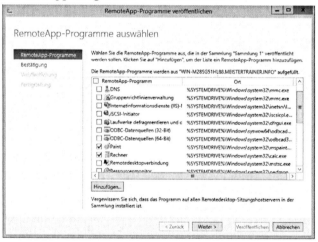

Abbildung 9.49: Auswahl der Programme

Wählen Sie die Programme aus, die Sie in dieser Sammlung veröffentlichen möchten.

Damit sind RemoteApps in einer Sammlung veröffentlicht.

Natürlich können Sie alle Befehle auch in PowerShell ausführen:

New-RDRemoteApp   –CollectionName<NameDerSammlung>   -DisplayName<NameDerAnwendung>   -FilePath<PfadZurAusführbarenDatei>

9.4.4   Zugriff auf RemoteApps

Der Zugriff auf die RemoteApps ist einfach. Sie öffnen am Client einen Browser und geben folgendes ein

<NameDes RDSitzungshostservers >/RDWeb

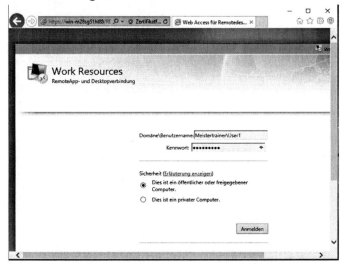

Abbildung 9.50: Anmelden am RD-Sitzungshostserver

Es öffnet sich ein Fenster, an dem Sie sich anmelden müssen.

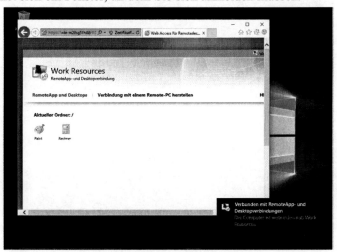

Abbildung 9.51: Sammlung

Nun sehen Sie die Sammlung, die für Ihre Benutzergruppe freigegeben ist.

Sie können die Programme starten, wobei eine RDP-Sitzung aufgebaut wird.

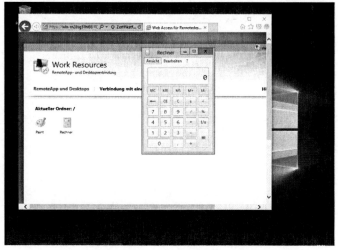

Abbildung 9.52: RemoteApp ist gestartet

9.4.5 Das Office Deployment Tool

Leider ist es so, dass Office in der Standardinstallation nicht mehrplatzfähig ist.

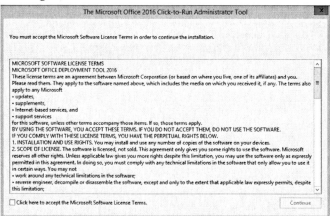

Abbildung 9.53: Office Deployment Tool

Das bedeutet, dass es nur von einer Person geöffnet werden kann, eine zweite Person bekommt eine Fehlermeldung.

Damit ist die Installation als RemoteApp eigentlich nicht möglich.

Abhilfe bringt das „Office Deployment Tool".

Dies können Sie auf den Remotedesktopserver herunterladen und die Installation starten.

Sie extrahieren die Dateien in ein Verzeichnis, beispielsweise C:Office Deployment.

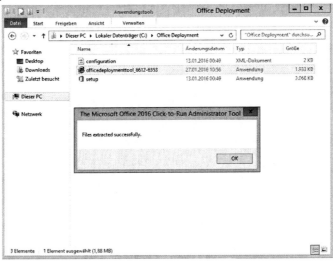

Abbildung 9.54: Daten sind extrahiert

Ändern der Konfigurationsdatei

Nun können Sie mit dem ersten Schritt beginnen. Eine der Dateien ist die „configuration.xml".

Diese müssen Sie editieren.

Abbildung 9.55: Konfigurationsdatei

Hier können Sie viele Einstellungen machen, die wichtigste ist aber

<Property Name = „SharedComputerLicensing" Value = „1">

Damit ermöglichen Sie die Mehrplatzbenutzung des Programms und machen es somit geeignet für Remotedesktop.

Auch der Pfad sollte angepasst werden, damit die Installation stattfinden kann.

Nun öffnen Sie eine Eingabeaufforderung und wechseln in das Verzeichnis, in dem Sie das Office Deployment Tool extrahiert haben.

Nun starten Sie die Datei „Setup.exe" mit dem Parameter /download und Angabe der Konfigurationsdatei.

Abbildung 9.56: Setup.exe /download

Nun wird die Installation angepasst.

Danach führen Sie den Befehl „Setup.exe" mit dem Parameter /configure aus.

Abbildung 9.57: Installation

Nun kann Office von mehreren Personen gleichzeitig verwendet werden.

9.5 Azure RemoteApps

Azure ist eine Cloud-Plattform, die Ihnen viele Möglichkeiten liefert. Für dieses Buch werden wir uns auf die Funktion „Azure RemoteApps" beschränken.

Mit Azure RemoteApps haben Sie die Möglichkeit, Programme in der

Cloud anzubieten, die vom Client aus mit einer Remotedesktopverbindung zugänglich sind. Die Vorgehensweise ist ähnlich der RemoteApps, lediglich der Speicherort der Apps liegt in der Cloud.

Hierfür wird auf dem Windows 10 Rechner, der auf die Azure RemoteApps zugreifen möchte, ein eigener Client installiert, mit dem die einzelnen Programme aufgerufen werden können.

Für den Benutzer ist das transparent, die Programme sind für ihn benutzbar, als ob sie lokal auf dem Rechner installiert wären.

Um Azure RemoteApps benutzen zu können, benötigen Sie zuerst eine Azure Subscription.

Sie können unter der URL http://azure.microsoft.com/de-de/services/remoteapp/ einen Testzugang einrichten.

Wählen Sie „Kostenlose Testversion".

Abbildung 9.58: Kostenlose Testversion

Nun können Sie Ihren Testzugang einrichten.

Abbildung 9.59: Testzugang

9.5.1   RemoteApp Sammlung erstellen

Um Programme bereitzustellen, muss eine sogenannte „RemoteApp Sammlung" erstellt werden.

Davon gibt es zwei Arten:

Cloud:

Befindet sich vollständig in Azure und wird mithilfe der Option Schnellerfassung im Azure-Verwaltungsportal erstellt.

Hybrid:

Enthält ein virtuelles Netzwerk für den lokalen Zugriff und wird mithilfe der Option „Create with VNET" im Verwaltungsportal erstellt.

Wir beschäftigen uns hier als Beispiel mit der Erstellung einer Cloudsammlung.

Öffnen Sie Ihre Azure-Verwaltungskonsole und gehen Sie zum Menüpunkt „RemoteApp".

Abbildung 9.60: RemoteApp

Hier sehen Sie alle Sammlungen, die bisher erstellt worden sind.
Klicken Sie auf „Remote-Sammlung erstellen".

Abbildung 9.61: Remote-Sammlung erstellen

Wählen Sie im unteren Teil des Bildschirms „Schnellerstellung" aus. Nun
geben Sie der Sammlung einen aussagekräftigen Namen und wählen Ihre
Region aus.

Nun können Sie aus bereits vorhandenen Vorlagen auswählen.

ACHTUNG!

Im Abonnement sind bereits Vorlagen für Office 365 oder Office 2013 zu Testzwecken vorhanden, diese können Sie auswählen. Sollten Sie andere Programme zur Verfügung stellen wollen, müssen Sie eigene Vorlagen hochladen.

Diese müssen Sie dann auch mit dem Office Deployment Tool mehrplatzfähig machen.

Nun klicken Sie auf „RemoteApp-Sammlung erstellen".

Die Bereitstellung beginnt.

Abbildung 9.62: Bereitstellung

Die Bereitstellung kann sehr lange dauern, rechnen Sie auf jeden Fall mit einer halben Stunde!

Abbildung 9.63: RemoteApp ist aktiv

Wenn die RemoteApp auf „Aktiv" steht, können Sie sie mit einem Doppelklick einrichten.

Wichtig hierbei ist die Download-URL für den Client, der auf allen Maschinen installiert werden muss.

https://www.remoteapp.windowsazure.com

Alle Maschinen, die mit den RemoteApps arbeiten sollen, müssen sich später mit dieser URL verbinden, den Client herunterladen und konfigurieren.

Veröffentlichen von RemoteApps

Mit einem Klick auf „Veröffentlichen" können Sie überprüfen, welche Apps in dieser Sammlung bereitgestellt werden.

Abbildung 9.64: bereitgestellte Apps

Sie sehen, alle Office 365-Produkte stehen zur Verfügung.

Der Benutzerzugriff

Nun müssen wir uns Gedanken machen, mit welchen Anmeldeinformationen jeder Benutzer auf die RemoteApps zugreifen soll.

Eine Möglichkeit ist, eine Verbindung mit einem vorhandenen Active Directory herzustellen. Dies wird dann mit dem Azure Active-Directory verbunden.

Betrachten Sie den Punkt „Active Directory".

Abbildung 9.65: Active Directory

Wenn Sie auf „Standardverzeichnis" einen Doppelklick setzen, sehen Sie die Möglichkeiten.

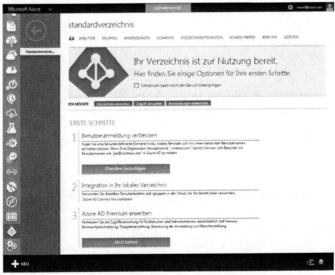

Abbildung 9.66: Möglichkeiten

Sie können auch eine weitere Azure-Domäne hinzufügen, zusätzlich zu der Standarddomäne, die bei der Einrichtung von Azure angelegt worden ist.

Wir belassen es bei der einfachen Konfiguration und ändern nichts.

Generell ist es aber möglich, eine Integration des lokalen Active Directorys in die Azure-Domäne einzurichten. Hierbei kann auch Kennwortsynchronisation aktiviert werden.

Zunächst müssen wir Benutzerkonten im Azure AD anlegen.

Abbildung 9.67: Benutzer hinzufügen

Wir klicken auf „Zugriff verwalten" und dann auf „Benutzer hinzufügen".

Nun machen Sie alle benötigten Angaben für den Benutzer.

Abbildung 9.68: Benutzer

Zum Schluss wird ein vorübergehendes Kennwort erstellt. Notieren Sie dies und teilen Sie es dem Benutzer mit.

Abbildung 9.69: Vorübergehendes Kennwort

Für den Zugriff auf Sammlungen sind folgende Zusammenhänge zu beachten:

Benutzerkontoart	Zugriff auf Cloudsammlungen	Zugriff auf Hybridsammlungen
Microsoft Konto	X	
Azure AD Cloud	X	
ADsync mit Kennwortsynchronisierung	X	X
ADsync ohne Kennwortsynchronisierung	X	

Nun können Sie zurückkehren zu den Berechtigungen der RemoteApp.

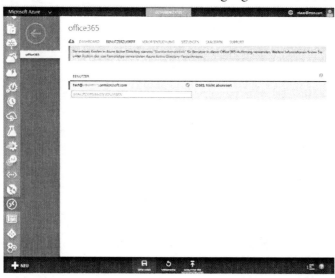

Abbildung 9.70: RemoteApp Berechtigungen

Hier geben Sie die Azure-Active-Directory Konten der gewünschten Personen ein.

Installation des Clients auf den Rechnern

Der letzte Schritt ist die Installation des Azure RemoteApp Clients auf den Rechnern.

Zunächst laden Sie den Client von der URL https://www.remoteapp.windowsazure.com herunter.

Dann starten Sie die Installation.

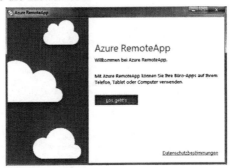

Abbildung 9.71: Installation

Sie müssen sich mit Ihrem Azure-Active-Directory Konto anmelden. Verwenden Sie das vorläufige Kennwort.

Abbildung 9.72: Anmeldung

Das Kennwort müssen Sie nun ändern, es kann nur einmal benutzt werden.

Danach stehen Ihnen die Azure RemoteApps zur Verfügung.

Abbildung 9.73: RemoteApps stehen zur Verfügung

9.6 App-V

Es gibt eine weitere, interessante Lösung, Anwendungen auf einen Computer zu bringen. Dies ist die Anwendungsvirtualisierung App-V.

Hierbei wird auf dem Client das Programm in einer abgekapselten Umgebung ausgeführt, die keine Berührung mit dem lokalen Betriebssystem hat. Die Anwendungen werden auf einem Server für die Verwendung auf den Clients konfiguriert.

Hieraus ergeben sich natürlich einige Vorteile:

- Sie können gleichzeitig mehrere Versionen einer Anwendung laufen lassen (Bei Office gibt dies immer wieder Probleme)

- Durch die strikte Trennung gibt es keine Konflikte

- Die Anwendungen sind nicht lokal installiert, dadurch ist das Entfernen kein Problem

- Die Anwendungen können leichter verwaltet werden, weil sie an einer zentralen Stelle hinterlegt sind.

- Keine Probleme bei „Roaming Users"

Dies sind einige gewaltige Unterschiede zu den installierten Versionen.

Auf dem Client wird nur eine Client-Komponente installiert, die die Verwaltung der Programme übernimmt.

Die serverseitige Konfiguration ist dafür umso komplizierter. Wir wollen sie hier aber prinzipiell ansprechen, da sie zum Verständnis wichtig ist.

Um die Serverkomponente zu installieren, darf der verwendete Server weder ein Domänencontroller noch ein Core-Server sein.

Voraussetzungen für die Installation

- MDOP 2012 / 2013 (Microsoft Desktop Optimization Pack 2012/13 – ISO)

- Microsoft Windows .NET Framework 4.5 (full) .NET-Framework 4.0 wird für 4.5 nicht vorausgesetzt!

- Windows PowerShell 3.0

- Update für Windows-KB 2533623

- SQL-Server 2008 Standard oder höher (keine Express-Editionen!)

- Microsoft Silverlight

- IIS mit den folgenden Funktionen:

  o Allgemeine HTTP-Funktionen (statischer Inhalt und Standarddokument)

  o Anwendungsentwicklung (ASP.NET, .NET-Erweiterbarkeit, ISAPI-Erweiterungen und ISAPI-Filter)

  o Sicherheit (Windows-Authentifizierung, Anforderungsfilterung)

  o Verwaltungstools (IIS-Verwaltungskonsole)

- Microsoft Visual C++ 2010 Redistributable Package (x86)

- Microsoft Visual C++ 2010 Redistributable Package (x64)

Nach der Konfiguration des SQL-Servers kann die Serverkomponente installiert werden.

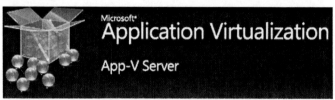

Abbildung 9.74: Installation der Serverkomponente

Danach können die Anwendungen durch die „Sequenzierung" vorbereitet werden. Dieser Vorgang ist nicht Bestandteil dieses Kurses.

Nun kann die Clientkomponente installiert werden.

Abbildung 9.75: Clientkomponente

Nach der Installation der Clientkomponente und der Bereitstellung der Anwendungen auf dem Server können die Programme gestartet werden.

9.7 Koexistenz von verschiedenen Anwendungen

Nun kennen Sie einige Möglichkeiten, Anwendungen auf dem Client bereitzustellen.

Im Endeffekt gibt es folgende Möglichkeiten:

- Lokale Anwendungen
- Anwendung in Hyper-V virtualisiert
- Azure RemoteApps
- App-V Apps

Sie können alle Möglichkeiten je nach Anforderung miteinander vermischen, so ist es beispielsweise möglich, lokal eine Version von Office installiert zu haben, und über App-V eine andere Version zu erhalten.

Auch über Azure RemoteApps sind Sie unabhängig von der lokalen Installation.

Hyper-V bildet hier eine Ausnahme, denn hier wird nicht nur eine Anwendung virtualisiert, sondern ein ganzes Betriebssystem.

9.8 Zusammenfassung, Übungen / Aufgaben

9.8.1 Zusammenfassung

Anwendungen werden auch unter Windows 10 installiert, indem das Setup-Programm gestartet wird.

Manche Programme funktionieren nur unter Windows 7, einige andere nur unter Windows 8. Mit dem Assistenten für Programmkompatibilität können Sie in den meisten Fällen diese Programme zum Laufen bringen.

Ein großes Problem bei den bisherigen Betriebssystemen von Microsoft war die Tatsache, dass die meisten Benutzer mit administrativen Rechten angemeldet waren und dadurch alle Vorgänge als Administrator und damit mit vollen Rechten, steuern konnten.

Alle Programme, die als Administrator ausgeführt werden, können an jede Stelle auf dem Computer Daten schreiben, einschließlich den systemrelevanten Verzeichnissen und der Registry.

Das bedeutete bisher leider auch, dass Schadprogramme, wie Viren oder Würmer, sollten sie auf den Computer gelangen, ebenfalls vollen administrativen Zugriff auf das System hatten.

Es gab zwar schon unter den älteren Systemen einige Möglichkeiten, diese Problematik zu umgehen, aber leider wurden diese nicht in ausreichendem Maße wahrgenommen.

Aus diesem Grund hat Microsoft eine Regelung entwickelt, die mit

Windows Vista eingeführt wurde und mit Windows 10 in der Benutzerfreundlichkeit deutlich verbessert wurde.

Egal, ob jemand als Administrator oder als Standardbenutzer angemeldet ist, alle Programme werden immer nur mit eingeschränkten Rechten ausgeführt.

Sollten erhöhte Rechte benötigt werden, setzt die Benutzerkontensteuerung (User Account Control, UAC) ein und bittet um Freigabe für diesen Prozess, oder sogar um die Eingabe eines Kontos mit administrativen Rechten.

Dadurch wird die Zugriffsmöglichkeit auf sensible Systemteile erheblich erschwert.

Damit manche Anwendungen funktionieren, müssen sie unter einem administrativen Konto ausgeführt werden.

In vielen Fällen ist die Benutzerkontensteuerung ein heikles Thema. Sie sollten sich mit den Einstellungen sehr gut auskennen.

Mit Azure RemoteApps haben Sie die Möglichkeit, Programme in der Cloud anzubieten, die vom Client aus mit einer Remotedesktopverbindung zugänglich sind.

Hierfür wird auf dem Windows 10 Rechner, der auf die Azure RemoteApps zugreifen möchte, ein eigener Client installiert, mit dem die einzelnen Programme aufgerufen werden können.

Für den Benutzer ist das transparent, die Programme sind für ihn benutzbar, als ob sie lokal auf dem Rechner installiert wären.

Um Azure RemoteApps benutzen zu können, benötigen Sie zuerst ein Azure Konto.

Es gibt eine Möglichkeit, Kompatibilitätsprobleme zu lösen, ohne auf eine vorherige Version des Betriebssystems zurückgreifen zu müssen.

Microsoft bietet hierfür das „Application Compatibility Toolkit" (ACT) an. Mit dem Toolkit können Sie Anwendungen überprüfen und feststellen, ob diese nach einer Migration Probleme machen werden und gegebenenfalls bereits im Vorfeld einschreiten, beispielsweise mit verschiedenen Patches.

Es gibt eine weitere, interessante Lösung, Anwendungen auf einen Computer zu bringen. Dies ist die Anwendungsvirtualisierung App-V.

Hierbei wird auf dem Client das Programm in einer abgekapselten Umgebung ausgeführt, die keine Berührung mit dem lokalen Betriebssystem hat. Die Anwendungen werden auf einem Server für die Verwendung auf den Clients konfiguriert.

9.8.2 Übungen

1. Starten Sie die virtuelle Maschine „W10-I" und melden Sie sich als Anna Admin mit dem Kennwort „Kennw0rt!" an.

2. Öffnen Sie den Programmkompatibilitäts-Assistenten und überprüfen Sie ein beliebiges Programm.

3. Betrachten Sie die Einstellungen der Benutzerkontensteuerung.

4. Legen Sie einen Azure-Testzugang an. Die Anleitung finden Sie in Anhang A.

5. Erstellen Sie eine Sammlung auf Basis von Office 365.

6. Veröffentlichen Sie die Remote-App.

7. Verwalten Sie Azure Konten, um später die Anwendung auszurollen.

8. Installieren Sie den Client auf „W10-I".

9. Betrachten Sie die Remote Apps, die Ihnen nun zur Verfügung stehen. Öffnen Sie testweise eine App.

10. Starten Sie die virtuelle Maschine „DC" und melden Sie sich als Administrator der Domäne mit dem Kennwort „Kennw0rt!" an.

11. Starten Sie die virtuelle Maschine „W10" und melden Sie sich als Administrator der Domäne mit dem Kennwort „Kennw0rt!" an.

12. Stellen Sie sicher, dass Sie in Kapitel 2 das Windows Assessment and Deployment Kit heruntergeladen und installiert haben.

13. Überprüfen Sie im SQL Configuration Manager, dass die Datenbank SQL Server (ADK) läuft.

14. Starten Sie den „Application Compatibility Manager".

15. Konfigurieren Sie die Datenbank.

16. Konfigurieren Sie den ACT und erstellen Sie ein Shim für eine beliebige Anwendung.

17. Machen Sie sich mit App-V vertraut.

18. Öffnen Sie die Datei AzureRemoteApps.exe. Dieser Film zeigt Ihnen die Möglichkeiten des MDT.

Link:

www.laue-net.de/Downloads/Buecher/70-697/AzureRemoteApps.exe

9.8.3   Aufgaben

1. Sie möchten, dass eine lokale Gruppe auf einem Windows 10 Rechner alle Daten auf diesem Computer sichern kann, aber nicht auf anderen Computern.

    Was tun Sie?

2. Sie sind Client-Administrator der Firma Meistertrainer.

    Wie können Sie ein AppLocker Paket testen, bevor Sie es einsetzen?

3. Sie möchten, dass bestimmte Gruppen einer Domäne nicht auf eine Anwendung zugreifen können, die auf allen Rechnern installiert ist.

    Wie machen Sie das?

4. Sie möchten in Ihrer Active Directory Domäne eine Anwendung so konfigurieren, dass sie auf Windows 10 Tablets möglichst wenig Speicherplatz verbraucht.

    Ein weiteres Problem, das Sie lösen müssen, ist, dass diese Anwendung im Zusammenspiel mit anderen Anwendungen immer Probleme macht.

    Was tun Sie?

5. Sie sind Client-Administrator der Firma Meistertrainer.

    In Ihrer Firma gibt es einen Windows Server, auf dem die Remote-Desktopdienste installiert sind.

    Sie möchten in einer Sammlung mit Namen „AppSession" eine Anwendung mit Namen „Anwendung" laufen lassen.

    Wie lautet die Befehlszeile?

6. Sie sind Client-Administrator der Firma Meistertrainer.

    Sie verwalten ein RemoteApp Deployment und haben dafür eine Azure Subscription erstellt.

    Sie haben hierbei eine Cloud-Sammlung und eine hybride Sammlung.

    Das Azure AD wird mit der AD Domäne Meistertrainer.info synchronisiert. Die Kennwörter werden ebenfalls zwischen AzureAD1 und Meistertrainer.info synchronisiert.

    Sie haben folgende Benutzer:

- Karl: Microsoft Account

- Hans: AzureAD1 Account

Auf welche Anwendungen haben die Benutzer Zugriff?

7. Sie sind Client-Administrator der Firma Meistertrainer.

   Sie möchten Office 365 Professional Plus als Azure Remote App ausrollen.

   Wie stellen Sie sicher, dass nach dem Rollout mehrere Benutzer gleichzeitig mit Office 365 Professional Plus arbeiten können?

8. Sie sind Client-Administrator der Firma Meistertrainer.

   Sie möchten Word als Azure RemoteApp installieren, basierend auf eigenen Vorlagen von Office 265 ProPlus.

   Was müssen Sie tun?

9. Sie sind Client-Administrator der Firma Meistertrainer.

   Sie verwalten alle Windows 10 Clients.

   Sie möchten je eine 32-bit und eine 64-bit Anwendungen für alle Benutzer verfügbar machen, wobei die Anforderung ist, so wenig Installationen wie möglich zu machen.

   Sie können wählen zwischen einem Hyper-V Client, einer lokalen Installation oder Azure RemoteApp.

10. Sie sind Client-Administrator der Firma Meistertrainer.

    Die Windows 10 Computer haben verschiedene App-V Anwendungen installiert.

    Sie möchten, dass die Anwender von zu Hause aus mit ihrem privaten Windows 10 Computer auf alle App-V Anwendungen zugreifen können.

    Wie machen Sie das?

10 Updates, Sichern und Wiederherstellen

Prüfungsanforderungen von Microsoft:

- Configure system recovery
  - Configure a recovery drive
  - configure system restore
  - perform a refresh or recycle
  - perform a driver rollback
  - configure restore points
- Configure file recovery
  - Restore previous versions of files and folders
  - configure File History
  - recover files from OneDrive
- Configure and manage updates
  - Configure update settings
  - configure Windows Update policies
  - manage update history
  - roll back updates
  - update Windows Store apps

Quelle: Microsoft

Lernziele:

- Sichern
- Wiederherstellen der Daten und des Systems
- Wiederherstellen mithilfe von Systemwiederherstellungspunkten
- Schattenkopien
- Treiberrücksetzung
- Das Windows Update

10.1 Einführung

Das Sichern von Daten ist natürlich eine der wichtigsten Aufgaben. Genauso wichtig ist aber, das System zu sichern, denn auch dies kann ausfallen und muss wiederhergestellt werden.

Das Wiederherstellen von Daten muss einfach und schnell gehen. Das können wir mit den Microsoft Bordmitteln ziemlich gut bewerkstelligen.

Auch die Updates sowohl für Betriebssystem als auch für Programme müssen geregelt sein.

10.2 Sichern

Die bekannteste und auch am meisten verbreitete Maßnahme gegen Datenverlust ist das Sichern.

Windows 10 hat ein eigenes Sicherungsprogramm, mit dem Sie komfortabel Sicherungen machen können, es nennt sich „Dateiversionsverlauf".

ACHTUNG!

Dieses Programm sichert nicht alle Daten, sondern Ihre eigenen Daten, die in den privaten Bibliotheken sind und die Daten auf dem Desktop, Ihre Kontakte und Favoriten.

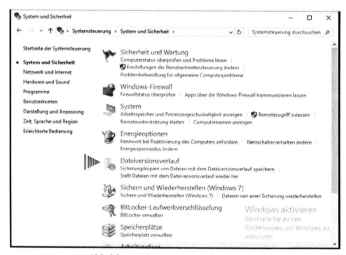

Abbildung 10.1: Dateiversionsverlauf

Aber betrachten wir dieses Tool. Über

- Systemsteuerung
- System und Sicherheit
- Dateiversionsverlauf

gelangen Sie zur Sicherungskonsole.

10.2.1 Sicherung einrichten

Zunächst ist das Tool noch deaktiviert.

Zunächst müssen Sie einen Speicherort für die Sicherung wählen.

Sie können wählen zwischen:

- USB-Laufwerk
- Ein zusätzliches internes Laufwerk
- Ein Netzwerklaufwerk

Alle Festplattenlaufwerke, die Sie benutzen, müssen mit NTFS formatiert sein.

Leider ist es nicht möglich, ein einmal beschreibbares Medium wie CD oder DVD zu benutzen. Auch darf das Sicherungslaufwerk kein Systemlaufwerk sein.

Klicken Sie dafür auf „Netzwerkadresse auswählen".

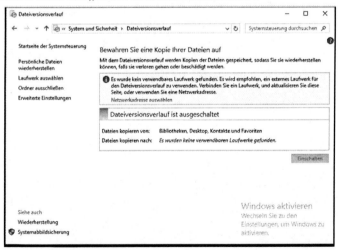

Abbildung 10.2: Laufwerk auswählen

Es bietet sich auf jeden Fall an, ein Netzwerklaufwerk zu wählen, auf das die Daten gesichert werden.

Eine andere Möglichkeit ist eine externe Festplatte.

Nun können Sie den Dateiversionsverlauf einschalten.

Abbildung 10.3: Einschalten

Natürlich können Sie auch Ordner von der Sicherung ausnehmen.

Klicken Sie danach auf „Erweiterte Einstellungen".

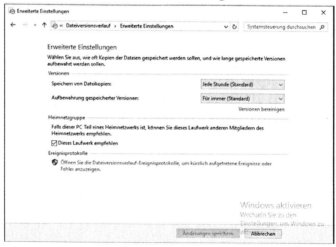

Abbildung 10.4: Erweiterte Einstellungen

Hier legen Sie fest, wie oft die Daten gespeichert werden und wie lange sie aufbewahrt werden.

Auch die Größe des Offlinecaches können Sie hier festlegen!

10.3 Wiederherstellen der Daten

Das Wiederherstellen der Daten ist sehr einfach.

Sie klicken auf „Persönliche Daten wiederherstellen".

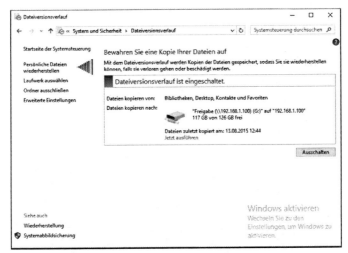

Abbildung 10.5: Persönliche Daten wiederherstellen

Dann sehen Sie die gesicherten Ordner.

Abbildung 10.6: Auswahl

Wählen Sie nun einfach die Daten, die wiederhergestellt werden sollen.

10.4 Wiederherstellen des Systems

Natürlich kann es auch passieren, dass das ganze System nicht mehr funktioniert.

10.4.1 Starten von der DVD

In einem solchen Fall starten Sie von der Installations-DVD und wählen „Computerreparaturfunktionen" aus.

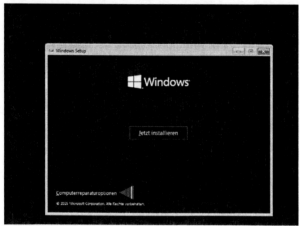

Abbildung 10.7: Computerreparaturfunktionen

Klicken Sie nun auf „Problembehandlung".

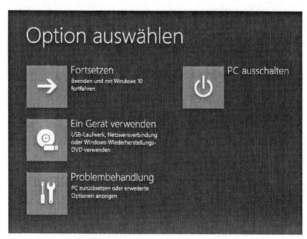

Abbildung 10.8: Problembehandlung

Nun sehen Sie eine weitere Auswahl.

Abbildung 10.9: Auswahl

Diesen PC zurücksetzen

Dabei wird der PC komplett zurückgesetzt, alle Installationen sind danach weg.

Erweiterte Optionen

Hier finden Sie weitere Funktionen, wie beispielsweise das Wiederherstellen mithilfe von Systemwiederherstellungspunkten.

Abbildung 10.10: Erweiterte Optionen

10.4.2 Wiederherstellen mithilfe von Systemwiederherstellungspunkten

Eine andere Methode, das System in einen vorherigen Zustand zurückzusetzen, ist die Systemwiederherstellung mithilfe von Wiederherstellungspunkten.

Windows 10 hat eine automatische Überwachung, die nach der Installation auf allen Festplatten aktiviert ist.

Die Systemwiederherstellung speichert Systemeinstellungen zu einem bestimmten Zeitpunkt, etwa vor der Installation eines Programms oder eines Treibers. Dies sind die Wiederherstellungspunkte.

Sollte es nach der Installation Probleme geben, kann das System an einen Punkt zurückgesetzt werden, zu dem das System noch ohne Probleme funktioniert hat.

Die Konfigurationseinstellungen finden Sie an folgender Stelle:

- Systemsteuerung

- System und Sicherheit

- System

Abbildung 10.11: Die Systemwiederherstellung

Hier wählen Sie „Computerschutz".

Abbildung 10.12: Computerschutzkonsole

In der Standardeinstellung ist der Schutz für das Systemlaufwerk eingeschaltet.

ACHTUNG!

Der Computerschutz ist nicht nur für das Rücksetzen des Systems zuständig, sondern auch für das Erstellen von Schattenkopien der Daten, was wir später in diesem Kapitel besprechen werden!

Sie können die Parameter für die einzelnen Laufwerke getrennt voneinander konfigurieren, indem Sie auf „Konfigurieren" klicken.

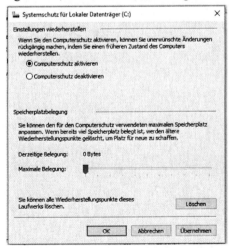

Abbildung 10.13: Einstellungen für das Laufwerk C:

Hier können Sie auch alle bisher erstellten Wiederherstellungspunkte löschen.

Rücksetzung, wenn das System noch startet

Wenn nun der Fall eintritt und Sie müssen Windows 10 zu einem früheren Zeitpunkt wiederherstellen, klicken Sie in der Konsole auf „Systemwiederherstellung…".

Ein Assistent startet.

Abbildung 10.14: Systemwiederherstellung

Sie können nun einen Wiederherstellungspunkt auswählen, zu dem Sie das System zurücksetzen möchten.

Sie sollten sich aber darüber im Klaren sein, dass alle Änderungen, die Sie nach dem Erstellen des letzten Wiederherstellungspunktes am System vorgenommen haben, natürlich danach nicht mehr vorhanden sind.

Wenn Sie sich für die Wiederherstellung entscheiden, kann sie nun durch Klicken auf „Weiter" gestartet werden.

Dies ist ein Vorgang, der nicht unterbrochen werden kann.

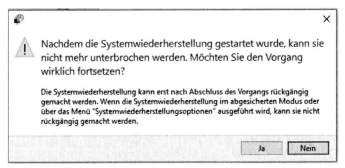

Abbildung 10.15: Warnmeldung

Nach einem Neustart steht Ihnen das System wieder zur Verfügung, zurückgesetzt auf den von Ihnen gewählten Zeitpunkt.

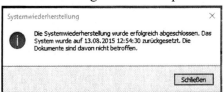

Abbildung 10.16: Systemwiederherstellung abgeschlossen

Rücksetzung, wenn das System nicht mehr startet

Falls das System nicht mehr startet, haben Sie auch eine Möglichkeit, es zu einem früheren Zeitpunkt zurückzusetzen.

Dafür müssen Sie den Computer von der DVD starten und auch „Computerreparatureinstellungen" wählen.

Allerdings wählen Sie danach nicht „Stellen Sie den Computer mithilfe eines zuvor erstellten Systemabbilds wieder her", sondern „Verwenden Sie Wiederherstellungstools…".

Hier können Sie „Systemwiederherstellung" wählen.

10.5 Schattenkopien

Schattenkopien sind Ihnen vielleicht schon aus älteren Windows Versionen bekannt.

In den meisten Fällen machen Sie sicherlich eine regelmäßige Datensicherung und sind damit eigentlich schon auf der sicheren Seite, was die Datensicherheit betrifft.

Ein Beispiel:

Sie arbeiten mit diversen Dateien, die Sie auch oft ändern. Leider haben Sie eine Version einer Datei verändert und gespeichert, obwohl Sie diese Änderung eigentlich nicht speichern wollten.

In diesem Fall müssen Sie genau eine einzelne Datei mit einer bestimmten Version wiederherstellen. Dies ist manchmal nicht so einfach, denn vielleicht wissen Sie nicht mehr so genau, wann diese Datei zum letzten Mal geändert worden ist und wann eine Sicherung dieser Datei gemacht worden ist.

Schattenkopien sind eine sehr intelligente Lösung für dieses Problem. Sie können mit sehr einfachen Mitteln eine einzelne Datei wiederherstellen und auf eine vorherige Version zurücksetzen.

Funktionsweise von Schattenkopien

Schattenkopien sind eine weitere Funktion des Computerschutzes und aktiv, wenn die Systemwiederherstellung aktiv ist. Zusammen mit dem Systemwiederherstellungspunkt wird auch eine Schattenkopie erstellt, die für die Daten zuständig ist.

Um Schattenkopien zu nutzen, wechseln Sie in den Explorer und betrachten die Eigenschaften einer Datei, die Sie versehentlich geändert haben. Wechseln Sie auf die Karteikarte „Vorgängerversionen".

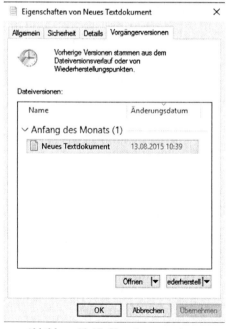

Abbildung 10.17: Vorgängerversionen

Sollte es ältere Versionen geben, die in einem Wiederherstellungspunkt erfasst sind, werden diese hier angezeigt. Wählen Sie die richtige Version aus.

Diese können Sie nun an einen alternativen Platz kopieren und beide Versionen betrachten, oder Sie wählen „Wiederherstellen", dann wird die ältere Version über die neue gespeichert.

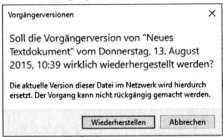

Abbildung 10.18: Wiederherstellen

10.5.1 Treiberrücksetzung

Eine innovative Möglichkeit, Probleme mit Treibern zu lösen, ist die Treiberrücksetzung.

Wenn Sie für ein Gerät einen neuen Treiber installieren, wird der alte Treiber nicht gelöscht, sondern gespeichert.

Falls Sie einen Treiber installiert haben, der nicht funktioniert, oder der Ihr System instabil macht, können Sie so auf sehr einfache Art den ursprünglichen Treiber wiederherstellen.

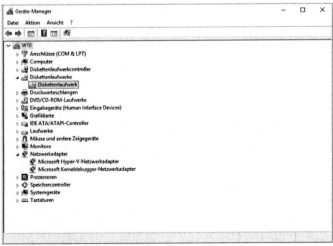

Abbildung 10.19: Gerätemanager mit dem falschen Treiber

Wenn der Treiber nicht in Ordnung ist, sehen Sie das in den meisten Fällen im Geräte-Manager. Aber auch, wenn der Geräte-Manager keinen Fehler anzeigt, ist es möglich, dass der zuletzt installierte Treiber ein Problem verursachen kann.

Es wird aber immer nur die letzte Version aufgehoben, ältere Treiber werden verworfen.

Wenn Sie zu diesem alten Treiber zurückkehren wollen, setzen Sie im Geräte-Manager einen Doppelklick auf das Gerät und wechseln Sie auf die Karteikarte „Treiber".

Abbildung 10.20: Zum vorherigen Treiber zurückkehren

Klicken Sie auf „Vorheriger Treiber". Sollte ein älterer Treiber vorhanden sein, bekommen Sie diese Abfrage:

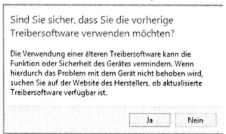

Abbildung 10.21: Abfrage

Wenn Sie mit „Ja" antworten, wird Ihr System wieder mit dem alten Treiber konfiguriert und damit der alte Zustand wiederhergestellt.

10.6 Das Windows Update

Windows 10 ist ein Betriebssystem, das ständig verbessert und überarbeitet wird. Aus diesem Grund werden regelmäßig Updates angeboten, die Sie auch installieren sollten.

Den Umgang mit Updates konfigurieren Sie folgendermaßen:

- Einstellungen
- Update und Sicherheit
- Windows Update

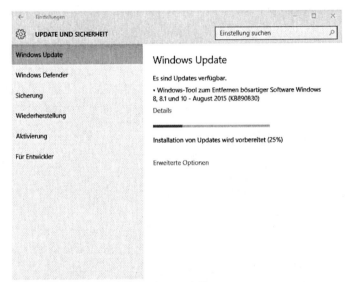

Abbildung 10.22: Übersicht

Sie sehen zunächst eine Übersicht über den momentanen Zustand des Windows Updates.

Um die Einstellungen zu ändern, klicken Sie auf „Erweiterte Optionen ".

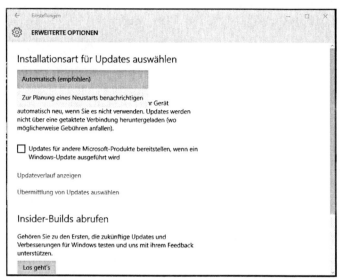

Abbildung 10.23: Erweiterte Optionen

Hier können Sie die Installationsart der Updates festlegen.

ACHTUNG!

Sie können die Updates nicht mehr abwählen, Updates sind seit Windows 10 prinzipiell verpflichtend!

Außerdem können Sie festlegen, ob die Updates auch für andere Microsoft-Produkte bereitgestellt werden sollen.

Im mittleren Teil finden Sie den Menüpunkt „Updateverlauf anzeigen".

Hier gelangen Sie zu einer Darstellung, die Ihnen die installierten Updates anzeigt.

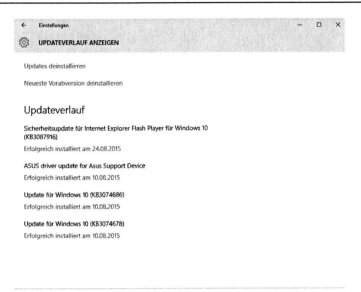

Abbildung 10.24: Updateverlauf

Wenn Sie ein Update deinstallieren möchten, geht das sehr einfach durch Klick auf „Updates deinstallieren".

Abbildung 10.25: Updates deinstallieren

Hier können Sie einzelne Updates auswählen, die Sie deinstallieren möchten.

Wenn Sie zurück zu den erweiterten Optionen gehen, können Sie den Menüpunkt „Übermittlung von Updates" wählen.

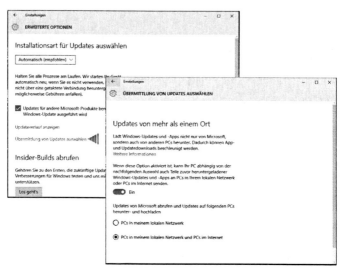

Abbildung 10.26: Übermittlung von Updates

Dies ist eine praktische Einstellung, denn Sie können die Updates nicht nur direkt von Microsoft laden, sondern auch von anderen PCs im Netzwerk. Das beschleunigt die Zuweisung der Updates erheblich.

Als letzte Option können Sie noch „Insider-Builds abrufen" wählen.

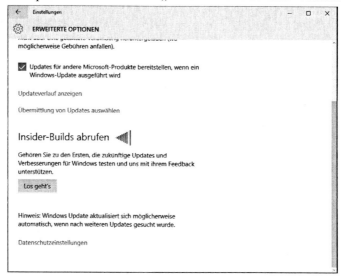

Abbildung 10.27: Insider-Builds abrufen

Hierzu müssen Sie Mitglied im Microsoft Insider Programm sein.

Dieses Programm erlaubt Ihnen, vor allen anderen die Neuerungen zu Windows 10 zu erhalten.

Natürlich können Sie die Updates auch über Microsoft Intune verwalten, dies wurde in Kapitel 4 besprochen.

10.6.1 Verwaltung der Updates über eine Gruppenrichtlinie

Natürlich können Sie die Updateeinstellungen auch in einer Gruppenrichtlinie festlegen. Hier haben Sie teilweise noch deutlich mehr Möglichkeiten der Konfiguration.

Dafür öffnen Sie eine Gruppenrichtlinie und navigieren zu:

- Computerkonfiguration
- Administrative Vorlagen
- Windows-Komponenten
- Windows Update

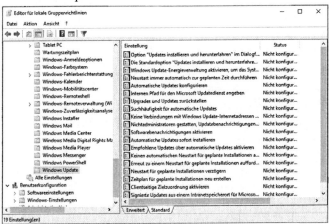

Abbildung 10.28: Gruppenrichtlinie

10.7 Zusammenfassung, Übungen / Aufgaben

10.7.1 Zusammenfassung

Die bekannteste und auch am meisten verbreitete Maßnahme gegen Datenverlust ist das Sichern.

Windows 10 hat ein eigenes Sicherungsprogramm, mit dem Sie komfortabel Sicherungen machen können.

Das Wiederherstellen der Daten ist sehr einfach.

Sie klicken auf „Persönliche Daten wiederherstellen".

Natürlich kann es auch passieren, dass das ganze System nicht mehr funktioniert.

In einem solchen Fall starten Sie von der Installations-DVD und wählen „Computerreparaturfunktionen" aus.

Eine andere Methode, das System in einen vorherigen Zustand zurückzusetzen, ist die Systemwiederherstellung mithilfe von Wiederherstellungspunkten.

Windows 10 hat eine automatische Überwachung, die nach der Installation auf allen Festplatten aktiviert ist.

Die Systemwiederherstellung speichert Systemeinstellungen zu einem bestimmten Zeitpunkt, etwa vor der Installation eines Programms oder eines Treibers. Dies sind die Wiederherstellungspunkte.

Schattenkopien sind eine weitere Funktion des Computerschutzes und aktiv, wenn die Systemwiederherstellung aktiv ist. Zusammen mit dem Systemwiederherstellungspunkt wird auch eine Schattenkopie erstellt, die für die Daten zuständig ist.

Um Schattenkopien zu nutzen, wechseln Sie in den Explorer und betrachten die Eigenschaften einer Datei, die Sie versehentlich geändert haben. Wechseln Sie auf die Karteikarte „Vorgängerversionen".

Eine innovative Möglichkeit, Probleme mit Treibern zu lösen, ist die Treiberrücksetzung.

Windows 10 ist ein Betriebssystem, das ständig verbessert und überarbeitet wird. Aus diesem Grund werden regelmäßig Updates angeboten, die Sie auch installieren sollten.

Den Umgang mit Updates konfigurieren Sie folgendermaßen:

- Einstellungen
- Update und Sicherheit
- Windows Update

10.7.2 Übungen

1. Starten Sie die virtuelle Maschine „DC" und melden Sie sich als Administrator der Domäne mit dem Kennwort „Kennw0rt!" an.

2. Starten Sie die virtuelle Maschine „W10" und melden Sie sich als Administrator der Domäne mit dem Kennwort „Kennw0rt!" an.

3. Richten Sie eine Sicherung ein.

4. Stellen Sie eine gesicherte Datei wieder her.

5. Starten Sie den Client „W10" neu und achten Sie darauf, dass er vom Installationsmedium startet.

6. Wählen Sie „Computerreparatur durchführen".

7. Starten Sie den Client wieder und melden Sie sich als Administrator der Domäne mit dem Kennwort „Kennw0rt!" an.

8. Erstellen Sie einen Wiederherstellungspunkt.

9. Setzen Sie das System auf diesen Punkt zurück.

10. Aktivieren Sie den Computerschutz für Schattenkopien. Testen Sie die vorherigen Versionen.

11. Betrachten Sie den Gerätemanager und versuchen Sie eine Treiberrücksetzung.

12. Konfigurieren Sie das Windows Update.

13. Betrachten Sie alle Einstellungsmöglichkeiten der Gruppenrichtlinie.

10.7.3 Aufgaben

1. Sie möchten einige Programme und Daten testweise auf Ihrem Windows 10 Rechner installieren.

   Sie wissen nicht genau, wie sich diese Installation auf die anderen Programme auswirken wird.

   Wie können Sie sicherstellen, dass Sie auf den Stand vor der Installation zurückgehen können?

2. Wie können Sie sicherstellen, dass ein bestimmter Ordner in „Dateiversionsverlauf" gesichert wird?

3. Sie sind Client-Administrator der Firma Meistertrainer.

   Sie möchten bei einem Windows 10 Rechner den Dateiversionsverlauf einrichten.

   Welche Laufwerke können Sie dafür verwenden?

4. Wie können Sie eine Datei, die Sie aus Versehen gelöscht haben, möglichst einfach wiederherstellen?

5. Sie sind Client-Administrator der Firma Meistertrainer.

   Sie betreuen einen Windows 10 Enterprise Client.

   Sie möchten folgende Einstellungen:

   Die Updates von Windows sollten nur über den WSUS-Server geholt werden.

   Der Rechner soll erst dann nach Installation eines Updates neu starten, wenn sich der Benutzer abgemeldet ist.

   Wie konfigurieren Sie das in einer Gruppenrichtlinie?

Anhang A:

Cloud-Anleitungen

Erstellen eines Microsoft-Kontos

Wenn Sie noch kein Microsoft-Konto haben, das sie hier selbstverständlich auch verwenden können, legen Sie ein neues Konto an. Sie gehen auf http://live.com

Abbildung 0.1: Microsoft-Konto

Hier wählen Sie: „Haben Sie noch kein Microsoft-Konto? Jetzt registrieren".

Füllen Sie die Angaben aus.

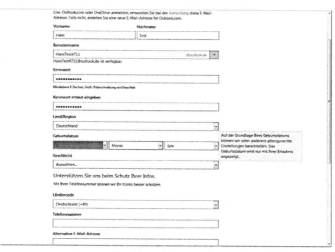

Abbildung 0.2: Angaben

Nun wird das Konto erstellt und Sie haben Zugriff auf Outlook-Online.

Office 365 Zugang

Um einen Office 365 Zugang zu erstellen, gehen Sie zu

https://products.office.com/en-us/business/office-365-enterprise-e3-business-software

Abbildung 0.3: Kostenloser Testzugang

Wählen Sie „Free Trial" und füllen Sie das Fenster aus.

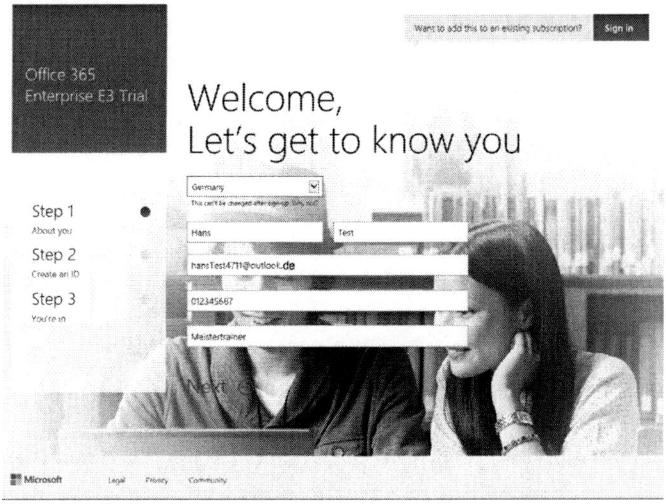

Abbildung 0.4: Ausfüllen

Benutzen Sie hierfür die Daten, mit denen Sie das Microsoft-Konto angelegt haben.

Abbildung 0.5: User-ID

Nun erstellen Sie Ihre User-ID.

Im nächsten Schritt geben Sie eine Handynummer an, an die ein Bestätigungscode geschickt wird.

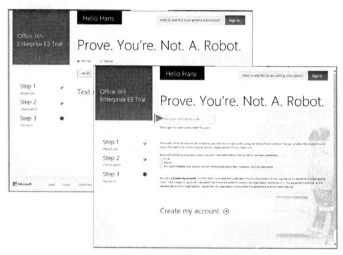

Abbildung 0.6: Handybestätigung

Diesen Code geben Sie ein.

Nun wird der Zugang erstellt.

Abbildung 0.7: Zugang ist erstellt

Merken Sie sich die Daten, die im Fenster angezeigt werden, Sie benötigen sie später.

Intune Zugang

Gehen Sie auf die Seite http://www.microsoft.com/en-us/server-cloud/products/microsoft-intune .

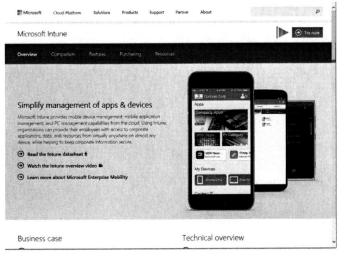

Abbildung 0.8: Intune Testzugang

Klicken Sie auf „Try now".

Abbildung 0.9: Angaben

Geben Sie hier die gleichen Daten ein, wie bei der Erstellung des Office 365 Accounts.

Abbildung 0.10: Benutzer-ID

Nun erstellen Sie eine Benutzer-ID.

Danach müssen Sie eine Handynummer angeben, an die eine Bestätigungs SMS geschickt wird.

Abbildung 0.11: SMS

Geben Sie diese Nummer ein.

Nun werden Ihre Zugangsdaten angezeigt. Merken Sie sich diese, Sie benötigen sie später.

Abbildung 0.12: Zugangsdaten

Azure RemoteApp Zugang

ACHTUNG!

Das Erstellen eines Azure Testzugangs muss mit Vorsicht gemacht werden, denn eventuell müssen Sie ihn wieder kündigen, sonst entstehen Ihnen Kosten!

Da Microsoft ständig seine Bedingungen ändert, sollten Sie für diesen Zugang auch nach Alternativen suchen, damit Ihnen auf keinen Fall Kosten entstehen.

Wenn es keine Alternativen gibt, sollten Sie überlegen, ob Sie den Testzugang erstellen oder die entsprechende Übung auslassen.

Hier können Sie einen Testzugang erstellen:

http://azure.microsoft.com/de-de/services/remoteapp/

Abbildung 0.13: Azure RemoteApp Zugang

Klicken Sie auf „Melden Sie sich für Azure RemoteApp an".

Abbildung 0.14: Testen

Klicken Sie auf „Jetzt testen".

Abbildung 0.15: Anmelden

Sie können sich nun mit Ihrem zuvor erstellten Konto anmelden.

ACHTUNG!

Im weiteren Verlauf werden Sie nach der Kreditkarte gefragt, seien Sie vorsichtig!

Anhang B:

Lösungen zu den Aufgaben

Lösungen Kapitel 1

1. Sie aktivieren „Apps querladen"
2. Sie verknüpfen die beiden Konten
3. Sie erstellen eine Gruppenrichtlinieneinstellung

   Konten: Microsoft Konto blockieren

   Benutzer können keine Microsoft-Konten hinzufügen oder sich damit anmelden
4. Sie benötigen einen TPM Chip der Version 1.2 oder höher
5. 1 GHz
6. Sie konfigurieren Office 365
7. Sie benötigen ein Microsoft-Konto

Lösungen Kapitel 2

1. Mit dem ICD
2. Die „Wim-Datei" darf nicht auf einem schreibgeschützten Medium liegen. Wahrscheinlich haben Sie die Datei von einer DVD gewählt.
3. Medium für die Neuinstallation
4. Add-AppxPackage
5. Sysprep.exe
6. windowsPE

   offlineServicing

   generalize

   specialize

   auditSystem

   auditUser

   oobeSystem

7. Das Erstellen eines Deployment Shares

Lösungen Kapitel 3

1. Mit dem USMT
2. Sie benennen die Datei „Ntuser.dat" und „Ntuser.man" um
3. Sie richten eine Ordnerumleitung ein
4. Im Verzeichnis „...Programme\Microsoft User Experience Virtualization\Templates
5. Hyper-V Hosts haben mindestens einen Eintrag für einen virtuellen Switch.
6. Die Festplatte, der freie Speicherplatz ist zu gering.
7. Das geht mit PowerShell Direct

   Zum Öffnen der Sitzung:

   Enter-PSSession -<NameDerVirtuellenMaschine>

   Zum Eingeben der Befehle:

   Invoke-Command

Lösungen Kapitel 4

1. Sie löschen die untergeordnete Gruppe

   Sie erstellen die Gruppe neu mit der richtigen übergeordneten Gruppe

2. Sie müssen ein APNs-Zertifikat anfordern und zu Intune hinzufügen

3. Sie melden sich an einem Domänencomputer an

   Sie führen die Software „Microsoft Intune-Softwareherausgeber" aus

   Sie konfigurieren die Anwendungseinstellungen

4. Sie sollten das Kennwort des Kollegen ändern

   Sie führen „Abkoppeln/Zurücksetzen" aus

5. Automatische Updates zulassen

   Vorabfeatures zulassen

6. Sie bearbeiten die Einstellungen Microsoft Intune-Agenteneinstellungen Richtlinie

7. Sie erstellen ein Intune Abonnement

Sie erstellen einen „Microsoft Intune Connector"

Lösungen Kapitel 5

1. Sie haben zwei verschiedene Netzwerk-ID.

   Ihre Netzwerk-ID:

   IP-Adresse: 192.168. 1. 1

   Subnetzmaske: 255.255.255.0

   Netzwerk-ID: 192.168.1.0

   Netzwerk-ID des Zielrechners:

   IP-Adresse: 192.168. 1. 45

   Subnetzmaske: 255.255.0.0

   Netzwerk-ID: 192.168.0.0

   Damit versucht IP, dieses Datenpaket an einen Router zu schicken.

   Da Sie andere Rechner im gleichen Netzwerk erreichen können, liegt das Problem am Zielrechner. Wahrscheinlich hat sich hier jemand bei der Subnetzmaske vertippt.

2. IPCONFIG /ALL

3. Mit FE80::

4. Ipconfig /renew

5. Mit dem Tool netstat

6. Ipconfig /flushdns

7. Ipconfig /flushdns

8. Standardgateway

9. Add address

10. Sie aktivieren die Netzwerkerkennung

11. Sie legen in den Energieoptionen fest, dass der Rechner in den Ruhezustand gehen soll, wenn der Netzschalter gedrückt wird.

12. Erstellen Sie auf einem Rechner das gewünschte Energieschema

    Exportieren Sie das Schema mit dem Befehl Powercfg –export

    Importieren Sie das Schema auf allen gewünschten Rechnern mit Powercfg -import

Lösungen Kapitel 6

1. Sie verkleinern die Partition und richten dann eine zweite Partition ein

2. Sie erstellen ein Stripeset

3. Sie wählen in der Systemsteuerung „Speicherplätze"

   Sie wählen die Festplatten aus

   Sie erstellen einen neuen Speicherpool

   Sie setzen den Resilienztyp auf „Parität"

4. Daten sichern

   Erstellen eines Speicherplatzes mit Spiegelung

   Danach stellen Sie die Daten wieder her

5. An den NTFS Rechten kann es nicht liegen, da hier „Vollzugriff" angezeigt wird. Also kann es nur noch an den Freigaberechten liegen. Die Standardfreigaberechte sind „Jeder – Lesen". Damit Daten hinzugefügt werden können, müssen Sie die Freigaberechte auf „Jeder-Ändern" einstellen

6. Sie müssen zunächst den Besitz übernehmen, da Hans der Besitzer ist (Ersteller=Besitzer). Dann können Sie der Gruppe „Lohn" das Recht „Lesen" geben

7. Sie hängen an den Freigabenamen ein $ an

8. Vollzugriff

9. Sie erstellen eine Gruppenrichtlinie und aktivieren „BitLocker-Wiederherstellungsinformationen im Active Directory speichern"

10. Wählen Sie in einer Gruppenrichtlinie „Zusätzliche Authentifizierung beim Start anfordern" - „BitLocker ohne kompatibles TPM zulassen"

Lösungen Kapitel 7

1. Sie klicken auf dem Exportcomputer mit der rechten Maustaste auf „Druckverwaltung" und wählen „Drucker migrieren".

   Sie arbeiten den Assistenten ab

   Sie klicken auf dem Importcomputer mit der rechten Maustaste auf „Druckverwaltung" und wählen „Drucker migrieren

   Sie importieren die Datei

2. Sie geben dieser Gruppe die Berechtigung „Drucken".

3. Sie installieren den 32-bit Druckertreiber auf dem Client und stellen dann eine Verbindung zum Druckserver her.

4. Cipher

5. Sie importieren das Zertifikat des Wiederherstellungsagenten.

6. Er muss sich an dem Computer anmelden, und eine Datei verschlüsseln.

7. Setzen Sie einen Haken bei „Kontingentverwaltung aktivieren".

   Setzen Sie einen Haken bei „Speicherplatz bei Überschreitung des Kontingents verweigern"

   Definieren Sie einen Kontingenteintrag.

Lösungen Kapitel 8

1. Sie konfigurieren einen Remotedesktop-Gateway.

2. Mit der Remoteunterstützung

3. Sie konfigurieren die „Erweiterten TCP/IP-Einstellungen" der VPN-Verbindung

4. Für Windows To Go benötigt man einen USB-Stick mit 32 GB. Es wird sowohl USB 2.0 als auch USB 3.0 unterstützt.

5. Mit der App „Portable Workspace Creator" (pwCreator.exe)

Lösungen Kapitel 9

1. Sie fügen das Konto der lokalen Gruppe und die Gruppe der Sicherungsoperatoren auf der gewünschten Maschine ein.

2. Sie aktivieren in der Gruppenrichtlinie den Modus „Nur überwachen".

3. Sie konfigurieren „Anwendungssteuerungsrichtlinien" (AppLocker).

4. Sie erstellen eine RemoteApp

5. New-RDRemoteApp – CollectionName „AppSession" – DisplayName"Anwendung" –FilePath <PfadZurAusführbarenDatei>

6. Karl: Cloud-Sammlung

   Hans: beide Sammlungen

7. Sie bearbeiten die Konfigurationsdatei und fügen folgende Zeile ein:

    <Property Name = „SharedComputerLicensing" Value = „1">

8. Download des Office Deployment Tools

    Ändern der Konfigurationsdatei

    Ausführen von Setup.exe /download

    Ausführen von Setup.exe /configure

9. Für beide Azure Remote App

10. Sie richten eine Remotedesktop-Sitzung zu Ihrem Firmenclient ein

Lösungen Kapitel 10

1. Sie machen ein komplettes Backup, das Sie im Notfall wieder einspielen können.

2. Sie fügen diesen Ordner zu einer bestehenden Bibliothek hinzu oder Sie wählen explizit diesen Ordner zum Sichern aus.

3. USB-Laufwerk

    Ein zusätzliches internes Laufwerk

    Ein Netzwerklaufwerk

4. Aus dem Papierkorb herausholen

    Mit dem Dateiversionsverlauf wiederherstellen

5. Internen Pfad für den Microsoft Updatedienst angeben: Aktiviert

    Keine Verbindung mit Windows Update-Internetadressen herstellen: Aktiviert

    Keinen automatischen Neustart für geplante Installationen automatischer Updates durchführen, wenn der Benutzer angemeldet ist

Index